御影史学研究会民俗学叢書22

寺社縁起の形成と展開

—有馬温泉寺と西国巡礼の縁起を中心に—

久下正史 著

岩田書院

寺社縁起の形成と展開　目次

資　料

まえがき

本書は、寺社縁起の形成・展開・伝播について、第一章では摂津国有馬郡温泉寺縁起を題材として、第二章では、西国三十三所巡礼開創縁起を題材として考察したものである。また、第三章では、縁起を語ることについて、奪衣婆像をもって勧進する聖、滋賀県大津市聖衆来迎寺のエンギトキ（絵解き）と同寺のムシボシの実態についての報告と考察をおこなっている。

櫻井徳太郎は「縁起の類型と展開」[1]において、寺社縁起を次のように定義している。

> 神社仏閣の草創・沿革、またはその霊験などをいい伝えた文章や詞章、それらのすべてを総称して寺社縁起とよぶことにしたい

と、いったん大きく定義し、その具体例として、寺院縁起の範囲を、

> 広く仏法僧の全般に触れ合うから、造像記、開眼記、荘厳記録、建造再建の由来記、仏徳の讃歎・功徳・霊験の記、経典の内容来歴を解説したもの、住僧伝、一代記、あるいは勧進記などがことごとく含まれよう。

とし、神社縁起の範囲を、

> 祭神の示現・神格、神事の由来、祭事の奇瑞、社殿の開創、祭神の鎮座記、祝詞・祭文の内容来歴を説いたもの、神職家と神社との因由を述べたもの、さらに氏子の奇縁伝承を集めたものなど、広範に亙っている。

とするように、広範な資料群を提示する。その上で、

> けれども、これを狭義にとるときは、高僧伝、僧記、往生伝、寺記、法会記、儀式帳、参詣記、祭礼記、託宣記

などを除外し、草創や沿革とその霊験を強調するために「縁起」と称するタイトルをつけた、特定の文章を指すこととなる。

と範囲の限定をおこなっている。

次いで、櫻井は、その研究の視点を網羅的に指摘する。第一は、縁起を宗教テキストとしてだけ捉えるのではなく、美術・文学とといった諸学との関連性を指摘する。第二は、縁起の実用的な価値、すなわちどのように用いられたのかという視点からの分析と、時代的背景の異なりを分析の視点の一つとして据える。第三は、縁起は語られるものであり、「唱導文学の立場から縁起のもつ価値をもういちど再検討してみる必要性」を指摘する。第四は、縁起のもつ「虚妄の多い荒唐無稽性をどう処理するか」ということを指摘し、荒唐無稽性を同時代の意識のなかで捉える必要性を説く。この荒唐無稽性の処理に関わる部分でもあるが、第五は、「一つの縁起が成立し伝承されていく過程には、かならず変化の歴史が伴っている」として縁起は変化することを指摘し、「原像に迫って行く努力を重ねながら、縁起伝説の歴史的変化を跡づける作業が重要な意味をもってくる」とする。

この研究の視点を提示した後、櫻井は、「縁起のタイポロジー」として類型化をおこなう。その類型化は、通時的なものに留まらず、それを踏まえて、寺社の開基と神仏／人間との関係性を基準として内容的な展開をも組み込んだ分類となっている。その分類から縁起が民衆性(個別性・在地性・土着性)を獲得していく過程を縁起の歴史的展開として評価する。とりわけ、霊山縁起のもつ基層性と縁起のもつ唱導性という二つの点に縁起の民衆性を見出し、評価する。そうして、縁起を「民俗の持つ思想を抽出する資料」として「尽きせぬ興趣」をもった資料であると位置づけている。

櫻井の指摘するところは広範であり、縁起を分析する視点がほぼ網羅されているといえよう。橋本章彦氏は、「新しい縁起研究に向けて」(2)において、櫻井の構想は、比較的古い、縁起の名を持った特定の文章の研究にあったとし、それ故に「その後の縁起研究にある種の〝領域〟を与えてしまった可能性」(3)を指摘する。そして、より広範な由来研究へと視座の転換を促す。一方で、藤巻和宏氏は「寺院縁起の古層」において、櫻井の設定した「領域」があってこそ縁起研究が進展したと評価する。

筆者は、櫻井の提示した縁起研究の視点は、藤巻氏がいうように「縁起」が櫻井が狭義で設定した「縁起と称するタイトルをつけた、特定の文章」でなくとも、自由に対象とし得る段階に達した現在の視点から再度評価する必要があると考える。櫻井の提示した視座は「活字化されて多くの人の目に触れうる形をとった著名な寺社の縁起よりも、地方無名の小祠小堂に伝わる地方色豊かな縁起にこそ、珠玉の味が秘められていることが多い」という言葉を含めて現在においても十分に有効なものであるといえよう。

さて、本書においては、縁起がどのように用いられたか、縁起がどのようなことを主張しようとしているのかという点に注目して縁起の分析をおこなっている。その過程で、縁起がどのような要因によって、どのように変容し、伝播していくのかを有馬温泉寺縁起と西国三十三所巡礼の開創縁起によって具体的に明らかにすることを目指している。構成は以下の通りである。

第一章第一節「有馬温泉寺縁起の形成——等身薬師石像をめぐって——」では、摂津国有馬の温泉寺縁起の形成について、十巻本『伊呂波字類抄』所収「温泉三和社縁起」と「温泉山住僧薬能記」という共通の要素を多分にもった鎌倉期の縁起を、そのなかにみえる石像薬師——有馬温泉の湯口——の位置づけに着目して分析をおこなった。その結果、「温泉三和社縁起」では、湯口の石像薬師は「三和社」の三柱の祭神の本地である薬師如来とされ、有馬温泉の起源と泉源は三和社に帰一される。一方で、「温泉山住僧薬能記」では、湯口の薬師如来は、行基を有馬へ導き、温泉寺を創建させる。そして、温口の薬師如来は、その行基によって勧請された鎮守女躰権現(本地は薬師如来)と位置づけられる。そして、「温泉三和社縁起」と共通する要素は、すべて行基と薬師如来(女躰権現)との関係のなかに位置づけ直されている。有馬温泉の起源と泉源は温泉寺に帰一されるのである。この鎌倉期にみられる二者の縁起は、社家――温泉三和社――と仏家――温泉寺――の対照的な立場から作製されたものであり、「温泉山住僧薬能記」は、湯屋の経営などで力を蓄えた天台山門系の集団によって、有馬温泉の始原と有馬温泉の根源である湯口を、社家に対抗し、温泉寺のもとに再構築した縁起であることを明らかにしている。

第二節「『温泉行記』にみえる温泉寺縁起と尊恵伝承」は、第一章第一節において検討した「温泉三和社縁起」と「温泉山住僧薬能記」に続く、宝徳四年(一四五二)の瑞渓周鳳の湯治記『温泉行記』にみえる温泉寺縁起を検討した。『温泉行記』に記録された温泉寺縁起は、「温泉山住僧薬能記」に基づいた行基伝承と温泉の三禁忌の起源譚へと変容した女躰権現の伝承、そして、新たな要素として慈心坊尊恵の温泉寺如法堂建立譚からなる。行基の伝承は、一方で有馬温泉でみられる番乞食の習俗や物資の運搬方法の起源譚となっており、民俗の起源譚として定着した姿をみることができ、ここにみられる行基と女躰権現の伝承は、近世の温泉寺縁起へと引き継がれていくことを明らかにした。

一方で、尊恵の伝承であるが、これは平安末期に記された尊恵の蘇生記である『冥途蘇生記』に基づいた伝承である。尊恵は、摂津国清澄寺の僧であり、承安年中、閻魔王宮の法華経法会に招かれ、その際に平清盛が天台慈恵僧正の再誕であることを告げられたことで知られる。さて、『冥途蘇生記』後半部では、尊恵は閻魔王宮の法会のための如法経の勧進とそれを納めるための如法堂の建立を閻魔王から命じられる。その如法堂の建立を命じられた地が有馬であった。このような伝承の成立の背景として、尊恵の広範な勧進・唱導活動があったことを『冥途蘇生記』の記述から確認した。その上で、彼のもとに集まった宗教者の一部が有馬温泉で活動し、その活動の過程で有馬の既存の伝承と尊恵の如法経信仰を結びつけ成立したのが『冥途蘇生記』の後半部であり、それは十三世紀後半には成立していたことを明らかにした。この伝承は、温泉寺如法堂の縁起として、これ以後、温泉寺縁起とは別の展開を遂げていく。

第三節「尊恵将来経伝承の形成――堂舎から経典の縁起へ――」では、『冥土蘇生記』後半部分の伝承が、温泉寺における勧進唱道活動を基盤として、如法堂の縁起から閻魔王が手づから書写した法華経の将来縁起へと大きく変容していくことを明らかにしている。

第二節において、『冥途蘇生記』の後半部分の伝承の成立についてみたが、宝徳四年の『温泉行記』では、温泉寺縁起の一部として記録された伝承と、温泉寺如法堂において口頭で語られた二種類の伝承が記されている。前者は、『冥途蘇生記』後半部分に基づく尊恵が閻魔王宮の命を受けて勧進した如法経の伝承であり、後者は、尊恵が閻魔王宮から将来した四部の如法経についての『冥途蘇生記』にはみえない伝承であった。この十四世紀半ばの伝承の併存状況は、享禄元年（一五二八）の有馬の大火からの復興勧進のなかで一変する。この時に焼け落ちた本尊の頭中から「記文」が発見され、それに従って尊恵が閻魔王宮から将来した法華経と両界曼荼羅が発見された。そして、この一件を記した『温泉寺復興勧進帳』が作成される。これによって、如法堂縁起としての尊恵の伝承は、尊恵の将来した経典の縁起へと転換した。すなわち、「場」の縁起から「物」の縁起へと転換したのであった。この伝承の転換によって、尊恵の将来経は、温泉寺から南都西大寺を通じて宮中にまでもたらされ、貴顕の結縁を受けることとなった。この背景として、十五世紀半ば以降、恒常的におこなわれていた温泉寺菩提院の勧進唱導活動があった。そして、この享禄の火災からの復興勧進のなかで確立した尊恵将来経の伝承は、近世における有馬温泉の尊恵伝承の基礎となるのである。

第四節「尊恵将来経伝承の変容と伝播」では、享禄の火災からの復興勧進のなかで生み出された尊恵将来経伝承が、温泉寺菩提院の衰退のなかで、各地の寺院の縁起として伝播していくことをみている。

温泉寺にみられた尊恵将来経の伝承は、温泉寺のみならず、摂津国有馬郡や川辺郡、播磨国明石郡、さらには伊賀国阿拜郡などの複数の寺院の縁起のなかに見出すことができる。これらの尊恵の伝承は、第一に、享禄の『温泉寺復興勧進帳』に基づく尊恵が閻魔王から法華経・両界曼荼羅などを得たというものと、第二に、閻魔王から偈や閻魔王の真影、女人救済の経典などを得たといった、二類の伝承に分類することができる。第一の伝承は、温泉寺周辺の摂津国・播磨国の規模の大きな真言宗寺院にみられるものであり、天正四年(一五七六)の有馬の大火によって、温泉寺菩提院が退転し、その結果、周辺の寺院へと伝播したのであった。その要因として、尊恵の将来経伝承は、尊恵が閻魔王から与えられた法華経という物にまつわる伝承であり、有馬という場に規定されない伝承であったからである。尊恵将来経の伝承を保持していた温泉寺菩提院が退転したことによって、この伝承にまつわる法華経や両界曼荼羅をそろえることのできる寺院へと伝播していったのである。

第五節「近世における尊恵将来経伝承の展開と『冥途蘇生記』」では、第四節に引き続いて、享禄の復興勧進のなかで形成され、他寺院へ伝播した伝承が、もう一段階展開した伝承の形成について検討した。それは、尊恵が、閻魔王から偈や閻魔王の真影、『転女成仏経』といった女人救済の経典などを得たというものであり、そのなかでも、「果《か》生《しょう》」と呼ばれる偈による救済が主として述べられる伝承である。この伝承は、温泉寺清涼院(温泉寺奥院)で施与されている果生と呼ばれる護符や三重県伊賀市常住寺の本尊である閻魔王像の縁起としてみられる。また、この伝承は、清涼院本『冥途蘇生記』や常住寺本『冥途蘇生記』なども生み出すこととなる。

有馬では、享禄の火災以降、尊恵の将来経を用いた復興勧進をおこなっていた温泉寺菩提院の退転があった。その後、菩提院の伝承は温泉寺奥院(後の温泉寺清涼院)が利用していくこととなる。奥院では、十六世紀末から十七世紀初頭にかけて、閻魔王が自像に「妻子王位財眷属　死去無一来相親　常随業鬼繋縛我　受苦叫喚無辺際」という偈を書き込んだ図像を尊恵が将来したという伝承を基本として展開していく。この図像と偈の将来と利益——往生の確約——を述べるテキストとして、清涼院本『冥途蘇生記』や『冥途蘇生記』の記述に倣った『伽藍開基記』所収の「温泉寺清涼院縁起」が作り出される。そして、十七世紀末には、「妻子王位財眷属……」の偈が「果生」と称され、善人往生の契券として宣揚された。この果生は、温泉寺周辺地域の葬送儀礼において不可欠なものとされ、その信仰は現代まで続いている。

一方、常住寺では、尊恵の伝承は、常住寺の本尊である閻魔王坐像の縁起として、有馬の伝承の影響を受けながら、有馬とほぼ同時期に形成された。その後、本寺である比叡山松寿院による寛文期の江戸開帳を期に縁起の再整備がなされ、この過程で常住寺本『冥途蘇生記』や「妻子王位財眷属……」の偈に対する信仰が作り出された。常住寺においても尊恵の伝承は失われていない。その一端は、巻末に挙げた資料「三重県伊賀市の『冥途蘇生記』に関わる伝承」として報告をおこなっている。

尊恵の伝承は、享禄の火災以後、尊恵の将来経についての伝承へと転換し、その結縁の利益が称揚される。この大きな転換と、この伝承を用いた唱導勧進活動をおこなっていた温泉寺菩提院の退転によって、周辺地域の寺院の伝承として取り込まれることとなった。有馬においては、菩提院退転の後、温泉寺奥院において、「果生」という往生を約束する護符の信仰へとさらに展開していく。その過程に清涼院本・常住寺本『冥途蘇生記』を位置づけることが可能となる。一方で、往生を約束する「果生」の信仰が周辺地域の葬送の民俗となることによって、尊恵の伝承はその変容を止めることとなった。

第二章「西国三十三所巡礼開創縁起の形成と展開」においては、西国三十三所巡礼がどのようにして始まったのかという縁起(西国三十三所巡礼開創縁起と呼ぶ)について、この縁起の提示する利益に着目して三類型に分け、そこからこの縁起の成立と展開、その背景を明らかにしている。

第一節「秩父三十四所巡礼開創縁起の形成」では、秩父三十四所巡礼の開創縁起についてその形成と展開の過程を検討している。秩父三十四所巡礼開創縁起は、秩父地域からみるならば、行基作とされる「武州秩父郡御札所之縁起」にみられる、文暦元年(一二三四)の閻魔王宮における性空の法華経供養譚と性空を含む十三権者による秩父三十四所巡礼の開創譚からなる。そこに「秩父三十四所巡礼観音縁起」のような巡礼の功徳や巡礼行者への施行の功徳などを述べる要素が付加された縁起がある。これらの縁起は、歴史的存在としての性空の事績とは大きな乖離がある。正徳四年(一七一四)、その乖離を解消する縁起として『秩父順礼之縁起』が作成され、秩父一番札所四萬部寺において類似の縁起が複数作成される。

これらの縁起成立の背景をみると、秩父三十四所の札所の内、約三分の一が開創縁起やそれと関連をもつ遺物・仏像を所蔵しているが、これらの寺院は、一部を除き曹洞宗寺院であり、十七世紀前半に再興・中興を経た寺院が多い。これらのことから、秩父三十四所巡礼開創縁起は、近世初頭の秩父札所復興期に、曹洞宗系の僧たちのネットワークのなかで形成された縁起であるとみることができる。

さて、近世初頭に曹洞宗系の僧によって作り出された秩父三十四所巡礼の開創縁起であるが、そこにみえる要素は、すべて西国三十三所巡礼の開創縁起の諸類型のなかの、これまで「一般的」とはされてこなかったもののなかに見出すことができる。秩父三十四所巡礼開創縁起は、西国三十三所巡礼開創縁起の一類形を秩父地域の特性に合わせて一部改変したものであった。これと同時に、これまで注目されてこなかった西国三十三所巡礼開創縁起の諸類型を見直す必要がうまれたのである。

第二節「西国三十三所巡礼開創縁起の形成――閻魔王・熊野権現の誓言をもつ縁起の類型を中心として――」は、第一節で検討の必要性がうまれた西国三十三所巡礼の開創縁起の諸類型とその背景について考えたものである。副題が示す通り、西国三十三所巡礼開創縁起にみえる、閻魔王と熊野権現の誓言に着目している。閻魔王の誓言とは、巡礼行をおこなった者は、滅罪の功徳によって堕地獄はないと閻魔王が誓ったというものであり、熊野権現の誓言とは、巡礼行が熊野参詣に優越する功徳をもつことと、巡礼者に対して熊野権現が礼拝するということを熊野権現自身が誓ったというものである。

さて西国三十三所巡礼開創縁起にみえる閻魔王と熊野権現の誓言を指標とすると、西国三十三所巡礼開創縁起は、大きく二つに分類できる。それは、先の二者の誓言をもつ縁起と、閻魔王の誓言しかもたない、逆にいえば、熊野権現の誓言を欠く縁起である。前者は、簡略なものは、十五世紀後半の資料からみえ、まとまった縁起としては、西国二十九番札所丹後国松尾寺蔵天文五年（一五三六）写『西国霊場縁起』が古い。一方、閻魔王の誓言だけをもつ縁起は、近世初頭の続群書類従本『中山寺縁起』まで下る。後者の縁起は、時代が下るほど主流となっていくが、近世の早い時期の資料は中山寺の縁起にだけみえる。

さて、閻魔王と熊野権現の誓言をもつ縁起は、閻魔王による滅罪と往生の利益の提示と保証、熊野権現による巡礼行の宣揚という形をとる。後者の閻魔王の誓言のみをもつ縁起は、中山寺の太子信仰を巡礼行における観音信仰の文脈で読み替える形で縁起のなかに取り込んでいる。その一方で、熊野信仰の側面からの巡礼行の宣揚を避けることで、西国三十三所巡礼の縁起でありながら、中山寺の霊験を特に宣揚するという性格をもったものである。すなわち、閻魔王と熊野権現の誓言をもった縁起を改変し、中山寺の霊験を宣揚しようとする性格をもった縁起なのである。このことから、西国三十三所巡礼開創縁起は、閻魔王と熊野権現の誓言をもった縁起から、熊野権現の誓言を欠く縁起が派生したものといい得る。

次いで、閻魔王と熊野権現の誓言をもった縁起の成立とその背景を考察した。この縁起が、三十三度行者——札所寺院を出自とし、那智本願の那智阿弥に拠点を置き、巡礼を三十三度おこなうことを行とする宗教者——が、室町中期、巡礼行が民衆に普及しだしたころに、巡礼行の宣揚と三十三度行者への結縁を勧める縁起として成立したものであることを示した。三十三度行者は、那智本願の衰退にしたがって、紀伊・河内・和泉国の民衆を基盤としたものに性格を大きくかえていく。その変容に伴って、西国三十三所巡礼開創縁起も彼らの手を離れていく。そして、中山寺において改変された縁起が三十三所巡礼開創縁起の主流となっていくのである。

以上みてきたように、西国三十三所巡礼開創縁起は、熊野権現の誓言の有無によって三十三度行者系と中山寺系に分けられ、三十三度行者系の縁起から中山寺系の縁起が派生したことと、その背景に三十三度行者の存在形態の変容があることが明らかとなった。

第三節「西国三十三所巡礼開創縁起における法華経供養譚」では、第二節において明らかとなった三十三度行者系と中山寺系の縁起に加えて、主として性空の法華経供養譚をもつ西国三十三所巡礼開創縁起の検討をおこなった。この法華経供養譚をもつ縁起は、主として性空が、閻魔王宮の法華経供養に招かれ、その供養の布施として閻魔王から巡礼行を示されたという伝承である。この伝承は独立した縁起としてみられる一方で、三十三度行者系の縁起とも中山寺系の縁起とも複合してあらわれるという特徴をもっている。

さて、独立した性空の法華経供養譚は、その出典を第一章第五節でみた温泉寺清涼院縁起に求めることができる。温泉寺清涼院縁起においては、尊恵による果生と『転女成仏経』の将来縁起であったが、これを性空による巡礼行の将来縁起へと組み替えたものが、性空の法華経供養譚をもった西国三十三所巡礼開創縁起であった。そして、この温泉寺清涼院縁起を改変した縁起は、中山寺系の西国三十三所巡礼開創縁起と複合してあらわれもする。

一方で、三十三度行者系の西国三十三所巡礼開創縁起と複合してあらわれる性空法華経供養譚は、中山寺系と複合するものとは異なり、まとまった分量をもたず、冒頭に付加される形をとっている。これは、天正十七年(一五八九)写の書写山女人堂の縁起にその起源を見出すことが可能とみられる。

三十三度行者系と中山寺系との複合様式の相違は、有馬における尊恵の伝承の変容過程と並行している。すなわち、温泉寺菩提院の退転により周辺寺院への尊恵の将来経伝承が伝播していくが、その一つとして、書写山においては巡礼行の将来伝承として取り込まれたことが推定され、その伝承が、当時西国三十三所巡礼開創縁起として存在していた三十三度行者系の縁起に影響を与え、複合がおこったと考えた。一方で、近世初頭における温泉寺清涼院縁起が果生の縁起として新たに展開するのに並行して、この縁起を西国三十三所巡礼の開創縁起として改変したものが独立して成立する。同時に中山寺系の縁起と複合したものが、法華経供養譚をもった縁起である。

さて、独立してみられる、あるいは、中山寺系の縁起と複合して現われる法華経供養譚の成立の背景は、尊恵・性空などが閻魔王宮の法華経供養に招かれ、何物かを将来するという伝承の広がりのなかで捉えていく必要がある。この伝承は、女人救済経典として知られる『血盆経』や、大阪府八尾市常住光寺の「万人講縁起」というものの将来縁起など、複数の資料にみられ、西国三十三所巡礼の開創縁起に関していえば、談義本のなかで西国三十三所巡礼開創に関わる諸伝承が集約されたものの一つとしてあらわれる。このことから、温泉寺清涼院の伝承がいったん唱導の場に持ち込まれ、そのなかでさまざまな「物」の将来伝承として派生していく内の一つとして、法華経供養譚をもつ西国三十三所巡礼開創縁起があると考えた。

第二章は、西国三十三所巡礼開創縁起を検討した。この縁起は、まず三十三度行者によって民衆を巡礼行へと結縁させる目的で作成された巡礼行の初発と利益を説く縁起であった。この縁起は、中山寺において三十三度行者のもつ熊野信仰から中山寺独自の太子信仰に基づいたものに組み替えられる。そして、三十三度行者の変質のなかで三十三度行者のもち伝える縁起にとってかわり、流布していく。一方で、唱導の場において、有馬の伝承を用いた西国三十三所巡礼開創縁起が作り出される。この縁起も一定の広がりをもって西国三十三所巡礼開創縁起として受け入れられている。すなわち、西国三十三所巡礼開創縁起は、三十三度行者系と、それを改変した中山寺系、そして、有馬の伝承に基づいた法華経供養譚系の三つの系統があるのであり、それぞれの縁起の成立の背景と担い手は異なっているのである。

第三章「縁起の語り」は、第一章・第二章を受け、縁起の示す利益の唱導がどのようにしておこなわれたのかという個別の事例を報告している。

第一節「奪衣婆をもつ聖」では、近世初期の「築城図屏風」に描かれた、奪衣婆の像を首からさげ、勧進柄杓をもってその利益を唱導する聖の姿を、奪衣婆信仰のなかで検討した。

第二節「滋賀県大津市坂本聖衆来迎寺のエンギトギ」では、表題の聖衆来迎寺の虫干会に合わせて昭和四十四年(一九六九)までおこなわれていた十王図の絵解きの実態について、写真資料と聞き取りを中心として明らかにしている。

第三節「聖衆来迎寺の虫干会と『霊宝略縁起』」では、聖衆来迎寺の虫干会において、本堂や客殿で開帳される多くの寺宝を同寺蔵の『霊宝略縁起』と比較し、虫干会で開帳される寺宝が、聖衆来迎寺の縁起を寺宝という物を通して表現していることを示した。

資料では、第一章から第三章に関わる文献資料と聞き書きを報告している。

本書では、第一章において、有馬温泉寺の縁起を中心として、その形成と展開、他寺院への伝承の伝播について、温泉寺の歴史的な展開のみならず、伝承の質的な変容をも踏まえて明らかにしている。第二章では、西国三十三所巡礼開創縁起を中心として、多様な姿をみせる縁起を、縁起の利益という側面から整理し、大きく三つの類型に分けられることを明らかにした。そして、その背景には、三十三度行者の活動があり、三十三度行者の変容に伴って新たな類型が生み出され、流布していくことを示した。第三章においては、縁起を用いた唱導のあり方を具体的な資料から報告している。縁起が用いられるなかでどのように変容していくかということについて、その背景を含めて検討している。

註

（1）櫻井徳太郎「縁起の類型と展開」（櫻井徳太郎・萩原龍夫・宮田登編『日本思想大系』二〇 寺社縁起、岩波書店、一九七五年）。

（2）橋本章彦「新しい縁起研究に向けて」（堤邦彦・徳田和夫編『寺社縁起の文化学』森話社、二〇〇五年）。

（3）藤巻和宏「寺院研究の古層」（小林真由美・北條勝貴・増尾伸一郎編『寺院縁起の古層―注釈と研究―』法蔵館、二〇一五年）。

第一章　有馬温泉寺縁起の形成・展開・伝播

第一節　有馬温泉寺縁起の形成

――等身薬師石像をめぐって――

はじめに

有馬温泉は神戸市北区にある。都に近く、古くは舒明天皇や孝徳天皇の行幸があることが『日本書紀』[1]にみえ、また、白河上皇や藤原道長などをはじめ、都からもさまざまな人びとが湯治に訪れる温泉地であった。この有馬温泉の中心的な寺院である温泉寺（以下、単に温泉寺と呼ぶ場合は、この寺院を指す）は中世には湯屋の経営にも関わっており、そのなかでさまざまな伝承を残している。また、湯治に訪れた人びとが縁起の絵解きを聴聞したり、時には縁起を借り出して閲覧する者もあった。また、湯治に訪れた貴紳によって連歌が催されるなど、広い人びとの信仰を集めるとともに、有馬温泉での交流の中心ともなる寺院であった。

温泉寺縁起の研究は、西尾正仁氏「有馬開湯伝説と勧進集団」[2]をはじめとして、問屋真一氏「縁起からみる中世の有馬」[3]、米山孝子氏「行基の有馬温泉寺草創説話と温泉寺縁起」[4]、海野眞氏「中世における湯治と温泉信仰について―摂津国有馬温泉を中心にして―」[5]などの論考がみられる。また、温泉寺において絵解きに用いられた「温泉寺縁起絵」についても、梅津次郎「有馬温泉寺絵縁起に就いて」[6]、美濃部重克「有馬温泉寺縁起」[7]などの研究がおこなわれており、近年では、縁起絵と縁起との関連を考察する藤原重雄氏「有馬温泉寺の縁起絵をめぐって―掛幅本と絵巻―」[8]をはじめとする一連の論考がある[9]。このように、温泉寺と温泉寺縁起については、歴史学・国文学・民俗学といった多方面から研究がおこなわれており、そのなかで、中世から近世にかけての縁起の展開、勧進唱導活動との関わり、あるいは絵解きの実態についての検討が深められてきた。

さて、これまでの温泉寺縁起の研究では、在地との関わりを豊富に含む宝徳四年（一四五二）の瑞渓周鳳による有馬温泉の湯治の記録『温泉行記』所収縁起[10]を中心として、考察がすすめられてきた。西尾正仁氏は「有馬開湯伝説と勧進集団」[11]において、特に行基の温泉寺創建譚と尊恵の蘇生譚を分析し以下のように述べる。承徳二年（一〇九八）の洪水の復興のために有馬温泉に勧進集団が入り込んできた。一つは承徳二年を大きく下らない時期に流入し、温泉の開発・湯屋の経営などをおこなった集団で、その出自の正当性を示すために行基の開基伝承を作り上げた。そして、もう一つの集団が清澄寺にあった尊恵の集団であり、それは寿永二年（一一八三）から建久元年（一一九〇）の間に、寺門派の勢力の下におかれた清澄寺を追われ、有馬に来て勧進活動をおこない、尊恵蘇生譚と地獄から持ち帰った法華経を埋納するという後日譚を作り出し、温泉寺の再興に深く関わったとし、このような集団によって二世安楽の地として有馬温泉は位置づけられたのだ。このような明快な構図を提示している。

問屋真一氏は「縁起からみる中世の有馬」[12]において、西尾氏の説を部分的には大きく受けながら、有馬温泉にみられる中世までの縁起を整理し、それを、行基の温泉寺創建縁起、女躰権現の垂迹縁起、尊恵の蘇生譚・後日譚、仁西の有馬再興縁起と四つに分類し、室町期を中心としてそれぞれの要素の位置づけをおこなっている。それによれば、有馬温泉の守護者としての行基、有馬温泉の独自の秩序を保証するものとしての女躰権現、有馬に如法経信仰を根づかせるための尊恵蘇生譚と後日譚があり、十五世紀までに力を持った木地師の集団によって担われた仁西の温泉再興縁起があるとしている。どちらの論考も『温泉行記』にみられる温泉寺縁起の枠組みを基本として考察がおこなわれているが、二者の説には少なからぬ相違がある(13)。

ところで、この『温泉行記』所収の縁起は十五世紀半ば時点のものである。次節で詳しく述べるが、尊恵蘇生譚についてみただけでも、それ以前の縁起とはかなりの変容がみてとれる。一方で、この縁起自体は中世における温泉寺縁起のなかでは、最もまとまったものであることは確かであり、この縁起を有馬温泉寺の縁起の基準とすること自体は、適当な選択であるといえるだろう。

しかし、この縁起に依拠することによって、その他の縁起の特徴や、この縁起をも含めた縁起の変遷の過程を見失ってしまうという危険をはらんでいる(14)。この点において大きな問題を有しているともいえるのである。実際に両者ともこの『温泉行記』所収縁起を基準として固定化するあまり、温泉寺縁起の形成と変容の過程を見失い、それぞれの要素の分類や位置づけがかなり恣意的になっている面があることは否めない。『温泉行記』所収縁起は、温泉寺の縁起のなかで目安となるものであることは確かであるとしても、その内容を相対化し、温泉寺縁起をその変容のなかで捉えていかない限り、その位置づけや性格を明らかにすることはできないであろう。

本節においては、『温泉行記』所収縁起以前の縁起、すなわち、十巻本『伊呂波字類抄』所収「温泉三和社縁起」と、「温泉山住僧薬能記」を主たる考察の対象とする。そして、特にこれらの縁起内における「等身薬師石仏像(15)」とその垂迹に着目して、両者の共通点と相違点を再度明確にし、その上で二者の縁起の性格とその主張するところを明らかにしたい。

一　温泉寺縁起

1　中世の温泉寺縁起

現在、中世の温泉寺縁起としてまとまったものとして、以下の六つの資料を挙げることができる。
①「温泉三和社縁起」　十巻本『伊呂波字類抄』所収　十巻本『伊呂波字類抄』は鎌倉初期までに成立。
②「行基菩薩昆陽寺を建立の事」『古今著聞集』所収　『古今著聞集』は建長六年(一二五四)成立。
③「温泉山住僧薬能記」　弘安二年(一二七九)写(書陵部本)、弘安四年写(醍醐寺本)。
④『山家要略記』所収縁起　『山家要略記』は鎌倉末成立。
⑤『温泉行記』所収縁起　享徳元年(一四五二)成立。
⑥「温泉寺復興勧進帳」　享禄二年(一五二九)成立。

縁起①から縁起⑤は、相互に関連をもっている。縁起③「温泉山住僧薬能記」は、一見すると①の「温泉三和社縁起」の前後に縁起④の『山家要略記』所収縁起を付加した形式をとっている。なお、縁起④は、大きく二種類の縁起からなり、一つは、「扶桑名月集」「行基菩薩巡礼記」といった資料を出典とする行基による鎮守女躰権現の勧請縁起、一つは、弘仁十年(八一九)の年紀をもつ「温泉山縁起」である。縁起⑤『温泉行記』所収縁起は、縁起②の展開したものである。また、縁起②「行基菩薩昆陽寺を建立の事」は、縁起③・縁起④の「温泉山縁起」を行基の昆陽寺創建譚として特立させたものである。縁起⑥「温泉寺復興勧進帳」は他の縁起と性格が異なり、温泉寺如法堂縁起(『冥途蘇生記』後半部に関わる伝承)の展開したものである。

2「温泉三和社縁起」

ここで縁起①「温泉三和社縁起」の構成をみておくことにしたい。十巻本『伊呂波字類抄』(16)九 由「諸社」の項に収録されている縁起がそれである。以下、全文を引用する。

温泉三和社　摂津国有馬郡坐

旧記云、大神・湯泉・鹿舌三像大明神者、是一躰分身也、故名号三和社、崇神天皇御宇之時七年、始被定置神戸、載天慶八年交替帳、三和夫大明神、為鎮護国家、為利益衆生、借名権現、垂跡此土、或権現隠身、或示医王像、従身中出温泉、眼前療病源、薬有効験、ここ、

日本紀云、孝徳天皇三年十月、幸有馬温湯、左右大臣群卿ここ、

行基菩薩草創此温泉、令一切衆生為云除病延命云々、即書如法経、奉埋温泉底云々、

地獄穴事

古老云、神殿巽方有穴、号之地獄穴、弘深各二丈余、凡生命之類、入此穴者、不損命、其証于今不絶云々、

参詣輩有三禁忌事

第一、白馬並白駮馬不参向、第二、男女重房内事、有月事、第三当任国司不参詣、潔斎奉幣之後、房内之外不忌肉食云々、

古老云、此湯明神者、東方浄土薬師如来之垂跡也、随温泉底有石仏像、其身等身薬師如来像也、自在左右脇出温泉、承徳年中、雷雨洪水以後、不奉見尊容云々、

造陰形置社辺事

古老云、参詣之輩、先造件物形、置社頭、是定習也、温泉明神令受婦女之姿給云々、近則故入道太政大臣雅―（実）、被参詣之時、造置件形之条、尤不得心事也、随見取弁畢、其後人々有夢告、如元被造畢、

これをみると、「旧記」「日本紀」、あるいは「古老」の伝承などを引用しながら、大きく温泉三和社の縁起と行基の温泉草創、地獄穴、三禁忌、石像薬師、三和社に陰形を奉納することなどを述べている。より詳細にみると、

㋐温泉三和社＝大神・湯泉・鹿舌の三神で一体。薬師如来の姿となって、湯を湧き出させ病を治す。

㋑行基が除病延命のため温泉を草創。如法経を書写し、温泉の底に埋める。

㋒地獄穴。生物が入ると必ず命を落とす。

㋓三禁忌。白馬・白駮馬は地内に入ってはならない。男女の性交禁止、月経中の入浴禁止。現任の国司は参詣してはならない。奉幣後は、性交は禁止だが、肉食は許す。

㋔泉源の底には等身の薬師石像があり、その両脇から湯が湧き出ている。承徳年中（一〇九七～九九）の水害で見えなくなる。

㋕温泉三和社への参詣者は、陰形を奉納するのが定めとなっている。源雅実（康平元年〔一〇五八〕～大治二年〔一一二七〕）によって禁止されたが、後に霊夢があり、元のようにおこなわれることとなった。

というように、おおよそ六項目からなっている。

３「温泉山住僧薬能記」

弘安二年（一二七九）に温泉山の薬能という僧によって写された縁起③「温泉山住僧薬能記」[17]では、次のような縁起が展開している。

昔行基菩薩、向有馬温泉之間、武庫郡内有一病者、臥山中、行基問云、汝依何患方如斯哉、病者答云、為療病痾欲赴温泉、筋力尫羸難達、飲食既絶漸及数日、願聖人、忝施恵慈助我身命、於是行基与粮止病者、々々云、自非鮮魚者不能以食矣、因茲行基至長州浜、求得魚肉令与病者、々々云、調其味宛其膳、仍和塩梅欲勧病者、聖人先試其気味、以食魚肉、行基嘗之試之美也、予(既カ)赴食之宜補病飢、乍臥地上食于懐中、病者又云、身煩瘡求湯之効験、汝実為聖人者、舐我膚扶此病、其躰如焼爛、其香多臭穢云、然而慈悲至深、相忍舐之者、其崩膚則紫磨金色也、望其形貌亦薬師如来也、其時仏告曰、我是温泉之行者也、為試聖人之慈愛、仮現病者形躰、言訖而去、忽然無跡、行基当其時成誓願之、建立堂舎、安薬師、必示勝地、崇其跡、温泉山住僧薬能、伝聞往事、粗記大概矣、

弘仁十年八月七日

旧記云、参詣之人、奉幣之後、念観音宝号、誦薬師真言、強不専持斎、不憚肉食云、是慈悲広大、療病基也、凡是温泉詣人、現世得除病延齢之益、来生証阿耨菩提之果者、洗垢穢之身、新受金色之膚、且所示之相是也、

天慶八年　月　日

三禁忌事

第一、白馬白駮馬不参向

第二、男女重忌不参向

第三、当任国司不参向

潔斎奉幣之後、宮内之外、不忌肉食之、意趣先顕畢、行基菩薩奉書如法経、奉埋温泉之底、又等身薬師石仏像其底御坐、自其左右脇出温泉云云、弘(承カ)徳年中霖雨洪水之以来不奉見其尊容、

三所大明神御躰事

一所　温泉女躰　東方浄土薬師垂跡
一所　三和大明神　毗盧舎那俗躰
一所　鹿舌大明神　千手観音女姿躰

問何故号武庫山、答武庫山名有本縁、此山即広田神領、所謂九万八千町是也、昔広田明神征罰新羅、其時兵具、帰来之後納此山、仍号武庫也、

摂州有馬温泉事

此温起（ママ）其初無所見、但日本記（紀）云、孝徳天皇三年十月一日、天皇温泉部有行幸、大臣公卿其員つかうまつり給、同十二月晦日、自温泉還天武庫郡の行宮にとゝまり給といゑり、

女躰権現垂跡事

温山に神御坐す、これを女躰権現と申、大和国に御坐三輪明神のわかれなり、古老伝云、昔彼三輪社の氏人、事のたかいめありて、本所をうかれ、松山えまとい来る事あり、年月おへて自然に有つきにけれと、我神わかれたてまつりぬることをかなしみて、おのか家ちかく大椙二本をひたる所をしめて、かたのことく社おつくりて、三輪明神おふりたてまつる、則男女ふたはしらの神是也、其後誠をいたしてあかめたてまつるに、其しるしあらたになり、ついに一郊の霊社お成て、あふきたてまつらぬ人なし、かゝる程に、此の社のかたはらに、鹿舌の明神と申す女躰神います、三輪明神これを妾として、しきりにかよひすみたまふ、其時女躰権現此事を不安、かくれなむとおほして、かの松山の社を出て、すむへきところをもとめ給ふあひたに、温山の入くちにいたりて、おほきなる木のしたにやすみ給ひけり、いまおほまつりとて、さとの人まつる所これなり、于時行基菩薩もろもろの人をたすけむかために、この温泉に尋来て、庵おむすひて経をかき給ふ程に、おのつから見あひ給ぬ、此神の御

かたち、なへてならすめてたくいますことをあやしみて、誰人のかくてをはすなるぞ、なのり給へと申給へハ、権現事の有様をありのまゝにかたらせ給、行基菩薩申たまハく、若つゐに本所にかへりたまふましくハ、ねかはくは此山にとまりて、且ハ出湯を守、且は病者をたすけ給へ、しからは我あかめたてまつりて、威光おましたてまつらむと申給ふ、権現この御かたらひによりて、温泉のかたはらにはじめて宮ゐし給、其時三輪明神鹿舌より帰て、松山の本社を見給ふに、女躰権現いまさす、おとろきてしろきかさをき、白羽のやをゝい、夏毛の行縢をはき、白あし毛の馬にのりて、野のすゑ山の中、いたらぬくまなくたつねもとめ給ふに、此山に尋来給とき、かみなりいなひかりし、雨風あらくしてつねのそらにゝす、三輪明神あやしくおほして、しゐてたつねいたりて、ついに見あひ給ぬ、権現おほきにいかりてのたまはく、もとは夫婦なりといゑとも、今はかたきなりとて、身の装束よりはしめ、馬鞍にいたるまて、ちりはいのことくゝたきすてゝ、山うちをゝい出し給、明神なたむるちからなくて、本社にかえり、彼の鹿舌の明神とあいすみ給ふ、これより女躰権現この温泉のぬしとして、霊験あらたなりといへり、白笠・白羽矢・夏毛行縢・葦毛の馬、これらをはゝかる、かのときのものゝくは《（ママ）》なるによりて、これを見給ふによりて、悪心をおこしたまふゆえなりとかたりつたへたる、近来まてこれらのたくひこの山えいるとき、かならすそのたゝりあり、いまはおのつから見ゆれとむ《（もカ）》、かならすしもそのとかめなし、法施おほくつもり、悪念たいらき給へるか、但たゝりなしとてをかすへからす、神慮はかりかたきゆえなり、

温泉山住僧薬能記

弘安二年九月廿一日、下向有馬温泉之間、以当社禰宜僧之本、於炬下馳筆了伝々、

弘仁十年（八一九）八月七日の年紀をもつ縁起（以下、「弘仁十年縁起」と呼ぶ）、天慶八年（九四五）の年紀をもつ「旧記」（以下、「天慶八年旧記」と呼ぶ）、「日本記《（紀）》」等の書を引用して、おおよそ以下の項目が述べられている。

ⓐ行基の温泉寺創建　「弘仁十年縁起」　有馬温泉に向かう途次、薬師の化身の病者にあい、その導きにより、(温泉)寺を建立する。
ⓑ入湯の利益　「天慶八年旧記」　奉幣後、観音の称名、薬師の真言を唱えれば、肉食を憚らない。入湯者は、現世では除病、来世では悟りを得る。
ⓒ三禁忌　三禁忌、行基が泉源に如法経を埋める、石像薬師の両脇から湯が沸き出す。
ⓓ鎮守の本地　「三所大明神御躰事」　祭神温泉女躰・三和大明神・鹿舌大明神とその本地。武庫山の由来。
ⓔ史料上の初見　「摂州有馬温泉事」　孝徳天皇の行幸。
ⓕ行基の鎮守勧請譚　「女躰権現垂跡事」　女躰権現と三輪明神は夫婦であったが、三輪明神は在地の神鹿舌明神と密通する。それを知った女躰権現は社を出て、おもむくべき所を探していたところ、女躰権現は行基といきあい、有馬温泉にとどまり、「温泉のぬし」となる。

「温泉三和社縁起」とその構成を比較すれば、「温泉山住僧薬能記」は、「温泉三和社縁起」の冒頭にⓐ「弘仁十年縁起」を付加し、末尾にⓕ「女躰権現垂跡事」を付加した縁起だといえよう。いわば、「温泉三和社縁起」を二つの話柄で挟み込んだものが「温泉山住僧薬能記」なのである。

二　「弘仁十年縁起」と「女躰権現垂跡事」

ここで「温泉山住僧薬能記」において新たにあらわれた話柄である「弘仁十年縁起」と「女躰権現垂跡事」について、その内容と関連説話について確認しておきたい。

1 「弘仁十年縁起」

「弘仁十年縁起」は、温泉寺の開創縁起である。行基が、有馬温泉に向かう途次で武庫の山中に臥す病者に出会った。病者は、療病のために有馬温泉に向かったが動けなくなって数日という。行基は、病者の救命の願いを聞き入れ、食物を与えようとすると、病者は、「鮮魚」でなければ食べられないという。行基は、長洲浜で魚を求めて、それを自ら調理した。病者は、行基に「試其気味」と求め、行基は「食魚肉」し、その味を確かめた。食事の後、病者は、瘡病に苦しむ自らの膚を舐めて苦痛を和らげよ、と求める。病者の体は「如焼爛」「多臭穢」かったが、行基は慈悲心によってその膚を舐めた。そうすると、病者の膚は「紫磨金色」となり、薬師如来の姿をあらわしたのであった。

薬師如来は、「温泉之行者」であって、行基の慈愛を試みようとして病者の姿をあらわしたのだと告げる。行基は、勝地を示してくれるならばかならず薬師を祀る堂舎を建立しようとの誓願を発したというものである。(18) 行基が薬師如来の化身である病者の救済のために戒律を犯した、すなわち、薬師如来が病者救済のためには戒律を犯すことを許すという点に留意しておきたい。

さて、本節で参照している「温泉山住僧薬能記」は宮内庁書陵部蔵本であるが、藤原重雄氏によって弘安五年（一二八二）写の醍醐寺本の存在が報告された。(19) 醍醐寺本では、「弘仁十年縁起」の誓願部分以降が以下のようになっている。

其時成誓願云、建立堂舎安薬師像、欲崇其跡、必示勝地、仍向東方ニ投以木葉、止住艮乃木、就葉之所ニ致草創之功、銘シテ其題額号昆陽寺ト、是俗名屋（マヽ）之児寺、■（爾）往年有千手観音□〔過カ〕寺門、彼住持僧忽抱仏像、奉安堂舎、行基菩薩建四十九院是其一也、故造顕彼菩薩□〔肖カ〕像、奉安于仏壇之傍、温山住僧薬能伝聞往事ヲ粗記大概、謹言、

弘仁十年八月七日

行基は、誓願を発し、薬師の導きによって「屋之児寺」（昆陽寺カ）を建立したこととなっている。これは、『古今著聞集』所収「行基菩薩昆陽寺を建立の事」（縁起②）に、

其《その》時上人願を発《おこ》して、堂舎を建立して、薬師如来を安置《あんぢ》せんと願し、其《その》跡を崇《あがめん》と思ふ。必勝地をしめせとて、東に向《むかひ》て木葉《このは》を投給《なげたまふ》正良の木。即《すなはち》其《その》木葉の落《おつる》所を其《その》所とて、いまの昆陽寺《こやじ》は建《たて》給へるなり。畿内に四十九院を立《たて》給へる其《その》一也。

とあるところと対応する。いずれも昆陽寺の建立縁起となっている。

同様の伝承が、鎌倉中期成立の『山家要略記』所収「温泉山縁起」（縁起④）にみえる。

温泉山縁起曰、昔行基菩薩住二摂州武庫郡昆陽寺一俗曰二穴屋寺一、千手観音霊場也、有時行基趣二向温泉ニ一之間ニ見ル三一人病者臥セルヲ二山中ニ一、行基問曰、汝依二何患一今在二此所臥ソヤ二路頭ニ一、答曰、為ニレ療セムカ二病痾ヲ一欲スレ趣ムト二温泉ニ一、而筋力羸疲シテ難レ達二先途一、飲食既絶漸及二累日ニ一、願聖人恭施ク二慈悲ヲ一扶タスケヨ二助我身命ヲ一、行基以二粮食一与二病人一、々々曰、我非二鮮魚一不レ能レ食云云、行基自至二長州浜一得二生魚一与二病人ニ一、病者曰、能調二気味一須レ宛二其膳一云云、即調二和塩梅ヲ一勧ム二病者ニ一、病人曰、聖人先可レ試レ味ヲ、行基試レ之ヲ味ヒ最モ美也、宜レ補二病飢ヲ一、病者乍レ臥レ地ニ喰レ之、病者之身ニ有二毒瘡一、依レ患ルニレ之求ヲ二湯ノ効カウ験ヲ一、汝実為二聖人一者舐ネムレ二吾膚ヲ一扶二此痛ヲ一、病体如二焼爛一太以臭穢ナリ、然而慈悲慇重故忍ニテ二爛穢ヲ一舐ルレ之、其膚忽紫磨金色也、膽二礼スルニ其形貌一即薬師如来也、仏告曰、吾是住二温泉山ニ一、為レ試二聖人慈愛ヲ一仮ニ現ス二病人形ヲ一、言託畢テ忽爾トシテ無レ跡、行基当二其時一発レ誓曰、建二立伽藍一安セムト二薬師像ヲ一、願可レ示二其所一、言畢テ向二東方一投二木葉ヲ一、以二葉落所ヲ一可レ崇二霊地一之故也、即点シテ二葉落砌ヲ一建二精舎一号二温泉寺一、

弘仁十年八月七日記レ之已上、

行基が昆陽寺に住していたときのこととして記述がはじまる。行基は昆陽寺から温泉に向かう。その途次、山中で

薬師如来の化身の病者に出会い、その薬師の導きで温泉寺を建立して終わる。このように、『山家要略記』所収縁起は、温泉寺縁起として矛盾なく成立している。

藤原氏は、「弘仁十年縁起」は、行基の昆陽寺創建譚から温泉寺創建譚へと展開する過程がみられると指摘しているが、必ずしもそう断言することはできないだろう。『古今著聞集』所収「行基菩薩昆陽寺を建立の事」は、先ほどの引用の冒頭からはじまり、その末尾に続いて、以下のように結ばれている。

畿内に四十九院を立《たて》給へる其《その》一也。天平勝宝元年二月に、御とし八十にておはりをとり給ふとて、よみ給《たまひ》けるうた、

法《のり》の月久しくもがなと思へども夜や深《ふけ》ぬらん光かくしつ

御弟子どもの悲歎しけるをき、給《たまひ》て、

かりそめの宿かる我を今更に物な思《おもひ》そ仏とをなれ

行基が建立した昆陽寺は、行基の四十九院の一つであることが示され、続いて行基の臨終の場面へと展開する。

近世のものではあるが、昆陽寺の縁起をみてみよう。元禄三年（一六九〇）跋の『伽藍開基記』(20)では、

摂州川辺《カハナベ》郡有《ニ》二蘭若一、乃《チ》行基菩薩開創之《ノ》所、五畿之《ノ》内、四十九所之《ノ》一《也》也、開山名《ハ》行基姓《ハ》高志氏、……、時《ニ》本朝四十五主聖武帝《ノ》天平五年、就《テ》二当地一《ニ》創《テ》二精藍一《ヲ》、手《ラ》造二薬師仏《ノ》像一《ヲ》以《テ》安レ之、又造二十一面大悲及《ヒ》梵釈二天《ノ》像一《ヲ》置二殿中一《ニ》、時《ニ》聖武皇帝、聞二其《ノ》興造一《ヲ》、賜二工粮若干一《ヲ》、遂《ニ》成二大伽藍一《ト》、号《シテ》曰二崑崙山昆陽寺一《ト》、……、惜《ラクハ》天正年間罹《テ》二寇火一《ニ》、悉《ク》為《ル》二煨燼一《ト》、後於《テ》二遺址一《ニ》搆二小宇一《ヲ》、置二本尊及《ヒ》開山《ノ》像一《ヲ》

と述べられている。この縁起は、摂津国の地誌『摂陽群談』にも引用され、近世の縁起の基本的なものとなっているが、元禄期の縁起では行基の病者の救済などには一切触れられていない。この時代までに縁起の変容があった可能性

は否定できないが、むしろ『古今著聞集』においては、「薬能記」や「温泉山縁起」と同様のテキストを参照しながらも、行基伝としての情報を盛り込もうとしたがために昆陽寺の創建と改変された、と考えた方が妥当ではないだろうか。(21) このようにみれば、この伝承は、行基の温泉寺創建伝承であったものが、行基の事績としてより一般的な四十九院の創建、そして、その一つである昆陽寺の創建伝承へと改変されたものであるとみることもできよう。縁起の展開としても、「温泉」へ向かった行基が温泉の効験を求めながら行き倒れている病者を助け、その結果として温泉とは逆方向である昆陽寺を示されるというよりは、「薬能記」や『山家要略記』所収縁起にみえるように、行基は、温泉へ向かったのであるから、その結果として温泉に薬師如来を祀る寺院を建立する、という方が順当であろう。

次いで、「女躰権現垂跡事」を確認しておく。

２「女躰権現垂跡事」

女躰権現は、大和三輪明神の分かれで、摂津国松山庄の三輪社(22)に三輪明神と夫婦として祀られた神であった。ところが、夫の三輪明神は、鹿舌明神(23)を妾として通い住むようになった。女躰権現は、それによって松山の社を出で、住むべき所を探し休んでいると、人びとの救済のために有馬温泉にいた行基と出会った。女躰権現は行基にことのわけを話すと、行基は、有馬温泉に留まって「且ハ出湯を守、且は病者をたすけ給」と願い、女躰権現は有馬に鎮座することになった。

夫三輪明神は、鹿舌明神のところから戻ると妻がいない。三輪明神は妻を探し、湯山にいたったところ、女躰権現は、「もとは夫婦なりといゑとも、今はかたきなり」と三輪明神を追い返した。三輪明神は妻をなだめることができず、松山の社で鹿舌明神と暮らすことになったという。これ以後、女躰権現は、「温泉のぬし」となった。

女躰権現は、この縁起のなかでは、三輪明神・鹿舌明神を排除し、「温泉のぬし」すなわち、有馬温泉の鎮守となっている。この行基による女体権現の勧請縁起は、『山家要略記』「三輪明神与㆓温泉女神㆒夫婦事」に『行基菩薩巡礼記』というものを引用して述べられる。[24] また、「三輪明神通㆓鹿舌明神㆒事」に『扶桑名月集』を引用して述べられる。『行基菩薩巡礼記』所収とされる伝承では、摂津国の温泉女神と大和国三輪明神が夫婦であり、三輪明神は、紀伊国玉津嶋明神のもとへ通うにようになったために、温泉女神は、大和の三輪社を去って「摂州之松山」に移ったという。三輪明神は、「温泉之羈宿」を尋ねたが、女神の忿怒のために会うことはできなかった、とされている。

『扶桑名月集』所収縁起では、次のようにある。

　扶桑名月集曰、摂州温泉女神与㆓和州三輪明神㆒元是夫婦之神也、両㆓神同届《イタル》㆓摂州松山麓《ニ》㆒、彼処元《ヨリ》在《ス》㆓女神㆒、号㆓鹿舌明神㆒矣、三輪明神密以会《アイ》㆓約《チキル》鹿舌明神㆒之間、女神嫉妬之余避《サリ》㆓辞《シテ》松山《ヲ》㆒浮㆓浪《ス》山口路《ノ》頭《ニ》㆒、于㆑時行基菩薩経行之間、於㆓山口頭《ニ》㆒見《ル》㆓容貌端正《ノ》女人《ヲ》㆒、行基菩薩問曰、汝誰人乎、女人対曰、吾是流浪之寡女也、更無下可㆓留止㆒之処上云云、菩薩曰、此山中有㆓温泉霊処㆒移《ウツリマセ》㆓徙彼地《ニ》㆒、女神感懐而則遷住、今温泉山是也已上、

すなわち、温泉女神と三輪明神が夫婦であり、両神が摂津松山[25]にいたったところ、三輪明神は鹿舌明神のもとに通うようになった。温泉女神は、嫉妬のあまり松山の地を去り、放浪していたが、山口[26]で行基菩薩にいきあい、有馬温泉に遷り住むことを勧められ、有馬温泉の鎮守となったという。「温泉山住僧薬能記」よりも簡潔であるが、地名の地理的な位置関係も正確であり、同様の資料を参照したものとみられる。

さて、「弘仁十年縁起」と「女躰権現垂跡事」は、「温泉山住僧薬能記」に冒頭と末尾を構成する話柄であるが、『山家要略記』に、「温泉山縁起」として独立して収載され、また、『古今著聞集』にもこの縁起が収載されることなどから、本来は独立した縁起であるとみてよいだろう。それは、温泉山の薬能という僧によって著されたことになってい

る。その内容は、末尾が昆陽寺の創建縁起となっているところに複雑さがあるものの、有馬温泉という場で捉えるならば、後述の病者救済と肉食不忌の根拠となる縁起と位置づけることができる。

「女躰権現垂跡事」は、『扶桑名月集』や『行基菩薩巡礼記』という文献に収録されていたものが、『山家要略記』のなかに引用されている。「温泉山住僧薬能記」では仮名で記されており、「温泉山住僧薬能記」中の他の話柄との差が際だっている。その内容は、行基によって女躰権現が有馬温泉の鎮守として招かれた経緯を語る縁起であり、その原因は、夫三輪明神の密通によるものであるとされている。後述の有馬温泉の鎮守社の祭神の本地と関わって重要になる要素である。この縁起も、やはり独立した伝承として存在したものが「温泉山住僧薬能記」の末尾に付加されたものであろう。

一方で、「弘仁十年縁起」と「女躰権現垂跡事」両者の縁起は、『山家要略記』という天台神道の教理書に一群の三輪明神説話の一部として引用されているというように、有馬温泉を介して密接な関わりのある伝承として認識されていたことを示しているだろう。これらの伝承が天台系の宗教者の手にあり、それぞれ独立した伝承として位置していたことにも留意しておきたい。

三　「温泉三和社縁起」と「温泉山住僧薬能記」

前項では、「温泉三和社縁起」と「温泉山住僧薬能記」及び、その他の温泉寺縁起に関連する資料についてみてきた。温泉寺縁起に関わる資料は、形式面・内容面において相互に連関をもっていることが明らかになった。本項では、「温泉三和社縁起」と「温泉山住僧薬能記」に着目して検討をおこなうこととする。

表1は、上段に「温泉三和社縁起」縁起を話柄1〜話柄6（1〜6は資料での記述順）に分け、縁起中に記される順に並べた。下段には、「温泉三和社縁起」の話柄1〜話柄6に対応する「温泉山住僧薬能記」の話柄a〜話柄f（a〜fは該当資料での記述順）を、「温泉山住僧薬能記」の記述の順序を無視して配置した。記号ϕは、該当の話柄がないことをあらわしている。また、一つの話柄を比較したとき、その配置が分割される場合（話柄cなど）、枝番を付して対応関係を明確にした。すなわち、表1は、「温泉三和社縁起」を基準にして「温泉山住僧薬能記」の話柄を再配列したものである。以下、この表をもとに両者の縁起の比較をおこなっていきたい。

表1　「温泉三和社縁起」と「温泉山住僧薬能記」の比較

話柄	順序	「温泉三和社縁起」	順序	「温泉山住僧薬能記」
温泉神社の祭神と本地	1-1	旧記云、大神・湯泉・鹿舌三像大明神者、是一躰分身也、故名号三和社、崇神天皇御宇之時七年、始被定置神戸、載天慶八年交替帳、	d-1	三所大明神御躰事／一所　温泉女躰　東方浄土薬師垂跡／一所　三和大明神　毗盧舎那俗躰／一所　鹿舌大明神　千手観音女姿躰
等身薬師石像1	1-2	三和夫大明神、為鎮護国家、為利益衆生、借名権現、垂跡此土、或権現隠身、或示医王像、従身中出温泉、眼前療病源、薬有効験、ここ、	ϕ	ϕ（本地との関連では記述されない）
武庫山の由来	ϕ	ϕ	d-2	問何故号武庫山、答武庫山名有本縁、此山即広田神領、所謂九万八千町是也、昔広田明神征罰新羅、其時兵具、帰来之後納此山、仍号武庫也、
有馬温泉の初見	2-1	日本紀云、孝徳天皇三年十月、幸有馬温湯、左右大臣群卿ここ、	e	摂州有馬温泉事／此温起（ママ）其初無所見、但日本記云、孝徳天皇三年十月一日、天皇温泉部有行幸、大臣公卿其員つかうまつり給、同十二月晦日、自温泉還天武庫郡の行宮にとゝまり給といゑり、

行基の如法経埋納	2-2	行基菩薩草創此温泉、令一切衆生為云除病延命云々、即書如法経、奉埋温泉底云々、	c-2	行基菩薩奉書如法経、奉埋温泉之底、
地獄穴の事	3	地獄穴事／古老云、神殿巽方有穴、号之地獄穴、弘深各二丈余、凡生命之類、入此穴者、不損命、其証于今不絶云々、	φ	φ
三禁忌	4	参詣輩有三禁忌事／第一、白馬並白駮馬不参向、第二、男女重房内事、有月事、第三当任国司不参詣、潔斎奉幣之後、房内之外不忌肉食云々、	c-1	三禁忌事／第一、白馬白駮馬不参向／第二、男女重忌不参向／第三、当任国司不参向／潔斎奉幣之後、宮内之外、不忌肉食之、意趣先顕畢、
天慶八年旧記（肉食を忌まず、入湯の利益）	φ	φ	b	旧記云、参詣之人、奉幣之後、念観音宝号、誦薬師真言、強不専持斎、不憚肉食云、是慈悲広大、療病基也、凡是温泉詣人、現世得除病延齢之益、来生証阿耨菩提之果者、洗垢穢之身、新受金色之膚、且所示之相是也、／天慶八年　月　日
等身薬師石像2	5	古老云、此湯明神者、東方浄土薬師如来之垂跡也、随温泉底有石仏像、其身等身薬師如来像也、自在左右脇出温泉、承徳年中、雷雨洪水以後、不奉見尊容云々、	c-3	又等身薬師石仏像其底御坐、自其左右脇出温泉云云、弘(承カ)徳年中霖雨洪水之以来不奉見其尊容、
社辺に陰形を置く事	6	造陰形置社辺事／古老云、参詣之輩、先造件物形、置社頭、是定習也、温泉明神令受婦女之姿給云々、近則故入道太政大臣雅｜、被参詣之時、造置件形之条、尤不得心事也、随見取弃畢、其後人々有夢告、如元被造畢、	φ	φ
行基による温泉寺創建譚	φ	φ	a	昔行基菩薩、向有馬温泉之間、武庫郡内有一病者、臥山中、……／弘仁十年八月七日
行基による女体権現勧請譚	φ	φ	f	女躰権現垂跡事／温山に神御坐す、これを女躰権現と申、……、神慮はかりかたきゆえなり、

1　話柄の順序

「温泉三和社縁起」と「温泉山住僧薬能記」の話柄を比較すると、両者は、中核的な内容を共有していることがわかる。しかし、「温泉三和社縁起」を基準としてみると、先にみたように、「温泉山住僧薬能記」の話柄a〜話柄fの内、話柄a、話柄fは「温泉三和社縁起」には存在しない。「温泉三和社縁起」と共通する話柄である話柄b〜話柄eも、話柄d—話柄e—話柄c—話柄bの順となり、さらに話柄cは分割され、記述の順序も前後している。このように、共通する話柄であっても、その記述の順序は大きく異なっていることがわかる。

2　「天慶八年旧記」と肉食不忌

「温泉山住僧薬能記」に独自の話柄は、前項でもみたように、冒頭と末尾にある「弘仁十年縁起」の行基の温泉寺創建譚（話柄a）と「女躰権現垂迹事」の行基の女体権現勧請譚（話柄f）である。その二つの話柄に挟まれるかたちで、「温泉三和社縁起」にみられる話柄がその順序を大きく変えながらあらわれる。このなかにも「温泉山住僧薬能記」新規の話柄がみられる。話柄bの天慶八年（九四五）の年紀をもつ「旧記」（「天慶八年旧記」）である。

「天慶八年旧記」では、療病の基礎として、三所大明神へ奉幣の後、観音の名号を念じ、薬師の真言を唱えれば持斎を求めず、肉食を忌まないことを宣言する。そして、入湯者の利益として、現世では除病延命を得、来世では悟りを得ることを述べる。そして、「洗垢穢之身、新受金色之膚」というように、垢で穢れた身を洗い流し、新たに金色の肌を得ることができるという。そして、それは、「且所示之相」とある。この「且所示之相」という文言にあらわれる「相」とは、話柄bに先立つ縁起冒頭の話柄aの行基の病者救済の伝承に求められるであろう。

前節でみたように、有馬温泉へ赴こうとしていた病者を助けるために、行基はみずから長洲浜へ赴き魚肉をあがな

い、その魚肉を調理して食し、肉食の禁を犯す。それに続いて病者は、「汝実為聖人者、舐我膚扶此病」と行基に求める。そして、

其躰如焼爛、其香多臭穢云、（中略）舐之者、其崩膚則紫磨金色也、望其形貌亦薬師如来也、

とあるように、行基が病者の病に膿みただれた体を舐めるとその肌が崩れて紫磨金色となり、薬師の姿を現した。「天慶八年旧記」は、話柄a「弘仁十年縁起」にみえる行基の行為を踏まえたものといえる。すなわち、話柄a「弘仁十年縁起」の行基の事績が、話柄b「天慶八年旧記」の肉食を忌まないことの具体的な根拠となっているのである。話柄b〜話柄eの一見すると「温泉三和社縁起」と同じにみえる部分は、新たな要素である話柄aと明確な連関をもってはじまるのである。

「温泉山住僧薬能記」は、話柄a「弘仁十年縁起」、話柄b「天慶八年旧記」に続いて、話柄c－1「三禁忌事」へと記述がすすむ。

話柄c－1は、「温泉三和社縁起」の話柄4「参詣輩有三禁忌事」と対応する部分である。いずれも、白馬・白駮馬の入山禁止、性交の禁止[27]、現任の国司の入山禁止という三つの禁忌に加えて、肉食不忌が記されている。両者ほぼ同じ内容が続くが、「温泉山住僧薬能記」では、肉食不忌について、特に「意趣先顕畢」という文言が添えられている。

話柄c－1の肉食不忌について記された「意趣」とは、「天慶八年旧記」と同様に、やはり話柄a「弘仁十年縁起」に根拠が求められる。話柄aにおいて、行基は、武庫の山中で「為療病痾欲赴温泉」としていた病者を救済するために、みずから長州浜で「鮮魚」をあがない、それを調理し、病者の求めに応じて「其気味」を「嘗之試之」ている。

話柄a〜話柄c－1までをみると、冒頭話柄a「弘仁十年縁起」のなかで述べられている行基の病者救済譚によって、話柄b・話柄c－1で述べられている入湯による病からの救済と療病のための肉食不忌が、根拠づけられていることが

わかる。

もちろん、「温泉三和社縁起」の話柄4の三禁忌の記述において、湯治者の肉食不忌は明確に記されている。しかし、この縁起のなかでは根拠は述べられていない。「温泉山住僧薬能記」では、「温泉三和社縁起」で主張されているにもかかわらず、根拠が不十分な肉食不忌の伝承を、話柄a「弘仁十年縁起」を核としながら、さらに話柄b「天慶八年旧記」という「史料」を導入し、行基の温泉寺草創の事蹟のなかに湯治者の肉食不忌を明確に根拠づけたといい得よう。

3　等身薬師石像と三所大明神の本地

肉食不忌に注目して、「温泉山住僧薬能記」の話柄aから話柄c−1まで検討した。「温泉山住僧薬能記」では、これに続いて、話柄c−2、話柄c−3で、行基が「温泉之底」に如法経を埋納したこと、「温泉之底」には、「等身薬師石仏像」が鎮座し、その両脇から湯が湧き出していることが述べられる。そして、話柄d「三所大明神御神躰事」として、祭神の本地が明かされる。ここまでを一連のものとして捉えることができるだろう。

話柄aにおいて薬師の示現によって行基は温泉寺を創建した。

しかし、有馬温泉の泉源には、行基の温泉寺創建以前から薬師如来が鎮座し、その両脇から湯が湧出している。有馬温泉の泉源は「等身薬師石仏像」によって象徴され、それは話柄aで「温泉之行者也」と行基に告げた薬師如来そのものでもあろう。その供養に行基が如法経を埋納したというのである。

次いで、話柄dでは、三所大明神の本地が明かされる。すなわち、「温泉女躰」（女躰権現）は薬師如来、三和大明神は毘盧舎那仏、鹿舌大明神は千手観音である。これによって、行基のもとに「温泉之行者」として現れ、温泉寺開創のきっかけとなった「等身薬師石仏像」は、三所大明神として祀られる三柱の神の内、筆頭に挙げられる女躰権現であることが示されたのである。

それでは、女躰権現はいかなる来歴をもつ神であろうか。それは、話柄f「女躰権現垂跡事」によって明らかとなる。話柄fでは、女躰権現は、三輪明神と夫婦であったものの、夫三輪明神が鹿舌明神と密通したがために、本社を出で放浪し、その結果として温泉で救済活動をおこなっていた行基に「おのつから」出会い、行基の勧めで「温泉のぬし」すなわち、温泉の鎮守となったのであった。さらに、妻を探し訪ねてきた夫三輪明神を「もとは夫婦なりといゑとも、今はかたきなり」と「山うちを、い出し」たのであった。

話柄c–2〜話柄dによって、有馬温泉の泉源に「等身薬師石仏像」が存在することが明かされた。それは、話柄aで行基を温泉へと導いた「温泉行者」＝薬師如来そのものとも理解できる。一方で、「等身薬師石仏像」は、有馬温泉の鎮守である三所大明神の内、女躰権現と同体である。その女躰権現は、行基の導きによって有馬温泉の主となったのであった。そして、他の祭神、特に主祭神と考えるのが相当の三輪明神とは「かたき」であるとされている。

すなわち、有馬温泉の泉源は、「温泉之行者」である「等身薬師石仏像」に象徴され、有馬温泉の始原は、薬師が温泉をもって人びとを救済するために行基を導いて温泉寺を創建したことにはじまる。そして、有馬温泉の鎮守は行基の温泉寺開基後に、行基によって有馬温泉に招かれた女躰権現であり、その女躰権現はまた、薬師如来なのであった。「温泉山住僧薬能記」の後半部分、話柄c–2〜話柄d・話柄fをみると、有馬温泉の泉源、温泉寺創建、鎮守女躰権現が、薬師如来によって連環した伝承となっている。そしてこの三者いずれにも行基が関与しているのである。

ここまでみたところで、薬師如来に注目して「温泉三和社縁起」と比較してみよう。

「温泉三和社縁起」では、冒頭の話柄1–1によって「湯泉三和社」の祭神が明かされる。それによれば、祭神は、三和大明神・湯泉・鹿舌大明神であり、その三柱の神は、「一躰分身」であった。次いで、話柄1－2によって、三和大明神の本地が薬師如来であり、身から湯を湧き出させていることを述べる。そして、話柄5によって、泉源に「等身薬師如来像」があり、その両脇から温泉が湧出していることが述べられる。同時に薬師如来の垂迹が「湯明神」であることも述べられる。

また、話柄1－1では、湯泉三和神社は、第十代崇神天皇七年に神戸が置かれ、天慶八年(九四五)の交替帳に掲載されている等、行基の事蹟をはるかに遡る極めて古い由緒と朝廷の崇敬を受けた神社であることを述べている。「温泉三和社縁起」では、「温泉山住僧薬能記」のように等身薬師石像と祭神の本地は、話柄1・話柄5というように一連の記述ではなく、その内容も重複があり焦点が定まらない。しかし、そこで主張されていることは、湯泉三和神社は、極めて古い由緒をもち、祭神は三柱の神であるが、主祭神三和大明神と一体である、そして、三和大明神の本地は薬師如来であり、有馬温泉の泉源は「等身薬師如来像」で象徴されている、ということである。そして、ここに女躰権現という神名はあらわれていない。

4　石像薬師からみた「温泉山住僧薬能記」と「温泉三和社縁起」

話柄の比較をおこない、「温泉三和社縁起」と「温泉山住僧薬能記」の性格の相違が明らかとなった。形式としては、「温泉山住僧薬能記」と「温泉三和社縁起」は共通している。しかし、そこで展開されている泉源の位置づけには大きな相違がある。

祭神とその本地をみると、「温泉三和社縁起」は、湯泉三和社の三柱の神は一体とし、本地垂迹の関係を用いて、主祭神三和明神を泉源の石像薬師と同体とする。さらに、行基の活躍した時代よりも遥か以前、崇神天皇の時代にまで遡る古い由緒を主張している。

対して、「温泉山住僧薬能記」は、三所大明神（温泉三和社）の三柱の神は一体ではなく本地を別々に配当する。そして、三柱の神の内、女躰権現こそが泉源の石像薬師であることを示している。これらの記述に続いて、末尾の話柄f「女躰権現垂跡事」では、祭神女躰権現・三和明神・鹿舌明神の関係が明らかにされる。女躰権現は、三和明神を「かたき」と呼ぶ。それは、三和明神の密通相手である鹿舌明神も同じであろう。女躰権現が他の神に対して特立され、その女躰権現こそが行基の招きによって温泉の鎮守、「温泉のぬし」となったのである。

温泉での湯治の際の肉食不忌、病者の救済に目を向けると、「温泉三和社縁起」ではそれらの根拠は明確にされていない。一方、「温泉山住僧薬能記」では、話柄a「弘仁十年縁起」に記された行基の温泉寺創建譚に関わる伝承を根拠としながら、「温泉山住僧薬能記」前半の話柄が展開していくというように、「弘仁十年縁起」を根拠として肉食不忌、病者の救済が位置づけられている。

このように、「温泉山住僧薬能記」は、冒頭に配置された「弘仁十年縁起」が、前半部の肉食不忌・病者救済の記述の根拠として機能し、後半部の石像薬師や三所権現の祭神の記述は、泉源の石像薬師と女躰権現の一体性を示すかたちで配置され、それらの記述は、末尾に配置された「女躰権現垂迹事」に述べられた行基の女体権現勧請譚において、より明確に根拠づけられる。

このように「温泉山住僧薬能記」は、一見雑多な記述の寄せ集めのようでありながら、冒頭と末尾の話柄を根拠とする前半・後半の話柄によって構成されており、明確な意図をもって「温泉三和社縁起」と共通する話柄の配置・改変がおこなわれている。それは、行基を招いた温泉行者薬師如来（温泉寺の始原）＝泉源の等身薬師石像＝行基の招いた女躰権現（鎮守の鎮座）の不可分性を示している。一方で、この伝承と矛盾する「温泉三和社縁起」にみられるような神社の古い由緒は記されない。

「温泉山住僧薬能記」に示される世界は、薬師如来―行基との関係性のなかに収斂され、鎮守女躰権現と泉源の帰属を温泉寺に帰一させている。(28)

このようにみると、他方の「温泉三和社縁起」は、有馬温泉の起源と泉源の帰属を湯泉三和神社に帰一させているといえよう。

二者の縁起は、似通った形態をとりながら、温泉の起源と泉源の帰属をまったく違った主体に求めており、対照的な内容をもった縁起となっているのである。

おわりに

「温泉三和社縁起」と「温泉山住僧薬能記」は、この後、「温泉山住僧薬能記」の伝承を引き継いだ『温泉行記』所収縁起へと展開していく。ここでは、「弘仁十年縁起」と「女躰権現垂跡事」に諸要素を組み込み、さらに尊恵の蘇生譚を付加した三部構成の縁起となっている。尊恵の蘇生譚は多様な展開をみせるが、温泉寺の縁起としては、『温泉行記』所収縁起の内容を基礎として近世を迎えることとなる。近世へと引き継がれていく縁起の形成という点では、その起点は「温泉山住僧薬能記」の成立となろう。

「温泉山住僧薬能記」にみえる、行基の温泉寺創建譚、行基の女躰権現勧請譚は、『山家要略記』では、「扶桑名月集」「行基菩薩巡礼記」「温泉山縁起」などを引用して記述されている。「温泉三和社縁起」とは別の場、別の立場で成立した伝承が、「温泉山住僧薬能記」によって統合されたといえよう。

一方で、「温泉三和社縁起」と「温泉山住僧薬能記」の明確な対称性ゆえに、それを単純に時代順に並べることは躊躇される。両者の縁起に先行する縁起の存在を想定し、それを参照しながら両縁起が成立したとみるのが妥当ではないだろうか。その時期を設定することは難しいが、「温泉三和社縁起」のなかにみられる、「承徳年中」（一〇九七～九九）の年紀、「故入道太政大臣雅—《（源雅実）》」（康平元年（一〇五八）～大治二年（一一二七））を一応の上限とみると、「温泉三和社縁起」は、十二世紀の半ば以降の成立とみられる。下限は、「温泉三和社縁起」が、十巻本『伊呂波字類抄』の成立する鎌倉初期、「温泉山住僧薬能記」が、書陵部本の書写年である弘安二年（一二七九）である。

「温泉三和社縁起」と「温泉山住僧薬能記」には、泉源＝石像薬師と湯泉三和神社（三所権現）の間の本地・垂迹の設定に鋭い対立がみられる。それを縁起作成の主体からみれば、以下のようにいえるだろう。

「温泉三和社縁起」は、社家の立場から、泉源と有馬温泉の始原を湯泉三和神社の主祭神三和明神に設定した縁起である。対して、「温泉山住僧薬能記」は、仏家（温泉寺）の立場から女躰権現＝薬師如来を特立させ、さらに、湯泉三和社（三所権現）の勧請を行基、すなわち、温泉寺の庇護のもとにおこなわれたとすることによって、泉源＝石像薬師を含む有馬の始原を温泉寺のもとに再構築した縁起だといえよう。さらにそれは、湯泉三和社の主祭神を女躰権現とし、それまで主祭神であった三和明神を、少なくとも観念上では、「山うちをゝい出」すという激しいものであった。

この対立の時期をどこに設定するかについて、西尾正仁氏は、石像薬師が埋没した承徳年中の災害復興の過程で活躍した「有馬勧進集団」に設定している。

『山家要略記』といった山王神道の教理書に同寺の縁起が収録されていることから考えて、この縁起の形成を担ったのは、中央とも密接に関係を持った天台山門系の集団であることが推測できる。そして、有馬温泉の宿に「上人湯屋」(29)などとあることから、仏家が湯屋の経営にも関わっていたことがわかる。(30)また、上人湯屋には藤原定家もしばしば宿しており、相応の格式を持った宿であっただろう。このような湯屋の経営などで力をつけるなかで山門系の集団が、有馬温泉を温泉寺の薬師如来を中心とした世界として位置づけるための新たな「歴史」を形成したともいえるのではないだろうか。その時期は、十三世紀半ばに初めて温泉寺の縁起がみえることや、建仁三年(一二〇三)の藤原定家の湯治の記録に「相次参女躰権現、題和漢柱於退廬」[31]とあって、管見の限り、これが女躰権現という語の初見となることから、十三世紀初頭から十三世紀半ばにかけての時期を設定することが可能ではないだろうか。

もう一つ、書陵部本「温泉山住僧薬能記」の書写年代弘安二年に近い時期を設定することも可能だろう。この前後、温泉寺では、文永八年(一二七一)に俊尊という勧進僧によって閻魔王書写の如法経を納めるための経箱の奉納がなされている。弘安四年には、『金剛仏子叡尊感身学正記』弘安四年三月七日条に「著温泉寺、八日、堂供養、十九日、二百二十一人授菩薩戒」とあるように、西大寺叡尊によって温泉寺で堂供養がおこなわれ、多くの人々に菩薩戒の布薩がおこなわれている。醍醐寺本の書写は翌年の弘安五年であった。現存する二本が近い時期に書写されたことは注目されるべきだろう。温泉寺の活発な活動のなかで、縁起が注目されたということもあろうが、書陵部本は「以当社禰宜僧之本、於炬下馳筆了」とある。「温泉山住僧薬能記」は、十巻本『伊呂波字類抄』所収の「温泉三和社縁起」と同じく「温泉三和社縁起」と呼ぶべき縁起なのである。この時期、温泉三和社を温泉寺のもとに置こうとした(あるいは、置いた)なかで温泉三和社の縁起として作成された可能性もあるだろう。

しかしながら、現状では、対立の時期をいずれに設定することも可能であるように思われる。『山家要略記』に引用された、『扶桑名月集』は、大江匡房の著作とされ、『山家要略記』中でも同書を『匡房卿記』と呼称する場合もある。大江匡房の生没年は長久二年(一〇四一)から天永二年(一一一一)であり、『扶桑名月集』が匡房の作とすると、少なくとも、女躰権現の伝承は、承徳年中の洪水からの温泉復興のなかで、泉源支配をめぐる社家と仏家の緊張のなかで成立した伝承と位置づけられよう。他方、『扶桑名月集』は偽書説もある。その場合は、判断を保留しなければならない。本節では、二つの時期を設定するにとどめておきたい。

いずれにせよ、「温泉三和社縁起」と「温泉山住僧薬能記」は、泉源をめぐる社家と仏家の厳しい対立のなかで、有馬という世界を社家と仏家の双方の立場から自己のなかに位置づける根拠となる「歴史」として機能した縁起であった。

註

(1) 『日本書紀』舒明天皇三年九月、舒明天皇十年、大化三年の条など。

(2) 西尾正仁「有馬開湯伝説と勧進集団」(『薬師信仰—護国の仏から温泉の仏へ—』岩田書院、二〇〇〇年。初出「薬師信仰と勧進集団—有馬温泉をめぐる中世的世界—」『御影史学論集』一二、御影史学研究会、一九八七年)。

(3) 問屋真一「縁起からみる中世の有馬」(神戸市立博物館編『有馬の名宝—蘇生と遊興の文化—』神戸市立博物館、一九九八年)。

(4) 米山孝子「行基の有馬温泉寺草創説話と温泉寺縁起」(『学術紀要』一一、神戸女子大学瀬戸短期大学、二〇〇〇年)。

(5) 海野眞「中世における湯治と温泉信仰について—摂津国有馬温泉を中心にして—」(『皇学館論叢』三四、皇学館大学人文学会、二〇〇一年)。

(6) 梅津次郎「有馬温泉寺絵縁起に就いて」(『絵巻物叢考』中央公論美術出版、一九六八年)。

(7) 美濃部重克「有馬温泉寺縁起」(『国文学解釈と鑑賞』四七巻一一号、至文堂、一九八二年)。

(8) 藤原重雄「有馬温泉寺の縁起絵をめぐって—掛幅本と絵巻—」(日本温泉文化研究会編『温泉の文化史』論集　温泉学Ⅰ、岩田書院、二〇〇七年)。

（9）藤原重雄a「温泉寺縁起繪」（『國華』一一二一九、國華社、二〇〇七年）、同b「醍醐寺本「温泉山住僧薬能記」について」（『東京大学史料編纂所附属画像資料解析センター通信』三九、東京大学史料編纂所附属　画像資料解析センター、二〇〇七年）。

（10）『温泉行記』（玉村竹二編『五山文學新集』五、東京大学出版会、一九七一年）。これとほぼ同じ記事が『臥雲日件録抜尤』にも載る。

（11）西尾　註（2）前掲論文。

（12）問屋　註（3）前掲論文。

（13）これ以外に、有馬温泉・温泉寺を扱った論考としては、臼井信義「有馬温泉寺の焼け経」（『日本歴史』三八一、日本歴史学会、一九八〇年）、同「秀吉と有馬温泉」（『日本歴史』二八四、日本歴史学会、一九七二年）などがある。

（14）海野眞氏の論も同様の結果となっている。

（15）この「等身薬師石仏像」は、「医王像」「石仏像」「等身薬師如来像」（以上、十巻本『伊呂波字類抄』所収縁起）、「等身薬師石仏像」（「温泉山住僧薬能記」）、「石像薬師」（『温泉行記』所収縁起）など、多様な呼称が用いられている。本稿では、その性格をもっともよくあらわす「等身薬師石仏像」という呼称で代表することにしたい。

（16）正宗敦夫編『伊呂波字類抄』（風間書房、一九八八年）。

（17）「温泉山住僧薬能記」（宮内庁書陵部編『圖書寮叢刊　諸寺縁起集』宮内庁書陵部、一九七〇年、所収）。

（18）阿部泰郎「湯屋の皇后―光明皇后湯施行の物語をめぐりて―」（『湯屋の皇后―中世の性と聖なるもの―』名古屋大学出版会、一九九八年。初出『文学』五四―一一、五五―一、岩波書店、一九八六年・一九八七年）にこの伝承を含む関連説話について詳細に論じられている。

(19) 藤原　註(9)b前掲論文。
(20) 『伽藍開基記』西尾市岩瀬文庫蔵。
(21) 同様な事例とは必ずしも言えないが、『古今著聞集』において無理な改作や挿入があることは、小泉恵子「『古今著聞集』成立の周辺」(『日本歴史』四八二、日本歴史学会、一九八八年)に指摘がある。
(22) 兵庫県三田市三輪に鎮座する三輪神社。
(23) 兵庫県三田市香下の羽束山上に鎮座する羽束神社。松山荘内に位置する。
(24) 本稿では神道大系所収神宮文庫本『山家要略記』を用いた。
(25) 摂津国松山荘。現兵庫県三田市。松山荘内の三輪は、三輪明神の鎮座地である。
(26) 山口荘。現兵庫県西宮市山口町周辺地域。松山荘内三輪神社からは、南方に直線で約七キロメートル。西宮市山口町には、中野二本松がある。有馬温泉を復興したとされる仁西がこの松のたもとで休んだことが有馬温泉の復興のきっかけとなったという伝承をもつ。山口は、有馬へ向かう要衝の地であった。
(27) なお、「温泉三和社縁起」では、月経も忌まれているが、「温泉山住僧薬能記」ではその記述はない。この点について、西尾正仁氏よりご教示を得た。
(28) 泉源が実際に温泉寺に帰属したのかどうかは明らかではない。
(29) 『明月記』建仁三年七月七日条。承元二年七月七日条には「上人法師屋」ともあるなど。
(30) この時期の湯屋の経営の内実に関しては『明月記』の記述のみであり、それを知ることは困難である。しかしながら、僧が宿の経営に関わっていることなどから温泉寺がその経営に大きな影響力を持っていたことは推測できる。
(31) 『明月記』建仁三年七月八日条。

第二節　『温泉行記』にみえる温泉寺縁起と尊恵伝承

はじめに

第一節において、「温泉山住僧薬能記」と、『伊呂波字類抄』に収載されている「温泉三和社縁起」とを比較し、それぞれが仏家と社家の立場から有馬温泉の泉源でもある石像薬師の位置づけを巡る対照的な縁起であることが明らかになった。本節では、これまで検討してきた温泉寺縁起に関わる伝承に加えて、その後の展開と摂津清澄寺の僧尊恵の伝承の温泉寺縁起における位置づけを考えたい。

一　『温泉行記』にみえる温泉寺縁起

1　行基による温泉寺創建譚

宝徳四年（一四五二）四月の瑞渓周鳳の有馬温泉での湯治の記録である『温泉行記』(1)四月二十二日条に、

廿二日、（中略）聞律院僧読本寺記、凢湯客出百銭、則院僧出読之、（中略）記三巻、皆係以絵事、就中一巻、専○録尊恵事迹、語似恵自記、蓋平家演史所載、本於此記乎、聞記見絵畢、

とある。温泉寺において湯客より百銭をとって、寺僧による絵解きが行われていたのである。この絵解きの内容であるが、記録では、大きく、行基の温泉寺草創、女体権現の伝承と関わった白馬による入山の禁忌、尊恵による温泉寺如法堂建立縁起などが記されている。

行基による温泉寺草創については、以下のように記されている。

昔行基菩薩、自本州武庫郡児屋埜寺、将入此山、有一病人、臥于路傍、就基求食曰、我餒久矣、然非鮮魚不可食、請啚之、基便往長洲浜、買得双魚、掛杖頭横肩上而来、手自庖割烹炙、以進之、病人曰、味好悪未可知、先当自試、基又従之、然後病人飽餐、喜甚、又曰、我患黒瘡、通身爛壊、痛苦難堪、若淂上人舐之、則痛少止乎、基就而舐、こ痕成金色、遂現四八端厳之相曰、我湯山石像薬師也、欲試汝慈心而化病人耳、因摘木葉遥擲東方曰、但尋此葉落処去、則必逢我像、言畢不見、基如其言、果逢石像、然後建立温泉寺云、

おおよそ第一節でみた伝承と同じである。行基が山中で病者に出会い、肉食の禁忌を犯してそれを助け、瘡をねぶると金色の薬師の姿(=湯山の石像薬師)として現れ、温泉寺創建に至ったという伝承である。但し、「基便往長洲浜、買得双魚、掛杖頭横肩上而来、手自庖割烹炙」とあり、行基が長洲浜で魚をあがない、その魚を杖に掛けて天秤棒のように担って山中の病者のもとまで運び、手ずから料理したとある。新しい伝承である。この部分について、『臥雲日件録抜尤』の同日条では、温泉寺の絵解きの記録を終えた後に、

凡山中患瘡者、毎日一人、巡湯客各室、求二銭、謂之番乞食、蓋行基曾救路傍病人之謂也、又商客入山、手提籃子、未曾有担而売者、此亦避乎行基曾肩杖頭魚云、

との記述がみえる。有馬温泉の瘡を患う者が、毎日一人「番乞食」と称して湯客の部屋を巡り二銭を求めるという民俗があった。これに対する根拠に、行基による病者の救済伝承があてられている。また、商人が入山する折には、商

品を担い売りする者はなく、皆手提げの籠に入れて商品を運んでいるという特徴的な運搬方法について、新規の要素である行基が長洲浜より魚を運んだその運び方を避けていると説明がなされている。既に西尾氏が指摘しているように、十五世紀半ばには、行基による温泉寺創建譚は、寺家の伝承に留まるだけでなく、有馬温泉での習俗の根拠としてはたらいており、湯山の民衆に溶け込んだ姿をみることができる。

2　白馬の禁忌と女体権現

先ほどの行基の伝承に続いて、女体権現の伝承がみられる。

　又山中（有）三神祠、一者女体権現、本地薬師、二者三輪明神、本地毘盧舎那、三者鹿舌《カシタノ》明神、本地観音也、女体権現、本与三輪明神為夫婦、一旦将入湯山、現婦人形、路逢本州国司、従諸騎出猟曰、我潜逃此地去、必有相追者、汝等不可謂逢我、既而追者問之、猟徒告以実、婦人一怒、猛風忽起、猟徒尽被吹倒、路上悶絶、不敢淂進、于時諸騎ゝ白馬、故此山于今禁焉、

まず、有馬温泉の鎮守の祭神と本地が示される。これは、「温泉山住僧薬能記」に示された、「一所　温泉女躰　東方浄土薬師垂跡／一所　三和大明神　毗盧舎那俗躰／一所　鹿舌大明神　千手観音女姿躰」と同じである。しかし、女体権現の伝承は、「温泉山住僧薬能記」に記された、女体権現と三輪明神の伝承を「女体権現、本与三輪明神為夫婦」とあるように引き継ぎながらも、湯山へ入ろうと密かに三輪の地を抜け出した女体権現と結んだ盟約を破った国司との関係が伝承の主体となっている。結果として、この伝承は、「温泉山住僧薬能記」にあるような、行基による女体権現の勧請譚ではなく、白馬の入山の禁忌に対する起源譚となっている。

この禁忌は、「温泉山住僧薬能記」の「三禁忌事」に「第一、白馬白駮馬不参向」「第三、当任国司不参向」とある

二つの禁忌を踏まえてのものであろう。十五世紀半ばの『温泉行記』では、女体権現の伝承は、「温泉山住僧薬能記」にみえる三禁忌と習合して、三禁忌の起源譚へと変貌している。この伝承は、貞享二年(一六八五)刊の『有馬山温泉小鑑』では、

一　熊野権現当山のみねへ臨幸ありし時、当地より二里下にあたつて、たんほほといへる城山あり、松永氏とかやいへる守護、あしげの駒に打ちのり、重藤の弓に白羽の矢をとりそへ、鷹狩をしてあそばれたり。その時、権現女体となりて狩場のまへをとほりたまひぬ。松永これを見て、女の身として山中を通るあやしさよとて、狼藉をふるまひし時、にはかに震動雷電して風雨車軸をつくごとくふりければ、大将郎等もろともに風に木のはのちるごとく一人もなく退散して、行きかたしれずになりにける。それより、権現は有馬に影向ましましけり。さるによつて、あしげのこま・重藤の弓・鷹の鳥、この山に入る事ならず。もし入りぬれば、権現これをいからせたまふゆゑ、震動雷電風雨おこつて山河くづるるばかりなりとぞ。くはしくは縁起にあり。

とある。変容はあるものの、近世の地誌にもやはり入山の禁忌の起源譚としてみえるように、近世に引き継がれてゆく。

二　温泉寺縁起と『冥途蘇生記』

さて、第一項において、『温泉行記』にみえる行基と女体権現との伝承についてみてきた。行基の伝承は、温泉寺創建譚であると同時に、有馬温泉に特徴的な民俗を根拠づける伝承として、民衆に対しても大きな意味をもつ伝承へと展開している姿をうかがうことができた。また、女体権現の伝承は、先行する三禁忌の伝承と組み合わされ、白馬入

山の禁忌譚へと変貌していた。

さて、『温泉行記』にはこの二者の縁起に続いて、尊恵という僧の蘇生譚が述べられている。『温泉行記』には、「就中一巻、専○《録》尊恵事迹、語似恵自記」と記されているように、尊恵の自記、すなわち、『冥途蘇生記』に基づいた伝承である。まず、『温泉行記』の記事で内容を確認しておきたい。

又清澄寺自（慈）心坊尊恵、連年赴閻魔王請、為法華講師者四矣、至第四度、閻王謂尊恵曰、明年当開十万人読経会、故命十万国王、各出一部紺紙金字法華経、上人為我可告本国王、其経先当以金銀銅為函、三重秘之、又以石木為櫃、二重蔵之、然後埋之温泉寺可也、因書其旨、為一書札付尊恵、以為信、尊恵問閻魔王曰、何故要埋温泉寺耶、答曰、彼当地閻魔宮東門也、又尊恵与閻王対談、及平氏清盛公、築兵庫経島之事、閻王曰、此人乃慈恵大師后身也、我常頂礼、其文曰、敬礼《キヤウライ》慈恵大僧匠、天台仏法擁護《ヨウゴ》者《シヤ》、示現最勝将軍神、悪業衆生同利益、尊恵三日而甦、冥問所見、一ゝ聞帝《ブンス》、ゝ従之、埋金函《コンカン》経、蓋本寺如法堂是矣、

すなわち、清澄寺の尊恵が法華経の講師として閻魔王に要請され連年閻魔王宮へ赴いた。四度目に、閻魔王が尊恵に、明年、十万人読経会を開くために十万の国王に各一部の紺紙金字の法華経を出させるので、日本国王にもその旨を告げよといった。そして、その経は金銀銅の箱に納めた後、石木の箱に納めて温泉寺に埋納せよといって、その旨を書き付けて尊恵に与えた。尊恵は、温泉寺に埋納する理由を問うと、閻魔王は、温泉寺は閻魔王宮の東門に当たるからだと答えた。そして、閻魔王との対談で平清盛の事に話が及ぶと、清盛は慈恵僧正の後身であると告げ、偈を与えた。尊恵は三日目にしてよみがえり、冥途での所見を逐一帝に告げ、それに従って金函経、すなわち、閻魔王の請にいう紺紙金字の法華経を埋納した。如法堂がそれであるといった内容である。ここで、末尾に「蓋本寺如法堂是矣」とあるように、全体としては温泉寺如法堂の建立譚と位置づけることができる。この『温泉行記』の記述は、次項に

おいて詳しく検討したいが、『冥途蘇生記』と比較すると、『冥途蘇生記』の一回目の冥途行の記録である前半部分、すなわち、清盛が慈恵僧正の再誕であると告げられる部分と、四度目の記録である後半部分を合わせて四度目の訪問として記述している等、かなりの改変が加えられている。

次に、『冥途蘇生記』についてみておくことにする。『冥途蘇生記』は、現兵庫県宝塚市の清澄寺（清荒神）にある清澄寺本と、元は温泉寺清涼院に蔵されており現在は山形県南陽市龍雲院に蔵されている別本(2)（清涼院本）がある。さらに、三重県伊賀市の常住寺には真名本と仮名本の常住寺本が蔵されている。また、『平家物語』諸本にその蘇生譚がみえ、『古今著聞集』にもみえている。

『冥途蘇生記』(3)では、前半部は清澄寺の僧である尊恵が、承安二年（一一七二）、閻魔王宮の法華経の法会に招かれ、閻魔王宮に赴き、自らのおこないを称賛され、清盛が慈恵僧正の再誕であると告げられて戻ってきたという蘇生譚であり、ここで一旦記述が閉じられている。後半部は、安元元年（一一七五）の四度目の閻魔王宮の訪問を述べ、閻魔王から明年の法華経の法会のための如法経を勧進し、霊地である温泉山に如法堂を建立して納めよと告げられたというように、温泉山の如法堂の建立譚となっている。後半をみると、まず、

冥途蘇生記

求道沙門尊慧依請参詣琰魔王宮四箇年

承安二年十二月廿六日 一度

同三年十月十八日 一度 請十四日

同四年五月十五日 一度 請十日

安元々年十二月十三日

右、四箇度集会読経儀式、皆悉同前、

とあって、前半を含めた四度の訪問の日付が書き上げられる。そして、四度目の安元元年は冥官が参列の僧に「必持此書、可進住国王臣等云々」といって閻魔王の宣旨を渡した。そして、尊恵にも、以下のような宣旨が渡された。

勧進　日本国王臣等

可奉撃冶金紙金字如法経一部十軸

右、明年十一月、琰魔王宮十万僧会、如法仏経十万部鋪内也、摂津国有馬郡温泉山造立如法堂、々安置宝塔、々中安石櫃、々中安置木櫃、々中安銅函、々中安銀函、々中安金函、々中可奉納置仏経、依宣旨、勧進如件、

安元々年十二月十三日　琰魔庁

すなわち、温泉山に如法堂を建立し堂内に「撃冶金紙金字如法経一部」を奉納せよとのことである。尊恵は「読経已後、参詣王宮」して、閻魔王にどうして「金紙金字如法経」なのか、どうして「以金経、奉安置温泉山」なのかなどを問うた。後者の答えは、

答曰、温泉山者、日本無双之勝地、当琰魔王宮之東門也、本尊者、石像薬師、従身出温泉、能療衆病、鎮守者女躰権現、手持不死薬、普施短命者、是故金経可奉安置温泉山也、

といったものであり、温泉寺は日本無双の勝地であり、閻魔王宮の東門に当たる。本尊の石像薬師は病気を治し、鎮守の女躰権現は不死の薬を短命者に施しているからである、と述べている。

さて、熱田公によると、『冥途蘇生記』は十四世紀書写の延慶本『平家物語』にその前半部分が初めて見出され、それは『冥途蘇生記』に非常に近い一本を読み下したものであるとされている(4)。また、前半部分は承安二年にごく近い時期に成立したとするが(5)、後半部分に関しては、前半との文体の相違や、『平家物語』諸本などにその記述がみられな

いことなどから、後述の文永年間の経箱が奉納された時期に成立したのではないかとしている。そして、後半部分が前半部分と合一し、現在みられる形の『冥途蘇生記』になる時期については、宝徳四年（一四五二）の『温泉行記』に初めてその記述がみえることから、その頃には現在のような体裁を整えていたのではないかと推測している(6)。

『冥途蘇生記』に関わる説話の初見は、建長六年（一二五四）成立の『古今著聞集』二一、「慈心房尊恵閻魔王の崛請に依りて法華経転読の事」である。それによれば、

摂津国に清澄寺と云《いふ》山寺あり。村人はきよし寺とぞ申侍《まうしはべる》。其《その》寺に慈心房尊恵と云《いふ》老僧ありけり。本《もと》は叡山の学徒也《なり》けり。多年法華の持者也。住山を厭《いとひ》て道心を発して、此《この》所に来《きたり》て年を送《おくり》ければ、人みな帰依しけり。承安二年七月十六日、脇足によりかゝりて法華経を読《よみ》奉りける程に、夢ともなくうつゝともなくて、白張に立《たて》烏帽子きたる男の、藁沓はきたるが、立文《たてぶみ》をもちて来《きた》れり。尊恵、「あれはいづくよりの人ぞ」と問《とひ》ければ、「炎魔王宮よりの御使也。請文《うけぶみ》候」とて、立文を尊恵にとらせければ、披見《ひらきみる》に、

崛請

閻浮提大日本国摂津国清澄寺尊恵慈心房

右来十八日、於焔魔庁以十万人之持経者、可被転読十万部法華経。宜被参勤者、依閻王宣、崛請如件。

かくかゝれたりけり。尊恵いなみ申《まうす》べき事ならねば、領状の請文書《かき》て奉るとみて覚《さめ》にけり。例時の程に成《なり》にければ、寺へ出《いで》ぬ。例時はてゝ、僧ども出《いで》けるに、老僧一両人に此《この》夢の告《つげ》をかたりければ、「昔もかゝるためしいひつたへたり。其《その》用意あるべし」といひければ、房に帰りて、つとめいよ〳〵をこたらず。寺僧等きほひ来《きたり》てとぶらひけり。十八日の申の終ばかりに、「只今心地すこし例にたがひて、世の中も心細く覚《おぼゆ》る」とて、うちふしけるが、酉時計《ばかり》に息絶にけり。さて次日、辰の終程にいきかへりて、「若持法華経其心甚清浄」の偈を、四五行が程誦し

けり。其後《その》おきあがりて冥途の事共《ども》かたり、「王宮にめされて十万人の僧につらなりて、法華経転読十万部をはりて、法王尊恵をめして、しとねをまうけてすへらる。王は母屋の御簾の中におはしまして、尊恵はあらはに、冥《みやう》官《くわん》共《ども》は大床《おほゆか》につらなり居たり。さま〲の物がたりし給《たまひ》しに、摂津国に往生の地五ケ所あり、清澄寺そのうちなり、汝順次往生疑ふ事なかれ、太政入道清盛は慈恵僧正化身也、敬礼慈恵大僧正、天台仏法擁護者、かく唱《となへ》給《たまひ》て、すみやかに本国に帰《かへり》て、往生の業をはげむべしとてかへされけり」とかたりけり。きく人たうとみめでたがる事限なし。そのゝち一両年をへて、又法華転読のためにめされたりけり。其後《その》一両年ありて、めでたく往生を遂《とげ》たりけり。

清澄寺に慈心坊尊恵という老僧がいて、「本は叡山の学徒」であって、「多年法華の持者」であったという。その尊恵が閻魔王宮での十万部の法華経転読に招かれる。その際、閻魔王は尊恵に、清澄寺は摂津国内の往生の地の一つであることを示し、尊恵は往生できることを約束される。さらに、尊恵は平清盛が慈恵僧正の化身であることを告げられ、清盛をたたえる偈を示されよみがえる。そして、一、二年をして法会に招かれ、その後、一、二年して往生を遂げたのである。尊恵は清澄寺の往生者として描かれており、そのなかには直接温泉寺に関わるような記述は見出されない。温泉寺との明確な関わりを示す形で『冥途蘇生記』にまつわる記述を確認できるのは、かなり下って、宝徳四年の『温泉行記』まで待たなければならない。

ところで、温泉寺には文永八年（一二七一）の銘を持つ「金銅板製経箱」[7]があった。その銘によると、

蓋　表「依閻魔法王勧進奉納温泉山如法経」
右側面「文永八辛未八月卅日　勧進比丘俊尊」
左側面「如法経箱　温泉山」

とあって、閻魔法王の勧進により温泉山に如法経を奉納すと読める。この銘文から、『冥途蘇生記』後半部の記述に従って、尊恵が閻魔王の勧進に応えて如法堂に奉納した、その如法経を納めるための箱であることがわかる。銘文によると、勧進比丘の俊尊なる人物が奉納したとあり、その背後には如法堂に関連する勧進唱道活動があったことが推測される。

『冥途蘇生記』後半では、

石像薬師、従身出温泉、能療衆病、鎮守者女躰権現、手持不死薬、普施短命者、

というように、薬師と女躰権現が対置され、また、女躰権現が鎮守とされているなど、第一項でみたように、仏家側からの縁起である「温泉山住僧薬能記」にみられる伝承を背景としていることがわかる。

『冥途蘇生記』後半部分は文永八年の時点にはその成立が推測されるのであるが、その内容の中心は、いずれも如法経の勧進と如法堂の建立に関わる内容である。そして、享徳元年（一四五二）の『温泉行記』では明確に如法堂の建立譚として語られている。

しかし、同時期の温泉寺縁起の中には尊恵の如法堂建立譚は見出すことはできない。文永八年の銘のある「金銅板製経箱」が奉納された時期は、「温泉山住僧薬能記」をはじめとする温泉寺の縁起が集中してみられ、その温泉寺縁起の成立時期とも捉え得る時期である。しかし、『冥途蘇生記』に関わる伝承は、関連の経箱は存在するものの、現存する縁起の記述のなかには含まれていない。

それでは『冥途蘇生記』の後半部分について、「温泉山住僧薬能記」などにみられる伝承との関連は見出されるであろうか。『冥途蘇生記』の後半部分の主たる内容は、如法経の勧進と温泉寺の如法堂の建立を閻魔王が命じたという内容であった。如法経ということに着目すると、『伊呂波字類抄』所収の「温泉三和社縁起」に、

行基菩薩草創此温泉、令一切衆生為云除病延命云々、即書如法経、奉埋温泉底云々、

とあり、行基が一切衆生の除病延命のために温泉の底に如法経を埋めたとある。「温泉山住僧薬能記」にも「行基菩薩奉書如法経、奉埋温泉之底」と行基による如法経埋納についての記述がある。『冥途蘇生記』に「本尊者、石像薬師、従身出温泉、能療衆病」とある石像薬師に関しても、「温泉三和社縁起」や「温泉山住僧薬能記」に類似した記述がある。また、温泉山が閻魔王宮の東門に当たるという記述は、「温泉三和社縁起」に、「地獄穴」記事がある。閻魔王宮の東門であるとはもちろん述べられてはいないが、それを想起させるような伝承が既に存在したことがわかる。

先にも述べたように、有馬においては、『冥途蘇生記』に関わる伝承は、その後半部分にみえる、尊恵が閻魔王から命じられた如法経の勧進と、如法堂の建立に関わる内容とである。また、それ以外の有馬に関わる要素は、『伊呂波字類抄』所収の「温泉三和社縁起」に既にみえるものであり、鎌倉初期までには有馬に存在していた伝承であった。それらの既存の要素、特に行基が如法経を湯口に奉納したというような如法経に対する信仰を背景として、如法堂に関連して形成されたのが『冥途蘇生記』後半部分であったといえよう。

この伝承は、文永八年の経箱の存在によって確認される。しかしながら、『古今著聞集』に、尊恵が閻魔王のもとへ何度か召されたということは述べられており、十三世紀の半ばには既に後半部分に関する伝承が存在していたことがうかがわれる。

三　尊恵の活動

『冥途蘇生記』の後半部分の記述は、それに先行する伝承に基づいていることを確認したが、尊恵という僧の活動に

ついてみてみることとしたい。尊恵の住したという清澄寺は、現在、兵庫県宝塚市米谷清シにあるが、元来は現在地より東方三〇〇メートルばかりの旧清《もときよし》と呼ばれる場所にあった。そして、その遺構の形式から十一世紀半ばに草創された天台寺院であるとされている。(8)しかしながら、清澄寺に関する史料はほとんど残されておらず、その詳細を知ることはできない。尊恵の事績を記した『冥途蘇生記』の前半部分、すなわち、尊恵の初回の訪問を記した部分の成立については、平安末、その年号が示す承安二年(一一七二)前後に設定することは疑う必要はないと思われる。(9)『冥途蘇生記』の記述から尊恵についてみていこう。前半部の閻魔王の宣旨に、

　崛請
　十万人持経者内
　摂津国清澄寺住僧尊恵慈心房
　右、来廿六日早旦、琰魔羅城大極殿、可被来集、依宣旨、崛請如件、
　　承安二年壬辰十弐月廿二日丙辰

とあり、『古今著聞集』に、

　本《もと》は叡山の学徒也《なり》けり。多年法華の持者也。

とあるように、尊恵は清澄寺の僧であり、元は比叡山の学徒で法華経の持経者であった。『冥途蘇生記』には、尊恵のおこなった作善と、それに結縁した人びとの人数が閻魔王が尊恵に示すというかたちで一覧にされている。その一部を挙げれば、「融通読経」というものがあり、

　勧進已後十箇年之間、結衆四千一百人内、死亡衆二百三人、其中往生人九人、懈怠衆二千三百十二人也、如是、人数年々減少、

とある。また、「講読念仏」というものがあり、それに結縁した「講読念仏衆」は、

当時講読念仏衆一千五百八十五人也、惣十箇年之内、読経部数咸定一百一十万六千七百八十五部、講経二千一百六十座、念仏六百億七千一百四十万遍、

などとある。また、「百部如法経書写願内」として、

自行廿五部、勧他六十三部各十巻、未写経十二部、撃治金銅経一部、

とある。

これらをみると、尊恵は「融通読経」や「講読念仏」といったもので多くの人びとの結縁を得ていることから、このような活動を基本に据えているようである[10]。そして、「融通読経」は「人数年々減少」とあって、「当時講読念仏衆」とあることから、近時は「講読念仏」というものに比重を置いて活動していたようである。その数は一五八五人という。そして、尊恵の発言に、「抑融通講読衆散在諸国、既経十箇年、何知其在所」というものがあることから、尊恵は過去十年ばかりそれらの活動をおこなっており、それらに結縁した「融通講読衆」は諸国に存在しているということがわかる。さらに、百部の如法経書写の内、六十部余りを他に勧めて書写させているなど、尊恵の周囲には彼を信奉する多くの人びとが結集していたことがうかがわれる。「講読念仏」では厖大な量の読経、念仏に加えて、講経が「二千一百六十座」とある。このことより、経を講ずることが出来る人びと、すなわち、宗教者も彼に結縁していたことがわかる。以上のような活動を通して、人びとの中心であった尊恵ではあるが[11]、『冥途蘇生記』以外にその活動や彼の集団を推測することはできない。かなり下って、『空華日用工夫略集』の康暦二年（一三八〇）十二月十七日条に、

為医者約斎居士請、作勧縁疏、蓋摂州清澄寺長老大空、新撰万善万行融通光明真言会募縁状者也、世伝慈心坊入冥府、承王命帰来、所創蓮社五所、是其一也、

という記事がみえる。これによると、清澄寺の長老である大空という人物が、「万善万行融通光明真言会」なるものの募縁状の作成を義堂周信に依頼してきたということであるが、大空という人物のおこなった「万善万行融通光明真言会」のなかの「万善万行融通」という言葉に、尊恵の活動の影響をうかがわせる程度である。

しかしながら、清澄寺において、『冥途蘇生記』にみえる尊恵の蘇生譚が伝承されていないというわけではない。『空華日用工夫略集』にも尊恵が冥府に赴き閻魔王の命を受け、五ヶ寺を草創した内の一つが清澄寺であるということが記されており、それより下って、明徳二年（一三九一）以降に成立した『清澄寺縁起』[12]に、

　承安二年壬辰十二月廿二日、従閻魔王宮、招請慈心房尊恵上人、為法華融通本願并十万部妙経讃述、導師云々、……委細見冥途蘇生記、

として尊恵の事績が記されている。また、『蔭凉軒日録』文正元年（一四六六）閏二月二十二日条に、

　依帰路便宜、詣清澄寺、鎮守荒神廟前、桜花開如雪、又往于坊喫茶、又往于本堂焼香三拝、老僧出来、以尊恵赴于閻羅王宮、布施法華経、仍使之見之、信敬之、甚為奇也、

とあって、尊恵が閻魔王宮に赴いた際に布施に与えられた法華経を拝見したという記事がみえるように、変容しながらも『冥途蘇生記』に関連する伝承が存在することは確認できる。

おわりに

宝徳四年（一四五二）の『温泉行記』にみえる温泉寺縁起についての伝承を、先行する伝承との関係のなかで位置づけ、次いで、その一部をなす尊恵蘇生譚の温泉寺縁起中での位置づけを考えた。行基の温泉寺創建譚は、この当時に

は有馬のなかで民衆に溶け込んでいる姿を見出すことができた。一方で、女躰権現の伝承は、三禁忌の起源譚として見出され、「温泉山住僧薬能記」にみられるような寺家と社家の対立のなかで捉えられるべきものから大きく変容していることが指摘できる。有馬温泉においていったん温泉寺中心の世界が成立してしまえば、三輪明神との対立を述べたてた縁起は、その主張の激しさ故に、新しい秩序のなかでは位置づけが困難となったはずである。そういったなかで、三禁忌という根拠となる伝承が薄弱な要素の起源譚として再生したとみることができるだろう。

さて、尊恵の伝承は、『温泉行記』に初めてまとまった形としてあらわれる。しかし、経箱等の遺物によって、十三世紀半ばには有馬においてその伝承の存在が確認できる。

清澄寺にあった尊恵の集団は、『冥途蘇生記』において平清盛を慈恵僧正の再誕と位置づけていることからもわかるように、その中心は山門系の集団であった。また、尊恵の活動に結縁した人びとは『冥途蘇生記』に「散在諸国」するると述べられている。尊恵を奉じる人びとの一部が、清澄寺とも近く、古来より著名な温泉地である有馬温泉において、清澄寺と関連をもちながら活動していたと考えるのは、無理な話ではないだろう。そのような集団の拠点が温泉寺如法堂であり、如法堂を中心として勧進唱道活動をおこなっていたとしても不思議ではないであろう。

すなわち、清澄寺で活動していた尊恵の集団というものが如法堂を中心として、温泉寺の建設に関与した。そして、その過程で有馬温泉にこれまで存在していた伝承をうまく利用し、尊恵のもっていた如法経信仰と結びつけ『冥途蘇生記』後半部分にまつわる伝承を形成した、ということができるのではないだろうか(13)。

尊恵の百部の如法経書写の願の内の一部は「撃冶金銅経」であったが、後半部で、閻魔王から勧進を命じられ、温泉寺如法堂に奉納されるべき経は「撃冶金紙金字如法経」であった。尊恵の発願を直接反映しているものであろう。それは「温泉山者、日本无双之勝地」だというように、有馬温泉の功徳を宣揚するものではあったが、直接的には温泉寺ではなく、温泉寺の一堂舎である如法堂の建立を中心として述べる縁起であった。それ故に、「温泉山住僧薬能記」に女躰権現が三輪明神を、

山うちを、い出し給、明神なたむるちからなくて、本社にかえり、彼の鹿舌の明神とあいすみ給ふ、これより女躰権現この温泉のぬしとして、霊験あらたなりといへり、

と述べているように、社家との厳しい対立のなかで、有馬温泉をいかに温泉寺を中心とした世界として位置づけるかということを課題とする縁起のなかには、組み込まれる必然性がなかったといえるだろう。有馬における『冥途蘇生記』に関わる伝承は、温泉寺の一堂舎の縁起として、温泉寺一山の縁起とは異なった位相で形成され、展開していくこととなるのである。

註

（1）『温泉行記』（玉村竹二編『五山文學新集』五、東京大学出版会、一九七一年）。

（2）これは錦仁氏が紹介された一本であり、錦氏は「別本『冥途蘇生記』の考察―付・翻刻―」（『伝承文学研究』三三、伝承文学研究会、一九八六年）において、別本という呼称を用いておられる。しかしながら、もと温泉寺清涼院に蔵されていた物であり、近世の清涼院における『冥途蘇生記』伝承の展開のなかで捉えるべきものであるから清涼院本と呼ぶ方が適当であろう。但し、本節においては考察の対象としない。故に、本稿で単に『冥途蘇生記』とした場合は清澄寺本のことを指す。

（3）『冥途蘇生記』（『兵庫県史』史料編中世四、兵庫県、一九八九年）。

（4）熱田公「『冥途蘇生記』再考」（『市史研究紀要たからづか』五、宝塚市史編集室、一九八八年）。

(5) 牧野和夫「『冥途蘇生記』その側面の一面―『平家物語』以前を中心に―」(『東横国文学』一一、東横学園女子短期大学国文学会、一九七九年)。
(6) 熱田　註(4)前掲論文。
(7) 中村直勝「温泉神社及清涼院」(『兵庫県史蹟名勝天然記念物調査報告』兵庫県、一九二七年)。
(8) 野地脩左「旧清遺跡の建築史的考察」(旧清遺跡発掘調査団編『摂津旧清遺跡発掘調査報告』宝塚市教育委員会、一九七三年)。
(9) 牧野　註(5)前掲論文。
(10) 融通読経・講読念仏というものがどのようなものであったかを直接うかがい知ることは困難であるが、『冥途蘇生記』の記述から推測すると、融通読経は、良仁の「一切人一行、一行一切人」といわれる融通念仏と同様に、法華読経を皆で融通しあうことによってその功徳をはるかに大きくすることができるというものであり、講読念仏は、読経・念仏・講経などを融通読経と同様に融通しあうものであるとみることができようか。
(11) 北尾鐐之助編『清荒神　清澄寺縁起』(三光社、一九五八年)に写真が収載されている「清澄寺縁起絵」を見ると、尊恵がいる建造物に対して「慈心坊寺」と注記されており興味深い。なお、「清澄寺縁起絵」は、清荒神清澄寺史料館でカラー複写を見ることができる。
(12) 『清澄寺縁起』(『兵庫県史』史料編中世四、兵庫県、一九八九年)。書写は室町末。
(13) 西尾正仁氏が「有馬開湯伝説と勧進集団」(『薬師信仰―護国の仏から温泉の仏へ―』岩田書院、二〇〇〇年。初出「薬師信仰と勧進集団―有馬温泉をめぐる中世的世界―」『御影史学論集』一二、御影史学研究会、一九八七年)で指摘するように、『古今著聞集』に行基の温泉寺創建譚と尊恵の蘇生譚の両方が収録されているのは偶然ではなく、これらが伝承されていた場が近いことを示しているのではないだろうか。

第三節　尊恵将来経伝承の形成
——堂舎から経典の縁起へ——

はじめに

第二節において、有馬における『冥途蘇生記』に関わる伝承の位置づけをみた。『冥途蘇生記』の後半部分は、有馬温泉に存在していた既存の伝承を取り込み、尊恵の如法経信仰とうまく組み合わせる形で、十三世紀後半には成立していた。そして、尊恵を信奉する集団によって担われ、温泉寺の如法堂という一堂舎の縁起として機能していた。この『冥途蘇生記』に関わる伝承は、室町期にかけて、如法堂縁起から尊恵の将来経縁起へとさらなる展開をみせている。本節においては、このような『冥途蘇生記』に関わる縁起の展開とその背景について考察していくこととする。

貞享二年（一六八五）に有馬で刊行された『有馬山温泉小鑑』(1)という有馬温泉の案内記というべきものがある。それをみると「その謂くはしく『平家物語』に載せたり」として、以下のような伝承が記録されている。

一　そもそも当山に浄海入道平清盛公の石塔これある事は、その謂くはしく『平家物語』に載せたり。そのころ慈心坊尊恵とてたつときひじりましましける。せいちやう寺より当山にうつりたまひて、庵室をかまへこもりゐたまひぬ。承安二年十二月二十二日の夜の子の刻に、閻魔王宮より慈心坊をめさせたまふとて、にはかに頓死ましまして冥途におもむき、閻魔王宮にぞいたりたまひける。その時王宮には十万部の法華講読の事ありしによつて、あまねく衆僧をあつめたまひけるに、今一人かけてたらざりければ、閻王この尊恵をめいどへめして、法華講読の人数にぞくはへたまひける。講筵すでにみちてのち、閻王かの尊恵に布施をたまはんとて、かたじけなくも金紙金文の法華経をぞ附属したまひける。また、一切衆生即成就仏身の文とて、約束にしめしたまふ。偈にいはく、

妻子王位財眷属　死去無一来相親
常随業鬼繫縛我　受苦叫喚無辺際

この偈果生と号し、一切衆生冥途にいたる時、かならず仏果の正覚をうる証文の偈なり。(中略)また閻宮より持来したまふ法華経すでにこの土に出現ましまして、有馬の宝殿にをさまりたまひて、当寺第一の霊物なり。

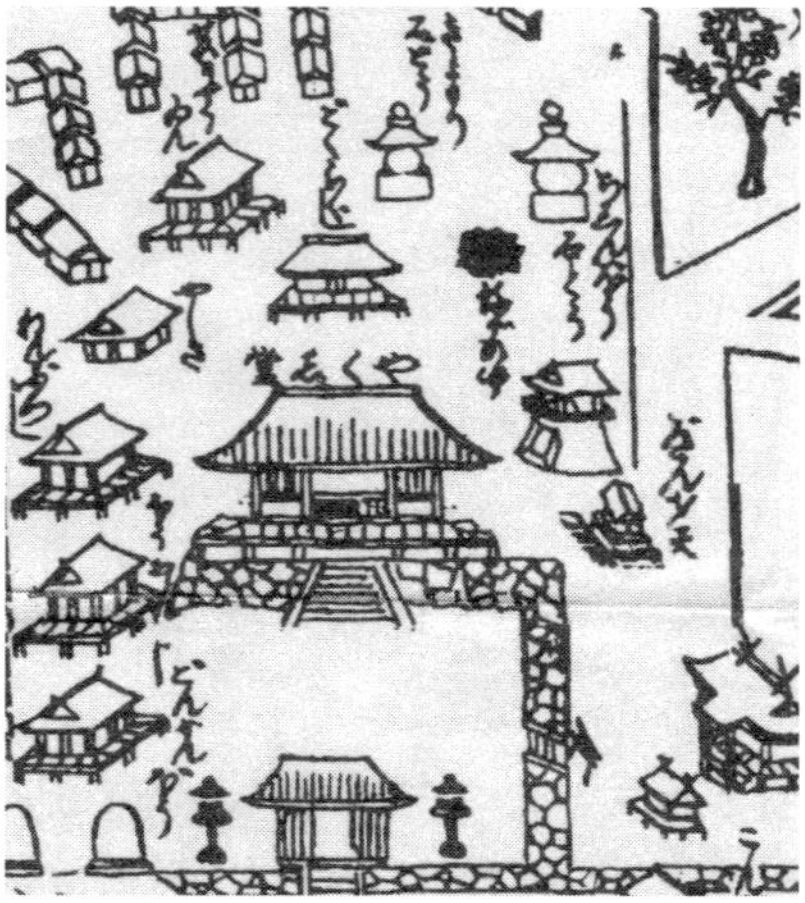

図1　平清盛と尊恵の石塔(右上)　温泉寺薬師堂の右下に湯泉神社があり、薬師堂の上方、極楽寺の左が清涼院。清涼院の境内に両石塔がある。なお、現在は温泉寺本堂の正面に移されている。(宝永7年〔1710〕「有馬山絵図」)

温泉寺清涼院にあるという平清盛の石塔のいわれについての一節である。摂津清澄寺より有馬の温泉寺に移った慈心坊尊恵という尊い聖がいた。その尊恵が閻魔王宮の法華経の法会に招かれ、法会の布施として閻魔王から「金紙金文の法華経」を与えられた。さらに、尊恵は「果生」と呼ばれる「一切衆生即成就仏身の文」である「妻子王位財眷属」で始まる偈を与えられるのである。そして、尊恵が閻魔王宮より持ち来たった法華経は宝殿に納められ、温泉寺第一の宝物とされているとのことである。『有馬山温泉小鑑』には、『平家物語』に詳しくあるとされているが、これは『平家物語』六「慈心坊」など、『平家物語』諸本にみえる慈心坊説話を受けたものであろう。『平家物語』諸本に

は、慈心坊尊恵の蘇生譚がある。「果生」とされる偈に関わる部分をみると、古典文学大系本ではこのようになっている。

尊恵《そんゑ》悲《ひ》歎啼泣《たんていきう》して、「たゞ願《ねがは》くは我《われ》を哀愍《あいみん》して出離生死《しゆつりしやうじ》の方法《はうぼう》をおしへ、証大菩提《しやうだいぼだい》の直道《ぢきだう》をしめし給へ」。其時閻《そのときゑん》王哀愍教化《わうあいみんけうけ》して、種々《しゆじゆ》の偈《げ》を誦《じゆ》ず。冥官《みやうくわん》筆《ふで》を染《そめ》て一々に是《これ》をかく。

妻子王位財眷属　死去無一来相親
常随業鬼繋縛我　受苦叫喚無辺際

閻王此偈《ゑんわうこのげ》を誦《じゆ》じをはつて、すなはち彼文《かのもん》を尊恵《そんゑ》に属《ぞく》す。

「妻子王位財眷属」からはじまる偈は、『冥途蘇生記』では、長大な偈の冒頭部分であるが、特にこの四句を特立させていることが特徴的である。尊恵は、「証大菩提の直道」、すなわち、成仏の最短距離を教えて欲しいと閻魔王に願い、特に「妻子王位財眷属……」の偈を得ている。『平家物語』の記述をみると、この偈は、「一切衆生即成就仏身の文」であるとされることは納得がいくが、「果生」とは号されていない。また、法華経を得たという記述もない。そして、『平家物語』をみる限りでは、有馬に触れられることはなく、なぜ有馬にこのような伝承があるのか理解することはできない。

この『平家物語』にある慈心坊説話の出典は『冥途蘇生記』であるとされている。その『冥途蘇生記』をみると、後半部分に有馬での如法堂建立の次第が記されている。有馬の伝承と『平家物語』は『冥途蘇生記』を介してつながるようである。しかしながら、『冥途蘇生記』にも将来の法華経や、「果生」に関するような記述はみられない。中世から近世にかけて「閻宮より持来したまふ法華経」や「一切衆生即成就仏身の文」などをめぐって『冥途蘇生記』にまつわる伝承は独自の展開をみせているようである。

『冥途蘇生記』そのものの研究は多くなされているものの、[2]『冥途蘇生記』に関連する伝承を扱った研究は思いのほか少ない。西尾正仁氏は「有馬開湯伝説と勧進集団」[3]において、有馬の行基開湯譚は十二世紀に有馬温泉再興のために入り込んできた天台山門系の念仏聖によって自己の出自の正当化をおこなうために作成されたものであり、尊恵蘇生譚を担ったのは少し遅れて清澄寺より有馬に移ってきた集団であって、寺院の再興を期して、蘇生譚に地獄から持ち帰った法華経を埋納するという後日譚を作り上げたとしている。そして、行基蘇生譚を担った集団は温泉の経営をおこない、尊恵蘇生譚を担った集団は寺院の再興を司ったのであるとしている。

他方、問屋真一氏は「縁起からみる中世の有馬」[4]のなかで、『冥途蘇生記』は「蘇生と如法法華経の両方からの利生譚になっている」として、西尾氏の所説を受けながら、「有馬が地獄の東門に当たる霊地であり、薬師と女躰権現の加護によって温泉の功徳がある、その場所に如法法華経信仰を根づかせること」が『冥途蘇生記』後半部分の主眼であるとする。しかしながら、有馬で如法法華経信仰が広がりをもって存続していたのかは疑問であるとして、室町時代にはその後日譚が主流になっていたのだという。そして、十五世紀前半、享禄年間の大火による尊恵の将来経発掘以後は「(発掘された)経典や地獄からの蘇生に対する好奇の記事はあっても、温泉の功徳に関連づけた蘇生譚や如法法華経信仰は忘れ去られていったと思われる」とするのである。また、詳しくは述べられていないものの、室町時代以降の有馬における律宗の活躍に注目する必要があるとの指摘がなされている。

第二節においてみたように、西尾氏の言う尊恵の将来経に関する伝承は十五世紀に初めて見出されるものであり、十二世紀まで遡ることができるものであるかは疑問である。また、『冥途蘇生記』の形成に天台の念仏聖が関与しているという指摘は興味深いが、念仏聖が後代まで有馬で中心的な活動をおこなっていたかは考える必要があろう。

他方、室町期には後日譚が主流となっていたことや、律宗が活動していたとの問屋氏の指摘は確かであるが、後日譚に関する分析は十分とはいえない。本節では、室町期に形成された尊恵が閻魔王宮より将来した経に関する伝承（以下、尊恵将来経伝承と呼ぶ）を中心として、『冥途蘇生記』に関連する伝承を整理し、それらの形成の背後に温泉寺の回禄と律僧による勧進活動などが存在したことを考察したい。

一　『冥途蘇生記』

先に『有馬山温泉小鑑』でみたような尊恵の蘇生譚の出典は、早くに後藤丹治が指摘したように(5)、『冥途蘇生記』であるとみて間違いないであろう。そして、さきにみた『有馬山温泉小鑑』にあるような有馬と『平家物語』の関わりは、『冥途蘇生記』の後半をみなければ理解できないのである。そのために、まず『冥途蘇生記』について確認しておく必要があるだろう。

『冥途蘇生記』は、現在清澄寺に蔵されているもの（清澄寺本）(6)と、もとは温泉寺清涼院に蔵されていたものであり、現在は山形県龍雲院に蔵されている清涼院本『冥途蘇生記』(7)がある。また、三重県上野市にある常住寺には真名本と仮名本の『冥途蘇生記』(8)が蔵されている。

『平家物語』諸本、特に延慶本に承安二年（一一七二）の尊恵の閻魔王宮の訪問部分が詳しく引用されており、また、第二節でもみたように、『古今著聞集』二「慈心房尊恵閻魔王の崛請に依りて法華経転読の事」にも尊恵が往生者としてその蘇生譚とともに引かれていることによって知られている。

清澄寺本『冥途蘇生記』は尊恵の自記の形式をとっている。摂津国清澄寺の僧である尊恵が、承安二年十二月・承安三年十月・承安四年五月・安元元年（一一七五）十二月の計四回、閻魔王宮で開催された法華経の法会に招かれた際の記録である。記述があるのは承安二年と安元元年の訪問であり、承安二年分でいったん記述が閉じられており、安元元年の訪問との間で前半・後半に分けることができる。

別に詳しく検討することとしたいが、別本は正保二年（一六四五）よりおこなわれた温泉寺奥院（後に清涼院）広金によっておこなわれた奥院釈迦堂の勧進に際して作成されたものと考えられる。また、常住寺本も別本と同様に近世に形成されたものと考えられる。ここでは、室町末に写されたと考えられ、現存では最も古い清澄寺本によってその内容を確認しておくこととしよう。

前半部分、承安二年の訪問では、尊恵は閻魔王の使と称する者より閻魔王宮の十万僧会に参加せよとの宣旨をうける。それに従い尊恵は法会に参加するのであるが、法会が終わって後、尊恵は閻魔王と会談をおこなう。そこで、尊恵は閻魔王より法華経の持経者を讃嘆する偈などを与えられるのであるが、なかでも、「妻子王位財眷属」よりはじまる四十二句にわたる偈と、一切衆生を導くために利用せよと「勧進之文」を授けられる。尊恵は歓喜し、平清盛がおこなった輪田泊での千僧供養のような今日の法会に随喜したと閻魔王に告げる。そうすると、閻魔王は「件入道非只人、慈恵僧正」と平清盛が慈恵僧正の再誕であることを告げ、「故我毎日三度有拝彼人」と閻魔王自ら清盛を礼拝しているのだという文を清盛にまいらせよと述べた。そして、

敬礼慈恵大僧正　　天台仏法擁護者
示現最勝将軍身　　悪行衆生同利益

との偈を尊恵に与えた。また、別れ際に閻魔王が「以妙法直意、為普利末代、所書写真文十一軸」を尊恵に付属せしめた。

後半は、四度目に当たる安元元年の訪問の際、例のごとく閻魔王宮の法会に参加した尊恵は閻魔王から以下のよう

な宣旨を受けて蘇生した、という話である。

勧進　日本国王臣等
可奉撃冶金紙金字如法経一部十軸
　金紙種字両界一鋪
右、明年十一月、琰魔王宮十万僧会、如法仏経十万部鋪内也、摂津国有馬郡温泉山造立如法堂、々安置宝塔、々中安石櫃、々中安置木櫃、々中安銅函、々中安銀函、々中安金函、々中可奉納置仏経、依宣旨、勧進如件、
　安元々年十二月十三日　琰魔庁

すなわち、翌年の法華経会のために、日本の国王臣等に如法経と種字両界曼荼羅を勧進し、有馬の温泉寺に如法堂を建立して、そのなかに宝塔を安置し、そのなかに勧進した如法経・種字両界曼荼羅を金銀銅の箱に納めて安置せよというのである。この宣旨を受けて尊恵は蘇生する。尊恵が勧進の如法経を有馬に納める理由を尋ねると、閻魔王から「温泉山者、日本无双勝地」であって「琰魔王宮之東門」に当たり、本尊である石像薬師と鎮守である女躰権現が病を治し、不死の薬を短命者に施すからである、と告げられた。また、現在の日本国王は「其寿限二十七年」であるが、温泉山に法華堂を建立して、「清浄持戒禅僧」に法華経を読誦させれば「延寿卌五年」とも告げられた。

さて、以上みてきたような内容をもっている清澄寺本『冥途蘇生記』であるが、渡辺貞麿氏[9]は、尊恵自身が勧進聖という民衆的な布教者であり、慈心坊説話自体が、もともとは勧進のための説教として語られていたということを尊恵の作善の記録部分などから指摘している。それに加えて、牧野和夫氏[10]によって、

叡山及び貴族上層部に漸く隆昌の機運を見つつあった慈恵大師信仰並びに中古天台の本覚思想的傾向をいち早く察知した尊恵が、清盛の出家という目近かな事件及び学生側に親近な天台座主明雲と清盛の深い関係を考慮しつ

つ、傍ら院のおぼえめでたく又都人の評価よろしきを得た勧修寺一門の光頼などにも意を配り、京の貴紳にとり入ろうとして、慈恵讃仰の偈文や明普の冥宮問答話を焼き直し参考にして結構したものこそ、『冥途蘇生記』ではなかったかと思われる。

と述べられているように、前半部分、すなわち、承安二年訪問部分は、成立当時の状況を反映した極めて時事的な内容をもったものであることが指摘されている。そして、熱田公は、(11)『冥途蘇生記』の後半部分は、前半部分と比較すると本文の語法や文体が相違しており、『平家物語』諸本などには引用されていないことから、『冥途蘇生記』後半部分の成立に関して、まず前半部分が成立し、次いで、後半、安元元年の訪問の部分が有馬との関わりのなかで形成されたことを指摘している。第二節において、筆者は『冥途蘇生記』の後半部分は、十三世紀半ばに有馬の既存の伝承をうまく利用して如法堂建立の勧進に利用されるなかで形成されたものだとした。いずれにせよ、鎌倉中期には現在に近い形で存在していたことがうかがえるのである。しかしながら、このなかには先に挙げた『有馬山温泉小鑑』にみられるような近世の伝承に直接つながる要素は見出しがたいといわざるをえない。

二　如法堂縁起としての『冥途蘇生記』に関わる伝承

『冥途蘇生記』は既に渥美氏や牧野氏が述べているように、清澄寺に隠遁していた尊恵が勧進のために作成したものであり、前半部分は極めて時事的な内容をもったものであった。

ところが、中世の有馬において『冥途蘇生記』に関わる伝承をみてみると、室町時代には、『冥途蘇生記』に基づき、尊恵が、閻魔王に清盛は慈恵僧正の再誕であるということを告げられたということを述べる内容がある一方、それに並行して、尊恵が冥府より将来した法華経という物に関わる伝承がみえる。また、『冥途蘇生記』を踏まえながらも全体として温泉寺如法堂の縁起としての性格を帯びているのである。そして、十六世紀前半には、尊恵が冥府より将来した法華経というものを説明するために、『冥途蘇生記』の後半部を吸収するかたちで如法堂縁起の性格は消滅し、尊恵将来経の縁起に変容するのである。

有馬において現存するものとして、最も早くに『冥途蘇生記』に関わる内容の文物を確認できるのは、文永八年（一二七一）の銘がある経箱である。この箱は青銅製で、もと鍍金あるいは金箔をおいた痕跡があり、表面には蓮華唐草文様と思われる細い毛彫りが施されているが、火に遭ったようで融滅して識別しがたい。箱に施されている銘は以下のようなものである。(12)

蓋　表「依閻魔法王勧進奉納温泉山如法経」
右側面「文永八辛未八月卅日　勧進比丘俊尊」
左側面「如法経箱　温泉山」

銘によれば、これは閻魔王の勧進によって尊恵が温泉寺に奉納したとされる如法経を納める箱であり、文永八年に勧進比丘俊尊という人物が温泉寺へ奉納したものである。この箱の銘によって、この時期には閻魔王の勧進によって法華経が有馬に奉納されたという『冥途蘇生記』の後半部分が成立していたことが推測できる。

次いで『冥途蘇生記』に関係する伝承を記録するものは、かなり下って宝徳四年（一四五二）となる。瑞渓周鳳が湯治のために有馬を訪れた際の記録『温泉行記』(13)においてである。『温泉行記』には、瑞谿周鳳の行動とともに、この当時の有馬の風景や温泉寺の様子などが詳細に記されている。そのなかで、温泉寺の諸堂舎を記録した部分があり、唯一堂舎の謂われが記されているのが如法堂である。それには以下のようにある。

又次有如法堂、〻中有小塔、昔清澄寺慈心坊尊恵、四赴閻魔宮請、為読経導師、毎次得法華一部、一以奉帝、一以蔵清澄寺、一以蔵天王寺、一以埋此堂下云、此外朝命金函《コンカン》経、亦此堂也、文安乙丑之乱、賊入此山、聞有金函経、発掘此堂、蓋摸《サグツテ》金発丘之暴、

これによると、如法堂の中には小塔が安置されており、如法堂の地下には、清澄寺の尊恵が四度閻魔王宮に赴き、読経の導師となった際に毎回一部の法華経を得たのであるが、その経の内の一部が埋納されているとのことである。尊恵が閻魔王から得た四部の経の内の残り三部は、帝に献上されたものが一部と、清澄寺・四天王寺に各一部が蔵されているという。ほかに、朝命の金函経もまた如法堂にあるのだが、それは文安二年（一四四五）、近隣の道場河原が主戦場となった赤松氏と山名氏による戦乱の際に賊によって暴かれたとのことである。この朝命の金函経というのは、『冥途蘇生記』の後半部で閻魔王の「宣旨」をうけて勧進されたそれを指すであろう。金函経については、同じく『温泉行記』に記述がみえる。これには、

聞律院僧読本寺記、凡湯客出百銭、則院僧出読之、今日同来僧、為予弁読賃、記三巻、皆係以絵事、

とあって、温泉寺の僧が湯客より百銭を徴収し絵解きをおこなっているのであるが、その絵解きの内容を記録した部分に詳しい。

又清澄寺自（慈）心坊尊恵、連年赴閻魔王請、為法華講師者四矣、至第四度、閻王謂尊恵曰、明年当開十万人読経会、故命十万国王、各出一部紺紙金字法華経、上人為我可告本国王、其経先当以金銀銅為函、三重秘之、又以石木為櫃、二重蔵之、然後埋之温泉寺可也、因書其旨、為一書札付尊恵、以為信、尊恵問閻魔王曰、何故要埋温泉寺耶、答曰、彼当地閻魔宮東門也、又尊恵与閻王対談、及平氏清盛公、築兵庫経島之事、閻王曰、此人乃慈恵大師后身也、我常頂礼、其文曰、敬礼《キヤウライ》慈恵大僧匠、天台仏法擁護《ヲウゴ》者《シヤ》、示現最勝将軍神、悪業衆生同利益、尊恵三日而甦、冥問

所見、一〻聞帝《ブンス》、〻従之、埋金函《コンカン》経、蓋本寺如法堂是矣、

とあって、一見すると『冥途蘇生記』の後半部分にそった内容を伝えている。清澄寺の尊恵が連年閻魔王の請に応えて法華の講師を勤めた。四度目に、閻魔王が命じていうには、明年の十万人読経会のために日本国王に一部の紺紙金字法華経を金銀銅の箱に三重に秘して、さらに木石の箱で二重に秘し温泉寺へ埋めよ、とのことである。それを帝が聞き、それに従って金函経を埋めたのがすなわちこの如法堂である、とのことである。温泉寺に金函経を埋める理由は、温泉寺が閻魔王宮の東門に当たるからである。また、閻魔王との対談において、尊恵が平清盛が兵庫の経島を築いたとのことに触れた。そうすると、閻魔王は清盛は慈恵大師の後身であると告げ、閻魔王が礼拝していること、また、「敬礼慈恵大僧正」の偈を得たということも述べられている。

以上のような『温泉行記』の内容をみてみると、『冥途蘇生記』にそった内容を伝える部分、すなわち、絵解きの内容を記録した部分においても『冥途蘇生記』の記述と異なっていることがわかる。

『冥途蘇生記』では前半に述べられている清盛が慈恵の再誕である由を告げられる部分が、後半である四度目の訪問の際のこととされている。また、『冥途蘇生記』では、勧進した経を温泉寺に如法堂を建立して「小塔の中へ安置せよ」となっているものが、如法堂に「埋めよ」とされているなどの変化がある。そして、最終的に「蓋本寺如法堂是矣」と結ばれているように、全体としては温泉寺の如法堂の建立縁起を語る体裁に組み替えられているのである。

他方、同じ『温泉行記』にある如法堂のいわれを記す部分をみると、尊恵は四度の冥府行の際に毎回一部ずつ法華経を得たという記述があり、さらに、その経の内の一部が温泉寺如法堂の下に埋められているとされている。『冥途蘇生記』では、初回の訪問の際に閻魔王が「以妙法直意、為普利末代、所書写真文十一軸」を尊恵に付属させたとあるが、毎回一部ずつを得させたとは書かれていない。『冥途蘇生記』にある「所書写真文十一軸」が部数からみて、果た

して直接に法華経を指すのかも疑問であるが、いずれにしても、『温泉行記』の絵解き記事においては、十五世紀半ばには温泉寺の如法堂について、二つの伝承、すなわち、一つは、『冥途蘇生記』に拠るかたちの金函経にまつわる伝承と、もう一つは、如法堂のいわれとして語られ、絵解きでは採り上げられていない、いわば周縁的ともいえる尊恵による冥府よりの四部の将来経に関する伝承が並立していた。そして、後者の伝承は『冥途蘇生記』には直接には拠ることのできないものであった。

三　尊恵将来経縁起としての『冥途蘇生記』に関わる伝承

さて、宝徳四年（一四五二）の瑞谿周鳳の湯治より約八十年後の享禄元年（一五二八）十二月、温泉寺が火災に遭い灰燼と化す。その翌年、火災の復興勧進のために三条西実隆によって作成された『温泉寺再興勧進帳』[14]では以下のようにみえる。

> ここに去年臘月廿四日、失火の余焰にかゝりて堂舎こと〳〵く灰燼と成ぬ、纔に本尊御くしの中より仏舎利数粒、ならひに一巻の記文を得たり、宝塔の下に、清澄寺の僧尊恵、閻魔王宮の嘱請によりて四たひ冥府にいたりて、十万部法華読誦の浄侶につらなれり、安元元年のたひ、十二月十三日此土に帰りて後、閻魔法王の書写する所の金紙金字の妙経十巻、両界曼荼羅、其外法華二部、この寺の宝塔の下にうつめりといふことをしるせり、則彼基趾を○《も》とめてあひうかつに忽石のふんはこを得たり、ひらき見るに記文にたかはす、

これによれば、温泉寺の火災に際して、本尊の頭の中から仏舎利数粒と一巻の記文が発見された。その記文には、清澄寺の尊恵が四度冥府に赴き、法華経会に参加したことを述べ、安元元年の訪問の際、尊恵はこの世に戻って後、閻

魔王の書写した法華経十巻・両界曼荼羅をその他の法華経二部とともに温泉寺の宝塔の下に埋めた、と記されていた。この記述に従って宝塔の跡を発掘してみると、記文に記された通り閻魔王書写の法華経などが発掘された、というのである。

先に、十五世紀半ばの『温泉行記』では、『冥途蘇生記』を如法堂の縁起として組み替えたものが温泉寺の縁起の一部として語られていた。それに並行して、如法堂のいわれとして尊恵が冥府より将来した法華経が如法堂に埋納されていたという伝承があることもみた。すなわち、二つの伝承が並立していたのであった。それが享禄二年の勧進帳においては、尊恵の冥府よりの将来経に関する伝承で統一されるのである。また、尊恵の将来経の埋納場所は如法堂の下ではなく宝塔の下に埋められていたこととなっており、如法堂の縁起という体裁もとられていない。『冥途蘇生記』に関わる伝承は如法堂という「場所」の縁起から、尊恵将来経、すなわち閻魔王書写の法華経という「物」の来由を語る縁起へと変容するのである。

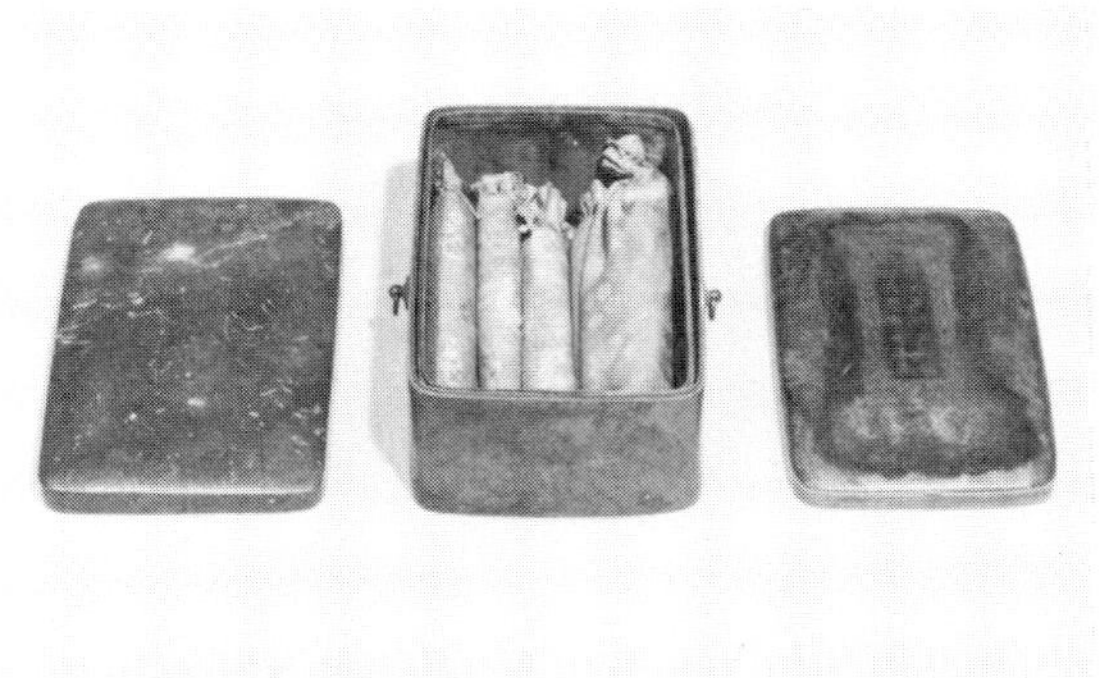

図2　享禄発掘の尊恵将来経　もと温泉寺清涼院蔵。神戸市立博物館編『神戸の文化財』（神戸市健康教育公社、1978年）より

ところで、この時発掘されたという冥府よりの将来経（図2）と両界曼荼羅であるが、ここで『冥途蘇生記』をみると、後半部分にある閻魔王が尊恵に勧進を命じたものにいきあたる。すなわち、「撃治金紙金字如法経一部十軸」「金紙種字両界一鋪」である。つまり、この時に発掘されたものは「本来」は閻魔王の勧進に応えて尊恵が如法堂に奉納した品々でなければならないはずである。これは、享禄の火災の一件を記録した『実隆公記』を

みれば一層よくわかる。

享禄二年三月八日、温泉寺より西大寺を通じて実隆の元に、前年の火災で宝塔の下から発掘されたとされる経典がもたらされる。『実隆公記』には以下のように記されている。

> 温泉寺宝塔下所埋之経、清澄寺慈心坊尊恵、依閻魔王宮之請、法花読誦所送賜之如法経幷尊恵自筆経・高倉院宸筆御経以上二合銅函悉朽損、不披得之、閻魔王宮之経者金之函・銀之函・銅之函三重納之、銘云、金紙金字一乗妙典、大慈大悲両界曼荼、如此、

すなわち、発掘された経は、閻魔王から尊恵に対して贈られた「如法経」であり、その如法経と曼荼羅は金・銀・銅と三重の箱に納められていた。そして箱の銘には「金紙金字一乗妙典」「大慈大悲両界曼荼」とあったと記されている。この経が発掘された状況といい、発掘された物が如法経であることといい、その物をみる限りは『冥途蘇生記』後半において、閻魔王が尊恵に対して「日本国王臣等」に勧進を命じた物と同じである。このことから考えると、この将来経に関わる伝承は、『冥途蘇生記』の後半の記述を尊恵による奉納から尊恵による将来へと逆転させることによって――少なくとも『温泉行記』が記述された時期には周縁的であった――尊恵将来の法華経についての伝承に組み替えられてしまったのである。これによって、『冥途蘇生記』に関わる伝承は、如法堂の縁起から、このとき「発掘」された尊恵が冥府より将来した閻魔王書写の如法経という物自体の功徳を前面に押し出す形に転換したのであった。

中世における『冥途蘇生記』に関わる伝承の展開をみてきたわけであるが、十五世紀半ばには『冥途蘇生記』後半部分を踏まえた如法堂縁起としての伝承と、それには拠ることができない尊恵が冥府より将来した法華経が埋納されているという伝承が併存していた。それが、十六世紀前半の享禄の火災の際に「発掘」された尊恵将来の如法経を説明する形で、如法堂の縁起としての側面が失われ、尊恵による閻魔王宮からの将来の如法経の伝承へと転換したのである。

四　尊恵将来経伝承の形成

最初に挙げた『有馬山温泉小鑑』などの近世の地誌にみえる尊恵将来の法華経の伝承は、享禄の火災の復興勧進の際に作成された『温泉寺再興勧進帳』のなかにみえるような、宝塔の跡より発見された尊恵将来の法華経の記述を踏まえ、それをさらに展開させたものだといえよう。それでは、享禄の勧進帳はどのような経緯で制作されたのであろうか。

先に、『温泉寺再興勧進帳』は三条西実隆によって作成されたとしたが、その経緯は『実隆公記』に詳しく記されている。享禄二年（一五二九）一月十八日条に、「温泉寺去月廿六日昼悉回禄云ゝ」と前年末に温泉寺が火災に遭ったことが記される。先ほどみた同年三月八日条では、尊恵将来経の発掘記事に続いて、

此経者表紙仏菩薩等儼然、於経者字形不分明、少ゝ朦朧、金薄等之色無比類者也、今度温泉寺炎上、本尊御頭引落之時、御頭破裂、其内有錦袋、其中此経等埋置之子細載之、仍堀出之云ゝ、三尺計地之下、漸ゝ又深埋置之云ゝ、希代事也、西大寺上人雖可持参、老屈之間、以侍者昇彦、資直三位子、持参、公条卿可披露之由、長老被命之間、公条卿参内申入之、女中衆等令頂戴云ゝ、事了於愚亭各頂戴之、希有之結縁也、昇彦坊一荷両種携之、資直三位同道之間、各勧一盞、

とあり、先にみたように、温泉寺の宝塔の下に埋められていた閻魔王から尊恵に贈られた如法経・尊恵自筆経・高倉院宸筆経が発掘されたのだが、尊恵将来の如法経は、西大寺長老を介して実隆のもとにもたらされる。そして、実隆の子公条によって内裏にまでもたらされた。内裏での披露の後、実隆も自邸でその経に結縁したのである。そして、三

月二十三日に「温泉寺勧進帳料紙到来」とあるように、実隆のもとに勧進帳書写のための料紙が送られ、二十九日、「温泉寺勧進帳抄之」とあり、四月一日、「温泉寺勧進帳清書遣之、昇彦称礼来」とあるように、勧進帳が清書されている。そして、四月四日、「温泉寺勧進帳被謝之、扇・杉原十帖昇彦持来、不慮事也」というように、実隆は勧進帳作成の謝礼を得ているのである。

さきに、『温泉寺再興勧進帳』では、「発掘」された尊恵将来の法華経を説明するかたちで、従来あった如法堂の縁起へと転換したと指摘したが、享禄の火災によって、本尊の頭部より発見された「記文」の内容は、『冥途蘇生記』本文とも、それ以前に存在していた『冥途蘇生記』に関わる伝承とも相違する内容である。そして、その記文に従って発見された経は、今までみてきたように、内裏へもたらされ、貴顕の結縁を受け、実隆の勧進帳作成へとつながっていく。享禄の火災からの復興勧進のために有効にはたらいていることがわかる。享禄の火災にともない「発掘」された尊恵による将来経は、まさにこの発掘の瞬間に伝承だけの状態から、実体が生み出されたといえよう。そしてこの時に作り出された将来経伝承は後の『冥途蘇生記』に関わる伝承を規定していくのである。

『温泉寺再興勧進帳』に次いで尊恵将来経の伝承がみえるのは、正保二年（一六四五）の『釈迦堂勧進帳』(15)である。これは、温泉寺奥院（後の清涼院）広金によっておこなわれた釈迦堂勧進に際して作成されたものであるが、それをみると、

清澄寺住僧慈心坊尊恵、此奥院多宝ノ塔タツト云沙門有、冥途ニ十万部ノ法華経供養有為者、日本平ノ清盛トイヘリ、其導師ニ閻魔王尊恵ヲ頼ム、此当地奥院ノ多宝ノ塔ハ、冥途ノ通路ナリトヲモヘリ、随而御経ノ布施ニ金紙金字ノ法花経ヲ請取リ給、尊恵閻魔王ニ尋テ曰ク、娑婆ノ人悪業タルモ、願テ助ケ給ヘト問イ給ハ、自筆自賛ノ尊形ヲ給、然ニ炎焼ノ時、薬師如来ノ御クシヨリ記文出ル、此文曰ク、奥院多宝堂ノ塔ノ下ニ、慈心坊冥途ヨ

リノ御経有リ、有縁無縁普ク衆生ニ施シ建立セシメヨト也、

とある。温泉寺の奥院の多宝塔の建立が尊恵であることを述べ、閻魔王宮での法華経法会を平清盛がおこない、その法会の導師として尊恵が招かれ、閻魔王より布施に金紙金字の法華経を受け取ったこと、そして、その経は『温泉寺再興勧進帳』にみえるように、多宝塔の下より発掘されたこと、また、衆生済度のために尊恵が閻魔王から「自筆自賛ノ尊形」を与えられた等のことが述べられている。多宝塔の建立が尊恵であることや、尊恵が閻魔王による自筆自賛の閻魔王像を得たことなど新たな展開をみせている。一方で、『冥途蘇生記』や、『温泉行記』にみえる如法堂の建立に関わる内容や如法堂への言及はみられない。貞享二年（一六八五）の『有馬山温泉小鑑』では、宝殿に納まっているると述べられている尊恵将来経の発掘に関しての記述が中心をなしているのである。また、『有馬山温泉小鑑』にも将来経の発掘はみえても、如法堂の建立などに関してはみえないように、これ以後、『冥途蘇生記』後半部に基づく、閻魔王が尊恵に勧進を命じた如法経は、閻魔王が尊恵に与えた如法経として、その如法経の実物を巡って縁起が展開していくのである。

ところで、『実隆公記』をみると、その法華経とは「如法経」と記されている。それでは、なぜ将来の如法経を説明するかたちに変容したのであろうか。

如法経とは、兜木正亭氏(16)によれば、広義には浄潔写経の思想を基盤として、その機運の頂点に作り出された作善行として名づけられた特殊写経であり、『法華経』の儀軌に従って、写経者の精神・写経用度を清浄に整え、穢れなく書き、如法に経供養された法華経である。意趣としては、平安時代の事例をみる限りでも、「如法写経の意趣を明記したものによるとこれ（弥勒信仰）以外の個々の意図がこめられており、むしろ弥勒信仰を表面にしたものは少ない」と指摘されているように、最も多いのは父母の成仏・戦没者供養・故人の菩提などの追善思想であり、次いで弥勒思想、そ

の次に極楽往生などの往生思想などがあり、ほかにも、現当利益、仏像への奉納などさまざまであるという。

如法経を納めた経塚の造営に関して関秀夫氏は、(17)十一から十二世紀までの古代の「埋経」、十四世紀頃からはじまり十六世紀を中心とする六十六部聖の勧進が中心の中世の「納経の経塚」、近世の「一石経の経塚」と三期に区分されており、林文理氏は、(18)如法経信仰は、天台系顕密地方寺社では、周辺地域からの如法経料足の施入、田畠寄進、勧進奉加等によって、如法経会が寺社の仏神事や近江国の惣村で惣の年中行事として、周辺天台系寺院の聖を介して恒常的におこなわれていたことを明らかにし、それらは、早くても十三世紀末から十四世紀にあらわれ、十五世紀前半をピークにしていることを指摘している。

具体的にみてみると、中世から近世にかけて如法経が恒例行事としておこなわれており、中世における如法経関連の史料としては、もっともまとまった分量で存在していると考えられる若狭明通寺の如法経料の施入札の趣意(19)をみると、ほとんどが追善・現世利益・逆修である。そして、その功徳はたとえば、

右意趣者、為悲母妙祐禅尼菩提、一偈聞法結縁難測、況於如法書写功徳乎、依頓入仏果無疑、乃至上有頂下無間无抜済而已、

というように、一般的な法華経への結縁よりもはるかに大きく、それへの結縁により成仏・救済が与えられると述べている。『古今著聞集』二、「書写上人法華経書写の事」をみると、

何比《いつごろ》の事にか、書写上人みづから如法如説に法華経書給《かきたまひ》けるに、炎魔宮より冥官《みやうくわん》をもて申送《まうしおくり》けるは、「自業自得果の衆生の、業をむくはんがために、みな我《わが》所にきたる。その報いまだ尽《つき》ざるに、上人の写経の間、罪報の衆生みな人中天上にむまれ、或は浄刹に詣《まうづ》る間、罪悪の地こと〴〵く荒廃せり。願《ねがはく》は上人経を書給《かきたまふ》事なかれ」と、うたへ申《まうし》たりければ、上人の給《たまひ》けるは、「此《この》事我が進退《しんだい》にあらず。早く釈迦如来に申さるべし」とぞ、こた

へ給《たまひ》ける。

とある。播磨書写山の性空の如法経書写による滅罪の功徳によって、本来は自らの罪業に報いるために閻魔王のもとへ赴くべき亡者が、その報いの終わらないうちに救われてしまい、閻魔王のもとへ来るものがいなくなり、地獄がすっかり荒廃してしまった、そのために、閻魔王宮より使いが来て、性空に如法経書写をやめるようにと訴えた、というものである。この説話をみると当時、如法経書写、あるいはそれに結縁する功徳というものが絶大なものと認識されていたのかが良くわかるであろう。

以上のような如法経信仰を背景として考えると、温泉寺の勧進活動において閻魔王書写の如法経というものがあらわれるのは良く理解できるであろう。この当時、如法経が広く信仰されていたことを背景にするならば、『冥途蘇生記』や『温泉行記』にみえる、温泉寺如法堂とそこにある金函経、すなわち、尊恵が貴顕に勧進した如法経を納めたという如法堂の縁起譚よりも、周縁の伝承であった閻魔王の書写した如法経その物を利用するほうが、極めてわかりやすく滅罪の功徳を称揚することができるからである。

『実隆公記』のなかで、実隆は、温泉寺よりもたらされた閻魔王書写の如法経を「頂戴」、すなわち、おしいただき、「希有之結縁也」と記している。これは、如法経への結縁による滅罪の功徳が、先に述べたように極めて大きなものであるからであろう。そしてそれが、人びとの罪の軽重を司る閻魔王みずから如法に書写した経に対する結縁は、はかりがたい功徳があると信じられたからであろう。そして閻魔王の如法経を利用した温泉寺のもくろみは、見事成功しているといえるであろう。

五　有馬の勧進唱導活動

尊恵将来経伝承の形成についてみてきた。この伝承の形成には、享禄の火災からの復興勧進が大きな役割を果たしたことが明らかとなった。ここでは、それらの背景となるであろう有馬における唱導や勧進についてみておくこととしたい。

先にみた宝徳四年(一四五二)の『温泉行記』に、

庵後有小巷、従之往温泉寺、聞律院僧読本寺記、凡湯客出百銭、則院僧出読之、今日同来僧、為予弁読賃、記三巻、皆係以絵事、

とあるように、温泉寺で湯客より百銭をとって絵解きがおこなわれているということを述べたが、これ以外にも温泉寺での絵解きの事例を見出すことができる。

『蔭涼軒日録』文正元年(一四六六)閏二月八日条をみると、

往于温泉方丈、泉水尤美也、高山排簷木石尤古、勝於旧時看也、住持老僧出迎、勧清茶両三盞、以後読誦当山縁起、実医王善逝願望、于今不怠、医群生治諸病、尤為奇也、

とあって、温泉寺方丈で住持が縁起の読誦をおこなっていることがみえる。また、その様子は、翌日条に、

前日温泉寺住持老律衲、被蒙頭而読温泉寺縁起之様子、陽為之躰、尤為妙也、

とあって、縁起読誦の様子は非常にすぐれたものであったという。前日条では、温泉寺本尊の薬師如来が今も衆生を癒やし、諸病を治していることに感嘆しているが、温泉寺での絵解きは芸能的にも優れたものであったことがうかが

える。また、『親長卿記』文明十二年（一四八〇）四月十二日条に「卅日、雨下及晩晴、於温泉寺聴聞本地得意（マヽ）、寺家僧読之」とあって、温泉寺の僧が縁起の読誦をおこなっている。蓮如の文明十五年の『有馬道の記』には、

　されとも(九月)五日八日は天気事の外よかりしかは、今日は幸に薬師の縁日なれはとて、薬師堂へまひり、同く坊へゆきて、寺の縁起を所望して聴聞し侍りぬ、

とあり、温泉寺薬師堂の坊において縁起の読誦がおこなわれていることがわかる。以上のように、十五世紀半ばから十六世紀まで温泉寺で縁起の読誦に関する記述が複数みられるのである。これらは、温泉寺で縁起の読誦がおこなわれているという記述が多いが、『有馬道の記』では、温泉寺薬師堂の坊であるとされているというように、温泉寺、特に、薬師堂でおこなわれていたようである。

この薬師堂とは、『祇園執行日記』建徳二年（一三七一）九月二十四日条に「於菩提院湯山薬師堂前地蔵堂」とあるように、温泉寺菩提院のことである。また、『後法興院記』文亀二年（一五〇二）九月二十七日条をみると、「廿七日、丙申、晴、参当所薬師堂温泉寺」とあって、薬師堂が温泉寺の通称となっていることもわかる。

すなわち、この時期にみえる温泉寺での縁起読誦などの記事は、温泉寺菩提院においておこなわれていたといってよいだろう。そして、その菩提院であるが、『祇園執行日記』建徳二年九月二十六日条に「一、当山縁起、自薬師堂被送之間一見、戌刻返遣了」とあって、温泉寺の縁起が菩提院より貸し出されているとあるように、十四世紀後半には菩提院が温泉寺の縁起自体を管理していることがわかるのである。このように、温泉寺の中心的な子院であって、温泉寺の縁起を管理し、また、その縁起の読誦をおこなっていた温泉寺菩提院であるが、それでは、どのような人びとによって縁起の読誦がおこなわれていたのであろうか。

既にみたように、『温泉行記』に「聞律院僧読本寺記」とあり、『蔭涼軒日録』に「温泉寺住持老律衲、被蒙頭而読

温泉寺縁起」とあることから、温泉寺の縁起を読誦しているのは、律僧、それも温泉寺の住持みずからであることがわかる。そして菩提院も、『空華集』五の弘和元年（一三八一）二月に義堂周信が有馬に湯治に訪れた際、菩提院について詠んだ詩に、

菩提院律居

竹林深処菩提坊　千載毘尼清浄場
応是律師嫌破戒　莫教踏殺蘚花蒼

とあるように、菩提院は、持戒清浄の律院であることが詠まれている。また、『温泉行記』には、

到温泉寺律院、院面東、広八間、庭下引渓為池、池左右前後、畳石種樹、佳致可愛、（中略）律主出見薦茶、茶罷而帰、

とあり、『大乗院寺社雑事記』長享元年（一四八七）一月二十二日条には「湯山ニ入了、馬共自松殿召進之、律院温泉寺ニ付了」とあるように、温泉寺自体も律宗寺院であると見なされていた。

このようにみると、『祇園執行日記』建徳二年（一三七一）九月二十一日条に、「一、酉半刻湯山ニ著、ナマセヨリ三里、太子堂長老状ヲ、薬師堂湯山長老ニ付之」とあるのは、京の主要な律宗寺院であった東山太子堂[20]の長老より温泉寺薬師堂長老に書状が送られたと読むことができるだろう。十四世紀半ばには、温泉寺の菩提院は律宗化していたことがわかる。

以上、有馬の唱導活動についてみてきた。十四世紀後半には温泉寺の縁起は律院である菩提院によって管理されていたことがわかるのであるが、十五世紀半ばより菩提院の律僧による温泉寺の縁起読誦などの唱導活動が記録される[21]ようになるのである。そして、その場では『温泉行記』にみえるように、行基の温泉寺創建譚と女躰権現の勧請譚に

加えて、『冥途蘇生記』にまつわる伝承が語られていたのである。なお、時代は下るが、天文十七年（一五四八）頃に成立した『湯山阿弥陀堂縁起』[22]のなかでは、

霊地奇特ノ間、四寺ノ薬師院開山観仁上人、天下ニ無双説法第一之上人也、是ヲ奉薬師堂長老、

とあるように、薬師堂すなわち菩提院の長老に説法第一の僧を四天王寺薬師院という叡尊とも関係の深い四天王寺内の律院[23]より招いた、ということが記されているが、これによっても唱導活動を盛んにおこなっていた菩提院の性格を推し量ることができるだろう。

勧進活動についてみてみると、享禄の火災で発掘された経が実隆にもたらされる際、『実隆公記』に、

西大寺上人雖可持参、老屈之間、以侍者昇彦、三位子、資直持参、公条卿可披露之由、長老被命之間、公条卿参内申入之、女中衆等令頂戴云〻、事了於愚亭各頂戴之、希有之結縁也、

とあるように、温泉寺から西大寺の長老を介して勧進帳の作成がおこなわれ、将来経が内裏へもたらされたのである。ほかにも、享禄の復興勧進に先立って温泉寺は西大寺を介した勧進帳の作成を実隆に依頼していることがわかる。『実隆公記』大永五年（一五二五）十二月八日条に、「湯山勧進帳草之、則清書了」とあって、十二月二十三日条に、「西大寺長老来臨、大納言(三条西公条)謁申之云々、奈良紙五束、油烟二廷被携之、湯山勧進帳被謝之儀歟」とある。この記事からは、勧進帳の作成の理由や、どのような内容の勧進帳が作成されたのかはわからないが、温泉寺の勧進帳を作成した実隆のもとに西大寺長老が訪れ温泉寺の勧進帳作成の謝礼がなされている。

以上のように、温泉寺菩提院は十四世紀後半には律院となっており、史料で明らかになる限りでは十五世紀半ばより唱導活動を恒常的におこなっていただけではなく、西大寺長老を介して勧進帳の作成を当時第一級の知識人であり能筆家であった実隆に依頼し、勧進をおこなうというように組織的な勧進能力をも保持していたのである。享禄の勧

進帳にみられる将来経伝承の形成も、このとき突然形成されたというのではなく、このような恒常的な勧進唱導活動の蓄積を基盤として形成されたといえるであろう。

おわりに

有馬において、『冥途蘇生記』は多様な展開過程をみせながら変容を遂げている。そのなかで、享禄年間の火災によって形成された尊恵将来経伝承を中心としてみてきた。

十三世紀後半には現在の形となっていた『冥途蘇生記』であるが、有馬においては、十四世紀半ばには二つの伝承が並立していた。一つは、『冥途蘇生記』に依拠しながら、温泉寺如法堂の縁起へと作り替えられた伝承であり、もう一つは、『冥途蘇生記』には直接拠ることができない四部の尊恵将来経に関する伝承である。そして、如法堂縁起としての伝承は、温泉寺菩提院における絵解きの記録としても記録されているのに対して、尊恵将来経伝承は、堂舎の案内から聞いた如法堂のいわれとして記録されているように、如法堂縁起としての伝承に比較して、周縁的な伝承であった。ところが、十六世紀半ばの享禄の火災によって、「記文」が発見され、その「記文」に従って、尊恵の将来経そのものが「発掘」されるのである。そして、『温泉寺復興勧進帳』が作成される。この勧進帳に記された縁起では、如法堂の縁起としての要素は消滅し、発掘された尊恵の将来経の功徳を宣揚する内容となっている。そして、それ以後は、もはや『冥途蘇生記』には直接拠ることのできない尊恵将来経というものをめぐる縁起が展開していくのである。

ところで、発掘された将来経、すなわち、閻魔王書写の如法経は、『冥途蘇生記』の後半部分において尊恵が閻魔王から勧進を命じられた如法経というものと同一である。この伝承は、『冥途蘇生記』の後半部分を下敷きとしながら、これまで周縁的であった将来経伝承と習合させ作り上げられたものであった。『冥途蘇生記』を背景としながら、それとは別のものへと組み替えられているのである。(24)そして、それは、火災からの復興勧進のために、当時隆盛をみせていた如法経信仰を利用し、閻魔王書写の如法経への結縁の功徳を宣揚せんがために生み出されたものであったのである。

以上のような将来経伝承を作り出した有馬に目を向けると、十四世紀後半には律院となっており、温泉寺の縁起を管理していた温泉寺菩提院での律僧による勧進唱導活動があった。享禄の火災以前、明らかになる限りでは十五世紀半ばより、菩提院は縁起の読誦などの唱導活動を恒常的におこなっていたのである。そして、享禄の火災においては、西大寺長老を通じて三条西実隆に勧進帳の作成を依頼し、さらに、発掘された将来経を内裏にまでもたらすなど、大きな勧進能力をも有していたのである。

清澄寺を中心として幅広い活動をおこなっていた天台の持経者によって生み出された『冥途蘇生記』であるが、十五世紀前後よりの律僧による勧進唱導活動のなかで、尊恵が閻魔王より与えられた閻魔王書写の如法経を中心とした尊恵の将来経縁起とでもいうべき伝承へと変容していった。そして、温泉寺においては、尊恵将来経伝承と「果生」の偈を中心として死者救済・女人救済の方向へさらなる展開をみせてゆき、清澄寺においては温泉寺と関連をもちながら、やはり女人救済の方向へと展開をみせる。そして、温泉寺の周辺の寺院の縁起に尊恵将来経伝承は取り込まれていく。享禄の火災からの復興勧進は、近世以後の温泉寺を含めた複数の寺院の縁起にとって、一つの画期を成しているのである。

註

（1）『有馬山温泉小鑑』（長谷長久編『日本名所風俗図会』一三、角川書店、一九八〇年）。
（2）武久堅「〈清盛語り〉の生態―持経者伝承の系譜―」（水原一編『あなたが読む平家物語』二、有精堂、一九九四年）に近年の研究が簡潔にまとめられている。
（3）西尾正仁「有馬開湯伝説と勧進集団」（『薬師信仰―護国の仏から温泉の仏へ―』岩田書院、二〇〇〇年。初出「薬師信仰と勧進集団―有馬温泉をめぐる中世的世界―」『御影史学論集』一二、御影史学研究会、一九八七年）。
（4）問屋真一「縁起からみる中世の有馬」（神戸市立博物館編『有馬の名宝―蘇生と遊興の文化―』神戸市立博物館、一九九八年）。
（5）後藤丹治「平家物語出典考」（『戦記物語の研究』筑波書店、一九三六年）。
（6）『冥途蘇生記』（『兵庫県史』史料編中世四、兵庫県史編纂委員会、一九八九年）。
（7）錦仁『東北の地獄絵―死と再生―』（三弥井書店、二〇〇三年。初出、「別本『冥途蘇生記』の考察―付・翻刻―」『伝承文学研究』三三、伝承文学研究会、一九八六年）。
（8）『冥途蘇生記』（四日市市立博物館編『冥界の裁き　閻魔さまと地獄の世界―東海に残る六道信仰の造形―』四日市市立博物館、二〇〇一年）。
（9）渡辺貞麿「慈心坊説話の背景」（『平家物語の思想』法蔵館、一九八九年。初出、「『平家物語』慈心坊説話の背景」『中世文学』一九、中世文学会、一九七四年）。
（10）牧野和夫「『冥途蘇生記』その側面の一面―『平家物語』以前を中心に―」（『東横国文学』一一、東横学園女子短期大学国文学会、一九七九年）。

(11) 熱田公「『冥途蘇生記』再考」(『市史研究紀要たからづか』五、宝塚市史編集室、一九八八年)。
(12) 中村直勝「温泉神社及清涼院」(『兵庫県史蹟名勝天然記念物調査報告』兵庫県、一九二七年)。
(13) 『温泉行記』(玉村竹二編『五山文學新集』五、東京大学出版会、一九七一年)。
(14) 『温泉寺再興勧進帳』(風早恂編『有馬温泉史料』上、名著出版、一九八八年)。
(15) 『釈迦堂勧進帳』(風早恂編『有馬温泉史料』下、名著出版、一九八八年)。
(16) 兜木正亨『法華写経の研究』(大東出版、一九八三年)。
(17) 関秀夫『経塚の諸相とその展開』(雄山閣、一九九〇年)。
(18) 林文理「中世如法経信仰の展開と構造」(『中世寺院史の研究』上、法蔵館、一九八八年)。
(19) 明通寺寄進札「四郎大夫如法経米寄進札」(『小浜市史』金石文編、小浜市史編纂委員会編、一九七四年)。
(20) 東山太子堂については、林幹彌『太子信仰の研究』(吉川弘文館、一九八〇年)に詳しい。
(21) 近年律僧と諸伝承との関連が着目されている。松尾剛二「説教節『さんせう太夫』と勧進興行」(『勧進と破戒の中世史—中世仏教の実相—』吉川弘文館、一九九五年)、細川涼一『女の中世—小野小町・巴・その他—』(日本エディタースクール出版部、一九八九年)など。
(22) 『湯山阿弥陀堂縁起』(風早 註(14)前掲書)。
(23) 『感身学正記』には叡尊は四天王寺に入る際、しばしば薬師院に入っていることがみえる。また、西大寺の直末寺を記した明徳二年(一三九一)の「西大寺諸国末寺帳」や永享八年(一四三六)の「西大寺坊々寄宿末寺帳」(共に、松尾 註(21)前掲論文)にも西大寺末としてその名がみえている。
(24) 従来、『冥途蘇生記』を論じるにあたり、安易に『温泉行記』や『実隆公記』の記事が利用されているが、それらの記事は『冥途蘇生記』そのものとは区別して考える必要があるだろう。

第四節　尊恵将来経伝承の変容と伝播

はじめに

第一節から第二節において、有馬温泉寺縁起の形成と、尊恵将来経伝承の形成について明らかにした。すなわち、温泉寺の縁起は、鎌倉中期にその原型が形成された。そして、それは、行基が薬師如来の示現を受けて温泉寺を開創し、同じく女躰権現を鎮守として勧請したという行基による温泉寺開創譚と、行基による女躰権現の勧請譚の、二つの伝承を核としている。そして、この縁起は温泉寺が一山を形成するなかで、従来存在していた湯泉三和社の縁起を取り込み、有馬温泉の歴史を温泉寺中心に改変するためのものであった。さらに、『冥途蘇生記』の後半をなす伝承でもあるが、温泉寺如法堂の縁起として、清澄寺の尊恵が閻魔王より如法経の勧進とその勧進した経を納めるための如法堂を建立せよと命じられたという伝承があり、これも従来の伝承を利用しながら、前二者と同時期に形成されたものであった。

以上のように形成された温泉寺の縁起であるが、この縁起の三つの要素が常に同じ性格をもって存在していたわけではない。行基の温泉寺開創譚と女躰権現の勧請譚は温泉寺と三和社を位置づけ、有馬温泉自体の始源を語る伝承としてほとんど変容を蒙ることはないが、如法堂の縁起に関しては、必ずしもそうではない。第三節において述べたところであるが、鎌倉中期に形成された温泉寺如法堂の縁起は、十六世紀半ば、享禄年間の温泉寺の回禄からの復興勧進のなかで、如法堂の縁起から、尊恵が冥府より持ち帰った閻魔王手書の如法経という実体のあるものを中心とした尊恵将来経にまつわる縁起へと、変貌を遂げるのである。

ところで、温泉寺において十六世紀前半に形成された尊恵将来経伝承であるが、従来あまり触れられることはなかったが、同様の伝承が温泉寺のみならず複数の寺院にみられる。また、温泉寺においてもさらなる展開をみせている。本節においては、他寺院への尊恵将来経伝承の伝播と、その変容過程を明らかにし、尊恵将来経の伝承の展開の過程を跡づけることを試みたい。

一　各寺院の将来経伝承とその特徴

尊恵将来経伝承および、尊恵に関わる内容を縁起にもつ寺院は、管見の限りでは、以下の摂津国を中心とした三郡と伊賀国の都合七ヶ寺にみえる。

- 兵庫県神戸市北区有馬町（摂津国有馬郡）　温泉寺清涼院
- 兵庫県三田市下青野（摂津国有馬郡）　青林寺（廃寺）
- 兵庫県三田市三田町（摂津国有馬郡）　正覚寺
- 兵庫県宝塚市米谷（摂津国川辺郡）　清澄寺
- 兵庫県三田市下槻瀬（摂津国川辺郡）　蓮花寺
- 兵庫県神戸市西区押部谷町近江（播磨国明石郡）　近江寺

・三重県上野市長田（伊賀国阿拝郡）　常住寺
また、寺院縁起以外では、以下の四点の資料に尊恵の将来経伝承がみえる。
・『本朝高僧伝』尊恵伝　元禄十五年（一七〇二）序　卍元師蛮著
・『血盆経和解』正徳二年（一七一二）序　松誉巌的著
・『兵庫築島伝』天明元年（一七八一）刊　円信著
・『万人講縁起』大阪府八尾市常光寺　近世末～近代写　作者未詳

これらの寺院の縁起や資料のなかで尊恵将来経伝承がどのように述べられているかをみていくが、それらは大きく二つに分けることができる。すなわち、A 温泉寺の享禄の『温泉寺再興勧進帳』において成立した、尊恵が法華経・両界曼荼羅を持ち帰ったという伝承に沿う伝承と、B 前記Aが展開して、尊恵が法華経とともに衆生済度のための偈や女人救済のための経典などを持ち帰ったというように、将来経よりも衆生済度に主眼をおいた内容をもつ伝承である。まず、A系統の縁起についてみていくこととする。但し、正覚寺は尊恵再興とするのみで詳しい縁起は存在しない。(1)

A―1　温泉寺

右でも触れたように、享禄二年（一五二九）の『温泉寺再興勧進帳』において、

宝塔の下に、清澄寺の僧尊恵、閻魔王宮の嘱請によりて四たひ冥府にいたりて、十万部法華読誦の浄侶につらなれり、安元元年のたひ、十二月十三日此土に帰りて後、閻魔法王の書写する所の金紙金字の妙経十巻、両界曼荼羅、其外法華二部、此寺の宝塔の下にうつめりといふことをしるせり、則彼基趾を○《も》とめてあひうかつに忽石のふんはこを得たり、ひらき見るに記文にたかはす、

とあり、この一件を記した『実隆公記』享禄二年三月八日条に、

温泉寺宝塔下所埋之経、清澄寺慈心坊尊恵、依閻魔王宮之請、法花読誦所送賜之如法経幷尊恵自筆経・高倉院宸筆御経以上二合銅函悉朽損、不披得之、閻魔王宮之経者金之函・銀之函・銅之函三重納之、銘云、金紙金字一乗妙典、大慈大悲両界曼荼、如此、此経者表紙仏菩薩等儼然、於経者字形不分明、少ゝ朦朧、金薄等之色無比類者也、今度温泉寺炎上、本尊御頭引落之時、御頭破裂、其内有錦袋、其中此経等埋置之子細載之、仍堀出之荘云ゝ、三尺計地之下、漸ゝ又深埋置之云ゝ、希代事也、

とあるように、温泉寺の火災の際に本尊の頭が落ち、その頭のなかより書き付けがあらわれた。そして、その書き付けの記述に従って掘り返すと、尊恵が閻魔王宮において法華経の法会をおこなった際に閻魔王より送られた如法経及び両界曼荼羅などが発掘されたという次第が記されている。

　このように十六世紀半ばには、温泉寺の奇瑞として述べられている尊恵将来経の発掘であるが、近世に入ると、温泉寺全体の縁起のなかでは、尊恵将来経伝承を含め、尊恵の事績は述べられることはなくなり、温泉寺の子院である温泉寺清涼院（奥院・釈迦堂）の縁起としてあらわれる。

　正保二年（一六四五）の『釈迦堂勧進帳』[2]では、

清澄寺住僧慈心坊尊恵、此奥院多宝ノ塔タツト云沙門有、冥途ニ十万部ノ法華経供養有為者、日本平ノ清盛トイヘリ、其導師ニ閻魔王尊恵ヲ頼ム、此当地奥院ノ多宝ノ塔ハ、冥途ノ通路ナリトヲモヘリ、随而御経ノ布施ニ金紙金字ノ法花経ヲ請取リ給、尊恵閻魔王ニ尋テ曰ク、娑婆ノ人悪業タルモ、願テ助ケ給ヘト問イ給ハ、自筆自賛ノ尊形ヲ給、然ニ炎焼ノ時、薬師如来ノ御クシヨリ記文出ル、此文曰ク、奥院多宝堂ノ塔ノ下ニ、慈心坊冥途ヨリノ御経有リ、有縁無縁普ク衆生ニ施シ建立セシメヨト也、

とあって、温泉寺奥院（釈迦堂）の多宝塔を建てた清澄寺の尊恵が、閻魔王の依頼で清盛が閻魔王宮でおこなった法華経法会の導師として参加し、閻魔王から奥院の多宝塔は冥途の通路であると告げられ、法会の布施に金紙金字の法華

経を与えられた。また、尊恵は衆生を救済するために閻魔王自筆自讃の像を閻魔王から得たとある。そして、温泉寺の火災の際に、本尊薬師如来の頭から尊恵が冥途より将来した経があるので、有縁無縁にかかわらず、あまねく衆生に結縁させせよという書き付けが出現したとある。

温泉寺一山の縁起と、温泉寺奥院（釈迦堂）の縁起という違いはあるものの、温泉寺においては、正保二年頃までは、閻魔王より与えられ火災で発掘された法華経というものが、縁起の主要な要素として存在していることがわかる。

A―2　蓮花寺

蓮花寺には現在も尊恵将来の法華経（図1）・両界曼荼羅・水晶の念珠に加え、尊恵の自画像といわれるものも遺されている。元禄十四年（一七〇一）年に編纂された摂津国の地誌である『摂陽群談』(3)には、以下のようにある。

図1　尊恵将来の法華経（蓮花寺蔵）

蓮花寺　同郡同村（有馬郡槻瀬村）にあり。山号深谷山、開闢法道仙人、大化年中の草創也。本堂本尊弥陀三尊仏は、仏工春日所造なり、二重宝塔に釈迦仏像を安置し、運慶彫刻の金剛力士を楼門に置り、中興開祖慈心坊尊恵、郡内清澄寺を出て、当院に暫居せり、一夕夢、閻魔王宮より召て、法華一千部供養の導師、勤行して蘇生す、此時受持の法華経一軸・水晶念珠一連・両界曼荼羅等を得玉、当寺宝蔵に納之、是則今謂冥府将来法華経也、豊臣秀吉公副状あり、一山第一の什物とす、並に十六羅漢画像各幅兆殿司所画之也。真言僧守之。

すなわち、蓮花寺中興である尊恵は、清澄寺を出で、しばらく蓮花寺に住していた。その際に、閻魔王宮の法華経供養の導師をつとめ蘇生したのであるが、その時に、閻魔王が受持していた法華経・水晶の念珠・両界曼荼羅などを得たという。

また、年紀不詳ながら近世に書写された「深谷山蓮華寺縁起」(4)（一紙）には、

同州清澄寺の尊恵慈心上人、此勝境を愛し錫をとゝめ安居して法花三昧を修し給ひしか、薫練功つもり、終に閻王の請を受け冥界に外遊し給ふ、閻王ことに帰敬して、十万僧会の導師とす、蘇生するに及て、両界の曼荼羅・紺紙金泥の法華経・水精の念珠を附属せり、今現に寺の珍宝となりぬ、

とあって、『摂陽群談』所収の縁起と同様に、清澄寺の尊恵が蓮花寺において修行をおこなっている際に、冥府の法会に赴き、閻魔王から両界曼荼羅・紺紙金泥の法華経・水晶の念珠を与えられたという内容を伝えている。

A―3　近江寺

「播州近江山近江寺縁起」(5)によれば、

又伝曰、人皇八十代　高倉院御寓、有摂州清澄寺僧慈心房諱尊慧、性智而謙法華持経之法匠、護鷹之愛酷深、駆龍之威逾猛卓、爾離丁承安二年臘月、被嘱請閻魔庁法華十万部衆会、冥官低頭閻王下座誦偈歎徳在別伝記、中世移住当山、数歳募衆縁、殫力於修営、且手画不動明王幷十六羅漢八祖等尊像以附永世上人芳誉、聆異域一旦本朝帝鍾愛而賜華嶺道人之徳号、当山之美名益、又抽衆峯其坊跡尚現存矣、

とあって、清澄寺の尊恵は、優れた持経の僧であったが、その徳は、閻魔王庁の法華経の法会に招かれ、冥官は低頭し、閻魔王は下座したというほどであると述べる。尊恵は近江寺へ移り数年間寺院の修造に尽力し、所持の不動明王や十六羅漢、真言八祖等の尊像を「永世上人芳誉」に授けたとある。また、尊恵は帝に寵愛され華嶺道人の号を賜っ

たといい、尊恵の坊の跡が現存するという。

近世播磨国の地誌である『播磨鑑』(6)でも「慈坊の大不動・羅漢、同ク冥途請来の法華経、其外絵像宝物等有数多」とあって、尊恵将来の法華経・絵像の存在がみえる。なお、近江寺には尊恵、すなわち、華嶺道人の描いたという大幅の不動明王像が現存している。

A−4　青林寺

尊恵を開基と伝承する唯一の寺院である。『摂陽群談』によれば、

> 青林寺　同郡（有馬郡）青野村にあり。山号青葉山、本尊毘沙門天立像六尺二寸を安置す、慈心坊尊恵開闢、往古、七堂伽藍の霊場也。丹波国多紀郡高城之城主帰依寺也、天正年中明智日向守、高城を責の時、当寺より山伝に密通して、兵粮を送る。勝利なく落城、明智内通を知て、当院に放火す、諸堂悉灰燼せり、本尊霊威厚して、本堂火災を所遁なり、
>
> 尊恵上人、冥府将来の曼荼羅、宝蔵にあり、

とあって、毘沙門天(7)を本尊とする尊恵開基の寺院であり、尊恵の冥府将来の曼荼羅を蔵しているとある。

以上、A系統の縁起をみてきたが、尊恵の冥府よりの将来の品は、蓮花寺では法華経・両界曼荼羅・水晶の念珠であり、近江寺では法華経であり、青林寺では曼荼羅であった。

ここで、もう一度、温泉寺の縁起をみてみると、享禄元年（一五二八）の火災で発掘された品は、『温泉寺再興勧進帳』に「金紙金字の妙経十巻、両界曼荼羅、其外法華二部」とあり、『実隆公記』に記録されている「閻魔王宮之経」が納められた経箱の銘には「金紙金字一乗妙典、大慈大悲両界曼荼」とあったように、法華経と両界曼荼羅である。蓮花寺では水晶の念珠という物が付加されているものの、これらA系統の寺院の縁起が伝える品々は、享禄の『温泉寺再興勧進帳』にみられる尊恵の将来物の範疇で捉えることができるのである。

次いで、Ｂ系統の縁起をみていくこととしたい。

Ｂ－１　温泉寺

正保二年（一六四五）の『釈迦堂勧進帳』より四十年後の貞享二年（一六八五）に刊行された有馬温泉の地誌である『有馬山温泉小鑑』をみると、

　慈心坊尊恵とてたつときひじりましましける。せいちやう寺より当山にうつりたまひて、庵室をかまへこもりゐたまひぬ。

とあって、尊恵は清澄寺より有馬温泉に移って籠山していたと述べ、その時に閻魔王宮より法華経の法会に招かれる。そして、

　閻王かの尊恵に布施をたまはんとて、かたじけなくも金紙金文の法華経をぞ附属したまひける。また、一切衆生即成就仏身の文とて、約束にしめしたまふ。偈にいはく、

　　妻子王位財眷属　　死去無一来相親
　　常随業鬼繋縛我　　受苦叫喚無辺際

　この偈果生と号し、一切衆生冥途にいたる時、かならず仏果の正覚をうる証文の偈なり。

とあるように、尊恵は、金紙金文の法華経と、必ず衆生を成仏させるという「果生」という偈を得たことになっている。元禄三年（一六九〇）跋の『伽藍開基記』(8)所収の温泉寺清涼院縁起では、「号《ス》二清涼院《ト》一、乃《チ》行基菩薩《ノ》所《ニシテ》レ創《ムル》、慈心坊尊恵上人《ヲ》為二中興之《ノ》祖《ト》一」とあって、清涼院は行基開基で尊恵を中興としている。そして、尊恵は、「住《シ》二摂之《ノ》川辺郡清澄寺《ニ》一、精二修《ス》梵行《ヲ》一、既《ニシテ》而到二有馬温泉山《ニ》一、（中略）以《テ》為二霊区《ト》一、駐《メテ》レ錫《ヲ》居レ焉」とあるように、清澄寺から霊地たる温泉寺へ錫を移したのであるとしている。そして、閻魔王宮の法会に参加した尊恵は、愚かな衆生を救済する方便として「善

人往生之《ノ》契券」である、

　　妻子王位財眷属　死去《シテ》無《シ》二一《トシテ》来相親《ヒシム》一
　　常《ニ》随《テ》業鬼繫二縛《ス》我《ヲ》一　受《ケテ》レ苦《ヲ》叫喚《スルコト》　無《シ》二辺際一

という偈を閻魔王より得て、さらに、「以《テ》利《セン》二一切《ノ》女人《ヲ》二」ために『仏説転女成仏経』を閻魔王より与えられた。また、閻魔王は尊恵のおこないを褒め称え「手書《ラスル》　金字《ノ》妙経」を与えたということが述べられており、衆生救済の偈・女人救済の『転女成仏経』・尊恵への布施の閻魔王手書の金字法華経という三つの品を得たとされている。

元禄十五年序の『本朝高僧伝』(9)所収の尊恵伝では、尊恵は、「住二摂之清澄寺一。一日到二有馬温泉寺一。止二清涼院一」とあって、尊恵は温泉寺清涼院に住し、そこで閻魔王宮の法会に参加する。そして、閻魔王に、衆生を「王当下以二何方便一救上レ之」と問うと、「王乃与レ偈曰」として「妻子王位財眷属……」の偈を与えている。そして、「師回二本土一。以レ此示レ衆。因嚫二自書金字妙経一」とあり、尊恵が衆生に示すために閻魔王から自筆の金字の法華経を得ているというように、これも先にみた清涼院の縁起に沿った内容となっている。

他方、大阪府八尾市常光寺の万人講についての縁起である『万人講縁起』(10)では、其万人講の濫觴を尋ぬるに、津の国湯山の開山慈心坊尊恵は多年法華経読誦のひしり也。然るに、長保弐年十二月廿二日戌の剋斗に、けうそくにかゝり読経念仏しける所に、夢ともなくうつゝともなく浄衣にたて烏帽子草鞋はきたるおのこ二人竪文をもちきたる。尊恵、夢のうちにあれはいつくよりとへは、是は閻魔王宮より宣旨の候とて、尊恵にたて文をわたす。いま一人のおのこもたて文もちけるか、これは播磨の国書写性空上人えの宣旨なりとてもちさりぬ。尊恵不思議の思ひをなし宣旨をひらき見るに、南閻浮提大日本国摂津国清澄寺ひしり慈心坊尊恵、来る廿六日に閻魔王宮大極殿にて六道の衆生結縁のために十万部の法華経転読せらるへきなり。これによつて参勤あるへし。

とあって、温泉寺開山の尊恵として、尊恵を書写山の性空と同時代の人とし、それに合わせて、冥途へ赴いた年も長保二年(一〇〇〇)と、安元元年(一一七五)以降の尊恵の冥途行よりも百年以上遡らせている。そして、閻魔王宮の法会に性空と尊恵が招かれる。そして、閻魔王に法会が終わってからも閻魔王宮から帰らない理由を問われ、

上人答ていはく、今逗留つかまつる事別の義にあらす。一切衆生をたすけんための方便をとひたてまつるへきためなりともうされけれは、閻魔王感涙をなかし給ひてのたまハく、よきかなや上人、さゆうに衆生を壱人ももらさすたすけんとの悲願ありかたさよ。われも衆生のくるしひにかハらんための難行苦行なり。しかりといへども、一切衆生、憂欲深重にして悪逆をなす事増長なり。されとも、こゝに衆生をたやすく善根の道にひきいることあり。(中略)かやうのありかたき御経の文をひきたまひて万人講の縁起を御作ありて、すなわち、閻魔王自筆にて名帳をしるし給ひて、二人のひしりにさつけらる。上人うけとり三度礼拝をなし玉ふ。亦、其とき金泥の法華経三部上人へまいらせらる。依御経一部は津の国湯山にあり。一部は近江の国白最寺《(百済寺)》にあり。また一部は日向の国今鶴のしまにおさめ給ふ。これによつて万人講衆決定成仏の札を諸国に弘め、この結縁にふるゝ所の衆生を名帳にしるし、みな仏果をえせしむるものなり。

とあるように、尊恵は、一切衆生を救済する方便を閻魔王に乞うた。すると、閻魔王は感涙し、衆生をたやすく善根の道に引き入れる方法を教え、閻魔王が作り、自ら名帳に名を入れた「万人講の縁起」を性空と尊恵に与えた。それに加えて、閻魔王は尊恵には金泥の法華経を三部与えた。その三部の法華経は有馬・近江国百済寺・日向国今鶴の島に納めたと述べている。

先に正保二年(一六四五)の『釈迦堂勧進帳』までは、享禄の勧進帳の内容を引き継ぐかたちで縁起が存在していた

ことをみたが、貞享二年（一六八五）刊の『有馬山温泉小鑑』や元禄三年跋の『伽藍開基記』所収縁起では、将来経よりも衆生済度のための「果生」の偈に重点が置かれ、さらに、女人済度のために『転女成仏経』が与えられているというように、死者救済・女人救済に主眼を置いた展開がみえるのである。さらに、『万人講縁起』では、尊恵が書写山の性空と同時代の人物とされ、閻魔王自作の「衆生をたやすく善根の道にひきいる」「万人講の縁起」の将来に主眼が置かれている。

B-2　清澄寺

清澄寺は宝塚市字米谷にある寺院で、『平家物語』や『冥途蘇生記』などにみえるように、尊恵が本来住した寺院である。清澄寺においては、元禄八年（一六九五）三月四日に、享禄の温泉寺での将来経発掘をなぞるかのように、尊恵が将来した法華経・転女成仏経が清澄寺の阿弥陀塚という場所より発掘されるという事件が起こる。[11] そして、この事件から数年後に編纂された『摂陽群談』の清澄寺の項は、

> 同郡米谷村にあり。山号蓬莱山、宇多天皇御宇、寛平年中、静観僧上の開基、高倉院御宇、承安年中、慈信《ママ》坊尊恵住山、中興開祖と成れり、尊恵冥府将来の諸経、曼荼羅を宝物とす。

となっており、尊恵を中興とし、尊恵の冥府将来の諸経及び将来曼荼羅を蔵しているとある。ここで「諸経」とされているのは、元禄八年の発掘を受けての記述であろう。

図2　尊恵像及び尊恵将来経（『蓬莱山清澄寺記』〔清澄寺、1911年〕より）

また、正徳二年(一七一二)序の『血盆経和解』によると、血盆経の将来者として尊恵が当てられている。(12)

別《シテ》而明《ス》二血盆経日本流伝開版之《ノ》由来《ヲ》一

抑〻此《ノ》血盆経者《ト》和国将来ノ蔵経ノ中ニ於テ有無不定ノ義ハ次下《キモ》ノ題号ノ前ニ於テ委ク可《シ》レ弁別《ス》シテ扶桑《フサウ》ニ於テ。此経流伝シテ開版スル権与《ケンヨ》ハ。摂《ノ》津国有馬郡清澄《キヨシ》村《ムラ》清澄《セイショウジ》 寺ノ開山ニ。慈心坊尊慧上人ト云ヘル化人《ケニン》アリ。時ニ閻魔《エンマ》王宮《ワウグウ》ニ法華経十万部読誦《ドクジユ》《ハシメ》ノ砌《ミギリ》。此《ノ》尊慧上人ヲ慶讃供《ケイサンク》養《ヤウ》回向之時ノ導師ニ頼《タノ》ミタキ由閻王《シエン》ヨリ勅使《チヨクシ》来ル。故ニ此《ノ》使《ヒ》ノ童《トウ》子《シ》ト倶《トモナ》ヒ尊慧上人閻魔王宮ニ往《ユキ》タマヒテ法華十万部ノ結願慶讃ノ導師ヲ勤《ツト》メタマヒ。皈《カヘ》ラントシタマフニ。閻魔王尊慧上人ニ向《ムカツ》テ。御布施《ソフセ》ヲ献《ケン》《タテマツル》上セントテ。則《チ》血盆経一軸《ヂク》ヲ持《チ》出テ二云ク。此《ノ》経ハ天竺霊鷲山《リヤウジユセン》ニ於テ。釈迦如来三百余会ノ説法ノ内。一部一巻ノ経ナリ。此《ノ》経ヲ上人ニ進上ス。人間ニ還《カヘ》リテ。此《ノ》経ヲ講談《カウダン》シ。罪《ツミ》深キ女人ヲ助《タス》ケ玉ヘト告勅《ガウチヨク》アリシカバ謹《ツヽシ》ンデ領掌《リヤウジヤウ》シ。ソレヨリ娑婆《シヤバ》ニ還《カヘ》リ玉ヒテ多クノ女人ヲ済度《サイド》シタマヘリ。其ノ後此《ノ》血盆経ヲ開版シテ則チ世間ニ流伝《ルテン》セシムル正本是ナリ。故ニ一切ノ女人。此《ノ》経ヲ所持《シヨヂ》シテ或ハ玉手筥《タマテバコ》ノ中《チ》。或ハ鏡《カヾミ》ノ箱底《ハコノソコ》ニ納メ置《ヲキ》ケレバ。此ノ法薫《ホフクン》ニ依テ祈禱《キタウ》トナリ。又ハ月水等ノ汚穢《ケガレ》モ滅《メツ》シテ未来《ミライ》ニ成仏スル縁トナレリト。此《ノ》口伝《クデン》モ即チ閻魔《エンマ》王ヨリ。上人ニ伝授シタマフトナリ故ニ仮令《タトヒ》蔵録ノ外ノ経ナリト雖《ドモ》 閻王従上ノ言《コトハ》ナレバ。全ク如来ノ金言ナリ。可《シ》レ貴《ム》可《シ》レ信《ス》。

すなわち、尊恵は清澄寺の開山で、閻魔王より法華経供養に招かれ、その導師をつとめた。そして、尊恵は、閻魔王宮から帰る際、閻魔王より布施として、釈迦が霊鷲山で説いた経の一つだとして『血盆経』を授けられ、この世に戻って女人を救済せよと命じられ、尊恵はそれに従って女人を救済したということが述べられている。そして、

此経ニハ異本数多有テ誤《リ》多シ。今ニ至テ摂津《ノ》国清澄《セイショウ》寺ヨリ琰魔王ノ御影《ミカゲ》ヲ図《ウツ》シ。其《ノ》影像ノ頭《ミグシノ》上《ニ》此《ノ》血盆経ヲ書写シ出スナリ。予ガ拝見スル正本ノ経ハ。則琰王伝授ノ血盆経ナリ。孰《タレ》カ疑ヒヲ貽《ノコ》サンヤ。〇尊慧上人ハ性空ト同

時代ノ人ナレバ人王六十六代一条ノ院ノ御宇。永延年中ノ僧ナリ。

とあって、『血盆経』には異本が多く、誤りも多いが、清澄寺より版行している『血盆経』こそ閻魔王伝授の正本の経であるとする。そして、清澄寺より閻魔王像の上に血盆経を刻したものを版行しており、『血盆経和解』の著者松誉はそれを実見したとある。そして、尊恵は性空と同時代の人物であるから永延年中(十世紀末)の人物であるとしている。清澄寺においても、元禄八年の将来経発掘にみえるように、『伽藍開基記』所収の温泉寺縁起と同様に、法華経に加えて『転女成仏経』が発掘されている。『血盆経和解』においては清澄寺の尊恵を『血盆経』の将来者としているように、尊恵の伝承は、女人救済の方向に展開していくのである。

B-3　常住寺

常住寺は三重県上野市にある寺院である。宝暦十三年(一七六三)成立の伊勢国・志摩国・伊賀国の三国にわたる地誌である『三国地誌』には以下のようにみえる。

常住寺〔一名琰王寺平野山〕

按、本尊琰王、〔木像長一寸八分〕相伝ふ、慈心坊尊恵、〔摂州川辺郡清澄寺住侶〕伊勢神宮を拝し、帰路、南京巡礼の志願有て州を過ぐるの日、百田氏〔長田村〕が宅に宿す、暴病にて死に臨み、此像を石田(マヽ)に与へ、金字の法華経〔有馬兆志〕云、慈心坊尊恵之金紙金字法華経八巻、到今存、而其装潢之美、牙籤之巧、可謂古代之物也、又云、尊恵墓在薬師堂之東〕は清澄寺に送るべしと言い終わつて死す。其言の如く経は寺へ達し、像は百

図3　常住寺本尊閻魔王坐像(『冥界の裁き　閻魔さまと地獄の世界』〔四日市市立博物館、2001年〕より)

田が家へ蔵む。

すなわち、清澄寺の住侶であった尊恵が伊勢参宮に赴き、帰路南都巡礼をおこなおうとして長田村に宿した時、にわかの病で亡くなり、その遺言に従って、現在の本尊の閻魔王像（図3）を百田氏に与え、金字の法華経は清澄寺へ送ったと述べている。そして、『三国地誌』では、寛永年間に藩主藤堂高次の母松寿尼によって修復され琰王寺と号したと述べられている。

また、この常住寺には真名本と仮名本の『冥途蘇生記』(13)が蔵されている。詳細な検討は第五節に譲りたいが、清澄寺本の『冥途蘇生記』の前半部分を基本として、偈の部分を簡約にしたものである。もっとも顕著な特徴としては二点が挙げられる。一点目は、尊恵が法会の後も閻魔庁に残っているのをみた閻魔王が、「余僧皆悉還去御房来事何等乎」と問うと、尊恵は、

為レ承二後生存所一且奉下写二法王真影質一令上レ拝二娑婆世界衆生一遂以二是勝因縁一欲レ使レ得免二後世罪業一。於レ時法王勅二于冥官一。ここ速剪二庭前之松枝一忽刻二法王真影一献二法王一。ここ取レ之与二愚僧一。(14)

というように、後世の在所を知らしめ、衆生に礼拝させ、その勝因で後世の罪業をまぬがれるように閻魔王の真影を望んだ。閻魔王は、その要望に応えて、閻魔庁の庭前の松の枝で真影を彫刻させ尊恵に与えたという部分である。もう一点は、閻魔王が尊恵の同行者の行までも詳しくあげるので、尊恵がどうしてわかるのかと問うと、冥官は「六道衆生顕密之所作何者不レ顕二現浄瀕梨鏡一乎」と答えたので、尊恵が覗いてみるとそこに尊恵の行業が細大漏らさず示されていた。尊恵は、

悲嘆啼泣而唯願琰魔法王哀愍我等教二出離生死之方法一證大菩薩之示二直道一。作二是言一時琰魔法王哀愍教化誦二種こ偈一之時冥官染レ筆一こ書レ之。

妻子王位財眷属　死去無一来相親
常随業鬼繫縛我　受苦叫喚無辺際
琰魔法王作二此誓言一我為二一切衆生一書二写勧進之文一。見聞類不二誰発心一乎。永持二此文一普勧二貴賤一広誘二上下一果遂二自願一成二就他願一為レ引導二有縁良縁一為レ教化二無縁一方法教誡已後即付二属此文愚僧一。[15]

とあるように、閻魔王に衆生を哀れみ出離の方法を教えて欲しいと願うと、閻魔王は種々の偈を誦して、「妻子王位財眷属……」の偈の「誓言」をおこなった[16]。そして、一切衆生のために勧進の文を書し、広く貴賤に勧めよと教化して尊恵に与えたという内容である。

常住寺本『冥途蘇生記』の特徴は、先ほどB‒1でみた温泉寺の伝承と同じといっても良いほどである。但し、ここでは「妻子王位財眷属……」の偈に加えて閻魔王自刻像にも同様の力点が置かれている。常住寺には『三国地志』にも述べられているように、本尊の閻魔王像がある。この閻魔王像は、まさしく常住寺本『冥途蘇生記』で述べられている尊恵将来の閻魔王像である。常住寺にとっては、本尊閻魔王像の縁起として機能している面が強い。一方で、この伝承は、有馬の『釈迦堂勧進帳』にみえる伝承と同類の伝承だといえる。『三国地志』の編者が注において有馬の資料を引用していることがそれを暗示しているように、常住寺の伝承は有馬の『釈迦堂勧進帳』にみられるような伝承と密接な関係をもっていることは間違いなかろう。

以上、各寺院の尊恵将来経伝承について大きく二つに分けてみてきた[17]。

A系統の縁起は、尊恵の将来物が法華経と曼荼羅という享禄二年(一五二九)の『温泉寺再興勧進帳』に基づく内容をもつものである。他方、B系統の縁起は、尊恵が衆生済度のための偈・女人救済のための経典、尊恵の布施に閻魔王書写の法華経など持ち帰るという内容であり、『温泉寺再興勧進帳』に基づくような尊恵将来の法華経の伝承よりも衆生済度に主眼が置かれたものとなっている。また、B系統は温泉寺縁起の展開の過程をみると、十七世紀後半に温泉寺奥院（後の温泉寺清涼院）において形成されたとみられる伝承である。清澄寺の元禄期の伝承も経典の発掘という形態としては、有馬における享禄の火災の一件を想起させるものであるものの、発掘された経典に女人救済経典を含んでいることから、やはり温泉寺奥院の伝承の影響を受けているものとみられる。しかしながら、清澄寺においても『摂陽群談』に、尊恵将来の諸経に加えて曼荼羅が存在し、温泉寺においても将来経に言及されつづけるというように、その根本は享禄二年の『温泉寺再興勧進帳』に求められ、B系統の縁起は、A系統のそれを衆生済度の方向に展開させたものであるといえよう。

以上のように尊恵の将来経にまつわる縁起を整理したのであるが、ここで、蓮花寺に残されている尊恵将来とされる曼荼羅の文安五年（一四四八）の裏書[18]と、慶長九年（一六〇四）の「定就書状」[19]とが注目される。

尊恵将来とされる曼荼羅の裏書には、

両部曼荼羅胎界　摂州多田蓮花寺　常住
右此本尊者、湯山菩提院自円印上人以降代々持尊也、雖然去文安二年乙丑、依赤松之播磨守落京之乱勢、於郡内山名之軍勢発行之時、此本尊失畢、雖然、在所後ニ聞出以有縁末弟当寺住呂円海弁能、□□五年戊申五月四日奉入志、先師法印良能遷化之日、幸令寺入処、後代亀鏡、（中略）
文安五年戊申五月四日柳宿水曜甘呂

大願施主
権律師弁能（花押）
権少僧都円海（花押）

とあって、温泉寺菩提院円印上人以降菩提院住持に伝来されていたが、文安二年の戦乱の折に失われてしまった。それを、蓮花寺の円海と弁能が施主となって失われた曼荼羅を探し出し、蓮花寺に施入したということが記されている。この曼荼羅が温泉寺菩提院から蓮花寺へと伝来したものであることはわかるが、一方で、この記述からは、この曼荼羅が後に伝えられるような尊恵の将来の曼荼羅であることを読み取ることはできない。

さて、「定就書状」は、定就なる人物から「蓮花寺御同宿中」に宛てて出されたものである。そこには、蓮花寺に蔵されている金胎両部の曼荼羅は、「閻魔王宮法華経十万部読誦之時本尊也」と示される。そして、

慈心坊尊恵依薦失、大会導師、将件曼陀羅与金泥法華経三部水晶数珠、(中略)尊恵四百年後、蓮華寺住持権少僧都玄良被入、

とあって、蓮花寺においては、十六世紀初頭の段階で尊恵将来の両界曼荼羅・水晶の念珠・法華経がセットで存在していることがみえ、それらは尊恵から四百年後、『冥途蘇生記』や『温泉寺再興勧進帳』の伝える安元元年(一一七五)の訪問から数えるとするならば、一五七〇年代に蓮花寺住持玄良によって当寺へもたらされたということを述べている。これに続いて、「内大臣豊臣朝臣秀頼公台覧之刻、片桐東市正且元改表補」とあり、豊臣秀頼の台覧におよんだことが述べられている。

この書状では、両界曼荼羅に存在する裏書の内容にまったくとらわれることなく、金泥の法華経と念珠、曼荼羅が尊恵の将来物であるということが述べられている。この両界曼荼羅が尊恵将来の曼荼羅とされるようになったのは、文安五年以降、慶長九年までの間、特に、「尊恵四百年後」の一五七〇年代が大きな目安となるであろう。そして、この曼荼羅が蓮花寺にあったものではなく、「玄良」によって蓮花寺にもたらされたと述べられている。すなわち、伝承を伴った曼荼羅がどこからかもたらされたのである。

蓮花寺を含むA系統の伝承にみられる尊恵将来の品々は、温泉寺の『温泉寺再興勧進帳』の伝承に基づいている。このことから温泉寺にあった尊恵の伝承、あるいは温泉寺にあった尊恵の伝承の証拠となる尊恵将来の品々が、温泉寺から蓮花寺等の周辺の寺院へ広まった経緯を想定することができるであろう。

それでは、この時期の温泉寺はどのような状況にあったのであろうか。

二　十六世紀後半の温泉寺

宝徳四年(一四五二)の瑞渓周鳳による有馬温泉での湯治の記録である『温泉行記』によれば、温泉寺は薬師堂(菩提院)・阿弥陀堂(蘭若院)[20]・施薬院の三院より構成されていることがわかる。また、薬師堂は「律院」、施薬院は「念仏宗ノ尼道場」、阿弥陀堂は禅宗であった[21]こともわかる。

さて、第三節で、享禄二年(一五二九)の『温泉寺再興勧進帳』によって尊恵将来経に関する伝承が温泉寺の縁起のなかに定着すると述べたが、その際の勧進は西大寺を通じて、内裏にまで将来経がもたらされるなど、組織的なものであった。また、温泉寺薬師堂(以下、菩提院)においては律僧による縁起の絵解きが恒常的におこなわれており、有馬温泉の縁起も菩提院が管理していたというように、その背景には律僧による温泉寺菩提院での唱導勧進活動が存在していたのである。

ところで、享禄の火災から約二十年後の天文十七年(一五四八)頃に成立した『湯山阿弥陀堂縁起』[22]という温泉寺阿弥陀堂(以下、蘭若院)の縁起がある。この縁起は、『温泉行記』にみえるような、行基の温泉寺草創、行基の女躰権現の勧請、尊恵の如法堂建立を述べるという三つの要素から構成される温泉寺の縁起とは、全く様相を異にしている。

『湯山阿弥陀堂縁起』においては、温泉寺を建久年間に再興した僧として「山伏仁西」という人物が登場し、彼が熊野で夢告を受け、有馬温泉を再興することになっている。そして、「伽藍ヲ為建立、先住所ニ阿弥陀堂ヲ創草シテ、其後薬師堂立」というように、仁西は阿弥陀堂をまず草創し、ついで薬師堂を建てたとあり、さらに、

　仁西ハ阿弥陀堂住居、而地ヲ管領、為地頭ト如此也、霊地奇特ノ間、四天王寺ノ薬師院開山観仁上人、天下無双説法第一之上人也、是ヲ奉薬師堂長老、

とあるように、仁西は寺地を管領し、地頭であると述べ、薬師堂は有馬が勝地であるから観仁上人という高僧を長老に迎えたのだとある。

以上のように、この縁起では、仁西を有馬の再興とすることによって、薬師堂に対する阿弥陀堂の優越を説いているのである。そして、この縁起のなかで尊恵に関わる記述は、

　此時代清澄寺慈心坊尊恵、炎魔王万部経ヲ移、今薬師堂之十部経自是始形也、

と尊恵を温泉寺薬師堂の十部経の創始者とするだけで、この当時にはより知られていたはずの『温泉寺再興勧進帳』が伝える尊恵の将来経伝承には、まったく触れるところがない。

さて、この前後の有馬の史料をみていくと、この時期までは菩提院についての史料が中心であったものが、蘭若院に関する資料が中心となってくる。『阿弥陀堂縁起』[23]に先立つ大永六年（一五二六）、有馬郡を領する有馬村則によって蘭若院の課役が免除されるのにはじまり、永禄七年、足利義輝による諸役免除[24]、元亀二年（一五七一）、有馬国秀による所領安堵[25]などがある。

そして、慶長四年（一五九九）、有馬温泉にある善福寺の僧によって作成された『有馬縁起』[26]によると、天正四年（一五七六）、有馬温泉で大火があり、「諸堂仏閣在家悉焼却」となっている。そうしたところへ翌年の天正五年には「御

薬師へきしん之由」として「温泉寺之屋敷まわり」の土地が、菩提院ではなく蘭若院へ寄進(27)されており、天正七年には羽柴秀吉によって蘭若院の寺領安堵(28)などがおこなわれている。また、天正十三年には秀吉の北政所によって薬師堂の再建のために蘭若院へ寄進(29)がおこなわれているのである。すなわち、

やくしたう《（薬師堂）》たて候ために、くよう《（公用）》千五百貫つかハし候、地りやう《（寺領カ）》の事、まいねん《（毎年）》百石つゝ申つけ候、そのとおりなをさおい《（相違）》あるましく候、かしく、

天正十三年

二月五日

「（切封ウワ書）あみた寺　まいる　ね」

とある通りである。そして、天正十五年には薬師堂の再建がなるのだが、『有馬縁起』によると、

天正十三年三月乙酉十二月吉日、大相国太閤秀吉公御簾中北政所殿、御建立幷本尊造立成就、即御湯治有之、於阿弥陀堂、御伴之御前衆、七五三之御振舞有之、

とあるように、温泉寺の薬師堂の再建の祝いは阿弥陀堂においておこなわれているのである。

以上みたように、『湯山阿弥陀堂縁起』の作成された十六世紀半ば前後より、蘭若院への寺領安堵や諸役免除、土地の寄進がたびたびおこなわれるなかで、天正四年の火災による薬師堂の再建に当たっては、菩提院にではなく蘭若院へ寄進がおこなわれている。また、再建の祝賀も蘭若院でおこなわれているのである。菩提院は、前代にみせた勝れた勧進能力を示すことはおろか、史料上にその姿をみることもできない。

『湯山阿弥陀堂縁起』にみられる蘭若院（阿弥陀堂）の菩提院（薬師堂）への優越を説く内容は、このようなことから裏

付けることができよう。すなわち、享禄の火災前後、菩提院から蘭若院へ温泉寺内の勢力が移っていく。その蘭若院の勃興を正当化する目的で『湯山阿弥陀堂縁起』が作成されたものと考えられるのである。それゆえに『湯山阿弥陀堂縁起』では菩提院で盛んに唱導されていた尊恵将来経伝承は取り上げられなかったと考えられる。そして、以後は温泉寺一山の縁起のなかにおいて尊恵に関する伝承はみられなくなるのである。

三　温泉寺菩提院の退転と将来経伝承

この後、有馬で尊恵に関する伝承が確認されるのは、正保二年（一六四五）の『釈迦堂勧進帳』においてであり、尊恵将来経の伝承は温泉寺奥院と称する釈迦堂（後の清涼院）の広金という僧による勧進活動のなかで用いられている。この広金という人物であるが、延宝二年（一六七四）の清涼院の由緒[30]には、

一　摂州有馬郡湯山町奥院者、法相宗行基開基、同弟子知心在住、何代目ニ而候哉、承安二年之比、天台宗慈心坊在住之由申伝候、何代目ニ候哉、禅宗臨済派歟、曹洞派歟、派者不相知、大雄同弟子心月在住、慶長之初頃、心月弟子広金迄、無本寺にて弟子相続仕来候、右五僧位牌在之候へ共、知心・慈心坊・大雄・心月、入院、在住、遷化之年月・忌日不相知之事、

とあって、温泉寺奥院は、大雄→心月→広金と「禅僧」が入っているという。広金は慶長の初め頃（一五九〇年代末）に奥院に入ったというが、それ以前の大雄・心月といった僧は没年すらわからない。そして、

承応二巳年三月十六日、奥院先々住広金遷死、広金弟子慶頓入院、拾七年以前万治元戌年、（中略）隠元禅師へ致帰依、

とあって、承応二年(一六五三)に広金が没し、広金の弟子である慶頓が奥院に入り、万治元年(一六五八)に黄檗宗の隠元に帰依したと述べられている。広金以前の住持の入寺や没年がわかっていないことや、慶頓が、広金の没後入寺していることからみて、ここで名の挙がっているそれぞれの僧には直接の師弟関係はなかったと思われる。広金までの奥院は無住になると僧が入るという状態であったと考えられるのである。

享禄の火災前後から蘭若院の名がみえだし、天文十七年(一五四八)頃には蘭若院の優越を説く縁起が作成され、実際に蘭若院は多くの庇護を受けていることがわかる。

蘭若院の興隆が記録される一方で、その時期に菩提院の勢力は全くみえなくなってしまう。菩提院の伝承は、後には中世においては史料にあらわれず、由緒が述べている慶長初年頃に創建されたと考えられる温泉寺奥院を称する釈迦堂の縁起として継承され、近世初期には確実に菩提院は退転してしまっているのである。

ここで、先の蓮花寺の文書をみると、尊恵の将来した品々は「尊恵四百年後、蓮華寺住持権少僧都玄良被入」とあるように、一五七〇年代に蓮花寺の玄良によって外部からもたらされたものだとされている。もちろん、裏書の存在から、曼荼羅はそれ以前から蓮花寺に存在していた。「外部からもたらされた」という伝承が形成されたというべきであろう。この当時、尊恵に関して蓮花寺の「曼陀羅」「金泥法華経三部」「水晶数珠」という組み合わせをいうのは、温泉寺の享禄の火災に際して形成された伝承以外に根拠となるものはない。

一五七〇年代といえば、有馬では天正四年(一五七六)の大火があった。この大火を契機として、それまで尊恵将来経の伝承をもっていた温泉寺菩提院が退転した。そして、菩提院の保持していた尊恵将来経の伝承は蓮花寺へもたらされた、ということができるだろう。

四　尊恵将来経伝承の伝播

中世の蓮花寺を知ることができる史料は少ないが、加東郡社町上鴨川住吉神社蔵の大般若経の奥書[31]にその名を見出すことができる。それによると、大般若経巻三には正中二年（一三二五）の年号で「摂州羽束郡槻瀬蓮花寺草庵」とある。また、巻二十一には元徳三年（一三三一）の年号で「於蓮花寺書続、交合了　金剛仏子祐増」とある。これによって蓮花寺は、鎌倉時代末期においても現在地にあり、真言僧の存在が確認できる。

他方、温泉寺菩提院では退転以前は、律僧が勧進唱導活動を盛んにおこなっていたことは先に述べたところである。このようにみると、温泉寺菩提院の退転によって、菩提院に拠っていた律宗系の勧進僧たちが、周辺の規模の大きい真言宗寺院へ閻魔王に関わる奇瑞譚と、その証拠となる将来経といったものをもちながら入りこみ、その寺院において勧進唱導活動に携わる過程で、当該寺院の縁起の一要素としてこの伝承が定着しておこなったものと考えられる。

他の尊恵将来経の伝承をもつ寺院をみると、近江寺は真言宗寺院であり、近世においても近江寺村を寺領として三院があった[32]。かつては五、六〇坊があったという伝承をもっている。青林寺も真言宗寺院であり、『摂陽群談』では、

往古、七堂伽藍の霊場也。丹波国多紀郡高城之城主帰依寺也、天正年中明智日向守、高城を責の時、当寺より山伝に密通して、兵粮を送る。勝利なく落城、明智内通を知て、当院に放火す、諸堂悉灰燼せり、

とあって、丹波国八上城主波多野氏の帰依を受けた寺であり、天正年中に明智光秀が波多野氏の拠る八上城を攻めた際、青林寺は波多野方に味方したために明智方の焼き討ちにあったと伝えている。この明智光秀による八上城攻略は天正七年（一五七九）のことであり、天正四年の有馬の大火以後のこととなる。『摂陽群談』の伝える縁起の真偽は定か

ではないが、青林寺のあった谷の入り口の路傍には中世の作とみられる石仏が現存しており、谷から流れ出る青林寺川に架かる橋には大門橋という名がある。この青林寺が規模の大きな寺院であったことを推測させる。先の蓮花寺をみても、宝暦十年(一七六〇)の火災からの復興のために作成された『御志寄進帳』(33)によると、十八世紀半ば以前に多宝塔と五間四面の本堂をもつ寺院であったことがわかる。尊恵将来経の伝承をもつ寺院が何れも規模の大きな寺院であったことが推測できるのである。

それでは、なぜ温泉寺菩提院の退転によって尊恵将来経伝承のみが周辺の大寺にもたらされたのであろうか。最初にみたように、温泉寺の縁起は、行基の創建譚と行基の女躰権現の勧請譚、温泉寺如法堂の縁起としての尊恵蘇生譚よりなっていた。

しかし、如法堂の創建縁起としての尊恵蘇生譚は、享禄年間の火災以後は、『温泉行記』に、

　尊恵三日而甦、冥問所見、一〻聞帝、〻従之、埋金函経、蓋如法堂是矣、

とみえるような如法堂という温泉寺の堂舎の縁起という性格を失い、尊恵の将来経という「物」にまつわる縁起へと変容している。そして、『温泉寺再興勧進帳』に、

　爰ニ知ぬ、諸仏の利生方便隠顕機にしたかひ荒廃時あり、方今劫末湯乱の時にあたりて、此経王をあらはし衆生の信心をおこさしめんかために、此天災をくたせるにや、安元より此かた三百五十余廻、まのあたり是をおかみ奉る、四十余年未顕真実今此一乗の真文にあへるものをや、誰の人か渇仰せさらん、はやく本尊を新造せしめ、堂塔を再興せんことをおもふ、

とあり、この経の発掘と内裏へもたらされた一件を伝える『実隆公記』には、

　公条卿参内申入之、女中衆等令頂戴云〻、事了於愚亭各頂戴之、希有之結縁也、

とみえるように、如法堂にまつわる霊験譚から転換し、「希有之結縁」といわしめる絶大な功徳を持った閻魔王手書の将来経への結縁が強調されていくのである。

温泉寺の縁起のなかにおいて、行基による温泉寺創建と、行基による鎮守女体権現の勧請という行基にまつわる二要素は、有馬温泉の始原に温泉寺があることを規定する重要な「歴史」を述べたものである。一方、尊恵蘇生譚は如法堂の建立縁起であり、当初より温泉寺にとっては従となる伝承であった。それが享禄の火災の復興勧進のなかで如法堂という伝承の核となる堂舎を捨て、尊恵が冥府より将来した閻魔王手書の如法経という「物」の功徳を訴える内容に転換した時点で、温泉寺や有馬温泉との関わりの必然性を失ってしまったのである。語弊はあるが、この時点で有馬温泉や温泉寺という固有の場に依拠した伝承を離れ、普遍化されたのだともいえよう。

すなわち、尊恵蘇生譚についての知識と将来経や将来の曼荼羅さえあれば、有馬温泉や温泉寺でなくともこの功徳は称揚でき、人びとはそれに結縁――温泉寺では享禄の火災からの復興勧進で尊恵の将来経が内裏へともたらされている。また、蓮花寺では、豊臣秀頼の結縁を受け、寛永八年（一六三一）本寺の大覚寺において披露されている[34]。――できるのである。このような状況と温泉寺薬師堂の退転が重なった時、温泉寺よりその経を直接もち伝えた、あるいは金泥の法華経や両界曼荼羅を揃えることのできる相応の経済力を保持した寺院へと、尊恵の将来経の伝承が伝わったのだといえよう。

おわりに

以上、摂津国を中心とした寺院に存在する尊恵という僧の冥府より将来した経にまつわる伝承についてみてきた。最後にまとめと課題を述べて終わりとしたい。

この尊恵の将来経の伝承は、温泉寺の享禄元年(一五二八)の火災からの復興勧進のなかで形成された伝承であった。そして、他寺院の尊恵将来経の伝承は、温泉寺の復興勧進のなかで形成された伝承に基づくものと、さらにそれが展開をみせたものとに分類できた。そのなかで、前者の復興勧進のなかで形成された尊恵が冥府より経典を持ち帰ったという伝承は、天正四年(一五七六)の有馬温泉の大火を契機と推定できる温泉寺菩提院の退転によって、周辺の真言宗の規模の大きな寺院へと伝わったのである。

その伝播の背景としては、この伝承を管理していた温泉寺菩提院の退転によってのみならず、享禄の火災のなかで、尊恵の伝承が温泉寺如法堂の建立縁起という温泉寺に固有の伝承から、尊恵が冥府から将来した経という物にまつわる伝承に変容したことによって、温泉寺という固有の場に限定されない伝承へと転換したことも要因であると考えられる。伝承の変容と温泉寺の退転が重なったことをきっかけとして、尊恵の将来物である金泥の法華経や両界曼荼羅を揃えることの可能な寺院へ、尊恵の将来経の伝承が広まったといえるであろう。

他方、有馬温泉においては、温泉寺菩提院の退転以後、中世にはその姿がみえず、出自も明確ではない禅宗系の僧が住持となる温泉寺奥院(後の清涼院)の縁起となる。そして、近世初期には、この奥院の縁起において、尊恵将来の法華経に加え、将来の女人救済のための尊恵将来の『転女成仏経』や、『冥途蘇生記』なかの偈を用いた死者救済のための果生の偈といった伝承へと変容していく。また、清澄寺においても元禄期には尊恵将来の経典が「発掘」される。そのなかには『転女成仏経』が含まれており、後には『血盆経』を尊恵が将来したとされるなど、女人救済を中心とした伝承となる。温泉寺や清澄寺においては、経の功徳を述べるだけではなく、より直接的な利益を伴った伝承へとさらなる展開をみせるのである。このような展開は血盆経信仰とも関わりをみせ興味深いが、本節では触れることができなかった。今後の課題としたい。

註

（1）三田市史編纂委員会『三田市史』上（三田市、一九六四年）。
（2）『釈迦堂勧進帳』（風早恂編『有馬温泉史料』上、名著出版、一九八八年）。
（3）『摂陽群談』下（歴史図書社、一九六九年）。
（4）「深谷山蓮華寺縁起」（蓮花寺文書）。
（5）「播州近江山近江寺縁起」（『明石市史資料』〈古代・中世篇〉第五集、明石市教育委員会、一九八五年）。
（6）『播磨鑑』（歴史図書社、一九六九年）。
（7）青林寺廃寺の本尊は、現在、兵庫県三田市下青野毘沙門堂の本尊となっている。熱田公「下青野感神社蔵毘沙門天立像の胎内文書について」（『市史研究さんだ』五、三田市、二〇〇二年）も参照。
（8）『伽藍開基記』西尾市岩瀬文庫蔵。
（9）『本朝高僧伝』（『大日本仏教全書』）。
（10）『万人講縁起』（小谷利明「常光寺蔵『万人講縁起』について」『八尾市立歴史民俗資料館研究紀要』四、八尾市立歴史民俗資料館、一九九三年）。
（11）北尾鐐之助『清荒神―清澄寺縁起―』（清澄寺、一九五八年）による。「元禄八年二月、村の人たちが、いばらをかき分けて、道をつくり、三月四日の午の刻に、やっと、方六尺、高さ四尺余の瓶を発見し、中にあった銀の箱のうちを調べてみると、法華経八軸、無量義経一軸、観音賢経一軸、転女成仏経一軸、すべて十一巻が現れ出た。この銀箱及び経巻

というものは、いま、もちろん寺には残されていません」とあって、年月日や時刻等を詳細に記しており、著者が参照した記録や文書等が存在すると思われるが未見である。

(12)『血盆経和解』筑波大学図書館蔵。これについては高達奈緒美氏が「『血盆経和解』―近世浄土宗における血盆経信仰―」『仏教民俗研究』六(仏教民俗研究会、一九八九年)において指摘されているところである。

(13)『冥途蘇生記』(四日市市立博物館編『冥界の裁き　閻魔さまと地獄の世界―東海に残る六道信仰の造形―』四日市市立博物館、二〇〇一年)。

(14) 仮名本の該当箇所。

後世の在所を請奉らんためにしハらく法王の真姿をうつし、娑婆世界の衆生にはいせしめたてまつり、つゐに此すぐれたる因縁をもちて、後世の罪業をまぬかるゝ事を得せしめんとほつす。時に法王冥官に勅す。冥官はやく庭前の松の枝をきり、たちまちに法王の真影を刻て法王にさゝく。法王これをとり愚僧にあたへ給ふ。

(15) 仮名本の該当箇所。

悲啼泣して、たゝねかはくハ琰魔法王哀愍教化し種々の偈をとなへ給ふとき冥官筆をそめいちゝ、これをかく。

妻子王位財眷属《さいしおういもたからもけんぞくも》　死去無一来相親《ししされはひとつとしてきたりあいしたしむものなし》

常随業鬼繋縛我《つねにかうのおにしたかひわれをつなきしにる》　受苦叫喚無辺際《くをうけさけひこはらんことかきることなし》

琰魔法王このせいごんをしたまふ。我、一切衆生のために勧進の文を書写す。見聞のたぐひたれか発心せざらんや。ながく此文をたもち、貴賤にすゝめ、ひろく上下をいさなひたまはゞ、かならす自願をとけ他願を成就し、有縁良縁を引導せんため、無縁を教化せんためなりと方法教化の已後、すなハちこの文を愚僧に付属し給ふ。

(16) この偈自体を誓言と表現することは理解しがたいが、尊恵の願いに応えて、衆生済度の誓言をおこなったということであろうか。

(17) 尊恵が性空と同時代の人物か、平安末の人物かという要素を加味すれば、さらに分類は可能であるが、本論考においてはA系統の縁起を分析するということに主眼を置いたため二系統の分類に留めた。

(18) 胎蔵界曼荼羅裏書（蓮花寺蔵。三田市教育委員会編『三田の文化財』三田市教育委員会、一九九〇年）。金剛界曼荼羅にもほぼ同文の裏書がある。

(19)「定就書状」蓮花寺蔵。

(20) この名称は『湯山阿弥陀堂縁起』による。

(21)『温泉行記』には夢窓疎石再興とあるが、『湯山阿弥陀堂縁起』には菩提院とともに律院とあり、この当時は既に律院であった可能性もある。

(22)『湯山阿弥陀堂縁起』（風早　註（2）前掲書）。

(23)「有馬村則安堵状」（『兵庫県史』史料編中世一「善福寺文書」一）。

(24)「室町幕府奉行人連署奉書」（『兵庫県史』史料編中世一「善福寺文書」三）。

(25)「有馬国秀安堵状写」（『兵庫県史』史料編中世一「善福寺文書」四）。

(26)『有馬縁起』（風早　註（2）前掲書）。

(27)「篠原長次書状」（『兵庫県史』史料編中世一「善福寺文書」六）。

(28)「羽柴秀吉寺領宛行状案」（『兵庫県史』史料編中世一「善福寺文書」七）。

(29)「豊臣秀吉室杉原氏寄進状案」（『兵庫県史』史料編中世一「善福寺文書」一〇）。

(30)「清涼院必覧」（風早　註（2）前掲書）。

(31) 大般若経奥書(住吉神社蔵。『三田市史』三古代中世資料、三田市、二〇〇一年)。

(32) 『播磨鑑』。

(33) 『御志寄進帳』蓮花寺蔵。

(34) 「大覚寺大勝院守助書状」蓮花寺蔵。

第五節　近世における尊恵将来経伝承の展開と『冥途蘇生記』

はじめに

『冥途蘇生記』は、『平家物語』慈心房説話の出典として早くから良く知られた資料である。[1] その研究も『平家物語』研究として広くおこなわれている。[2] また、清澄寺本・温泉寺本『冥途蘇生記』後半部分が兵庫県神戸市の有馬温泉の温泉寺の縁起と関わりをもつことから、温泉寺縁起あるいは温泉史研究の方面からも研究がみられる。[3]

第二節以降でみた通り、温泉寺縁起の一部をなす伝承として『冥途蘇生記』をみたとき、その伝承は十六世紀前半を境にして慈心房説話という範疇では捉えられない展開をみせている。そして、これまでに知られている『冥途蘇生記』の諸本の内、清澄寺本を除いた清涼院本や常住寺本は、直接的にはこの展開のなかで捉えられるべきものであるといえよう。

本節では、有馬における十六世紀以降の『冥途蘇生記』に関わる伝承（以下、「尊恵将来経伝承」と呼ぶ）を中心に検討をおこない、そのなかで温泉寺本や常住寺本『冥途蘇生記』を位置づけることを試みたい。

本論に入る前に、十六世紀に至る温泉寺縁起のなかでの『冥途蘇生記』に関わる伝承を確認しておきたい。

温泉寺縁起は、鎌倉中期に、行基の温泉寺開創譚・行基の鎮守女躰権現勧請譚を骨子として成立している。そして、それと同時期に、温泉寺如法堂縁起として『冥途蘇生記』の後半部分が形成された。

中世の温泉寺で『冥途蘇生記』に関わる伝承を用いた勧進唱導活動をおこなっていたのは、温泉寺菩提院であった。この伝承は、菩提院を中心として絵解きされるなかで徐々に変容していったのであるが、享禄元年（一五二八）の大火からの復興勧進のなかでその機能が大きく変わる。すなわち、温泉寺如法堂の創建縁起から、尊恵が閻魔王から与えられた法華経（尊恵将来経）の由来を語る縁起へと変容するのである。

この後、菩提院は十六世紀後半に退転するが、それを契機として周辺の寺院へ尊恵将来経の伝承が伝播する。また、有馬では、出自が不明確な温泉寺奥院と称する寺院（後の清涼院）において、死者救済や女人救済など独自の展開をみせていくのである。まずは、有馬での展開をみていくことにしたい。

一　近世の尊恵将来経伝承

享禄元年の火災による『温泉寺再興勧進帳』の作成以後、『冥途蘇生記』にまつわる伝承が最初にみられるのは、正保二年（一六四五）の『釈迦堂勧進帳』(4)においてである。これは、その当時、温泉寺奥院の住持であった広金によって行われた釈迦堂（奥院本堂）建立のための勧進の際に作成されたものである。それには以下のようにみえる。

清澄寺住僧慈心坊尊恵、此奥院多宝ノ塔タツト云沙門有、冥途ニ十万部ノ法華経供養有為者、日本平ノ清盛トイヘリ、其導師ニ閻魔王尊恵ヲ頼ム、此当地奥院ノ多宝ノ塔ハ、冥途ノ通路ナリトヲモヘリ、随而御経ノ布施ニ金紙金字ノ法花経ヲ請取リ給、尊恵閻魔王ニ尋テ曰ク、娑婆ノ人悪業タルモ、願テ助ケ給ヘト問イ給ハ、自筆自賛ノ尊形ヲ給、然ニ炎焼ノ時、薬師如来ノ御クシヨリ記文出ル、此文曰ク、奥院多宝堂ノ塔ノ下ニ、慈心坊冥途ヨリノ御経有リ、有縁無縁普ク衆生ニ施シ建立セシメヨト也、カヽル名地ノ成就カタキニヨリ、今奇縁ヲ結ビ、当寺住沙門広金、釈迦堂ヲ建立ストイヘトモ自力不叶、他力ヲ頼テ諸国ニ勧進ス、

清澄寺の尊恵が奥院の多宝塔を建立したこと。平清盛のおこなった閻魔王宮の十万部の法華経供養に尊恵が導師として招かれて、奥院多宝塔が冥途の通路であるから、法会の布施に閻魔王から金紙金字の法花経を得たこと。そして、衆生済度のために閻魔王から自筆自賛の尊像を得たことが述べられ、『温泉寺再興勧進帳』にみられる冥府将来の法華経の発掘が述べられている。『温泉寺再興勧進帳』で形成された伝承を引き継ぎながら、「自筆自賛ノ尊形」を得たという新たな要素が付け加わっていることがわかる。これに関連する縁起として、「有馬薬師堂古縁起写」[5]がある。年未詳の写本であるが、以下のようにある。

大日本国摂津州有馬郡山口之庄湯山村常喜山温泉禅寺之記　厥、神亀元年甲子歳聖武帝御宇、行基菩薩住摂津国武庫郡昆陽寺俗号呼児屋寺。安置千手観音霊場也。有時行基菩薩趣向温泉之間、見一人病者臥山中。行基問云、汝依何患今在此所。臥路頭病者答云、為療病痾欲趣温泉、而筋力羸劣難達先途、飲食既絶及数日。願聖人忝施慈愍扶助我身命。爰行基以粮食与病人。病人云、我非鮮魚不能食。因行基自至長洲浜矣。a1 行基即得生魚帰。行基則割半分。病者云、能調和気味須宛其膳。云云。行基即調和塩梅勧病者。病者云、聖人先可試味。行基試之味最美也。宜補病飢。病者乍臥地飡之。病者云、身有黒瘡。依患之求湯効験。汝実為聖人者、舐我膚扶此痛。病躰焼爛太以臭穢。然而慈悲慇重、故忍爛穢舐之。其膚忽紫磨金色也。膽礼其形皃、則薬師如来也。行基驚怖、右肩合掌矣。仏告曰、我是住温泉山。為試聖人慈愛、仮現病人形。言訖畢忽然無跡。行基菩薩即奉書、如淫(法カ)経埋温泉之底。又等身薬師石像坐泉底、自左右脇出温泉。云云。行基当其時誓云、建立伽藍、安置薬師像。参詣之人奉幣後、念観音名号、誦薬師真言。強不専持斉、不憚肉食。云云。是慈悲広大故也。凡此温泉来入之人、現世得除病延齢之益、

当来證阿耨菩提之果。先洗垢穢之身、新受金色之膚。且所示之相是也。

三所大明神御躰事

一所温泉女躰権現、薬師如来。
一所三輪大明神、毘盧舎那如来、俗躰。
一所鹿舌大明神、千手観音、女躰。

三禁忌事

第一白馬白駮馬、騎之不参向。
第二男女公会重禁之。
第三当任国司不参向。

日本紀云

孝徳天皇三年十月一日、天皇幸温泉給。八九八凱随従金章金紫交色。同十二月晦日出温泉還武庫行宮。云云。右[a2]割分而置半魚、放児屋寺之池。然而後成一眼金魚。所希悉成就矣。其以来至三百七十歳、承徳元年丁丑霖雨洪水、而当山悉破滅、九十五年無跡矣。[b]時和州吉野之住僧仁西上人、参籠熊野権現蒙霊夢。其語曰、昔於摂津国有馬郡有出湯。近来無其沙汰。再興之示扶三界衆生。上人問云、可為験以何哉。権現告曰、庭前之木葉有蜘蛛、可任其引系（糸カ）。上人及明朝、不相違木蛛共持之。則尋出漸郡中至中野村。於二本之松下失蜘蛛。只忙然而立。爰一人之老翁来導山中、登山上投木葉。以落所可為霊地。言畢辞去矣。則点葉落砌、改旧跡再興湯坪、草創伽藍幷立四ヶ寺同於吉野。平家朝臣河上、与上人合宿立十二坊、為湯守護人、而建久二年辛亥二月二日再興成就矣。然而至三百三十八年享禄元年戊子十二月廿四日、諸堂幷在家悉回禄。其刻従御本尊、御出仏舎利数粒、幷一巻之書。任其記文穿見宝塔下、得石之文箱。従七重之内、清澄寺住僧慈心坊尊恵、従閻魔王宮依屈請、四度至宜《（冥カ）》府。其時連十万部法華読誦浄侶、而閻魔法王所書写之金紙金字妙経十巻、同両界曼荼羅、其外法華二部、并至冥府者之為過書、自筆自賛尊形給之。安元元年乙未十二月十三日、帰于此土。至九十七年、文永八年辛未八月吉日、埋納宝塔之下。顕此経王為令起衆生信心。下此天災哉嘆之中為喜者是也。則弘于天下、以此信力、忽雖建立四十九年之間半作矣。天正四年丙子二月廿四日、午刻下天災、堂塔仏閣之本尊、其外由緒之宝物悉焼却。十年以来荒廃之処、天正十三年乙酉十二月吉日、摂政関白羽柴筑前守秀吉公御簾中北政所御建立。殊者御修理領所奉寄附。希代也。仍天下泰平国土安穏、而薬師如来利生之霊場、于今全其跡。任旧記録大概矣。

一見してわかるように、「温泉山住僧薬能記」の体裁をとった縁起である。但し、その内容は、行基の温泉寺創建譚については、傍線部ａ１とａ２とに分割されているが、昆陽池の片目の魚の伝承を記していたり、傍線部ｂのように仁西による有馬温泉復興の伝承を記していたりするように、「温泉山住僧薬能記」の体裁をとりながら、そこに近世的な要素を組み込んだ縁起である。そのなかで尊恵の伝承は、享禄年間の火災の一件を記して、「閻魔法王所書写之金紙金字妙経十巻、同両界曼荼羅、其外法華二部、并至冥府者之為過書、自筆自賛尊形給之」というものが発掘されたと記している。とりわけ、冥府へ至るものの通行手形として「自筆自賛尊形」が与えられたとある部分が注目されるだろう。また、この時に発掘された経は「文永八年辛未八月吉日、埋納宝塔之下」とあることから、文永の経箱をもその記述のなかに組み込もうとする巧みさがある。

　この縁起の年代は特定できないが、秀吉の復興で閉じられていることから、近世も早い時期のものであろう。そして、先ほどみた『釈迦堂勧進帳』にも新たな要素としてあらわれる「自筆自賛尊形」とその利益を示しているという点で注目される。

次いで、延宝六年（一六七八）に有馬において刊行された『迎湯有馬名所鑑』(6)がある。なお貞享二年（一六八五）有馬において刊行された『有馬山温泉小鑑』は、その増補版であり、以下の部分に関しては本文はほぼ同じであるから、『有馬温泉小鑑』をみることとする。それによると、

一　そもそも当山に浄海入道平清盛公の石塔これある事は、その謂くはしく『平家物語』に載せたり。そのころ慈心坊尊恵とてたつときひじりましましける。せいちやう寺より当山にうつりたまひて、庵室をかまへこもりゐたまひぬ。承安二年十二月二十二日の夜の子の刻に、閻魔王宮より慈心坊をめさせたまふとて、にはかに頓死ましまして冥途におもむき、閻魔王宮にぞいたりたまひける。その時王宮には十万部の法華講読の事ありしによつて、あまねく衆僧をあつめたまひけるに、今一人かけてたらざりければ、閻王この尊恵をめいどへめして、法華講読の人数にぞくはへたまひける。講筵すでにみちてのち、閻王かの尊恵に布施をたまはんとて、かたじけなくも金紙金文の法華経をぞ附属したまひける。また、一切衆生即成就仏身の文とて、約束にしめしたまふ。偈にいはく、

妻子王位財眷属　　死去無一来相親
常随業鬼繋縛我　　受苦叫喚無辺際

この偈果生と号し、一切衆生冥途にいたる時、かならず仏果の正覚をうる証文の偈なり。（中略）閻宮より持来したまふ法華経すでにこの土に出現ましまして、有馬の宝殿にをさまりたまひて、当山第一の霊物なり。くはしくは縁起にこれあるものなり。

とあり、尊恵は清澄寺より温泉寺に移ってきていることとなっている。そして、尊恵は、閻魔王宮の法華経の法会に一人欠員があったので閻魔王宮に呼ばれる。そして、法会に参加した尊恵は布施に金紙金文の法華経を得るのである。そして、『釈迦堂勧進帳』では衆生済度のために自画自賛の尊像を得たのであるが、ここでは、「一切衆生即成就仏身

の文」である「果生」という偈を得ているのが大きな特徴である。

そして、元禄五年(一六九二)刊の『伽藍開基記』温泉寺清涼院の項では、

摂州有馬温泉之《ノ》東《ニ》有㆓禅刹㆒、号《ス》㆓清涼院《ト》㆒、乃《チ》行基菩薩《ノ》所《ニシテ》㆑創《ムル》、慈心坊尊慧上人《ヲ》為㆓中興之《ノ》祖《ト》㆒、上人初《メテ》登㆓天台山《ニ》㆒修《シ》㆓法華三昧《ヲ》㆒、後《チ》住《シテ》㆓摂之《ノ》川辺郡清澄寺《ニ》㆒精《ス》㆓修梵行《ヲ》㆒、既《ニシテ》而到㆓有馬温泉山《ニ》㆒観《テ》㆓林巒幽邃《ナルヲ》㆒以《テ》為㆓霊区《ト》㆒駐《メテ》㆑錫《ヲ》居《ス》㆑焉、

とあって、温泉寺清涼院は尊恵が中興であって、尊恵は清澄寺で修行した後、温泉寺へ移り霊区として錫を留めたということになっている。そして、以下に『冥途蘇生記』を「果生」と女人救済のいわれを述べるために大胆に組み替えた『冥途蘇生記』の異本ともいうべき縁起がみられる。以下それをみていくこととするが、最初に、「果生」の偈を閻魔王から得たことが述べられる。

時《ニ》本朝八十主高倉帝《ノ》承安二年十二月廿二日、閻羅王、為《ニ》㆓利生安民《ノ》㆒、集《テ》㆓十万《ノ》衆僧《ヲ》㆒、修《ス》㆓法華十万部融通本願会《ヲ》㆒、請《シテ》㆓尊慧上人《ヲ》㆒、為㆓慶讃《ノ》導師《ト》㆒、修法既畢《ニテ》、閻王、以《テ》㆑偈《ヲ》讃《ス》㆓持経者《ヲ》㆒、上人、謂《テ》㆓閻王《ニ》㆒曰《ク》、一切衆生愚癡邪見《ニシテ》不㆑識㆓因果《ヲ》㆒、死者受《ク》㆑報《ヲ》、生者不㆑知、以《テ》㆑故《ヲ》、受者《ノ》方《ニ》苦《シム》作者《ノ》仍《テ》熾《ナリ》、即《チ》宣《テ》㆓之《ヲ》大聖金口《ニ》㆒載《ス》㆓之《ヲ》貝葉宝函《ニ》㆒、尚《ヲ》疑《テ》而不㆑信、良《ニ》可《シ》㆓悲愍《ス》㆒、惟《タ》願《クハ》以《テ》㆓方便《ヲ》㆒救㆓済《玉ヘ》之《ヲ》㆒、閻王乃《チ》書《テ》㆑偈《ヲ》、付㆓与《シテ》上人《ニ》㆒曰《ク》、

妻子王位財眷属　死去《シテ》無《シ》㆓一《トシテ》来相《ヒ》親《シム》㆒

常《ニ》随《テ》業鬼繫㆓縛《ス》我《ヲ》㆒　受《テ》㆑苦《ヲ》叫喚《スルコト》無《シ》㆓辺際㆒

譬《ハ》如㆔旃陀羅《ノ》駆《テ》㆑牛就《カ》㆓屠所《ニ》㆒歩歩近《ク》㆓死地《ニ》㆒、人《ノ》命庶《モホトンド》過《キタリ》㆑是《ニ》、亦曰《ク》是《ノ》日已《ニ》過《クニ》、命《モ》亦随《テ》減《スニ》如《シ》㆓少水《ノ》魚《ノ》㆒、斯《ニ》有《ラム》㆓何楽《ノカ》㆒乎、師以《テ》㆑之《ヲ》示《セ》㆓一切衆生《ニ》㆒、我㆑愍《ムコト》㆓有情《ヲ》㆒猶《ヲ》如《シ》㆓一《ノ》子㆒、衆生顛倒《シテ》而随《テ》㆑業《ニ》受《ク》㆑苦《ヲ》、今日死来《ル》者《ノ》二百二人、其中《ノ》往㆓生《スル》楽土《ニ》㆒者《ノ》九人、閻王以《テ》㆓執照《ヲ》㆒授《テ》㆑之《ニ》、便《チ》為㆓善人往生之《ノ》契券《ト》㆒、彼《レ》報《スルニ》㆑之《ヲ》以《ス》㆓銅銭六個《ヲ》㆒、自㆑此世人葬㆓送《スルトキ》死屍《ヲ》㆒則《チ》奠《ス》㆓六銭《ヲ》㆒、世称《シテ》㆑之《ヲ》曰㆓六道銭《ト》㆒、上人問《テ》㆓閻王《ニ》㆒曰《ク》、今日往生《ノ》中《ニ》無《キコトハ》㆓女人㆒何《ソヤ》耶、曰《ク》、従来女人《ハ》多《ク》貪嫉癡《ニシテ》而《モ》憍慢邪見《ナルカ》故《ニ》、得《ルコト》㆓

往生《ヲ》一甚難《タシ》、是以《テ》仏説《玉フ》二転女成仏経《ヲ》一、上人曰《ク》、願《クハ》得二其《ノ》経《ヲ》一以《テ》利《セン》二一切《ノ》女人《ヲ》一、閻王乃以《テ》レ経《ヲ》付《ス》レ之、

承安二年、閻魔王が利生安民のために法華十万部融通本願会を修し、尊恵は慶讃導師として招かれた。そして、尊恵は衆生救済の方便として閻魔王から、「善人往生之契券」である「妻子王位財眷属　死去無一来相親　常随業鬼繋縛　我受苦叫喚無辺際」の偈を与えられた。尊恵は、これに報いるのに六銭を出した。このことから葬送に用いる六文銭を世に六道銭というと、六文銭の起源を述べる。次に、尊恵は、今日女人の往生者はなぜいないのかと問うと、閻魔王は、女人は大変往生が難しいと答え、『転女成仏経』を説いた。尊恵は、この経で一切の女人を利そうといったので閻魔王から『転女成仏経』を与えられたということを述べている。これに続いて以下のようにある。

上人大喜《ニテ》曰《ク》、我日域《カ》有《ニ》二大相国入道静海平公《ノ》一、開《テ》二摂州和田御崎《ノミサキヲ》一、延《テ》二一千《ノ》僧《ヲ》一執二行《シ》経会《ヲ》一、恭敬供養《ス》、以《テ》二此《ノ》経《ヲ》一貢《セハ》二大相国《ニ》一利益不《シ》レ少《カラ》、閻王曰《ク》、彼《ノ》相国者《ハ》、天台慈慧僧正之《ノ》後身《ニシテ》、而為《ニ》二仏法擁護《ノ》一今為《レリ》二相公《ト》一矣、乃書《キテ》レ偈《ヲ》以《テ》寄送《セル》、

尊恵は『転女成仏経』を与えられ大変喜び、この経を和田崎で千僧供養をおこなった清盛に奉ろうという。そうすると、閻魔王は清盛は慈恵僧正の後身であり、仏法擁護のために今相国となっているのである、と尊恵に告げ、尊恵に偈を与える。次に、尊恵はみずからの後世を閻魔王に尋ねると、閻魔王は尊恵の行いを数え上げ、大福業により死後は兜率天に生ずるであろうと告げる。そして、

閻魔王乃手書《チラスル》　金字《ノ》妙経《ヲ》以《テ》嚫《シテ》レ之《ヲ》曰《ク》、日本国有《ニ》二往生浄土梵刹一即《チ》清澄寺及《ヒ》温泉山是也

とあるように、閻魔王は手書の金字の法華経を尊恵に与える。そして、日本国に往生の寺があり、それは清澄寺と温泉寺であると告げる。

次に、閻魔王は、今上皇帝は讃岐の金剛院主が三宝を擁護するという宿願で生まれ変わったのであるが、寿命が短い、と告げる。尊恵が寿命を延ばす方法を尋ねると、閻魔王は温泉山に法華堂を建立し、清浄持戒の禅僧に法華経会

を修させればよい、と告げる。そして、閻魔王は、温泉寺と有馬温泉の湯の功徳を褒め称える。尊恵は大いに喜び、「乃《チ》構《テ》二宝殿《ヲ》一蔵《ス》二妙経《ヲ》一安《シテ》二多宝仏《ノ》像《ヲ》一修《ス》二法華会《ヲ》一」とあるように、宝殿を構え、法華経を安置し、多宝如来を祀り、法華会を修したという。そして、

遂《ニ》成《ル》二禅刹《ト》一近来有《テ》二惟善公一住《ス》レ焉《ニ》、属《シテ》二黄檗山《ニ》一派下《タリ》也世《ニ》称《シテ》曰《フ》二温泉之奥《ノ》院《ト》一

とみえるように、禅刹となり、近年「惟善」という人物が出て黄檗宗となった。また、世には温泉の奥院と称している、と述べている。

この『伽藍開基記』所収縁起では、清澄寺本『冥途蘇生記』の後半部分にみえる、閻魔王が尊恵に如法経と曼荼羅の勧進を命じたことには触れていない。また、『温泉寺再興勧進帳』や『釈迦堂勧進帳』にみえる冥府将来の如法経と曼荼羅の発掘にも触れることはない。

清澄寺本『冥途蘇生記』を基準として、『伽藍開基記』所収縁起をみると、清澄寺本の前半部分と後半部分を承安二年の法会の前後の出来事にまとめながら、尊恵が、善人往生の契券の偈、『転女成仏経』、閻魔王書写の妙経などを授かったことを述べ、男女を問わず、遍く衆生を救済する論理を構築しているのである。

以上、近世における『冥途蘇生記』伝承についてみてきた。尊恵将来の法華経という十六世紀前半の享禄の火災によって定着した伝承に加えて、まず、十七世紀前半に衆生済度のための閻魔王自画自讃の尊像というものが確認される。そして、十七世紀後半には、閻魔王自画自賛の尊像という主題はみえなくなり、往生の契券である「果生」の偈というものが中心となる。次に、この「果生」についてみていくことにしたい。

尊恵が閻魔王から授かった果生と呼ばれる偈であるが、『有馬温泉小鑑』をみると、

一　清涼院（中略）黄檗山の末寺にて、本尊は釈迦如来・普賢・文殊なり。古へは奥院ともいへり。（中略）この寺に、清盛公ならびに慈心坊の石塔あり。めいどへもつ果生、このてらにあり。

とあるように、この時期には温泉寺清涼院で「果生」が配布されていた。『摂陽奇観』(7)宝暦十一年（一七六一）に、

一、当冬　亡者六道銭止ム、
　摂州有馬郡清涼院の近隣には、農民葬送の時六道銭を止て、清涼院より此偈文を授り棺に入る、と也、
　　妻子王位財眷属　死去無一来相親
　　常随業鬼繋縛我　受苦叫喚無辺際

とあって、「果生」は清涼院で継続して配布されており、温泉寺清涼院周辺の人びとに『伽藍開基記』所収縁起の通り、六道銭の代わりとして実際に信仰されていたことがわかる。

二　果生

この「果生」（図1）は現在も温泉寺清涼院において配布されている。現在の「果生」は一枚の護符であり、宝珠を象った朱印が押された包紙で封がなされている。護符は天蓋の下に四行の偈らしきものが書かれており、その下に椅子に座した人物か仏の像が描かれている。偈と思われるものは磨滅して判読できない。また、人物か仏の像も磨滅し、それがどのような姿なのかまではわからない。

しかし、『釈迦堂勧進帳』や「有馬薬師堂古縁起写」、また後述の清涼院本『冥途蘇生記』などの記述をみれば、天

蓋の下には「果生」と呼ばれる「妻子王位財眷属　死去無一来相親　常随業鬼繋縛我　受苦叫喚無辺際」の四句の偈が書かれていることは容易に推測できる。そして、その下の坐像は閻魔王像であるとみることができるだろう。すなわち、尊恵が閻魔王から得たという閻魔王が自像に讃を加えた図像であると考えられるのである。すなわち、『釈迦堂勧進帳』や「有馬薬師堂古縁起写」にみられる「冥府者之為過書自筆自賛尊形」という記述と対応したものであろう。

清涼院の縁起のなかでは、閻魔王像に対する意識はそう強くなく、偈が注目され、それが独立して信仰されていくが、配布物自体は閻魔王像と讃が一体となったものである。『有馬温泉小鑑』や『伽藍開基記』所収縁起の伝承は、『釈迦堂勧進帳』や「有馬薬師堂古縁起写」にみられる伝承が直接発展したものであるといえるのである。また、その信仰も「有馬薬師堂古縁起写」に「至冥府者之為過書、自筆自賛尊形給之」とあるように、閻魔王の「自筆自賛尊形」は、冥途へ至る者の通行手形であると述べられている。これは、『伽藍開基記』所収縁起にみえるような、六道銭の代わりとして用いられたり、善人往生の契券と示される信仰と同じものであるといえよう。

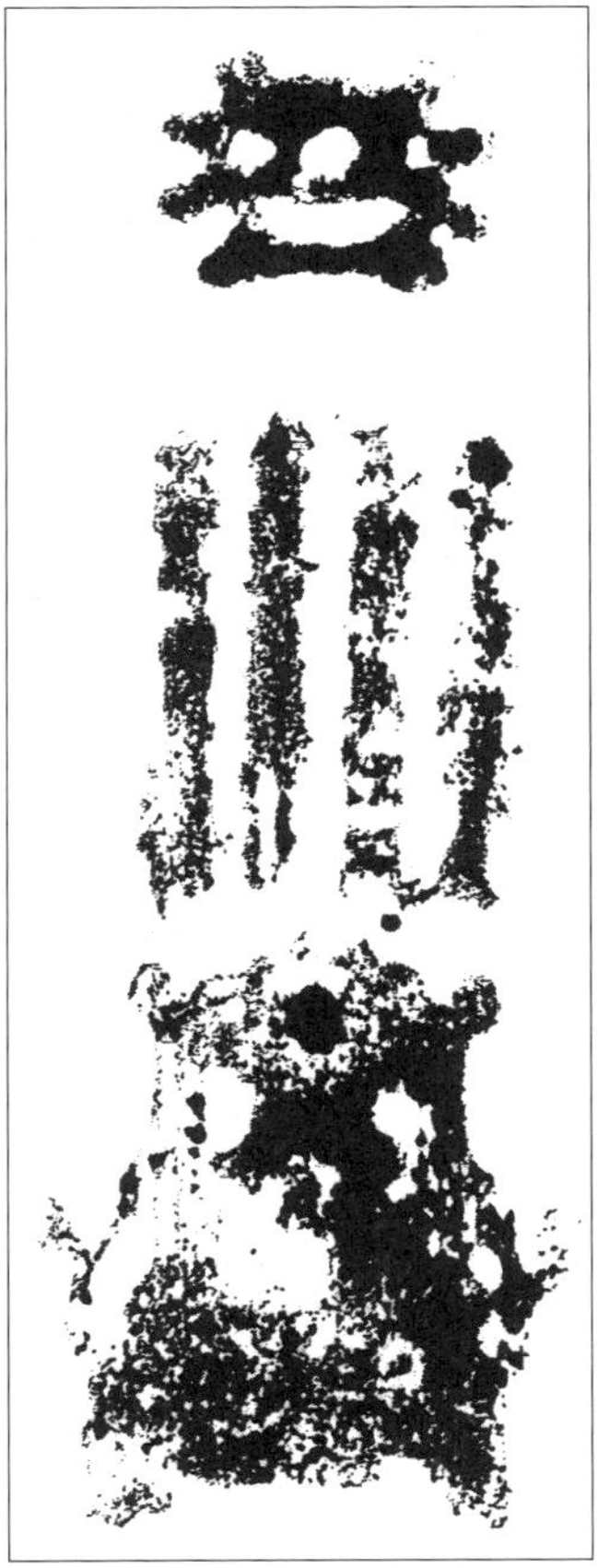

図1　果生（250×90㎜）

しかし、現在、温泉寺清涼院ではその伝承は失われ、カショウという名だけが伝わっている。ただ、「唐櫃《からと》の人」がもらいにくるからその時のために準備しているというだけである。この護符を受けにくるという唐櫃とは、神戸市北区有野町下唐櫃という村のことである。有馬温泉からは谷を一つ隔てた隣村である。清涼院は黄檗宗であるが、下唐櫃は浄土宗の村である。下唐櫃では、火葬が主となる十数年前までは葬儀の前に温泉寺へカショウを授かりに行き、それを枕石の上に置いていたという。

しかし、下唐櫃でもカショウの由緒は伝承されていない。この村には、昭和三十九年（一九六四）に作成された葬儀に準備する道具や、仕事の分担などを記した「組合内における葬儀取扱備忘録」（神戸市下唐櫃林産農業協同組合資料部）がある。このなかでは、「カショウ」は、「香砂」という文字をあてて記されている。そして、この書付を作成した西向克己氏は、カショウの包の中には「清涼院の雨垂れの砂」が入っていると伝承し、振ったらかさかさと音がするという。(8) 下唐櫃においてもカショウの本来の姿は伝承されていない。

十七世紀後半に温泉寺奥院（清涼院）において縁起のなかに見出される果生は、近隣の葬送儀礼のなかにとりこまれ、有馬周辺地域では、本来それがもっていた意味は失われながらも現代に至るまで信仰されつづけている。また、それを受けて温泉寺清涼院でも配布されつづけるのである。

三　清涼院本『冥途蘇生記』と常住寺本『冥途蘇生記』

さて、有馬を中心として尊恵将来経伝承の展開についてみてきた。ここで清涼院本『冥途蘇生記』および、常住寺本『冥途蘇生記』について考えておく必要があるであろう。

清涼院本『冥途蘇生記』は、錦仁氏によって翻刻・考察が加えられている(9)。

また、常住寺本『冥途蘇生記』は、三重県上野市長田常住寺に蔵されており、仮名本・真名本の二本がある。四日市市立博物館特別展図録で翻刻が紹介された(10)。

清涼院本は、明治四年(一八七一)に温泉寺清涼院から山形県村山市の龍雲院へ譲り渡されたものであり、もとは清涼院に蔵されていた(11)。構成は、第一部「冥途蘇生記」・第二部「増補蘇生記」・第三部「補遺蘇生記」となっている。書写はいずれも近世である。ただし、明治十三年に記された巻頭の識語には、「尊慧大阿闍梨真筆」とあり、尊恵の真筆と認識されていた。

第一部・第二部が清澄寺本『冥途蘇生記』の前半・後半部と重なる部分である。第三部「補遺蘇生記」は、清涼院蔵の尊恵将来という釈迦十六善神図に関するものであり、その将来縁起を意図して付加されたものとされている。特徴としては、一貫して尊恵が温泉寺の僧であるとするなど、温泉寺の立場からの記述がなされており、錦氏のいうとおり、「温泉寺(清涼院)側が独自に制作した、清澄寺本とは異なる別本冥途蘇生記と称するもの」といえよう。

常住寺本は、三重県上野市常住寺に蔵されており、真名本・仮名本がある。書写はいずれも近世初頭とみられる。この二本を納めた箱には「瑫《(ママ)》魔王縁起」とあり、仮名本の外題にも「瑫《(ママ)》魔王縁起」とあるように、常住寺本尊である尊恵将来の閻魔王像の縁起として機能している(12)。

常住寺本は、清澄寺本の前半部分だけであり、後半の温泉寺との関わりを示す部分は存在しない。また、すべて清澄寺の尊恵のおこないとなっている。この点は清澄寺本に近い。仮名本は、ほぼ真名本の体裁に沿っているが、かならずしも真名本を書き下したものではなく、真名本に対して自由な表現がみられる。

さて、この清涼院本・常住寺本を清澄寺本と比較したとき、内容的に大きな特徴として二点が挙げられる。一点目は、閻魔王が尊恵のみならずその同行者の勤行までを詳細にあげるので、尊恵は、どうしてそのように詳しくわかるのか、と問う。そうすると冥官が、あらゆる行為はすべて浄頗梨の鏡に映し出されるのである、と答え、尊恵がそれをみる場面である。

この場面を清澄寺本を基準として、この場面に続く一連の偈について、表1において〔偈1〕〜〔偈3〕までの番号を付した。それと比較すると、清澄寺本では1〜3と連続した偈が、清涼院本では3〜1と逆順に分割されている。また、偈1を特立して、閻魔王が自像に讃をしたその偈であるとされている。常住寺本では、偈2・3が省略され、偈1のみが独立しており、それが閻魔王の誓言とされている。

表1　『冥途蘇生記』諸本の比較1

清澄寺本	清涼院本	常住寺本
愚僧見彼鏡、悪事々々、支善事々々、支在処死生、皆悉顕現、一事已上无有隠事、年来知不知所作善悪事、無隠顕現彼鏡、故我等年来所為所行、琰魔法王・冥官・冥衆何欲御覧、非歎啼泣、唯願琰魔法王、哀愍我等、教出離生死之方法、示證大菩提之直道、作是言時、琰魔法王哀愍教化、誦種々之偈、冥官染筆一々書之、〔偈1〕妻子王位財眷属　死去无一来相親　常随業鬼繋縛我　受苦叫喚無辺際	愚僧見彼鏡悪事悪事友善事善事友在処死生悉皆顕在一時已上無有隠事年来知不知所作善悪事無隠顕現彼鏡故我等年来所為所行閻魔法王冥官冥衆何欲御覧非嘆啼泣唯願閻魔法王哀愍衆生教出離生死之要法示証大菩提之直道作是言時閻魔法王誦種種偈冥官染筆一一書之（曰）〔偈3〕如水泡沫焔汝等咸応当疾生厭離心随逐悪人者獲得無量罪現世無福来後生三悪趣但楽読	愚僧彼鏡見悪事ゝゝ友善事ゝゝ友在所死生悉顕現一事無有隠年来知不知所作善悪事無隠顕現彼鏡故我等年来所為所行琰魔法王冥官冥衆何而御覧悲嘆啼泣而唯願琰魔法王哀愍我等教出離生死之方法証大菩薩之示直道作是言時琰魔法王哀愍教化誦種ゝ偈之時冥官染筆一ゝ書之〔偈1〕妻子王位財眷属　死去無一来相親　常随業鬼繋縛我　受苦叫喚無辺際　琰魔法王作是誓言我為一切衆生書写勧進之

譬如旃荼羅　駈牛至屠所 （偈2）歩々近死地　人命亦如是　此日已過　命即 衰滅　如少水魚　斯有何楽　世皆不牢固 （偈3）如水沫泡焔　汝等咸応当　疾生猒離心　随 逐悪人者　獲得无量罪　現世无福来　後生 三悪趣　但楽読誦　法華経者　滅罪生善 離諸悪趣　何況永代　不断読経　能勧所勧 皆当作仏　如説修行　法華経者　終生極 楽　証大菩提　何況如説　撃冶金銀　永代 不朽　所得功徳　十方諸仏　各以千舌　多 劫宣説　不可窮尽 書此偈已、琰魔法王作是誓言、我為一切衆 生、書写勧進之文、見聞之類、誰不発心 乎、永持此文、普勧貴賤、広誘上下、果遂 自願成就他願、為引導有縁之良縁、為教化 无縁之方法、教誡已後、即付属此文、
誦法華経者滅罪生善離諸悪趣何況永代不断 読誦能勧所勧皆当作仏如説修行法華経者終 生作仏証大菩提何況如説撃冶金銀永代不朽 取得功徳十方諸仏各以千舌多功宣説不可窮 尽　（偈2）譬如旃荼羅駈牛至屠所歩歩近死地人命 亦如是此日已過命即衰滅如少水魚斯有何楽 世皆不牢固　又閻魔法王讃自像云（偈1）妻子王位 財眷属死去無一物相親常随業鬼繋縛我受苦 叫喚無辺際書此偈已閻魔法王作是誓言我為 一切衆生書写勧進之文見聞之類誰不発心乎 永持此文普施貴賤広誘上下果遂自願成就他 願為引導有縁良縁為教化無縁之方法誡已後 即付属此自像自讃
文見聞類不誰発心乎永持此文普勧貴賤広誘 上下果遂自願成就他願為引導有縁良縁為教 化無縁方法誡已後即付属此文

次の点は、常住寺本に顕著な特徴である。法華経の法会が修了した後、尊恵は閻魔王や冥官・冥衆に不断経を勧進しようと思い（但し、清涼院本は、「冥官拠獄讞罪」をみようと思い）、閻魔王宮に詣でると、閻魔王にどうして尊恵だけ帰らないで自分のもとに来たのか、と問われる場面である。

表2　『冥途蘇生記』諸本の比較2

清澄寺本	愚僧答曰、為承後生之在所也、琰魔王言、摂津国往生之地有五所、清澄寺其一也、即是諸仏経行之勝地、釈迦・弥陀・弥勒之験所也、往生・不往生、在人信・不信云々、
清涼院本	愚僧答云為見衆生後生之在所也閻魔王言摂津州往往之地有五処其一温泉山也即是諸仏経行之勝地釈迦薬師観音之験所也往生不往生在人信不信云々
常住寺本	愚僧答曰為承後生在所且奉写法王真質令拝娑婆世界衆生遂以是勝因縁欲使得免後生罪業於時法王勅于冥官ここ速剪庭前之松枝忽刻法王真影献法王ここ取之与愚僧予不堪喜抃奉請収三衣袖者也琰魔法王言摂津国往生之地有五ヶ所清澄寺其一也即是諸仏経行之勝地釈迦弥陀弥勒之験所也往生不往生有人信不信云々

表2をみてわかるように、清澄寺本・清涼院本では尊恵が後世の在所を尋ね、清澄寺あるいは温泉寺が往生の地であると告げられるのであるが、常住寺本では、尊恵が後世の在所を聞くのに加えて、娑婆世界の衆生のために閻魔王の真影を求め、それに応えて閻魔王が勅して閻魔王の像をつくらせたという部分が存在している。

清涼院本・常住寺本と比較して、清涼院本の中で独自の内容をもった部分として第三部「補遺蘇生記」があるが、これは錦氏が述べられたように、尊恵の将来物として、釈迦十六善神図を位置づけている部分である。

以上、『冥途蘇生記』諸本の特徴的な部分をみた。清涼院本・常住寺本の共通点として、「妻子王位財眷属……」の偈が独立していることが挙げられる。常住寺本の特徴としては、衆生のために閻魔王像を得たという部分が挙げられる。また、両者とも閻魔王から、閻魔王の画像と讃、閻魔王像などといったものを得ている。

ここで、常住寺の縁起をみることにしよう。常住寺は、尊恵の閻魔王像の将来を述べる本文をもつ『冥途蘇生記』

を蔵しているように、閻魔王坐像を本尊とする寺院である。この閻魔王像は、天正二十年(一五九二)、南都元興寺極楽坊において開帳されたという記録がある(13)。常住寺に関する縁起的な記述は、極楽坊での開帳から十年後、慶長七年(一六〇二)に作成された『伊州長田十王堂供由緒書』(14)が最古である。これは、この年、常住寺でおこなわれた国主筒井定次の母の三十三回忌供養の際の諷誦文や、表白、説法の心覚えとして作成されたものである。これに収められている「御本尊十王事」には、

御本尊十王事、是則摂津国清澄寺慈心房尊恵、其比世無双法花ノ持経者デ在タデ候。其功徳ニヨリ、承安二年壬辰十二月廿二日、(中略)閻魔王勅書ニ依テ、彼国ニ至十万部法花ノ読誦ノ人数ニナリ、終閻魔王、冥官ニ勅シテ自質ウツサセ、慈心房ニハタシ、「娑婆世界ヘ此質持帰ルベシ。一度拝見永悪趣苦離、速ニ安楽台ニ至ルベシ」トノ約束ニヨリ、此界ニ持テ帰タマフタル霊像デアルデ候。(中略)然処、不思議ト慈心房コ、ニトヾメ玉ヒヌ。

とある。常住寺本『冥途蘇生記』にもみえる閻魔王像将来譚であるが、清澄寺の尊恵が将来した閻魔王像が常住寺にある理由は、「不思議ト慈心房コ、ニトヾメ玉ヒヌ」と述べるばかりであり、常住寺にこの像があることの理由付けはなされていない。

次いで、貞享四年(一六八七)に編纂された伊賀国の地誌『伊水温故』(15)では、

院号ハ常明院　古ノ本堂ハ羽柴伊賀ノ侍従定次造立、其他鯢《ケイ》鐘一口寄進、旧名ハ常住寺今改二琰王寺《ト》一、

本尊琰魔王　長一寸八分ノ木造、琰王《ノ》自作、

此尊容笏《シャク》ヲ所持シケル処ニ参詣ノ群衆散銭《サンセン》ニテ打折也、

摂州清澄《セイテウ》寺ノ住呂慈《リヨジ》心《シン》坊尊恵《ソンヱ》伊勢太神宮ニ詣《ケイ》シ、下《ゲ》向道《ダウ》ニ南京巡礼ノ志願《シグワン》有テ長田庄百田《モヽダ》ガ宅地《タクチ》ニ宿ス、卒病《ソツヒヤウ》ニ依テ期《ゴス》二臨終《リンジウヲ》一、于レ時琰《ヱン》ノ像ヲ百田ノ某《ナニガシ》ニ譲《ユズ》リ、金紙《コンシ》金《キン》字ノ妙典八軸《ヂク》ハ清澄寺ニ可レ謚《シル》ト言畢《イヒヲハツテ》寂《ジヤク》ス、其随《シタガツテ》二

遺言《イゲンニ》法華八部ヲ清澄寺ニ送《オクル》、本尊ハ累代《ルイダイ》百田氏ガ称《ス》二護念仏《ゴネンブツト》一、

と述べられている。常住寺の閻魔王像は、清澄寺の尊恵が伊勢参宮の帰途、南都巡礼を志し、長田庄の百田氏宅に宿泊した際に俄の病で没した。そして、尊恵の遺言に従って常住寺本尊の閻魔王像を百田氏に譲り、金紙金字の法華経は清澄寺へ送ったと述べているように、慶長七年の由来と比較すると、尊恵将来の閻魔王像が常住寺へ伝来した経緯が明確にされている。

『伊水温故』には、『伽藍開基記』所収の温泉寺清涼院縁起と同様に、『冥途蘇生記』に基づきながら閻魔王像の由来を記した別の縁起も収められている。それは、冒頭で「抑当寺琰魔《エンマ》の影像《ケイサウ》其ノ来由《ライユ》ハ」として、閻魔王宮大極殿の「十万部ノ妙経読誦」の看経の導師に「播州書写山円教寺《ショシャサンエンキャウジ》ノ開山性空《シャウグウ》上人」と「摂州八部《ヤタベノ》郡兵庫《ヒヤウゴノ》庄清澄《セイテウ》寺ノ住呂《リョジ》慈心《シン》坊尊恵《ソンヱ》」が閻魔王宮での詮議の結果招かれることになり、両者が閻魔王宮で法会をおこなった。尊恵は「会上《ヱシヤウ》ニ列《レツ》シケルニ一部《イチブ》ノ妙経《ミヤウキヤウ》ヲ得」た。そして、

或時《アルトキ》ハ慈心導師トナツテ性空ハ講師《カウシ》ニ列《レツ》シ、又或時ハ性空導師ト成テ慈心講師ヲ勤《ツトム》、読経《ドクキヤウ》ノ執行事終《ヲハレ》ハ諸僧所々ニ退散《タイサン》ス、于レ時慈心前《マヘ》ノ二僧ニ対《タイ》シテ伸《ノベ》ケルハ不思儀《フシギ》ナル哉《カナ》、愚師《グシ》無二業事一《ナスコトナクシテ》徒《イタヅラ》ニ如此《カクヨ》世ヲ経処《フル》ニ浩《カヽル》仏場《ブツジヤウ》ノ会座《エザ》ニ列《ツラナル》コト有難結縁《カタキケチエンカナ》哉、何《イカ》ナレバ法筵《エン》ニ臨《ノゾム》処ノ聖験《シヤウケン》ナクシテ、娑婆《シヤバ》ニ帰ルハ思出《オモヒデ》ニアラズ、迚《トテモニ》仏道修《シュ》行《ギヤウ》ノ方便《ホウベン》ナレバ琰魔ノ玉体《キヨクタイ》ヲ拝謁《ハイエツ》シ、生死無常ノ影《カゲ》離唯《レタダ》安養世界《セカイ》ニ鎮《シヅマ》ル処ノ密儀《ミツギ》ヲ授《サヅカリ》ナント願《ネガフ》、于レ時琰魔王歓喜《クハンキ》ニ不レ堪《タヘズ》、善哉《ヨキカナ》々々、尊恵ノ願望《クハンモウ》菩薩大悲《ダイヒ》ノ所行《ショギヤウ》是ナリト、即冥官《チメウクワン》シテ大極殿ノ庭前南方へ指《サシ》タル五葉《ゴヨウ》ノ松ノ枝ヲ伐《キリ》、自《ミヅカラ》一寸八分ノ尊形ヲ刻《キザミ》尊恵ニアタフ、慈心是ヲ拝受シ、百結《ハクケツ》ノ袂《タモト》ニ収《ヲサメ》、本土《ホンド》ニ帰ルト思ニ、既ニ七ケ日ヲ経《ヘ》テ蘇生《ソセイ》シケルニ、懐中《クハイチウ》ニ霊像《レイサウ》ト八部《ブ》ノ法華経アリ、世挙《コゾリテ》是ヲ貴《タフト》ム、大政入道清盛卿《キヨモリキヤウ》、別テ尊恵《ワキ》ニ帰依《キヘ》シ、銅《カラカネ》ノ経箱《キョウハコ》ヲ作リ蓋《フタ》ニ大政入道ト佳名《ケミヤウ》ヲ彫《エリ》、慈心ニアタヱ、今ニ摂州有馬ノ善福寺ニ有、

とあるように、性空と尊恵は法会をおこなう。法会の後、尊恵は法会の参加は希有の結縁であり、霊験を得たいので、閻魔王に拝謁し、出離の方法を授かりたいと望んだ。そうすると閻魔王は歓喜し、尊恵を褒め称え、閻魔王自ら大極殿の庭前の松の枝を用いて一寸八分の閻魔王像を作成し、尊恵に与えた。尊恵は蘇生すると懐中に閻魔王像と法華経があった。世の人々はこぞってこれを貴んだが、とりわけ、清盛は深く帰依し、銅の経箱を作り、自らの名を彫り込んで尊恵に与えた。その経箱は有馬善福寺にある、と述べている。

尊恵とともに性空が法会に呼ばれたという説話はいくつかの資料にみられる(16)が、ここではひとまず措くとして、骨子は常住寺本『冥途蘇生記』の閻魔王像を授かる場面と同様である。しかしながら、常住寺本にはない尊恵将来経について述べていることに加えて、尊恵が閻魔王宮に残っている理由を述べる文言などにも、常住寺本の詞章と共通性はみられない。また、尊恵が持ち帰った法華経は有馬の善福寺にある、と述べるなど、先ほどの『伊水温故』所収の常住寺の縁起とも異なっている。また、兵庫県宝塚市にある清澄寺の場所を兵庫県神戸市兵庫区に比定される「八部郡兵庫庄」としており正確ではない。また、近世、平清盛や尊恵に関わる一連の宝物を所蔵していたのは温泉寺清涼院であり、それを善福寺としているのも不正確である。

常住寺では、尊恵将来の閻魔王像について、慶長期にはその来歴を語る伝承はいまだ成立していないものの、尊恵の閻魔王像将来を語る縁起は成立していた。そして、貞享四年の段階では、閻魔王像の来歴を説明づける縁起も形成されている。また、清澄寺の場所や、当時の有馬での状況をみると、不正確な知識を伝えながらも、大筋では常住寺本『冥途蘇生記』と同様の閻魔王像の将来を伝える縁起も存在している。

さて、ここで有馬における尊恵将来経伝承をふりかえってみることとする。

正保二年(一六四五)の『釈迦堂勧進帳』には、尊恵が閻魔王に自筆自讃の尊形を賜ったということがみえるように、閻魔王の図像に関しては清涼院本『冥途蘇生記』と符合する。しかしながら、『釈迦堂勧進帳』では「清澄寺住僧慈心坊尊恵」とあり[17]、尊恵は温泉寺には移っていないということになっており、清涼院本『冥途蘇生記』と完全に一致しているわけではない。

『釈迦堂勧進帳』に続く、延宝六年（一六七八）の『迎湯有馬名所鑑』[18]には「高倉院の御宇に、尊恵慈心坊といへる沙門、清澄寺より当山に来て菩提院と号し庵室し給ふ」とあり、後の『有馬温泉小鑑』でも、尊恵を「せいちやう寺より当山にうつりたまひて、庵室をかまへこもりゐたまひぬ」というように、尊恵は清澄寺から温泉寺へ移って後に冥府へ赴いたことになっているので、この部分は温泉寺本の述べるところと一致している。

しかし、清涼院本で閻魔王が自像に讃をした、ということになっている讃はここでは「果生」とされており、閻魔王の図像よりも「果生」という偈に対して重点が置かれている。そして、元禄五年（一六九二）刊の『伽藍開基記』所収の清涼院の縁起ではさらに発展をみせている。

以上のように清涼院本『冥途蘇生記』を有馬の伝承のなかでみると、清涼院本『冥途蘇生記』は、正保二年の『釈迦堂勧進帳』と延宝六年の『迎湯有馬名所鑑』の間の約三十年間に置くことができよう。そして、『迎湯有馬名所鑑』では、「此偈くわしやうと号し、一切の衆生冥途へもつ」として、閻魔王の図像ではなく、偈が強調されていくことからみて、温泉寺本はより『釈迦堂勧進帳』に近い時期に成立したことが推測されるのである。

次に常住寺の伝承をみると、常住寺では慶長期にはすでに尊恵の閻魔王像将来の伝承は成立していることが確認できる。常住寺本『冥途蘇生記』をみると、「妻子王位財眷属……」という温泉寺清涼院では「果生」とされる偈の独立がみられるが、温泉寺本にあるような閻魔王像と関連したものではない。

しかし、常住寺では、「妻子王位眷属……」の偈が温泉寺清涼院の場合と同じように葬送儀礼に用いられており、土葬が行われていた頃までは「妻子王位眷属……」の偈を摺って配布していた[19]、というように清涼院の「果生」とほとんど同じ用いられ方をしている。有馬の伝承と比較すると、より『迎湯有馬名所鑑』に近いのである。しかしながら、常住寺本をはじめとする諸資料では尊恵は一貫して清澄寺の人物とされている。とはいうものの、『伊水温故』所収の『冥途蘇生記』に基づいた縁起では、法華経の将来、閻魔王像の将来という要素が見出され、将来経は有馬にあるというように、有馬の伝承の影響を強く受けていることが窺える。

しかし、その知識は正確とはいえない。影響を受けながらも、清澄寺や温泉寺との直接のつながりを示しているとは言い難い。

ここで、常住寺の伝承の位置づけを考えるために、有馬周辺地域への尊恵将来経伝承が伝播した例を参考にしてみよう。天正四年の有馬での大火を契機として、周辺地域の寺院へ尊恵将来経伝承が伝播したとみられる。ここで、尊恵将来経の伝承をもつ兵庫県三田市下槻瀬の蓮花寺の例をみておきたい。

蓮花寺では尊恵将来の法華経・水晶の念珠・両界曼荼羅を蔵している。これについて、慶長九年の記録では、尊恵の四百年後、安元元年（一一七五）から数えれば一五七〇年代に蓮花寺住持によってどこからか蓮花寺にもたらされたことが記されている。

しかし、尊恵の将来物とされる両界曼荼羅には裏書があり、この両界曼荼羅は十五世紀には蓮花寺に伝来しており、尊恵将来物でもなかったことが明らかである。すなわち、一五七〇年代に蓮花寺において一連の尊恵将来物が作り出されたのである[20]。

常住寺でも蓮花寺と同様に、慶長期の縁起では尊恵将来の閻魔王像は伝来が明らかにされていなかった。これは常住寺の伝承もまた温泉寺の伝承をある時期にとりこみながら形成され、次第に常住寺の縁起として体裁を整えてきたことを示しているといえよう。

以上、温泉寺本、常住寺本とそれに関わる縁起の分析と比較をおこなってきた。次に周辺の資料から十七世紀の温泉寺や常住寺についてみていきたい。

四　温泉寺清涼院と常住寺

まず、温泉寺清涼院の歴代についてみておくこととする。

温泉寺清涼院の重要資料を集めた『清涼院必覧』(21)に収められている延宝二年（一六七四）の由緒によると、温泉寺奥院（清涼院）は以下のように相続されている。

行基―知心―（不明）―尊恵―（不明）―大雄―心月―広金（慶長初め頃〔一五九〇年代後半〕相続～承応二年〔一六五三〕没）―慶頓（＝唯善　寛文七年〔一六六七〕没）―石文（現住）

由緒では、大雄以後は禅宗であるというが、臨済宗か曹洞宗かも伝わっていない。広金は、先住の心月から温泉寺奥院を慶長の初め頃継承し、承応二年死亡している。五十年以上奥院の住持であった。『釈迦堂勧進帳』の作成は正保二年（一六四五）であるから、広金は、晩年に釈迦堂の勧進を始めているのである。広金没後、その弟子である慶頓が後を継いだ。慶頓は万治元年（一六五八）、隠元に帰依し、唯善の号を授けられる。そして、寛文五年黄檗山万福寺の末寺となり清涼院の院号を得ている。その二年後、唯善（慶頓）は死亡し、弟子の石文が継いでいる。

さて、清涼院の住持に唯善という人物があらわれたが、ここで元禄五年（一六九二）刊の『伽藍開基記』所収の清涼院縁起の成立年代について考えておきたい。『伽藍開基記』の清涼院の縁起の末尾に「遂成《ニル》二禅刹《ト》一近来有《テ》二惟善公一住《ス》レ焉《ニ》、属《シテ》二黄檗山《ニ》一派下《タリ》也」とあるが、この「惟善」とは唯善の誤りであろう。この部分は後補の可能性もあるが、この縁起自体は唯善が奥院を継承した承応二年から彼の死亡する寛文七年までの成立である可能性も考えられる。少なくとも、それに近い時期に成立したものであるといえるだろう。

さて、広金晩年におこなわれた釈迦堂勧進の過程であらわれる尊恵将来の閻魔王「自筆自賛ノ尊形」であるが、『有馬縁起』には慶長三年（一五九八）の記事に以下のような記述がある。

然而慶長三年戊戌自二正月五日一、右之大破御殿再興有、出来次第可レ被レ成二御湯治一旨、被二仰出一、有馬法印・山崎左馬允・蒔田主水頭・山崎右京進・蒔田権左、此五人被二仰付一、過半出来申処、同二月十日丙丑時者午未間、於二奥院一、昔時慈心坊尊恵、閻魔王宮通二十万部御経之導師一其通路之上石塔有、自二其下一一尺五寸四方湯口俄出来、熱塩湯湧出矣、湯玉之立事一尺五寸余、譬大雨之後俄如二高水流一、掘二穿陸地一、諸人驚レ目消レ肝計也、急奏問申処、即為二上意一、増田右衛門尉・稲葉兵庫頭来入有御覧也、有様被二仰上一矣、

慶長の大地震で秀吉の湯殿が大破し、その再興事業の最中に、奥院の尊恵が「十万部御経」の導師として閻魔王宮へ赴く通路の上に置かれたという石塔の下から、湯口が突然あらわれ大いに湯が湧き出したという。『有馬縁起』では、秀吉はこの報せをおおいに喜び、この新たな湯口に湯殿を建てることを命じている。

すなわち、慶長三年、心月の晩年か、広金相続直後には奥院は存在しており、新たに出現した湯口を尊恵の伝承と結びつけ、勧進唱導活動をおこなっていることがわかるのである。奥院すなわち、後の清涼院における尊恵の伝承の形成は、この湯口の一件を踏まえ、前項で検討した常住寺の例を考え合わせると、常住寺で閻魔王像将来の伝承が確認できる慶長七年、あるいは、その十年前の天正二十年（一五九二）の常住寺の本尊開帳の時期まで遡る可能性が高い。

広金は慶長初年に奥院の住持となっており、先代には大雄・心月といった人物がある。天正期に退転した温泉寺菩提院の伝承は、周辺地域の寺院に伝播する。他方、有馬では、奥院が菩提院の縁起を用いながら、尊恵将来経に閻魔王自筆自讃の尊像という要素を付け加え、その画像を人びとに配布することによって、より直接的な利益を実感できる縁起を生み出している。清涼院本『冥途蘇生記』も、この過程で尊恵将来の閻魔王像の意味付けのために作成されたのであろう。

広金を継いだ唯善の頃には閻魔王像の讃が独立し、「果生」と名付けられる。そして、往生の契券として利用されるようになる。女人往生のための『転女成仏経』の将来も述べ、女人救済の要素(22)も加えることで、救済の論理がより強固に組み立てられたといえよう。このなかで『伽藍開基記』所収縁起のように、『冥途蘇生記』も救済を約束した偈の権威を増すものとして、いわば「果生」の縁起として改変されたといえるであろう。

常住寺では、『伊水温故』に、

爾処《シカルトコロ》ニ比睿《ヒエイ》山松寿《ジュ》院寛文初天《ショテン》ニ霊像《レイサウ》ヲ江府《ゴウフ》ニモリ下《クダ》リ、諸民ヲ勧《スヽメ》三間四面ノ本堂ヨリ謁舎《エツシヤ》厨裏《クリ》ニ至テ再興ス、

即琰王寺ト改ム、

とみえるように、寛文初年（一六六〇年代初頭）に本尊を江戸で開帳し、本堂をはじめとして寺院の修造をおこない、寺号も琰王寺と改めている。常住寺の本堂は棟札(23)により、万治三年（一六六〇）に藩の援助によって再興されたことが確認できる。この本堂再興事業の一環として寺院全体の整備もすすめられたとみられる。なお、比叡山松寿院の名が出るが、万治三年に建立された万霊碑には「願主、当国綾郡焔王寺住持、比叡山東塔南渓松寿院兼帯、勢州寒松院権大僧都法印、清海」とあり、当時常住寺の住持は比叡山松寿院が兼帯していたことがわかる。

常住寺では、まず、天正の末年から慶長七年ごろに有馬の伝承をうけて尊恵将来の閻魔王像の伝承が形成された。

『伊水温故』にみえる『冥途蘇生記』に基づいた縁起を経て、比叡山松寿院による江戸開帳を契機に縁起の整備がすすめられ、有馬の「果生」の伝承もとりこみながら、常住寺本『冥途蘇生記』が作成されたとみることができよう。

おわりに

近世における尊恵将来経伝承の展開は、十六世紀半ばに確立した尊恵将来経に関する伝承を起点とする。一方では温泉寺菩提院の退転をきっかけに他寺院に伝播し、他方では、温泉寺や常住寺のように、それに基づきながらさらに展開していくのである。

温泉寺に関して以下のようにまとめられるであろう。

①温泉寺清涼院の伝承は、温泉寺菩提院の退転後、十六世紀末から十七世紀初頭にかけて形成された。

②温泉寺の伝承は、奥院において閻魔王が自像に「妻子王位眷属……」の偈に讃を書き込んだ図像を基本として展開する。その過程で清涼院本『冥途蘇生記』が作成された。

③その図像は、十七世紀末には自像への讃とされた偈が強調されるようになり、「果生」と名付けられ、善人往生の契券として用いられた。

④「果生」への信仰は周辺地域に定着し、葬送儀礼の一端として当初の意味は失われながらも現代まで信仰されていた。

また、常住寺については、

①常住寺の伝承は、本尊閻魔王像の縁起として、有馬の伝承の影響をうけながらそれとほぼ同時期に形成された。

②その後、比叡山松寿院による寛文期の江戸開帳を期に再整備され、そのなかで有馬の伝承を参考にしながら常住

寺本『冥途蘇生記』や「妻子王位財眷属……」の偈に対する信仰を作り出した。

温泉寺奥院(清涼院)で生み出された「果生」の偈に対する信仰は、常住寺にもとりこまれる。しかし、「果生」に関わる伝承は、『摂陽群談』等の代表的な地誌に採録されているものの、有馬の外で作成された地誌『有馬私雨抄』(24)では「いかなる故といふ事をしらす」とされている。数多く残されている外部からの湯治者が残した有馬の縁起や伝承の記録類でも、有馬温泉について行基の開湯・仁西の復興などは記されるが、「果生」などの『冥途蘇生記』に関わる伝承について取り上げられることは少ない。確かに、『平家物語』などを基準に考えれば「果生」の起源を語る伝承は荒唐無稽であり、「いかなる故といふ事をしらす」として近世の人々であっても無視し得るものであったろう。

しかし、有馬では、清涼院縁起として近世を通じて存在しており、また『冥途蘇生記』の異本をも生み出している。その影響をうけた常住寺でも同様である。それぞれの周辺地域では、この縁起から生み出された民俗は、近年まで葬送儀礼の一端を形成していた。そして、有馬においては中世から近世まで展開をみせる温泉寺縁起、特に、尊恵将来経に関する伝承は、民俗の一端として地域社会に基盤を持ったことによってその変容を止めたといえるであろう。

註

(1)　後藤丹治「平家物語出典考」(『戦記物語の研究』筑波書店、一九三六年)。

(2)　武久堅「〈清盛語り〉の生態―持経者伝承の系譜―」(水原一編『あなたが読む平家物語』二、有精堂、一九九四年)に近年の研究が一覧できる。

(3)　西尾正仁「有馬開湯伝説と勧進集団」(『薬師信仰―護国の仏から温泉の仏へ―』岩田書院、二〇〇〇年。初出「薬師信仰と勧進集団―有馬温泉をめぐる中世的世界―」『御影史学論集』一二、御影史学研究会、一九八七年)、問屋真一「縁起からみる中世の有馬」（神戸市立博物館編『有馬の名宝―蘇生と遊興の文化―』神戸市立博物館、一九九八年）、海野眞「中世における湯治と温泉信仰について―摂津国有馬温泉を中心にして―」（『皇学館論叢』三四巻一号、皇学館大学人文学会、二〇〇一年）、米山孝子「行基の有馬温泉寺草創説話と温泉寺縁起」（『学術紀要』一一、神戸女子大学瀬戸短期大学、二〇〇〇年）など。

（4）『釈迦堂勧進帳』（風早恂編『有馬温泉史料』下、有馬温泉史料刊行委員会、一九八八年）。

（5）「有馬薬師堂古縁起写」（中野猛『略縁起集成』第六巻、勉誠出版、二〇〇一年）。

（6）『迎湯有馬名所鑑』（風早　註（4）前掲書）。

（7）『摂陽奇観』（船越政一編『浪速叢書』浪速叢書刊行会、一九二六年）。

（8）土砂加持などの知識と習合したのであろうか。

（9）錦仁「別本『冥途蘇生記』の考察―付・翻刻―」（『伝承文学研究』三三、伝承文学研究会、一九八六年）、同「別本龍雲院蔵『冥途蘇生記』考」（『絵解き研究』四、絵解き研究会、一九八六年）、同『東北の地獄絵―死と再生―』（三弥井書店、二〇〇三年）。

（10）四日市市立博物館編『冥界の裁き　閻魔さまと地獄の世界―東海に残る六道信仰の造形―』（四日市市立博物館、二〇〇一年）。但し、本論考の作成に当たっては、常住寺に蔵されている原本をもとに図録所収の翻刻を訂正したものを用いる。

（11）明治四年（一八七一）ごろの話である。龍雲院の十二世泰淳が京へ遊学した。そのおり、温泉寺清涼院の住職と知り合いとなり、意気投合した。泰淳は、龍雲院に大般若がないことを嘆くと、清涼院住職が、取りに来るなら古いものをやろう、という。そこで、泰淳は、その費用「二百五十両」を集め、檀家から背の大きい強力の者六人を選抜し、清涼院まで出向き、大般若を背負って龍雲院までもってきたという。『冥土蘇生記』と「釈迦十六善神図」は、清涼院住職が

「お土産だよ」といってくれたものだという。龍雲院では毎年四月三日に「釈迦十六善神図」を本尊として大般若会がおこなわれている（筆者調査）。

(12) 保管も本堂閻魔王像厨子の脇である。筆者調査。

(13) 『多聞院日記』天正二十年八月二十一日条。

(14) 『伊州長田十王堂供由緒書』（安部美香「唐招提寺蔵『伊州長田十王堂供由緒書』について」『昭和女子大学文化史研究』六、昭和女子大学文化史学会、二〇〇二年）。

(15) 『伊水温故』（上野市、一九八三年）。

(16) 高達奈緒美「『血盆経和解』―近世浄土宗における血盆経信仰―」（『仏教民俗研究』六、仏教民俗研究会、一九八九年）参照。

(17) 「有馬薬師堂古縁起写」も同様に尊恵を清澄寺の僧とする。

(18) 『迎湯有馬名所鑑』（風早　註（4）前掲書）。

(19) 筆者調査。

(20) 摂津国の地誌『摂陽群談』などをみれば、元禄期には尊恵と蓮花寺の関連を示す縁起が形成されることとなる。

(21) 『清涼院必覧』（風早　註（4）前掲書）。

(22) 但し、清涼院で実際に『転女成仏経』などを用いた女人救済がおこなわれたかは疑問である。

(23) 文化財建造物保存技術協会編『三重県指定有形文化財常住寺閻魔堂保存修理工事報告書』（平野山常住寺、一九九六年）第五章所収翻刻資料参照。

(24) 『有馬私雨抄』（近世文学書誌研究会編『近世文学資料類従』二一古板地誌編、勉誠社、一九七五年）。

第二章　西国三十三所巡礼開創縁起の形成と展開

第一節　秩父三十四所巡礼開創縁起の形成

はじめに

秩父三十四所は、西国三十三所・坂東三十三所とともに、日本を代表する観音霊場であることはいうまでもないだろう。

この秩父三十四所観音巡礼の開創縁起として代表的な伝承は、播磨国書写山の性空が冥途へ赴き、法華経供養をおこない、その布施として閻魔王より観音巡礼を教えられた、そして、蘇生後、性空を含む十三人の権者が巡礼をおこない、秩父の札所を開いた、というものである。

秩父三十四所巡礼の研究は、昭和七年（一九三二）の『埼玉史談』上での小川浮城[1]と宮地直一[2]の論争を嚆矢として、河野善太郎『秩父三十四札所考』[3]において大きな区切りをつけることができる。

一九九〇年代に入って、埼玉県立歴史資料館編『歴史の道調査報告書　第十五集　秩父巡礼道』[4]において中世の巡礼札などの新出資料が紹介され、白木利幸氏「『長享番付』当時の秩父観音巡礼」[5]でも中世の巡礼について検討が加えられている。また、行基伝承としての観点から、根本誠二氏「秩父三十四ヶ所巡礼―高僧伝承をめぐって―」[6]といった研究がおこなわれている。

こういった研究のおおよその結論としては、秩父三十四所は、秩父地域の修験を背景としながら、西国や坂東の三十三所の影響を受け、長享二年（一四八八）を遠く隔てない時期に三十三所として整備され、十七世紀前半に西国・坂東と合わせて百観音として三十四所に再編成された、というものである(7)。

秩父三十四所についての資料は限られており、これまでの研究のなかでも特にその成立を論じるにあたって、縁起類が主要な資料として取り上げられてきた。他地域の縁起との関わりについても、早くに宮地直一によって西国巡礼の伝承との関連が指摘されている(8)。また、『秩父三十四札所考』は秩父巡礼の開創縁起に多くの紙幅を割き、詳細な整理をおこなっている。しかしながら、これまでの研究は、秩父巡礼の起源を追求することに主眼が置かれており、それぞれの伝承の位置づけはおこなわれていないのである。このように、秩父三十四所の成立についての重要な資料として留意されてはいるが、縁起を直接の対象とした研究はおこなわれていない。

本節においては、秩父三十四所開創縁起として代表的な性空蘇生譚と性空を含む十三権者開創譚について、秩父地域の伝承を改めて整理し、その成立背景を考察したい。

一　性空蘇生・十三権者開創譚

最初に述べたように、秩父三十四所開創縁起として代表的なものは、性空が登場する縁起である。性空の登場する秩父三十四所巡礼の開創縁起の主なものとしては、表1に一覧にした資料にみることができる(9)。長享二年（一四八八）に筆写されたという「長享番付」があるが、それ以外はいずれも近世の資料である。

これらの縁起を含めた性空蘇生譚・十三権者開創譚に関わる秩父開創縁起は、以下の通り大きく三つに分けることができる。

①「武州秩父郡御札所之縁起」に類する、行基菩薩作で性空蘇生譚・十三権者開創譚を簡潔に述べたもの。

②「秩父三十四箇所順礼観音縁起」に類する縁起で、①の性空蘇生譚・十三権者開創譚の間に閻魔王と熊野権現の誓言及び、巡礼の十徳などが挿入されたもの。

③『秩父順礼之縁起』に類する性空の伝記と整合性を持たせたもの。

以下、それぞれの伝承をみていくことにしたい。

1　行基菩薩作成縁起——性空蘇生・十三権者巡礼開創譚——

秩父三十四所巡礼の開創縁起は、性空の蘇生譚と性空を含む十三権者の巡礼の創始、という伝承が一般的である。この種の開創縁起がみられる資料としては、法性寺蔵の「長享番付」[10]が、長享二年(一四八八)の年紀を持ち、圧倒的な古さを誇っている。

この資料は、

□□(一番)　□(定)林寺　□□□(正観音)

二番　蔵福寺　十一面

表1　秩父における性空伝承関係資料一覧

年　代	資料名	所蔵等
長享2(1488)写	「長享番付」	札所32番　法性寺蔵
伝・享禄4(1531)	「武州秩父札所第一番目法華山四萬部寺大施餓鬼因縁記」	札所1番　四萬部寺
宝永5(1708)以降	「秩父三十四ケ所巡礼略ゑんぎ」	坂東一番杉本寺刊『坂東秩父六十七ケ所道記』所収
正徳4(1714)刊	『秩父順礼之縁起』	寵雲軒著
宝暦6(1756)	経塚再興碑銘文	札所1番　四萬部寺内
寛政12(1800)以前	「武州秩父郡御札所之縁起」	札所32番　法性寺蔵
寛政12(1800)以前	「秩父三十四箇所順礼観音縁起」	札所32番　法性寺蔵
文政13(1830)以前	二十五番　御手判寺(久昌寺)縁起	文政13成立『新編武蔵風土記稿』所収
18世紀カ	『秩父回覧記』	
近世	「秩父三十四ヶ所観音縁記」	札所13番　慈眼寺蔵

（中略：札所番付）

卅二番　　牛伏　　十一面
卅三番　　水込　　千手観音
（異筆カ）「日の沢」

右、此意趣者、性空上人冝途（冥）被請七日御説法あツて、一百三十六地獄罪人御たすけあツて、炎魔王より布施に給ハツて、第一秩父巡礼、二番坂東巡礼、三番西国巡礼あり、熊野権現、殊者、伊勢諸神悉被召、性空阿弥陀ノ化身也、是ヲ拝輩者、現世安穏、後生善処無疑也、

文治三年三月十八日　行基菩薩之作

道行四百八十三里

筆者七十五才

長享二年戊申五月二日

のように、文治三年（一一八七）三月十八日に行基菩薩によって作成されたものを、長享二年にある老人が書写したものとされている。また、奥書に「寛政十二年庚申年八月吉祥日当寺現住東水代ニ表装セシモノナリ」とあり、寛政十二年（一八〇〇）に法性寺住職東水によって表装されたことがわかる。

「長享番付」は、前半には、秩父三十三所の札所番付が書き上げられている。そこにみえる順序は、現行と大きく異なっており、秩父札所が三十四所となる以前の姿を示しているとされている。この番付の末尾に性空による秩父の開創縁起が述べられている。末尾の縁起の記述は断片的というべきものであり、一読してその意味をとることは難しい。

同様の縁起は、幕命によって編纂され、文政十三年（一八三〇）に幕府に上程された武蔵国の地誌『新編武蔵風土記

稿』(11)にもみえる。

抑、播磨国書写山性空上人閻王の招によりて、獄中に妙典一万部を誦し、獄中の罪人其声を聞もの悉く浄土に生ると、閻王歓喜の余り、くさ〴〵の珍宝を与へ、且は衆生済度の為に、今に人の知らざる秩父順礼のことを示し、功徳あるの證にとて石札を性空に与へて誓をなす、茲に於て性空閻浮に皈り、梵天の誘引によりて、文暦元年三月十八日、秩父卅四番の観音を順礼す、同行の者彼是十三人、世に是を権者と称せり、其権化と云ものは、閻魔大王・倶生神・花山法皇・性空上人・春日開山医王上人・白河法皇・長谷徳道上人・良忠僧都・通観法印・善光寺如来・妙見大菩薩・蔵王権現・熊野権現是なり、

すなわち、性空上人が閻魔王の招きによって閻魔王宮で法華経一万部を読誦した。地獄の罪人たちの内、その声をきくものはことごとく往生することができたので、閻魔王が歓喜のあまり種々の珍宝とともに衆生済度のため秩父巡礼のことを示し、証拠として石札を与えた。そして、文暦元年(一二三四)三月十八日、性空は梵天の導きで秩父三十四番の観音を順礼した。その同行十三人を権者という。この十三人は、閻魔大王・倶生神・花山法皇・性空上人・春日開山医王上人・白河法皇・長谷徳道上人・良忠僧都・通観法印・善光寺如来・妙見大菩薩・蔵王権現・熊野権現である、と述べている。

この縁起を踏まえれば、「長享番付」に記される縁起は、次のように解釈できるであろう。性空が閻魔王の請を受けて閻魔王宮で七日間説法し、百三十六の地獄の罪人を救済した。その布施として閻魔王から、第一に秩父、第二に坂東、第三に西国の各観音巡礼のことを示された。熊野権現、ことに伊勢等の諸神を召して、阿弥陀如来の化身である性空とともに秩父巡礼をおこなった。これを拝するものは現世安穏、後世善処疑いないことである。このように解すると、「長享番付」では、秩父が西国・坂東に先んじて第一の巡礼地とされており、秩父巡礼の優越性が強調されてい

ることがわかる。次にみる「武州秩父郡御札所之縁起」と比較すればよく理解できるだろう。

「長享番付」と同じく、秩父三十二番法性寺に蔵され、行基菩薩作とされる「武州秩父郡御札所之縁起」(12)（寛政十二年以前成立）によると、秩父三十四所開創は以下のように述べられる。

　　武州秩父郡御札所之縁起

夫末世衆生可助給為方便、日本百箇所之観世音菩薩顕、西国三十三ヶ所是養老二年、坂東三十三箇所永寛（観カ）二年、秩父三十四箇所是文暦元甲午年三月十八日、冥途播摩（磨）之書写開山性空上人奉請、紺紙金泥之法華経一万部奉読誦、具（倶）生神筆取石札書付置給、其時、秩父鎮守妙見大菩薩導引給、熊野之権現者山伏而秩父七日御順礼給、其御連、天照大神・具生神・十王・華山之法皇・書写之開山性空上人・良忠僧都・東観法印・春日開山医王山人・後白川法皇・長谷開山徳道上人・善光寺如来以上十三人之御連也、観音詠歌云、唯頼三界六道一切衆生我世中有限者与詠給、千手観世音菩薩二十五有世界之衆生、可給摂取慈以悲千手也、故一度順礼仕於輩者速至仏果事何無疑者也、

　　于時文暦元甲午天三月十八日
　　名札（石札カ）定置順礼道行十三人
　　聖観音行基菩薩御作

この縁起の記述も言葉の不足した部分が多いが、先にみた縁起から言葉を補えば、以下のように読むことができよう。

末世の衆生を救う方便として、日本に百ヶ所の観音菩薩が顕現した。西国三十三所は養老二年開創、坂東三十三所は永観二年開創、秩父三十四所は文暦元年三月十八日開創である。冥途へ性空が招かれ、紺紙金泥の法華経一万部の読誦をおこなった。（読誦の功徳で亡者が救済されたことに感嘆した閻魔王は、秩父巡礼のことを性空に教え、その証

拠として）倶生神が筆を執り、石札に（そのことを）書き付け（性空へ与え）た。そのとき、秩父の鎮守である妙見菩薩が導き、熊野権現が山伏姿で秩父の札所を七日間で巡礼した。その連れは聖者十三人であった。観音は（その巡礼に対して応現し）「ただ頼め三界六道一切衆生われ世の中にあらん限りは」と歌を詠んだ。千手観音は二十五世界の衆生を慈悲の千手で摂取してくださるので、一度巡礼したものは速やかに仏果を得ることは疑いのないことである。

「長享番付」や『新編武蔵風土記稿』にみられる縁起と同類の縁起であるが、「長享番付」のように秩父が第一であるとは主張されていない。「武州秩父郡御札所之縁起」では、末世の衆生を済度するために日本の百カ所に観音が顕現すると説き、その百カ所として西国・坂東・秩父が位置づけられている。そして、それぞれの開創年代を、西国は養老二年（七一八）、坂東は永観二年（九八四）、秩父三十四所は文暦元年としている。秩父三十四所の開創については他の縁起と同様に、閻魔王が、性空を冥途へ招き、「紺紙金泥之法華経」による法華経法会への参加、倶生神による石札の作成、秩父鎮守の妙見に導かれた熊野権現をはじめとする十三権者の巡礼開創が述べられている。

2　閻魔王・熊野権現の誓言と巡礼十徳を述べる縁起

法性寺の「武州秩父郡御札所之縁起」は巻子本であるが、この縁起につづいて「秩父三十四箇所順礼観音縁起」が表装されている。「秩父三十四箇所順礼観音縁起」は仮名で書かれており、「武州秩父郡御札所之縁起」の秩父札所開創譚に加えて、閻魔王・熊野権現による誓言や巡礼の十徳を記したものである。

すなわち、閻魔王が、性空に「紺紙金泥の法華経四万部読誦」させ、その布施として性空は「末世のしゆしやうのたすかる方便」を望んだ。閻魔王は、「日本の地にしやうしんのくわんせおん百ケ所定置まします、順礼してまいるともからは地獄におとさず、三界のしゆしやう成仏する事疑ひなし」と百観音のことを教え、観音巡礼によって堕獄をのがれることができると説いた。性空は、「若又ふしんじんの衆生におゐては更にさためかたし、しからハ末世の衆生のもちゆるやうにかたき事をしるし置給ふ《ゑ》」と衆生に対して巡礼の功徳を証明するものを記すよう閻魔王に頼む。そこで倶生神が「石札」に書き付けおいた。そして、閻魔王の誓言には、

　一度順礼いたす輩は十悪五逆さい、又無量無業の罪なりともこと〳〵くめつして、仏果菩提に至る事疑ひなきものなり、又しゆんれいいたしたる衆生は七世の父母六親眷属まてみな無上菩提の仏果に至る、しかるに順礼に十徳有り、一つには三十二相をくそくして六観音のしゆぢをひたひに書付給ふ、二つには災難をのかれ、三つには生死のくりしみをのかれ、四つには子孫繁昌、五つには衆人あいきやう、六つには三途のくるしみをのかる、七つには千僧供養にあたるへし、八つには火なん水なんをのかる、九つには往生して兜卒の内院にむまる、十には一々所願成就して補陀落世界に生すへし、又順礼には一夜の宿をかし一紙半銭をほとこしたるものまで十徳をあたへ給ふ、札打たる人のすみかへは毎日観世音の御影をうつし給ふへきとの御誓願なり、

というように、巡礼による七世の父母、六親眷属に至るまでの往生と、巡礼の十徳、そして、巡礼への施行によっても十徳を得られること、また、巡礼した人のもとへは毎日観音が影向するということなどが示される。そして、次に熊野権現が誓言をおこなう。

　熊野の権現は我か前へ三十三度の参詣より、一度順礼したる衆生には三つのきだはしにおり三度礼拝なし給ふへきとの御誓願也、此縁起をちやうもん申輩は熊野へ参りたるに同事也、

　すなわち、巡礼を一度おこなえば、熊野への三十三度の参詣よりも功徳が多く、熊野権現がみずから階をおりて巡礼者を礼拝するという。また、この縁起を聴聞した者は熊野参詣と同じ利益があると説く。これに続いて、

　しからは冥土よりしゆんれいのはしまる年は、西国はやふろう二年、坂東はゐいくわん二年、ちゝぶは文暦元年

きのえ午年三月十八日に御はじめましまして、七日に結願なし給ふなり、順礼の御道つれはち、ぶちんじゆ妙見大菩薩・同蔵王権現の御道引ましまして、善光寺の如来・熊野権現・倶生神・十王・花山の法皇・しよしやかいさんしやう空上人・春日の開山異空上人・白河の法皇・長谷の開山得道上人・良忠僧都・尊くわん法印以上十三人、

とあり、「武州秩父郡御札所之縁起」にあるように、他の観音巡礼の開創年代を述べ、妙見菩薩の導きによる熊野権現をはじめとする十三権者の秩父巡礼開創が述べられる。

この「武州秩父郡御札所之縁起」などにみられる縁起に、閻魔王・熊野権現の誓言と巡礼の十徳を挿入した縁起は、十三番慈眼寺から板行された「秩父三十四ヶ所観音縁記《ママ》」(13)や、十八世紀に著されたとみられる『秩父回覧記』(14)、「秩父順礼略縁起幷先達聖者御影」(15)などの資料にみられる。また、坂東一番杉本寺から板行された、『坂東秩父六十七ケ所道記』(16)に所収の「秩父三十四ケ所巡礼略ゑんぎ」も同様の縁起である。

以上、秩父三十四所の主な開創縁起をみてきたが、先の分類の①②に挙げた縁起は、いずれも性空蘇生と熊野権現を中心とした十三権者による秩父札所開創譚より構成されていることがわかる。この縁起に、巡礼の十徳と閻魔王・熊野権現の誓言が付け加わり、巡礼者や彼らに施行をおこなう人たちへ目を向けた②の縁起がある。

さて、これらの縁起には倶生神が筆をとったという「石札」というものがみえる。秩父の札所の中にはこのほかにも秩父三十四所開創に関わる由緒を持つ品を蔵するものがある。これらについて整理しておきたい。

二　冥途よりの将来品とその縁起

「武州秩父郡御札所之縁起」にみえる石札は「石札堂」とも呼ばれる秩父二十九番の長泉院に蔵されている石札である(図1)。この石札は、現在は長泉院本堂須弥壇前に安置されており、本堂の下から拝することができる。『新編武蔵風土記稿』には、この石札について以下のように記されている。

寺宝　石札　長一尺、幅二寸八分、石性麤にして悪しゝ、其刻する文は「石札定置順礼」とあり、倶生神跡にして、熊野権現信者となり、順礼のとき笈に納て負はせしものなりと云、

倶生神が「石札定置順礼」と記した石札を、熊野権現が笈に納めて負うたものであるという。明和元年(一七六四)の秩父札所江戸惣開帳の折の願書によると、(17)

拙院観音霊宝之儀者、百番札所之内三ケ所、古代より伝来仕候順礼開闢之石札与申候而、往古閻魔王宮之依勅命倶生神真筆之石札ニ而御座候、則一度順礼之輩者、現世諸願満足、未来極楽往生無疑与申為証拠、熊野権現順礼開闢之節、百番三ケ所江残置給与申伝候、則西国者摂津国中山寺ニ壱枚、坂東者常陸国筑波山之大御堂ニ壱枚、秩父者廿九番目笹戸長泉院ニ壱枚奉納御座候、

とあり、百所の順礼の内、西国・坂東・秩父の札所の内、それぞれの一所だけに伝えられた巡礼行による救済の証拠となる倶生神真筆の石札である、と主張されている。

また、秩父巡礼開創に関わる遺物として、秩父二十五番御手判寺には、閻魔王の手判という石板が蔵されている。『新編武蔵風土記稿』には、以下のように述べられている。

図1　石札（長泉院蔵『秩父の歴史展―和同開珎から現代へ―』より）

図2　手判石　御手判寺別当久昌寺蔵
（久昌寺境内案内看板より）

又閻王の手判とて今に巡礼の輩へ施せり、その来由に書写山の開山性空上人を始め十三人の権者秩父順礼し玉ふ時、性空は地蔵の化身なれば一切衆生を愍み冥途へ赴きたまひ閻魔王宮にて法華経十万部読誦の供養を成玉ふ、其功徳によりて一時に地獄の呵責を脱して成仏せしかは、大王より彼巡礼施とて石の手判と石の證文とを賜ひて此土に帰り、證文石は西国十四《(マヽ)》番摂津国中山寺に納むと云、又秩父札所開闢のおりから、此谷に至りしに、朝日に廿五の菩薩来迎ありて、巡礼の行者を讃歎したまふ、因て此地を廿五番と定め、末世当山に到人、未来への証拠のため、石の手判を納置と云へり、

すなわち、性空をはじめとする十三権者が秩父巡礼をおこなったとき、地蔵の化身たる性空が、一切衆生をあわれみ、閻魔王宮にお

図3　閻魔大王手判　久昌寺

図4　牛玉宝印　一番四萬部寺蔵
（四萬部寺編『秩父札所屈指の名刹　四萬部寺』〈四萬部寺、1992年〉より）

いて法華経十万部を読誦した功徳によって地獄の呵責を受ける亡者を救済した。その布施として閻魔王から「石ノ手判」と「石ノ證文」とを与えられこの土へ持ち帰り、末世の衆生に証拠として示すために「石ノ手判」を久昌寺に納め、「石ノ證文」を西国「十四番」の中山寺に納めた、という。

この手判石は五角形の石板であり、現在も寺宝として蔵されている（図2）。また、「閻王の手判とて今に巡礼の輩へ施せり」と述べられているが、現在も「閻魔大王手判」として別当久昌寺にて施与されている。これには、「秩父二十五番閻魔大王手判性空置之者也」との印があり、性空によって御手判寺に納められたと述べている（図3）。

近隣の村では、この手判を持っていれば極楽へいくことができるとして、棺に入れる習俗があるという[18]。

この閻魔王の手判は、『新編武蔵風土記稿』にも図が掲載されており、手判石や現在配布されている図像とも一致している。

さて、この閻魔王の手判の意匠を確認したところで、秩父一番四萬部寺に蔵されている牛玉宝印（図4）に目を向けなければならない。

図4の印影をみると、御手判寺で施与されている閻魔王の手判とくらべて、渦巻き様の部分が簡略化されていたり、中央に種字が彫り込まれているという相違があるが、閻魔王の手判と同一の意匠であることはいうまでもない。この印は、銅製であり、印全体にも意匠がこらされており、実用以上の何らかの縁起をもつ牛玉宝印であることが推測される。近世の地誌や縁起類ではこの牛玉宝印に関する伝承は確認できないが、一九九二年に四萬部寺から刊行された『秩父札所屈指の名刹　四萬部寺』のなかで、住職丹羽信孝師は、

文暦元年(一二三四)に権者十三人が当郡に来たり、札所開創のおり、当山を第一番目の霊場と定めた。その時の先達、熊野権現、笈《おい》の本尊牛王《(ママ)》宝印を当山に納め置かれて、寺宝として現存している。

と記している。御手判寺の手判石と同じ印面でありながら、長泉院に蔵される倶生神の石札と同様の伝承をもっているのである。

以上、性空が冥途よりもたらしたものについてみてきたが、倶生神の石札、閻魔王の手判石とも、第一節でみたような秩父札所開創縁起に基づいた品々であった。

しかし、手判石にうつる閻魔王の手判と同一の意匠が、別の札所では、熊野権現が笈の本尊とした牛玉宝印とされているなど、複雑な展開をみせている。

それでは、この牛玉宝印を持つ四萬部寺はどのような縁起をもっているのであろうか。

三　四萬部寺縁起

ここまで、秩父三十四所巡礼開創縁起の内、性空及び、十三権者の現れる縁起やそれに関わる将来品等についてみ

てきた。何れも先にみた秩父巡礼開創縁起のなかで捉えることのできるものであった。この性空の登場する縁起によると、秩父三十四所巡礼の開創年は、性空の事跡を行基菩薩が記しているとされたり、秩父札所は文暦元年（一二三四）の開創であるなどとされている。性空の没年は寛弘四年（一〇〇七）であるから、[19]いうまでもなく実在した性空の伝記とは大きく矛盾している。

しかし、秩父一番の四萬部寺縁起は、性空や十三権者に触れながら、例外的に性空の伝記と合致する縁起を有している。

秩父一番四萬部寺の縁起を伝える資料は、宝暦六年（一七五六）建立の「経塚再興碑」の銘文、[20]享禄四年（一五三一）の年紀をもつ「武州秩父札所第一番目法華山四萬部寺大施餓鬼因縁記」[21]、延享元年（一七四四）刊の『秩父三十四所観音霊験円通伝』[22]などがある。

享禄四年、四萬部寺再中興の端山守的によって著されたとされる「武州秩父札所第一番目法華山四萬部寺大施餓鬼因縁記」（以下、「大施餓鬼因縁記」と略す）では、四萬部寺の開創とその再興について次のように記されている。

往昔《ムカシ》、人皇六十六代一条院御宇正暦五甲午年当寺開闢《カイヒャク》由来、尊者性空上人は、摂取不捨《セッシュフシャ》の願力に際し西国にて播州書写山の霊場を開キ、東国にてハ法華経四萬部を書写して秩父三拾四箇所の第一トなし玉ひ、共に百箇所に観音薩埵の度生門を開かせ、大施食無遮の法供養を修行し給ふ、故《カルガニユヱニ》、先亡記簿《クワコチヤウ》の寺と定め、法華山四萬部寺回向院と号せし事古記に見へたり、其後、文暦元甲午年権化拾三人異形《イキヤウ》を顕《アラワ》し再建なし給ふ、熊野権現詠哥に、

ありかたや一巻ならぬ法の花数は四万部の寺のいにしへ

すなわち、性空が西国では書写山を、正暦五年（九九四）に東国では法華経四万部を書写し、秩父三十四所の第一番として四萬部寺を開き、大施食会をはじめた。その後、文暦元年、権化十三人が四萬部寺を再興したといい、熊野権

現は、「ありかたや一巻ならぬ法の花数は四万部の寺のいにしへ」と歌を詠んだと記している。

「経塚再興碑」は、宝暦六年、四萬部寺四世大量英器の代、杵築の人橋本道寛という人物が性空書写の法華経を納めた経塚の再興をおこなった際に建立された石碑である。(23)その銘文によると、秩父は幽冥の境であり、聖人が遊化するにふさわしい地であると述べ、「行基嘗周流当方也、適至于此、見山渓秀歎曰、嗚呼霊矣哉、実観音薩埵応現地、遂開一寺置求世大士」と、行基が東国に赴いたとき、この地のありさまをみて、まさに観音応現の地であると嘆じて一寺を建立し、観音を本尊とする。後に「花山院勅書写性空埋法華経四万部為塚、故又曰四萬部寺」とあるように、花山院が性空に勅して法華経四万部を書写し、この経塚に埋納したと記している。

また、この経塚については、『秩父三十四所観音霊験円通伝』や『新編武蔵風土記稿』などでは以下のような縁起が述べられている。そのうちの『新編武蔵風土記稿』をみてみよう。

抑秩父卅四番札所、順礼の来由を尋るに、人皇四十五代聖武天皇仏乗を信敬ましますこと、先代に超させたまいしかば、行基・朗弁に勅して、国家安全の祈禱のために、法華最勝両部を講ぜしめ、且は諸国に命じて国分寺を建させたまふ、この時行基東西南北の諸道を往来し、その地の霊なる所を得るに随ひ、即ち仏像を彫刻し、堂宇をたて、永く其地をして仏乗退転なからしめたまふ折ふし、行基東道の按察使と共にこゝに至りて、此地は必観音有縁の霊地なることを頓悟し、即ちこの大士を手刻し、堂宇を建立せり、それより二百七十余年を経て、永延二年、性空上人化者の告によりて、播磨国書写山を開き、円教寺を草創し、国民の為に読誦大乗の三昧に入りしが、故ありて暫く其行を怠りしに、観音の爾現に依て再び大衆に命じ、祈願してこの地仏法昌隆のため、妙経四万部を読誦し、その後寛弘四年三月十三日入滅す、弟子幻通に遺命して、汝秩父観音の霊場行基の化縁せしあと、怠転せざることを計営すべしとありしかば、頓て東国に下りて、此地の風俗を観ずるに、結縁の応機発すべくもなく、暫く山林に隠れ、読誦して時の至るを俟て、数回の春秋を送りけるに、一旦忽に機縁発し、有信の族力を合せて、堂塔を旧観に復しければ、こゝに於妙典四万部読誦の供養行ひ、塚を築て後世に示すと云、これがために堂を供養寺と号し、地を四万部と云へり、

聖武天皇の世に行基が諸道の霊地に仏像を彫刻し、寺院を建立していったが、秩父に到来したおり、観音の霊地であると即座に悟り観音像を建立し、観音を本尊とする堂宇を建てたという。その後、永延二年(九八八)、性空が書写山を建立し、修法に入ったが、行を怠った。その時観音が示現したことにより行を再興し、秩父仏法隆盛のために大衆に命じて、法華経四万部を読誦するも寛弘四年(一〇〇七)三月十三日に没した。[24]弟子幻通は、性空の遺命をうけて、観音の霊場を復興するために秩父に赴いたが、機が熟せず山林に隠れ住み時の至るのをまった。数年後、にわかに機縁がおこり、伽藍を復興し、法華経四万部読誦の供養をおこない、塚を築き後世に示したという。

以上のように、「大施餓鬼因縁記」、「経塚再興碑」、『新編武蔵風土記稿』所収縁起などの四萬部寺の縁起群は、他の縁起では意識されることのなかった性空の没年と秩父巡礼開創年代との矛盾を、順礼開創年代の文暦元年は再興年であるとしたり、十三権者による秩父三十四所開創説ではなく、行基による秩父三十四所開創説をとり、後に性空が花山院の命を受け秩父に赴くこととしたり、性空の遺弟幻通という人物を登場させ秩父三十四所を復興させるなど、性空の伝記との整合性をとるために、さまざまな配慮をおこなっていることを特徴としている。

さて、四萬部寺の縁起群のような、いわば歴史性を重視した縁起の最初となるものが『秩父順礼之縁起』である。次に『秩父順礼之縁起』についてみていくこととしたい。

四　『秩父順礼之縁起』

四萬部寺の縁起群に先行するものとして、正徳四年（一七一四）、秩父巡礼開創とされる甲午年に出版された『秩父順礼之縁起』(25)がある。これは寵雲軒という人物が作成した縁起であるが、奥書には、

秩父巡礼之記者、自《リ》二往古一流布《スレトモ》偽言多《シ》、今旧記得《テ》二一巻《ヲ》一喜《テ》令レ板耄《ト》童《ト》安《ル》而已、

と記されているように、秩父巡礼の縁起は古くから流布しているけれども偽りが多いとし、旧記一巻を得たので、出版させたのだと出版の経緯を述べている。

さて、この内容であるが、性空が、閻魔王と百観音の霊場開創を約束し、熊野権現、善光寺如来などの力を得て、秩父に至り、いまだ仏法の加護をうけない秩父の地に観音札所を開創していったという内容を持つ長文の縁起である。その梗概をみると、まず、如来や観音は末世の衆生を救うために衆生に従ってさまざまな姿であらわれ、ある時は「百番の順礼観音」として現じるのだと説く。そして、

其中に、ちゝぶ三十四所のくわん音の因縁を尋るに、そのかみ播磨の国書写の開山性空上人は、勤行はなはだ他に異り、法華ざんまひに入ては、昼夜のみのりの声やむ時なし、有夜上人読誦の床深更におよび、御心の内に思ひ給ふは、それ大乗妙典のほうべん、あらたなる事、ぼんけのおよぶべからず、おそらくはきどくなからんやと、しばらく御目をかたむけたまふ、

とあるように、百観音の中の秩父三十四所の因縁として、性空が法華三昧に入り、昼夜法華経読誦をおこなっていたとき、ある夜眠ってしまった。そうするとどこからともなく童子が現れ、性空を冥途へいざなった。そうして、性空

は閻魔王宮へ連れていかれる。

ちやく座の王人、きうでんをひゞかす声をあげ、いかに性空、しやばにある時、仏弟子となつて勤行尤ひいでたり、法華経一万部にみつるといへとも、言句にあやまりを生ず、是則、仏意を叛逆するに似たり、そのつみ、だ獄にあたれり、

とあるように、閻魔王によって、性空の勤行は勤行に秀で、法華経一万部読誦もおこなったのであるが、法華経の章句を間違っている。これは仏の意に背くようなもので、堕獄の罪に当たると告げられる。そのとき、倶生神が、「上人いま罪ありといへども、其性常の人にあらず、若長命せば必人をたすくる方便あらん」と閻魔王に性空の助命を申でると、閻魔王は、

今又何とて、かくぢごくに落人おゝきや、上人はやく娑婆に帰り、修行成就して、日本に百番のくわん音をあんちして、愚智のぼんぶに結縁し、すくいたまへ、我もまた現じて、ともにめくむべし、

と性空に娑婆へ戻って、修行を成就し、日本に百番の観音を安置し、衆生に結縁させ救済するようにと告げる。そして、閻魔王自身も娑婆に現じてめぐみをたれようと誓う。そして、性空と閻魔王は巡礼の功徳について問答し、

我修行成就して観音をこんりうせん、閻王かならず約をたがへ給ふな、閻魔聞たまひて、則倶生神に仰て、石の札に書付たまふ、一度順礼する輩には十とくをあたえ、十悪五逆の罪をめつし、地獄におとす事あらじと記給ふぞ奇得也、

とあるように、性空は観音を建立するので、閻魔王も約束を違えるなといい、閻魔王はそれに応えて、一度巡礼すれば十徳を与え罪を滅し地獄に落とすことはない、という文言を書いた石札を倶生神に書かせた。

性空は、修行に励み悟りを開き、永延二年（九八八）、書写山円教寺を開創した。その後、閻魔王との約束の百観音

を安置するために、寛和年中（九八五〜九八七）に西国三十三所を巡礼した。その折、熊野に通夜すると、熊野権現が来現し、東国に仏縁の至らない地があることを教えられる。性空は、「花山の法皇・恵心の僧都・白川の法印・いわう上人・らうちう僧都」の六人の一行で東国へ下った。六人の一行は信濃善光寺へ参詣し、上野国の境に至って、有縁の地を知るため、法華経普門品を東へ向けて投げると、巽の方角へ飛び去った。その後、正暦五年甲午（九九四）三月十八日、秩父に至り、秩父を一望できる小鹿坂に件の普門品を発見した。その時、善光寺如来、六観音が三十三身を現し、熊野権現・閻魔王・倶生神が現来した。そして、熊野権現が、観音はこの地に留まり衆生を済度するだろうと勅した。これが秩父巡礼のはじめであるという。また、これ以前に、秩父三十四所開創を妙見が託宣していたという。そして、

　扨又上人は、くまの、おしえにまかせ、丑寅の方定峯川のすそに着き、爰に仏法はんじやうあるべきちまたぞと、則聖観音をあんちし、大乗妙典四万部を奉納有り、妙音寺是也、

とあるように、妙音寺、すなわち、四萬部寺の地に、聖観音を安置し、法華経四万部を奉納したという。その後、仏法の加護をいまだ受けることのない秩父の地を巡礼し、熊野権現や観音の法力によって疫癘・悪鬼・大蛇・天狗などをしりぞけ、観音札所を建立していったという。

　以上長くなったが『秩父順礼之縁起』の梗概をみた。『秩父順礼之縁起』は、性空蘇生・十三権者の巡礼開創・巡礼十徳といった今までみてきた縁起のさまざまな要素を取り込みながら、独自の展開をみせている。ここで、『秩父順礼之縁起』と今までみてきた秩父札所開創縁起とを比較してみよう。表2は、代表的な縁起と各要素を比較した一覧である。

『秩父順礼之縁起』では、一番四萬部寺縁起に特徴的な性空の伝記に矛盾しない正暦五年秩父札所開創説を採用して

表2　『秩父順礼之縁起』関連資料との比較

資料名	開創年代	性空蘇生	巡礼十徳	性空開創札所	十三権者	性空の過失	性空伝記との矛盾
「武州秩父郡御札所之縁起」	文暦元甲午天三月十八日	○	ϕ	秩父	秩父札所開創	ϕ	あり
「秩父三十四箇所順礼観音縁起」	文暦元年きのえ午年三月十八日	○	○	秩父	秩父札所開創	ϕ	なし
『秩父順礼之縁起』	正暦五年甲午三月十八日	○	○	百所	秩父札所開創（６人）	法華経の章句を間違える	一部あり
「大施餓鬼因縁記」	正暦五甲午年開創／文暦元甲午年再興	ϕ	ϕ	百所	秩父札所復興	ϕ	なし
『新編武蔵風土記稿』四萬部寺縁起	永延二年～寛弘四年の間	ϕ	ϕ	（秩父復興）	ϕ	法華三昧を一時怠る	なし

ϕは資料中に記述がないことを示す。

いる。この年代は四萬部寺の「大施餓鬼因縁記」の採用する年代と同一である。また、性空が百所の観音札所を開いたという記述も一致している。さらに、四萬部寺についても、法華経四万部を奉納した、という縁起の記述がある。

しかし、「大施餓鬼因縁記」では、性空が「花山の法皇・恵心の僧都・白川の法印・いわう上人・らうちう僧都」などと秩父を開いたという記述はみえない。ここでは、文暦元年（一二三四）十三権者による再興となっている。性空を含む権者による秩父三十四所開創は、四萬部縁起というよりは、一の1でみた三十二番法性寺蔵の「武州秩父郡御札所之縁起」に代表される縁起の系統に顕著にみられる要素である(26)。また、性空の蘇生譚についても同様である。そして、一の2でみた「秩父三十四箇所順礼観音縁起」の系統に特徴的な巡礼の十徳に言及している。

とはいうものの、性空が冥途へ赴いた理由は、「武州秩父郡御札所之縁起」系統の縁起は、法華経供養が主となっているが、『秩父順礼之縁起』では、法華経一万部読誦は、娑婆での性空の勤行であり、冥途に赴いた理由は、法華経の章句を間違えていたためである。この結果、性空は観音札所を開創することとなる。この点は、『秩父三十四所観音霊験円通伝』や『新編武蔵風土記稿』にみられるような、性空が行を怠ったために、観音によって秩父札所の復興を命ぜられた、という要素と共通点を見出すことができる。

第三項でみたような、四萬部寺縁起群に特徴的な性空の伝記との矛盾の解消については、『秩父順礼之縁起』は、秩父巡礼の開創年代において性空の伝記との矛盾を避けている。それにもかかわらず、年代部分の本文をみると、

頃は永延二年戊子、書写の円教寺建立したまふ、其後性空上人は閻王と約せしくわん音いづ地にかあんちせんと、仏力・神力をたのんで、末世無尽のちまたを窺いたまふ、かくて寛和年中に西国三十三所を順礼あり、

というように、永延と寛和を逆にしているといった年代の処理の甘さがみられる。

以上のように各縁起を比較したが、それぞれの要素からみると、「武州秩父郡御札所之縁起」に類する縁起を受けて、正徳四(一七一四)甲午年という秩父巡礼においてはその起源と関わる年に「旧記」に仮託し、性空の伝記と矛盾しない縁起を作成したのが『秩父順礼之縁起』であるといえよう。そして、作者によって批判される「自《リ》㆓往古《ヨリ》㆒流布《スレトモ》偽言多《シ》」という縁起こそ、「武州秩父郡御札所之縁起」に代表される性空の伝記と全く整合性のない縁起だといえよう。そして、この『秩父順礼之縁起』の執筆態度をうけ、その記述をよりすすめたものが、四萬部寺の縁起群であるといえよう。

このように『秩父順礼之縁起』を位置づけると、『秩父順礼之縁起』には四萬部寺縁起が含まれていることに注目される。『秩父順礼之縁起』の成立には四萬部寺に近い人物の関与があった可能性を指摘することもできるだろう。

ここまで秩父三十四所開創縁起の内、性空に関わる縁起についてみてきたが、性空を含めて秩父最初の巡礼をおこなったという十三権者についての信仰を有する寺院も存在している。次に十三権者に関わる木像・画像・縁起などをもつ寺院を確認しておきたい。

五　十三権者像をもつ寺院

現在、性空とともに秩父巡礼をおこなった十三権者の像をもつのは、秩父十三番の慈眼寺だけである。しかしながら、近世には複数の寺院で十三権者の木像を祀っていたり、その画像の板行がおこなわれていたようである。『新編武蔵風土記稿』によってそれらの寺院の一覧をみると以下の表のようになる。

表3の通り、五カ所の札所に十三権者像が安置されていることがわかる。また、安置場所は、巡礼者が札を納める施設である札堂か、十三権者等を祀るために設けられた御影堂が主となっている。

『新編武蔵風土記稿』には、「其容装蓑笠・艸鞋・竹杖・負笈せるありさま、岩上に環坐対話の木像、札所の内往々にあり」と述べ、『秩父郡三十四所観音霊場記』には、

サテ権者十三人ハ順礼ノ姿トナリ、所々観音ニ詣デ妙経ヲ読誦シ玉フニ、サスガ観音モ感応アリテ自現シ瑞光ヲ合セ玉フトソ云伝フ、斯ル権者ノ功徳アレバトテ当所ヲ初メ所々ノ観音ニ影像ヲ置ケルコト宜ナラズヤ、

表3　十三権者像を祀る札所

札所番号	札所名	性空伝承	像の安置場	像に関する記述
1	四萬部寺	○	御影堂	(本堂前の札堂と)同し並にあり中央に十一面観音の木立像を置き、左右に権者十三人の木立像あり、各長一尺五寸許り
2	真福寺		札堂	本堂の前にあり順礼の札を納むる所、権者十三人の木像あり
7	法長寺		御影堂	権者十三人の木像を安す先年焼失の後いまだ再建せず
11	常楽寺		本堂	権者十一人之像　縁起を巡礼の者施す
13	慈眼寺		札堂	十一面観音を安す、同し堂を分て十六羅漢及ひ権者十三人の木像あり中尊に阿弥陀を置けり

とある。札所寺院に安置されている十三権者の像は、蓑笠・草鞋・竹杖を持ち笈を負う巡礼姿の像や、座って言葉を交わしている姿の像などがあるという。また、権者は、巡礼姿で観音の霊場を巡り法華経を読誦し、観音もそれに感応し瑞光を発したとの伝承があるので、札所に十三権者像が祀られているのはもっともだ、と述べている。巡礼の祖師としての十三権者が述べられているが、各札所で十三権者像がどのような伝承をもっていたのかまでは知ることはできない。

しかしながら、第一項でみたように、十三番慈眼寺では、十三権者の像を祀るとともに、巡礼の十徳などを述べる「秩父三十四ヶ所観音縁記」を板行していたことから、これらの像は、秩父札所の開創縁起を踏まえたものであったことは間違いないだろう。また、二番真福寺では、十三権者像を札堂に祀るとともに、十三権者の画像も板行していた（図５）[27]。この画像には、山伏姿の熊野権現を頂点に、その後に巡礼姿の倶生神・花山法王・白川法王・通観法印・蔵王権現・閻魔大王・善光寺如来・妙見菩薩・徳道上人・性空上人・医王上人・良忠僧都が描かれている。銘には、

秩父三十四箇所順礼先達直作御影并ニ十三人御印文

文暦元甲午年三月二十日　秩父二番大棚山

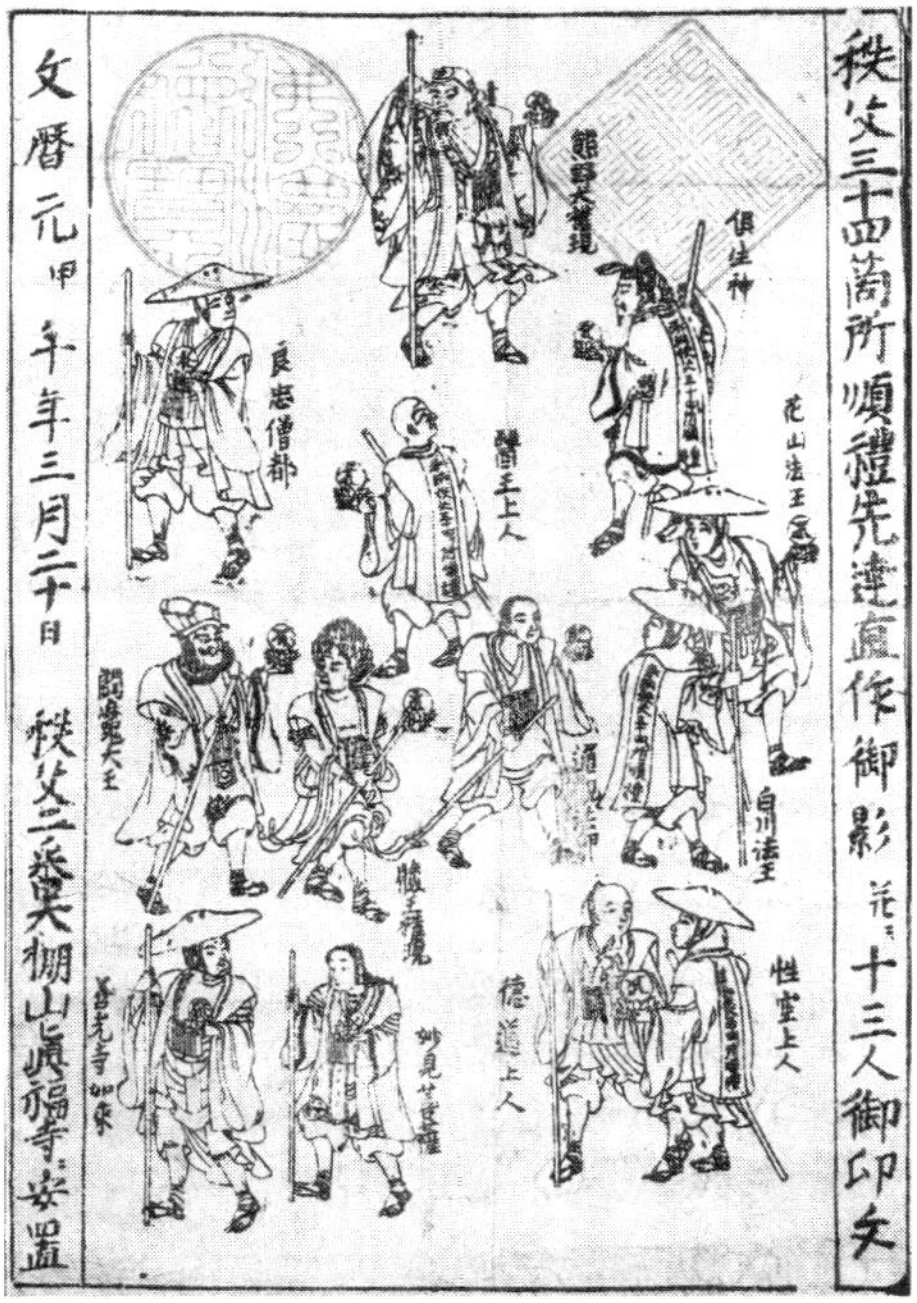

図５　十三権者画像（『秩父浄土』所収）

　真福寺ニ安置

とあり、真福寺に蔵されている十三権者の像は、十三権者の自作であり、それぞれの権者の印文とともに真福寺に安置されたという伝承をもっていることがわかる。「御印文」がどのようなものを指しているか定かではないが、閻魔王の手判や、四萬部寺の牛玉宝印などに連なる発想をみることができる。

十三番慈眼寺蔵「秩父三十四箇所順礼縁起」は先にみたように、法性寺蔵の「秩父三十四ヶ所観音縁起」と同じ系統の縁起だが、この縁起では、権者は十三人ではなく、十一人とされている。縁起の冒頭にも十一人の権者の姿が描かれている(図6)。

図6　「秩父三十四ヶ所観音縁起」所載権者画像　十三番慈眼寺蔵(『「秩父の歴史展」展示図録―和同開珎から現代へ―』所収)

「秩父三十四ヶ所観音縁起」には、巡礼の創始年代を、文暦元年(一二三四)三月十八日と述べ、それに続いて、

　その御つれハ、くしやうじん・十王・くわさんのほう王・しよしやのかいさんセうくう上人・かすがのかいさんいわう上人・白川のほうこう・はセのかいさんとくたう上人・らうちうそうづ・つうくハんほういん・ぜんくわうじのによらい、以上十一人の御つれにてごんげんハ御めくり給ふ、

とある。法性寺蔵「秩父三十四箇所順礼縁起」と比較すると、冒頭の「順礼の御道つれはちゝぶちんじゆ妙見大菩薩・同蔵王権現の御道引ましまして」という妙見菩薩と蔵王権現が権者を導いたという記述が省略されている。

この権者十一人説は、鎌倉の坂東一番札所杉本寺から板行された『坂東秩父六十七ケ所道記』所収「秩父三十四ケ所巡礼略ゑんぎ」でも同様である。慈眼寺の縁起は、奥書によると江戸の講中から寄進され、板行されたものである。

杉本寺共々、秩父地域外の手が加わっている。この権者十一人説は秩父地域の外で形成された伝承[28]が、江戸講中などの手によって秩父地域に逆輸入されているとみるのが適当ではないだろうか。このようにみると、十一番常楽寺にある「権者十一人之像」もやはり、秩父外から逆輸入された伝承に基づいたものであるといえるのではないだろうか。

以上、十三権者像についてみてきたが、『秩父郡三十四所観音霊場記』などの巡礼記や、各札所の縁起の記述にも十三権者について記されたものがある。性空との関わりがある縁起は既に確認したので、次に性空が表立っては現れないが、十三権者については記述のある縁起について確認しておきたい。

こういった縁起としては、二十一番矢之堂、二十九番長泉院、三十四番水潜寺などの縁起が挙げられる。長泉院は、先にみたように、「石札」に関わる縁起のなかで、十三権者についての記述がみられる。すなわち、倶生神自筆の石札は、熊野権現が権者となって、巡礼の際、笈に負うていたものであるという。ここでは、熊野権現の事跡しか語られていないが、倶生神自筆の石札は、性空の現れる秩父開創縁起を踏まえていなければその存在の理解は困難である。

二十一番矢之堂「武州秩父郡寺尾村矢之堂観世音縁起幷序」は、建長四年(一二五二)制作、慶長三年(一五九八)写とされる縁起である。この縁起は、天平年中の矢之堂の開創に関わる行基の伝承を中心に述べている。行基の事跡を述べた後に、以下のような十三権者の事跡が短く述べられる。

其後年代久過、文暦元甲午年三月十八日、熊野権現、同権化聖者十有三人、相伴最初来㆓集矢之堂㆒、為㆓衆生誘㆒、従㆑一至㆓三十四所㆒評㆓定位次㆒、修㆓始秩父順礼㆒、行基、曾矢之堂大悲之点眼至㆓暮穐二十一日㆒伸㆓供養㆒、熊野権現以㆓此因縁㆒故以㆓矢之堂㆒為㆓二十一番㆒来、

すなわち、天平年中の行基による矢之堂開創より久しい後、文暦元年三月十八日に熊野権現他聖者十三人が相伴って、まず矢之堂に集まり、一番から三十四番までの順序を評定し、秩父巡礼を開創した。熊野権現は、矢之堂は行基

が矢之堂本尊を開眼したのが九月二十一日であることから二十一番としたのである、と述べている。熊野権現と権者による秩父三十四所開創にあたって、まず矢之堂において評定がおこなわれたと述べているなど、秩父札所内での矢之堂の優位性を主張したものとなっている。

　水潜寺の縁起「秩父三十四番水潜寺観音縁起」(29)は、寛永七年（一六三〇）成立の縁起である。

　この縁起によると、水潜寺の寺号の由来と地理的位置を述べ、次いで、水潜寺の参詣途上にある札立峠について、「熊野権現以上十三人之権者」が、巡礼の次第にそってこの山に来たとき、人跡希な道だったので、「為導後来者札立置給故」に「札立峠」と名付けられたという由緒を述べる。また、この山を「熊野三山与同体而功用亦一也」とし、巡礼としてその山を越える功徳は、一度目は、「賛二死出山之苦一」、二度目は、「報二父母養育之恩一」、三度目越せば、「七世之父母報二所生恩一、現世安穏所願成就」、さらに六度越えたならば、「則之観音之首字写レ額給而、六道之可レ遁二苦行一也」と唱えている。そして、「抑西国三十三処養老元年始、坂東三十三所永寛二年始、秩父三十四所は、文暦元年甲午三月十八日於当山結願供養給」と西国・坂東の開創年代を述べて、秩父三十四所は、文暦元年三月十八日に水潜寺で結願したという。また、水潜寺の本尊千手・弥陀・薬師は、「熊野三社与一仏一体」であり、権者が制作したものであると述べるなど、熊野信仰を前面に出した縁起となっている。

　以上、秩父札所の内、十三権者像や、縁起をもつ寺院をみてきた。十三権者像をもつ寺院における十三権者信仰の実態はわからないものの、十一権者を主張する札所の伝承は、秩父の伝承が外部の視点から変容し、それが再び秩父に流入してきたものであることが推測できる。縁起をみると、「武州秩父郡寺尾村矢之堂観世音縁起幷序」では、熊野権現と権化の聖者十三人、と述べられ、「秩父三十四番水潜寺観音縁起」では、水潜寺本尊その周辺を熊野と一体視しようとする意図が濃厚なことからわかるように、性空の秩父三十四所開創に触れないものは、一見すると熊野信仰の影響が大きいことを指摘できる。

それでは、性空開創縁起と十三権者伝承をもつ札所の伝承は別系統となるのであろうか。次に、それぞれの伝承をもつ札所とその別当寺を支配関係からみていくことにしたい。

六　秩父開創伝承に関わる寺院の相互関係

秩父三十四所の各札所は、西国三十三所のように一寺として独立したものではない。多くの札所は、別当寺によって管理がなされていた(30)。一番四萬部寺などにみられるように、別当寺境内に札所がある場合も多いが、五番五歌堂や、二十五番御手判寺などのように、別当寺と札所の堂とが離れている場合も少なくない。さらに、別当寺自体も興廃があり、現在の別当寺がかならずしも近世以来の別当寺であるというわけではない。また、別当寺による管理ではなく、十七番定林寺のように個人持ちの札所もあった。ここでは、三十四所のまとまった資料である『新編武蔵風土記稿』に基づいて、近世期の支配関係についてみていきたい。

『新編武蔵風土記稿』によると、別当寺が曹洞宗寺院であるものが十六札所、臨済宗寺院が七札所、真言宗寺院が三札所、天台宗寺院が一札所、修験寺院が五札所、個人持ちが二札所となっている。次に、札所の内、今までみてきたような性空開基伝承や十三権者伝承をもつ寺院について詳細にみたものが表4である。

表4をみると、各伝承をもつ札所は、十札所である。別当寺に着目すると、十一番常楽寺(天台宗)と二十一番矢之堂(真言宗)を除く八札所は、すべて曹洞宗寺院が別当寺になっている。臨済宗や修験が別当となっている札所では、十三権者や性空開創縁起がまったく伝えられていないことからみても、これらの伝承は曹洞宗との密接な関与のもとで

表4　性空開創譚・十三権者伝承・木像等をもつ秩父札所（宗派・本寺別）

札所番号	札所名	別当	性空伝承	十三権者	宗派	本寺	開基等
1		四萬部寺	○	木像伝承	曹洞	広見寺	広見寺三世端山守的開基、弘治元(1555)没。額岫是白再興、寛永8(1631)没。
25	御手判寺	久昌寺	○	伝承	曹洞	広見寺	世広見寺五世真雄正顛開山、永正7(1510)没。
13		慈眼寺		木像縁起	曹洞	広見寺	広見寺二世東雄朔方開山、没年未詳。
29		長泉院		伝承	曹洞	大通院	大通院二世敬翁性遵開山、元亀2(1571)没。香庵春公中興、慶長2(1597)没。
34		水潜寺		縁起	曹洞	大通院	大通院二世敬翁性遵開山、元亀2(1571)没。
2		真福寺		木造画像	曹洞	光明寺	鉄巌全鈯再興、延宝3(1675)没。
7		法長寺			曹洞	清泉寺	涼室清和尚開山、慶長11(1606)没。
32		法性寺	○	伝承	曹洞	天徳寺	宗察中興開山、宝永5(1708)没。
11		常楽寺		木像	天台	天龍寺	宗海中興開山、寛永20(1643)没。
21	矢之堂	観音寺		伝承	真言	成身院	元珍開山、没年未詳。

形成された伝承であることがみてとれる。

本寺は、秩父の中心大宮郷にある広見寺が三ヶ寺と多いが、大きな偏りはない。開山の没年は、十六世紀後半が多い。再興や中興の没年は十七世紀半ばにかけてが多く、十七世紀前半に復興した寺院が多いことが理解できる。

このなかでも、みずからの縁起として性空蘇生譚を伝える一番四萬部寺や二五番御手判寺は共に広見寺末であり、「印文」を共有しているなど伝承面でも密接なつながりをうかがうことができる。他方、十三権者伝承を持つ水潜寺の縁起に着目すると、かならずしも性空に関わる開創譚を導くことはできない。秩父三十四所巡礼開創縁起は、秩父地域の曹洞宗系の寺院のネットワークのなかで比較的ゆるやかに共有された伝承であるということができよう。

十七世紀の曹洞宗による札所復興の過程で、いくつかの札所別当を中心として開創縁起が形成され[31]、それが他の曹洞宗寺院に秩父巡礼の祖師としての十三権者として祀られ、一部では自己の札所の縁起に組み込まれることとなったとみることができようか。

七　西国三十三所の開創縁起との関係

これまで、秩父三十四所開創縁起とそれに関わる伝承の展開及び、これらの伝承の形成には曹洞宗系の寺院が密接に関わっていることをみた。早くからこの秩父三十四所開創縁起は、西国三十三所の開創縁起をもとにしたものであるとの指摘はおこなわれている。最初に指摘したが、宮地直一は、「性空上人その他に花山法皇をも引合にしたのは、西国巡礼からの思ひつき」と西国三十三所巡礼開創縁起を改変したものであると指摘し[32]、近年では、白木利行氏が、「長亨番付」にみられる秩父巡礼開創縁起について、「西国巡礼の開創縁起にならったもの」であるが、西国の開創者徳道が秩父では性空にかわっていることについて、「天台系修験の代表として、秩父巡礼開創縁起の主人公の地位を獲得した」と推定している[33]。

さて、秩父三十四所開創縁起に含まれる要素は、性空蘇生譚・十三権者巡礼開創譚を基本としている。そこに、閻魔王や熊野権現の誓言・巡礼の十徳が付加された縁起がある。これらの諸要素を含んだ西国三十三所の開創縁起は、例えば寛文七年（一六六七）に開板された西国六番札所南法華寺蔵の「西国三十三所順礼縁起」などを挙げることができよう[34]。

この縁起は、冒頭に、

抑大日本国播磨国書写山之開山に聖空上人、金粉の法花経を一万部書写閻魔王宮に納、

とあり、性空の冥途での法華経供養を述べる。そして、その供養の導師に、性空は徳道上人を推薦する。徳道によって供養がおこなわれ、閻魔王が布施は望みのままであると告げると、上人は衆生を済度する方便を乞う。閻魔王は、

我末世衆生を地獄におとさす、衆生自罪を作りて自地獄に落ちる也、然と言へ共諸仏之中ニ観世音ハ大慈悲の御請願ましま□、日本国中に正身の観音卅三躰まします、是を卅三所之順礼と号て参候わん、□たとい親をころし、子をかいし、堂塔をやき、十悪を成と言共、此功徳を頼れ六親に至迄都率天に生へき也、

と答え、三十三所の観音巡礼をおこなえば、十悪を成すとも六親に至るまで兜率往生が可能であると告げる。性空が、衆生が疑いをもたないよう証拠を欲すると、

魔王筆を取、起請文ニ言、若信心有而六親の中に一人の順礼の輩有は、七世の父母六親に至迄むしゅの罪業を滅して全く地獄におとすべからず、と石の札に書上、

とあるように、閻魔王は、六親の内に巡礼をした者がいれば、罪を滅して地獄におとさないという起請文を石の札にかきつけ与える。その日は「養老二年三月八日」であった。徳道は、熊野から谷汲まで巡礼をおこない、中山寺の「石之唐ひつ」に石札をおさめた。その後、花山院が帝位を去り、出家の志をもって熊野権現に参籠していると、熊野権現が仏眼上人のもとに赴くようにと告げる。花山院は、仏眼のもとに赴き出家する。仏眼によって巡礼を勧められた花山院は、仏眼上人を先達として「永観二年三月十七日」から六月一日まで巡礼をおこなった。そして、

御供の人数ハ、仏眼上人・聖空上人・得道上人・威光上人・賢密上人・能範法印・後白河法王・花山院、めいとにはゑんま法王・くし□□しん、めいと此世に十三人、富士浅間・戸隠・伊勢・熊野・賀茂・春日・稲荷・祇園、惣じん大社も廿一社出現して供奉したまへり、

とあるように、仏眼上人をはじめ、この世と冥途の十三人と富士浅間をはじめとする二十一社の神々であった。仏眼上人は、私に用があれば熊野をたずねるようにと言い残し消え去った。花山院が熊野へ赴くと、熊野證誠殿から仏眼上人が現れた。仏眼上人は熊野権現の化身だったのである。そして、熊野権現は以下のような起請をおこなった。

我前道者して三十三度参らんよりは一度順礼の人おは我三もきさはしにおりておかむへしと也、順礼にやとをかし、道を教へ、ゆひを指たる輩においても十の徳有べし、本より一度順礼の人におゐてハ六親眷属七世の父母至迄、むしゆのさいせうを滅し全く地獄におとすへからす、

そして、熊野権現と閻魔王の起請文は「文今ニ證誠殿へ納置れたり」と述べられている。

この西国三十三所の開創縁起をみると、秩父三十四所巡礼開創縁起にみえる、性空蘇生譚・十三権者巡礼譚・閻魔王や熊野権現の誓言・巡礼の十徳などの諸要素が余さず盛り込まれていることがわかる。この縁起の原型は、まとまったものとしては、西国二十九番札所松尾寺蔵、天文五年（一五三六）写の『西国霊場縁起』[35]にまで遡ることができる[36]。『西国霊場縁起』では、いまだ性空蘇生譚や十三権者巡礼譚はみえないが、閻魔王が倶生神に命じて書かせた起請文が、

十王さむたん在てくしやうしん乃御筆にて、娑婆世界大日本国のうちに正しんの観音卅三所まします、彼観世音に一度結縁乃衆生は地獄に落へからすと十王御誓願なり、一度順礼仕給ふ人を地こくにおとす事あらは、十王共ニ地獄に堕へしとの意趣を書つけて、同順礼の縁起徳道上人に渡し給ふ、

とあり、熊野権現の起請が、

わかまへに一度順礼してむかハんものハわれ三乃きたハしまてくたりて彼順礼を三度礼拝すへし、今生ハ息災延命あんらくなるへし、又順礼に一夜宿をかしたらん人は三世の諸仏をくやうしたるよりもすくれたり、

と述べられているなど、巡礼の功徳を閻魔王と熊野権現が保証するという要所は完成されている。

性空蘇生譚については、第一章第五節において、尊恵蘇生譚との関連で近畿を中心とした複数の寺院の寺院縁起や諸伝承のなかにみられることを明らかにした。これらの資料では、性空と尊恵が法華経十万部法会のために閻魔王宮へ招かれるというものである。また、貞享三年（一六八六）に作成された兵庫県たつの市円融寺の縁起「稲富山略起」(37)によると、

一、当山《ノ》霊宝紺紫(紙)金泥《ノ》法華妙典一部八軸廿八品、此《ノ》経者、本是《トレ》当国書写山《ノ》開山性空上人従《リノ》㆓冥途㆒伝来、則琰魔法王《ノ》真翰《ト》云《ヒ》㆓伝焉《ヲ》㆒、所以者《ヘ》何《トナレハ》、性空在世《ノ》時於《テ》㆓焔魔王宮《ニ》㆒法王十万部法華有《リ》㆓読誦㆒、其時《ノ》以《テ》㆓書写山性空上人《ヲ》㆒召《ス》㆓請供養《ノ》導師《ニ》㆒訖《ニ》、当《ニ》㆓結願座《ノ》㆒法王以《テ》㆓此経典一部《ヲ》㆒娑婆沈没《ノ》凡夫為《ニ》㆑抜《ノ》㆓済利益㆒附《ス》㆓属上人《ニ》㆒、

とあるように、性空が法華経十万部読誦の法会に招かれ、衆生済度のために法華経を得て蘇生するといった秩父三十四所開創縁起と同様の伝承がみられる。

以上のように、近世初期の西国三十三所開創縁起の一部や寺院縁起のなかに、秩父三十四所開創縁起と酷似した伝承がみられる。西国三十三所開創縁起にみられる性空蘇生譚と、寺院縁起のなかにみられるそれとの関係については、今明らかにすることができないが、さしあたって秩父三十四所開創縁起は、西国三十三所巡礼開創縁起のなかでも、『西国霊場縁起』から、「西国三十三所順礼縁起」への展開のなかに位置づけるべき縁起であるといえよう。

おわりに

以上、秩父三十四所巡礼開創縁起についてみてきた。最後に、まとめと課題を述べておきたい。

秩父三十四所巡礼開創縁起は、「武州秩父郡御札所之縁起」にみられるような性空蘇生譚・十三権者巡礼開創譚を述べた行基菩薩作の縁起が基本となる。そこに、「秩父三十四箇所順礼観音縁起」などにみられるように、巡礼の十徳や、巡礼者へ宿を貸す功徳などを挿入し、巡礼者や巡礼を迎える人びとに対して訴えかける縁起が作成された。こういった縁起は、歴史的存在としての性空の伝記とあまりにも乖離がある。その乖離を埋めるために、午年総開帳の年である正徳四年(一七一四)『秩父順礼之縁起』が制作され、「武州秩父郡御札所之縁起」や「秩父三十四箇所順礼観音縁起」に基づきながらも性空の伝記との齟齬を解消する試みがなされた。この傾向は、秩父一番四萬部寺縁起群として展開し、四萬部寺では性空の伝記と矛盾のない縁起が複数作成される。

また、開創縁起に密接な関わりをもつ、閻魔王の「手判石」(二十五番御手判寺)や倶生神の「石札」(二十九番長泉院)などが存在する。また、十三権者の巡礼開創譚だけを述べる札所や、十三権者像をもつ札所もみられ、秩父札所の約三分の一がこういった伝承と関わっている。

さて、開創縁起と関わる札所の別当寺は、一部を除きすべて曹洞宗寺院である。開創は十六世紀のものが古く、十七世紀前半に再興や中興を経たものが多い。このようにみると、近世初頭の復興期に曹洞宗系統の僧たちのネットワークのなかで秩父三十四所巡礼開創縁起が形成されたとみることができよう。

この秩父巡礼の開創縁起にみられる各要素は、天文五年(一五三六)写の『西国霊場縁起』から寛文七年(一六六七)開板の「西国三十三所順礼縁起」へとつづく系統の西国三十三所の開創縁起に、ほぼすべての要素が含まれることが確認できる。このことから秩父巡礼の開創縁起は、この系統のテキストに秩父鎮守の妙見菩薩などとの関わりを述べるといった秩父地域独自の要素を加え形成されたものとみられる。

以上のように、秩父三十四所巡礼開創縁起の形成と展開についてまとめたが、課題として秩父三十四所巡礼開創縁起のもととなったとみられる西国三十三所の伝承の問題がある。西国三十三所巡礼の開創伝承の内、一般的なものは『竹居清事』所収の「搏桑西州三十三所巡礼観音堂図記」(享徳元年〔一四五二〕)ほか多くの資料にみられるような、長谷寺の徳道上人が、閻魔王より三十三所を告げられ、宝印を賜り蘇生したが、人びとが信じなかったために中山寺に納め、後に花山院が仏眼上人とともに再興した、といった内容の縁起であろう。この徳道をはじめとする西国三十三所の開創に関わる蘇生譚について、時代は下るが嘉永六年(一八五三)刊の『西国三十三所名所図会』のなかで編者の暁鐘成は、いくつかの説を挙げた上で「区々《まちまち》にして事実詳らかならず。ゆゑに閻魔王の説をここに略す」と述べて、判断を保留している。

結局のところ暁鐘成は、一般的な徳道創始、花山院中興の説をとっているが、秩父開創縁起は、この一般的な徳道による西国三十三所巡礼開創説に依拠していないことは明らかである。これが秩父の特殊事情なのか、近世初頭における西国三十三所開創縁起の展開のなかで説明可能なものなのか、今後、西国三十三所巡礼開創縁起を中世末から近世初頭にかけての展開を、異伝や寺院縁起の展開を含めて総合的に検討することが必要であろう。そのなかで、秩父三十四所巡礼開創縁起の位置とその性格を定めることができるとともに、西国三十三所巡礼開創縁起自体の再検討にもつながると思われる。

註

(1) 小川浮城「秩父三十四番観音霊場私考」(『埼玉史談』三—四、埼玉郷土会、一九三二年)。
(2) 宮地直一「秩父三十三所観音霊場について」(『埼玉史談』三—四、埼玉郷土会、一九三二年)。
(3) 河野善太郎『秩父三十四札所考』(埼玉新聞社、一九八四年)。

（4）埼玉県立歴史資料館編『歴史の道調査報告書　第十五集　秩父巡礼道』（埼玉県教育委員会、一九九二年）。
（5）白木利幸「『長享番付』当時の秩父観音巡礼」（『密教学研究』三〇、日本密教学会、一九九八年）。
（6）根本誠二「秩父三十四ヶ所巡礼―高僧伝承をめぐって―」（『行基伝承を歩く』岩田書院、二〇〇五年。初出、『国文学解釈と鑑賞』八八八、至文堂、二〇〇五年）。
（7）埼玉県立歴史資料館編　註（4）前掲書。
（8）宮地　註（2）前掲論文。
（9）秩父地域に遺された縁起類をはじめとする諸資料については、『埼玉叢書』に主要な縁起が収録されている。また、河野善太郎『秩父三十四札所考』に網羅されており、それ以後に発見されたものについては、埼玉県立歴史資料館編　註（4）前掲書等によって補うことができる。
（10）「長享番付」（『埼玉叢書』）。
（11）『新編武蔵風土記稿』（蘆田伊人編『大日本地誌大系』一八、雄山閣、一九七三年再刊）。
（12）「武州秩父郡御札所之縁起」（『埼玉叢書』）。
（13）「秩父三十四ヶ所観音縁記」（慈眼寺蔵。千嶋壽監修『「秩父の歴史展」展示図録―和同開珎から現代へ―』秩父の歴史展実行委員会、一九九八年）。
（14）『秩父回覧記』国立公文書館蔵。
（15）「秩父順礼略縁起幷先達聖者御影」秩父民俗博物館蔵。
（16）『坂東秩父六十七ケ所道記』玉川大学蔵。
（17）長泉院文書「長泉院霊仏・霊宝出開帳願書」（『新編埼玉県史』資料編一八）。

(18)　二〇〇五年九月、筆者調査。
(19)　『性空上人伝記遺続集』。
(20)　二〇〇五年九月調査。現在は四萬部寺境内にある経塚脇に立っている。銘文は古く『新編武蔵風土記稿』に所収されているが、一部脱漏がある。
(21)　例年八月におこなわれる大施食会の申込書に版木をそのまま用いた縁起が付されている。また、『埼玉叢書』所収。
(22)　『秩父三十四所観音霊験円通伝』(建部綾足著作集刊行会『建部綾足全集』六、国書刊行会、一九八七年)。
(23)　この経塚には、本尊として阿弥陀如来の銅座像が据えられている。像の銘には、「奉納秩父第一番終(経カ)塚本尊釈迦如来享保十八癸丑四月吉祥日」との銘がある。また、別の銘から、江戸神田の大野氏を願主として、講中によって建立されていることもわかる。この経塚は、享保十八年(一七三三)には、既に信仰の対象とされ、整備が進んでいた。
(24)　性空は、書写山円教寺の資料によると、一般に三月十日に没したとされる。しかしながら、『元亨釈書』など、多くの伝記では三月十三日説が主をなしている。
(25)　『秩父順礼之縁起』。以下、引用に当たっては、影印本の千嶋壽編『秩父順礼之縁起』(秩父郷土資料館、一九八九年)を用いて翻刻した。
(26)　十三権者については、六人の「人間」によって巡礼がおこなわれたことになっており、閻魔王や善光寺如来は適宜示現させるようにして荒唐無稽性を避けている。
(27)　清水武甲『秩父浄土』(春秋社、一九七六年)所収。なお、この画像によく似たものとして、西国札所岡寺から板行された「西国三十三所順礼之祖十三人先達御影像」(『西国三十三所観音巡礼の美術』毎日新聞社、一九八七年)がある。
(28)　『秩父三十四札所考』では、法性寺の縁起の「秩父鎮守妙見大菩薩・同蔵王権現の御道引ましまして」という部分を削除しているのを「何かのミス」としている。しかし、秩父地域外において作成された秩父の縁起に秩父鎮守が除かれるのは、秩父以外の地域では、秩父の地域性を主張する妙見菩薩等は一般性をもたなかったためであり、このことを理由として削除されたとみるほうが適当だろう。

(29)「秩父三十四番水潜寺観音縁起」(『埼玉叢書』)。

(30)高野和律「巡礼宿の民俗―秩父三十四ヶ所のばあい―」(『常民文化研究』九、常民文化研究会、一九八五年)。

(31)なかでも広見寺の関与が大きいことをうかがわせる。

(32)宮地　註(2)前掲論文。

(33)白木　註(5)前掲論文。

(34)「西国三十三所順礼縁起」(浅野清編『西国三十三所霊場寺院の総合的研究』中央公論美術出版、一九九〇年)。

(35)『西国霊場縁起』(浅野編　註(34)前掲書)。

(36)この系統の縁起は、恋田知子氏によって、威光上人による西国三十三所開創縁起として整理されている。「『西国巡礼縁起』の展開」(『巡礼記研究』三、巡礼記研究会、二〇〇六年)。

(37)「稲富山略起」円融寺蔵。

第二節　西国三十三所巡礼開創縁起の形成
――閻魔王・熊野権現の誓言をもつ縁起の類型を中心として――

はじめに

西国三十三所巡礼がどのようにして始まったのかということを述べた一群の縁起を、西国三十三所巡礼開創縁起と呼ぶことにする。これらの縁起は、十五世紀前半の翺之慧鳳の漢詩文集『竹居清事』所収「扶桑西州三十三所巡礼観音堂図記」や、醍醐寺報恩院門主隆源の雑録である『枝葉抄』「観音三十三所巡礼次第」などにみられるものが古い。この一群の縁起は、早くから注目され、岡田希雄氏は昭和三年（一九二八）の「西国三十三所観音巡拝攷続貂」[1]で、基本的な西国三十三所巡礼開創縁起を紹介している。

西国三十三所巡礼開創縁起として考察した論考としては、五来重『遊行と巡礼』[2]、近藤喜博『四国遍路研究』[3]、恋田知子氏「『西国巡礼縁起』の展開」[4]、井阪康二氏「西国三十三所観音巡礼信仰と中山寺の地獄極楽信仰との関わり」[5]、「西国三十三所観音巡礼信仰と秩父三十四所観音巡礼信仰と善光寺如来」[6]などがある。

西国三十三所巡礼開創縁起は、はやくに岡田希雄氏が整理したように、中世に遡るものだけでも複数存在する上に、多様である。恋田知子氏は、中世の縁起のみならず、近世の縁起にまで目を広げ、縁起の構造を西国三十三所巡礼を創始した人物に着目して分析している。それによると、この縁起は、閻魔王を根源とし、徳道や威光といった聖性をもった善知識に導かれて、特殊かつ一般の者という両義的性格をもった花山院による初度の巡礼がおこなわれるという三層構造を有しており、これを先例として一般の庶衆による巡礼の再生がおこなわれるという。

筆者は、第一章において、兵庫県神戸市有馬温泉にある温泉寺縁起の展開過程を考えるなかで、温泉寺縁起の影響を受けたとみられる性空による閻魔王宮からの法華経将来伝承や蘇生伝承を見出すに至った。この伝承を検討する一環として、第二章第一節において秩父三十四所巡礼の開創縁起の成立の検討をおこなった。検討の結果、性空蘇生譚の要素をもつ西国三十三所開創縁起があり、この縁起を秩父地域の宗教事情に合わせて改編したものが秩父三十四所巡礼の開創縁起であることが明らかとなった。この成果によって、西国三十三所巡礼開創縁起の形成・展開のなかで、従来の研究ではほとんど注目されることのなかった性空蘇生譚をもつ縁起をはじめとする「異伝」的な縁起群を再検討する必要性が生まれた。その基礎作業として、西国三十三所巡礼開創縁起の類型を明らかにし、その展開課程を明らかにする必要がある。このような問題意識をもととして、本節においては、これまでの主流であった人物の類型や、縁起の歴史的展開による分析からいったん離れ、巡礼行の利益という側面から西国三十三所巡礼開創縁起の構成に着目し、類型化することでこの縁起の性格を明確にしたい。

一　西国三十三所巡礼開創縁起にみる創始者

西国三十三所巡礼の創始者は、現在では一般に長谷寺の徳道である。しかし、西国三十三所巡礼開創縁起にみえる創始者は、中世の縁起に限っただけでも、徳道に加えて、覚忠・丹後松尾寺の威光など複数の名が挙げられる。さらに書写山の性空も加わる。

西国三十三所巡礼開創縁起として現存するなかで最古の資料は、十五世紀前半の成立とされる『枝葉抄』の「三十三所巡礼次第」(7)である。そこでは、西国三十三所の札所が書き上げられ、その内「醍醐山」の部分に、巡礼の創始を以下のように述べている(8)。

　醍醐山准胝　山城国　（中略）或伝、普賢寺僧正覚忠又号長谷僧正云々。頓滅参炎魔王宮。炎王問云、日本国中ニ生身観音霊所卅三ケ所有之、知否云々。未知之由答之。炎王重此在所具被示之。汝蘇生之後、必令参詣流布云々。即蘇生了、始参詣。其以後天下知之云々。

この縁起では覚忠が閻魔王より三十三所の巡礼を示され、観音巡礼を創始したという。いうまでもなく、覚忠は『寺門高僧記』に応保元年（一一六一）の三十三所巡礼記事がある人物であり、行尊とともに、史料上もっとも早い時期の三十三所巡礼行者としてあらわれる人物である。

『枝葉抄』に次いで、康正元年（一四五五）頃成立の『竹居清事』(9)所収「扶桑西州三十三所巡礼観音堂図記」には、

　昔養老年中、大和国長谷寺有二僧得道上人者一、疾而絶矣殆数日、遂甦、如レ寝復醒、（中略）閻王勅二上人一大期未レ限、可レ帰二本土一、且有二光世音一、堂有二三十三所一、所二最欽一也、告二之其人一、人需レ福難レ測、

とあり、ここでは長谷寺の徳道が三十三所巡礼を創始したと述べられている。

明応頃（一四九二～一五〇一）成立の『雑濫』(10)の「卅三所巡礼縁起之文」には、

　夫三十三所之観音巡礼之縁起を尋に、昔春日之威光聖人、焰魔王宮参詣事、暫之観念之間也、向大王彼聖人宣、三界衆生依不信懈怠ナルニ、堕地獄事不便至極也、所詮娑婆世界大日本国之内、有三十三ケ所之観音之霊地、

とあり、三十三所巡礼は威光が創始したと述べられている。威光の三十三所巡礼開創伝承は、天文五年（一五三六）写、丹後松尾寺蔵『西国霊場縁起』(11)によると、冒頭に、

夫三十三所之巡礼尋縁起、威光上人閻魔王宮参詣し給事暫観念之間也、大王彼上人に向の給ふ様、三界之衆生、依不信堕地獄事不便至極也、所詮娑婆世界大日本国内しやうしん乃観音卅三所御座す、彼へ一度参詣の輩者無量劫の罪を消滅し、現世則豊に、後世にハ悪趣を出離せん者也、

とあって、西国巡礼の創始は威光によると述べられている。一方で、この記述に引き続いて、同縁起には、

爰日本国乃中大和国長谷寺の開山徳道上人、養老年中に往生し給ふ時は、閻魔庁庭大こく天（殿カ）を出、十王さむたん在てくしやうしん乃御筆にて、娑婆世界大日本国のうちに正しんの観音卅三所まします、彼観世音に一度結縁乃衆生は地獄に落へからすと十王御誓願なり、

という記述もあって、徳道の開創伝承と組み合わされてあらわれている。

近世になると、寛文七年（一六六七）の南法華寺蔵版木の「西国三十三所順礼縁起」(12)には、

抑大日本国播磨国書写山之開山に聖空上人、金粉の法花経を一万部書写、閻魔王宮に納、閻魔王僧を集、読誦して言、供養ノ導師に仏菩薩むやくなり、大和国長谷寺ノ開山得導上人名匠にしてましませはとて、閻魔王宮より書札遣し御申有而御供養□取行、（中略）日本国中に正身の観音卅三躰まします、是を卅三所之順礼と号て参候わん□、たとい親をころし子をかいし堂塔をやき十悪を成と言共、此功徳を頼れ六親に至迄都率天に生へき也、上人是ヲ聞給而有難事是に過へからす、

とある。また、『唱念観音本朝霊験紀』(13)の「西国三十三所巡礼由来」には、『縁起雑説』(14)という書を引用し、西国三十三所巡礼開創縁起が記されている。ここには、

閻魔王十万部の法華経を金泥にて書写し、其供養の為に慶讃の導師を撰み書写山の性空上人を召して供法ありき、性空は図らす幽途に至て閻王に問、娑婆の造悪の衆生、随（堕）獄の過を以何して教救せん、と閻王示して云、

妻子王位財眷属　死去無《コト》㆓一《トシテ》㆒来相親《リヒコト》　常随《ニ》㆓業鬼《ニ》㆒繋㆓縛我《ヲ》㆒　受苦叫喚無㆓辺際㆒、経ヲ持ニハ法華経ニ増ナシ、随（堕）獄ノ罪ヲ免ンニハ観音霊場ヲ巡拝センニ越タル莫シト云云、

とある。先の「西国三十三所順礼縁起」では、性空は巡礼の創始に関係する人物として描かれている。また、『縁起雑説』を引用した伝承では、性空は巡礼創始者として挙げられている。いずれも性空の閻魔王宮での法華経供養に関わって巡礼行を示されるという点に特徴がある。

このように多様な三十三所巡礼創始者について、稲垣泰一氏は、覚忠の巡礼創始伝承を起源とし、覚忠の「長谷僧正」との呼称から、長谷寺との連想が起こり、長谷寺徳道の創始伝承へと展開していったという見解を示している。(15)

また、恋田氏は、威光創始伝承について、丹後松尾寺の縁起を検討し、西国巡礼を創始した威光とは、松尾寺の縁起にみられる松尾寺中興である「春日威光」に対応するものであるとし、松尾寺の勧進活動のなかで、中興の「春日威光」の伝承が特にとりあげられるようになった大永四年（一五二四）頃には成立していたのではないかと考えている。(16)その上で、中世の西国三十三所開創縁起を検討した恋田氏は、三十三所巡礼開創縁起を「西国巡礼の各寺により、その色合いを変容可能とする、ある程度流動的なものであった」と指摘する。

稲垣氏の論は明快ではあるが、通時的にみると、巡礼の創始者は徳道のみならず、威光・性空などと複数挙げられることから、覚忠の創始伝承を起点とした一線的な伝承の展開には疑問がもたれる。さらに、松尾寺の『西国霊場縁起』や南法華寺の「西国三十三所順礼縁起」にみられるように、創始者たちが組み合わされる場合も少なくない。視点を変えれば、十五世紀前半には、西国三十三所巡礼について、閻魔王が巡礼を示すという要素を基本としながら、創始者については複数の伝承が併存していたとみることもできよう。

また、恋田氏のいうように、開創縁起は各寺院の活動のなかで、変容するものであったとしても、それでは、その

原体はどのようなものであったのか、そこからどのような展開の過程があるのかということが問題になるだろう。

さらに、『縁起雑説』を出典とする性空による三十三所開創縁起は、ここまで挙げた例のなかでは、閻魔王より「妻子王位財眷属……」の偈を授けられるなど、他の伝承と明らかに異なっている[17]。西国三十三所開創縁起の形成は、一線的なものではなく、複線的・複合的なものであるとみる必要があろう。

二　西国三十三所巡礼開創縁起にみられる利益と誓言

1 「卅三所巡礼縁起之文」にみえる利益と誓言

前項において、西国三十三所開創縁起の成立を考える上で、その原体を明らかにし、そこからの展開の過程の考察が必要なことを示した。それでは、この原体を想定するには、どのような視点をもって臨むのが適当であろうか。

先に触れた『雑濫』所収「卅三所巡礼縁起之文」をみてみよう。

夫三十三所之観音巡礼之縁起を尋に、昔春日之威光聖人、焔魔王宮参詣事、暫之観念之間也、向大王彼聖人宣、三界衆生依不信懈怠《ナルニ》、堕地獄事不便至極也、所詮娑婆世界大日本国之内、有三十三ケ所之観音之霊地、彼庭《ニ》一度《モ》遂参詣輩者、無量劫之罪消滅、現世安穏なれは、後生又善処《ニ》生遂而、導《キ》一門《ヲ》令結一仏浄土九品蓮台《ヲ》趺給、此旨可被披露、懺《ニ》蒙《ヲ》勧、則花山院始巡礼《ヲ》被召給けるとかや、又熊野権現御詫宣云、我前に卅三度参よりは、彼巡礼を一度為宗輩者、功徳尚増たりと誓給、不可疑之、縁起広博也、志趣之旨、大略如斯、

春日の威光が閻魔王宮に参詣したおり、閻魔王が、衆生が地獄に堕ちることを不憫に思い、三十三所の観音の霊地を威光に示す。そして、閻魔王から、三十三所を参詣した者は、滅罪、現世安穏・後世善処が約束され、一門を極楽

浄土へ導いてくれるという利益を示され、花山院が巡礼をはじめた。また、熊野権現の託宣に、熊野権現のもとへ三十三度参詣するよりも、三十三所を一度巡礼するほうが功徳があると誓ったという。

この「卅三所巡礼縁起之文」の内容は、一つは、閻魔王による滅罪と現世安穏・後世善処、さらには一門往生といった巡礼行によって得られる利益の保証、もう一つは、熊野権現による巡礼行の功徳の宣揚という二要素に尽きるといってもよい。そして、この縁起は、「広博」な縁起の「志趣」を述べたものであるという。

「三十三所巡礼次第」や「扶桑西州三十三所巡礼観音堂図記」は、三十三所巡礼の起源や歴史的展開については記しているが、それによる利益ついて述べるところはほとんどない。逆に、この縁起は、巡礼行の利益については他の縁起と比較して明確に述べられているが、突然あらわれる花山院の位置づけが不明確であり、熊野権現の託宣もいかなる状況でおこなわれたのかもわからない。三十三所巡礼の歴史的展開を追うことは困難である。しかし、縁起のなかには、その位置づけが不明確であるものの、威光や花山院といった三十三所巡礼の起源や歴史的展開が述べられている縁起と共通した人物があらわれており、この縁起の筆者が参照した「広博」な縁起には利益とともに、巡礼行の歴史的展開も述べられていたと考えるのが適当であろう。西国三十三所開創縁起は、三十三所巡礼の開創からはじまる歴史的展開が述べられるとともに、巡礼行によって得られる利益の呈示が存在していたのである。

従来の研究では、縁起のなかに記述された巡礼の歴史的な展開に着目して分析が試みられてきたが、逆に縁起の呈示する巡礼行の利益に着目して、西国三十三所開創縁起群をみるとどのようなことが明らかになるだろうか。いくつかの代表的な縁起によってその姿をみていきたい。

2『中山寺縁起』にみえる利益と誓言

さて、現在、西国三十三所巡礼開創縁起はどのように伝承されているであろうか。花山法皇没後千年を記念して、平成二十年(二〇〇八)九月から平成二十二年五月にかけておこなわれた西国三十三所結縁御開帳の公式ガイドブック[18]によれば、以下のようにある。

伝説では、西国巡礼のはじまりは養老2年(718)に遡《さかのぼ》ります。長谷寺《はせでら》の徳道《とくどう》上人は病に倒れて絶命しましたが、数日後に息を吹きかえします。この間、上人は地獄に行って閻魔《えんま》大王に会い、「おまえの寿命はまだ尽きてはおらぬから帰ってよい。帰ったら、33の霊験あらたかな観音堂があるから、これを人々に広めよ」と命じられて、33の宝印を授かりました。生き返った上人は、周囲の人にこれを話しましたが信じてもらえません。上人は悩んだ末に宝印を中山寺《なかやまでら》(第24番札所)の石函に納め、機が熟するのを待ちましたが、その機会がめぐってくることはありませんでした。

それから270年の時が経ち、すでに伝承となっていた宝印を探し出したのが花山法皇(968~1008)です。19歳の若さで出家した花山法皇は、書寫山《しょしゃ》の性空《しょうくう》上人を訪ね、比叡《ひえい》山や那智《なち》で修行して、三十三所霊場の巡礼を発願《ほつがん》し、性空上人、仏眼《ぶつげん》上人とともにこれを果たしたといいます。

このガイドブックは西国三十三所札所会が編集したものであり、こういった伝承が現在一般的な西国三十三所巡礼の開創伝承といえるだろう。この伝承は、『中山寺縁起』[19]をもとにしたものである。

『中山寺縁起』は、豊臣秀頼の中山寺再興に言及しており、直接の成立は近世初頭とみるのが適当であろう。縁起は、大きく二つに分けられる。前半に中山寺の地は、祟りをなした忍熊皇子が鎮まった地であり、その地に奇瑞をみた聖徳太子が中山寺を創建したことを述べる。後半では、西国三十三所巡礼の開創縁起が述べられる。かなり長くなるが、三十三所巡礼に関わる部分を以下に引用する。

　爰に本国三十三所巡礼の元由は、古昔、養老二年二月十五日に和州長谷寺の徳道上人暴に死して冥途に到り、閻魔王に見へたまへり、王の曰、「衆生の地獄に堕せるもの芥子を擲がごとく、常に猛火の内に骨を破り、髄に徹り叫喚天に溯ふ、其苦患、豈、言説に述ん、公知ずや、日本に観音の霊場三十三所あり、[a]一度此地を踏ものは、たとひ十悪五逆の人たりといふとも永三悪道に堕せじ。況や信心厚く菩提を求めんがために此地を巡礼せば、速に聖衆の来迎をかふむり、極楽世界に生れ、必退転地に住すべし、若、漏るものあらば、朕及び諸王其苦にかはり衆生のために地獄に入なん、卿本土に帰て王臣衆民をすゝめ疾く巡礼せしむべし」上人の曰、「されば凡情は疑多し、證拠なくは信仰しがたし、こいねがはくは璽を給らん」と、閻王これに法印・記文を賜ひ告て曰、「此は是法印なり、必疑ものは生々悪趣に堕しなん」と、種々の妙功徳を讃歎あり、上人遂に甦たまふに彼宝印しかも手にあり、上人随喜し頓て、「摂州中山寺は、我日東へ観音の霊容最初に渡り給ふ寺なり」とて、則、閻魔王の勅にまかせて第一番の礼所に定、誦偈して曰、「極楽中心中山寺　上宮建立巡礼所　太子前世舎衛国　一剋三礼十一面　稽首大悲観自在　西方浄刹為上首　今在此土最勝尊　済度有情尽未来」と云々、是より人を勧て巡礼の法を行に信従するもの夥し、件の霊印は石の函に入て当山に納、是しかしながら閻王の金言、衆生得楽の方便たりしかども、漸二十年の時節を過て弐百余歳退転せり、

　時に、花山帝御発心のはじめ長谷寺に詣て宿夜大士に、「戒師求めん」と祈たまふに五更の天に一僧あり、告て曰、「内州石川寺の僧仏眼は三学に了達の明師なり、はやく到て戒を求給へ」と、帝亦かしこに参謁したまふに一僧在、眼根甚光耀あり、是則仏眼上人にしてしかも熊野権現の化身となり、よつて具足戒を受、法の諱を「入覚」と号し奉る、帝ことに誡戒を欲し厚金玉を以てしたまふ、仏眼首を振て曰、「報恩は只衆生解脱の方便にあり、爰

に観音巡礼の法といふ事あり、昔、徳道閻羅の告により行ぜしに、今中絶すでに年久し、想に帝は其人に当れり、願は再興して一切衆を彼岸に導たまへ、其功徳妙用恒沙も喩にあらず、[b]或は病根重疾の人、貧窮下賤のもの、一切の煩悩を除き大安楽を得、諸種の業厄を抜、各願成弁す、しかも信根の女人は行中必血穢なし、現在すら此のごとし、いはんや未来の福田何ぞはからん、宜しく再興あるべし」と奏せらる、又、書写山の性空上人夢中に閻王の告を得て巡礼せん事を奏し奉らる、花山の法皇、二上人の言を感じたまひ、則、「彼宝印・記文を叡覧あるべし」とて当山に勅使を賜ふ、よつて弁光僧正・良重・祐快等、神印・記文を上進す、法皇信感斜ならず、拝覧の後、又当山に鎮れり、「真に不可思議の善因、衆生成仏の結縁大なり」とて。かけまくも人王六十五代の帝入覚法皇本願として仏眼導師となり、性空・弁光等伴なり、路次の弁安を以て、此時改て補陀落山を第一となせり、或は養老の礼跡退転の霊地は、宜にまかせて是を加合て三十三に満、ともに一十余州今時の巡礼是也、

仏眼示訓して曰、「沙門は道衣みな仏制にして改べからず、白衣は白布を以て笛摺となし、上に弥陀・観音・勢至の種字を置、下に大士の名号を照《ママ》、是を肩背にほどこし、三十三の礼簡を金銀銅木紙を以て、分に随て此を造、上に種字を点じ、南無観世音菩薩と出し、一仏刹に一簡、各次第に白縷を以て掛べし、懺悔して曰く、『一心奉修　依簡功徳　観自在尊　護持行者　我従無始　三業所犯　一切罪障　皆悉消除』と唱て三々九度礼せよ、殆三世三業三菩提道に准義する也、かくのごとくの行者、額と跟に善神印文を点ず、かるがゆへ一生諸天の加被ことに新也、猶又、毒虫・猛獣害をなさず、幸に[c]十徳を具せり、曰、一、諸仏影向、二、身心清浄、三、善神擁護、四、衆人愛敬、五、寿命長遠、六、諸難即滅、七、福不唐捐、八、明了禅定、九、臨終正念、十、九品往生なり、速に金玉世財を大士に捧奉り、後報を霊場に祈べし、

夫、老・病・官事の因行にいとまあらざるものは他人に財産を与へて其人をして巡礼せしむべし、家まつしく

財乏族は、大慈名号の簡を行者に付して彼霊場に納、財産供仏己が力にまかすべし、又は乞食の至便を求て行ずべし、

或又、[d]路傍の舎民、資・飯・宿・茶、分に随て喜捨せよ、現来決して善果を得てん、其行者をして、悪人恐怖せしめ、或、財物・衣類を取、をかし悪言をなし忿謗せば、現世に悪報を受、未来無間獄に入なん、

若、善男子・善女人、数国の巡礼なりがたきものは摂州中山寺に到て法のごとく南門より三十三度運礼せよ、是又真の巡礼一同の功徳なりと云々、今時の三十三度巡礼此故也、

嗚呼悪縁甚しく不信の男女むかしより我寺に到がたし恐べし、若人不信にして殺盗婬犯を楽み、梵刹を破穢し、或、同行人の病を扶ず、巡礼の後も同行せしものに不和なると、結衆を破て修せざると、此のごときの者、豈、得益多からんや、謹て法講を乱らず、三十三所の霊像を仏殿に安置して名号を称ずべし、則、其図板は弁光に附て永く中山寺に留れり、又上の観音本願、倓王・徳道、諸山の護法を此寺に勧請し、法味を尽し供給をなし、巡礼行者の名を召て廻向をなすべしと云り、

永延二戊子之年七月十日初て是を修行せり、時に弁光、大光明を現ず、虚空に音楽ありて諸仏来迎し給ひ、忽、一山浄土となれり、此日、弁光、聖衆とともに空に飛去と覚化す、七日を経て蘇生、時に手に一の蓮華を持す、大さ尺計、是より国人、蓮光僧正といふ、又倓王に見たり、王告に、巡礼の功徳無量なるを以てせり、其後広く法皇に告奉りて四衆に説、遂に修法は恒例となりて今に絶ず、末世の今すら誠信の人は、此日、大士天仙の空より下り、霊香・梵音甚妙なるを見聞するもの多し、

其後、後白河の法皇、熊野の神託により自巡礼を行じ給ひ、廃寺を補入し三十三の数に満、同修三千三百人、是より盛に行はる、

忝も事、冥司より起て朝廷両皇跣足にして苦行を執給ひ、道・空・眼・光《（徳道・性空・仏眼・弁光）》の四師先蹤して益を思ふ、務よや務よや、終に還宮の砌、「当山は巡礼の根本所、実に三十三度遺緒の寺なり」とて、一尊に十一、各三尊に三十三、「是礼所の像の標幟なり」とて、国中の名工、運慶・湛慶に課て二尊又十一面観音の像を寄たまふ、今の左右の脇士是なり、感応霊告新にして由来繁多なるを豈小帋に述つくさんや、（後略）

三十三所巡礼の開創と再興の経緯は、養老二年（七一八）、徳道が冥途へ赴き、閻魔王から三十三所巡礼のことを示され、それを広めることを命じられる。さらに、閻魔王から証拠の法印（宝印）・記文を得て蘇生する。徳道は、巡礼を広めるが二十年で退転してしまう。その後、花山院が、長谷寺で師を求め、仏眼上人（＝熊野権現の化身）を示される。花山院は、仏眼のもとで受戒するが、仏眼から巡礼の再興を勧められる。その時、性空に閻魔王の告げがあった。花山院は、中山寺で法印・記文を確認し、花山院を本願、仏眼を導師、性空・弁光を供として巡礼を再興した。その際、仏眼の示訓により巡礼行の威儀が定められた。その後、後白河院が、熊野権現の神託により、巡礼をおこない、それ以後、三十三所巡礼が盛んになった、というものである。徳道の創始、花山院と仏眼・性空による再興、後白河院による再再興という経緯をとっている。現在一般的な三十三所巡礼の創始・再興伝承と同様の縁起である。

それでは、「卅三所巡礼縁起之文」にみられたような巡礼行によって得られる利益は、どのように述べられているだろうか。

まず、閻魔王は、徳道に対して、「衆生の地獄に堕せるもの芥子を擲がごとく」であり「其苦患、豈、言説に述ん」といい、このような衆生を救済するために、巡礼行を示す。その利益は、傍線部ａにいうように、どのような悪人であっても三悪道から逃れ、信心厚い者は極楽往生を遂げると、三十三所巡礼による滅罪と往生を示す。加えて、巡礼をおこなったにもかかわらず救済されなければ、「若、漏るものあらば、朕及び諸王其苦にかはり衆生のために地獄に入なん」と、閻魔王をはじめとする十王が代わりに地獄へ赴くと巡礼の利益を保証している。この上で、徳道は、疑いの多い凡夫のために「法印・記文」を授かる。

次いで、花山院の再興の折の導師である仏眼（＝熊野権現）は、巡礼行の利益を傍線部bのように、あらゆる人びとが安楽を得、悪業の報いから逃れることができ、所願成就すると説く。また、巡礼中は、女人の血穢を問わないという。また、波線部の仏眼の懺悔文では「一心奉修　依簡功徳　観自在尊　護持行者　我従無始　三業所犯　一切罪障　皆悉消除」と観音による巡礼行者の護持とともに、滅罪を述べ、「十徳」として傍線部cを示す。また、傍線部dとして巡礼者への接待による利益も示している。

巡礼の利益という面からみると、『中山寺縁起』は、閻魔王による滅罪と極楽往生の保証、仏眼（＝熊野権現）による滅罪と極楽往生、それに加えて、現世利益の保証というように、巡礼行による利益を閻魔王と仏眼によって二重に保証するという形をとっている。

3　閻魔王・熊野権現の誓言をもつ縁起

まとまった形で閻魔王と熊野権現の誓言を具備する縁起として、最も古い縁起である天文五年（一五三六）写丹後国二十九番札所松尾寺蔵『西国霊場縁起』をみてみよう。

夫三十三所之巡礼尋縁起、威光上人閻魔王宮参詣し給事暫観念之間也、大王彼上人に向の給ふ様、三界之衆生依不信堕地獄事不便至極也、所詮娑婆世界大日本国内しやうしん乃観音卅三所御座す、彼へA1一度参詣の輩者無量劫の罪を消滅し、現世則豊に後世にハ悪趣を出離せん者也、爰に花山院の御門十九歳して御発心に御出あるへしとて権化人御尋あるに更にこれなし、或時勅使河内国石川郡磯長里威光太子廟所に被遣、何とハ不知乞食の沙門一人来り給、其眼より金色の光さし給ふ、勅使彼聖を御覧して不思議なる御事也、何様是は権化人にて御渡候とて、聽而召具して上洛し、此旨を御門へ奉奏、御門御悦無限、宣旨にハ自眼金色乃光さし給ふ間、聽而仏眼上人と被下宣旨、御門は永観二年三月十五日に御出家ありて御名を入覚とそ申奉、（中略）御門聞食、われ、十善乃王位なから、何として末世の衆生の成仏のふせをはあたへ申へき、夫しかるへくは濁世乃凡夫の成仏すへき意趣を上人くハしくしめし給へ、末世乃衆生にひろむへしと御門宣旨ありけれは、上人のたまハく、やすき間の御望なり、

爰日本国乃中大和国長谷寺の開山徳道上人、養老年中に往生し給ふ時は、閻魔庁庭大こく天《殿歟》を出、十王さむたん在てくしやうしん乃御筆にて、娑婆世界大日本国のうちに正しんの観音卅三所まします、A2彼観世音に一度結縁乃衆生は地獄に落へからすと十王御誓願なり、一度順礼仕給ふ人を地こくにおとす事あらは、十王共ニ地獄に堕へしとの意趣を書つけて、同順礼の縁起徳道上人に渡し給ふ、其よりいまに至まて津の国中山寺太子の御影堂に被納けり、其本を被召上て、天下に観音順礼を御ひろめあれと、仏眼上人に申給へは、聽而摂州中山寺へ勅使を御立あつて彼本をめし上、法王御披見あつて難有御事かなとて、やかて御順礼有へしとて、永観二年三月十八日に、大内を御出あり、仏眼上人を先達、同中山寺乃了長僧都・弁光法印・能範法印両三人召具して熊野へ御参詣あり、同那知山如意輪堂より始て卅三所順礼あり、美濃谷汲寺にて参留、六月一日に御帰洛あつて、仏眼上人内裏にしハらくおはしまして、法王に向、仰ある様ハ、能々末世衆生ニ順礼ひろめ給へし、すてに一天乃王位さへ御順礼あり、貴賤乃輩観音参詣申へしと、委細上人しめし給て、しはらく是にありたく候へとも、熊野証誠殿に役ある法師にて候間暇申候とて其まゝ天に上給ふ、

しかる間、御門の宣旨には、さてハ仏眼上人は熊野権現にてましますそや、ありかたしとて、かさねて熊野御参詣あり、本宮証誠殿に一七日参籠あり、ふかく御祈念あり、あひねかハくは南無大慈大悲観世音三世諸仏十方

薩埵、殊にハ伊勢太神宮、八幡大菩薩、春日大明神、日本国中大小神祇、別てハ熊野大権現哀愍納受をたれたまへて仏眼上人に今一度対面あらせてたひ給へと一心に合掌し、かうへを地になけさせ給ひ御祈念あれハ、遥ニ天地しんとうする程に猶御いのりありしかハ、第三日夜、夢ともうつゝともおほえす、證誠殿の御戸を押開き仏眼上人合掌し給て仰ありけるは、法王の御志まことにせつなるによりかりに上人と現し二度対面申事信心深きによつてなり、就中、摂州ならまく法印と申御ひしりハ真言秘密をきハめたまふ御事さへ後生をはねかハせ給ひ順礼に出給ふ、いハんや過去も現在もしらさるともから一度も順礼申さすしてたすかるへしとハ見えす、[B]わかまへに一度順礼してむかハんものハ、われ三乃きたハしまてくたりて彼順礼を三度礼拝すへし、今生ハ息災延命あんらくなるへし、[C]又順礼に一夜宿をかしたらん人は、三世の諸仏をくやうしたるよりもすくれたりとて、権現は玉殿にいらせ給ふ、其後、法皇くハんきしたまひて那智山に千日籠し給ふ、それよりなち籠いまにたいてんなし、熊野山より法皇御下向ありてかさねて御順礼あり、以上二度、其以後天下に順礼ひろまり給ふなり、

于時天文五年三月吉日、勧進乃比丘尼善勝、衆生結縁のためにと所望のあひた本のまゝうつし勧之候、南無大慈大悲観世音、筆者御引摂あるへし

本尊寄進之　　不動院乗海

天文十一季壬刁三月七日

『西国霊場縁起』では、威光上人は、閻魔王から傍線部A1にあるように滅罪と往生の利益を示され、徳道は、傍線部A2にあるように『中山寺縁起』の傍線部aと同様の「十王御誓願」を閻魔王から受けている。そして、花山院の巡礼再興の先達であり、熊野権現の化身であると明確に示されている仏眼は、本宮証誠殿よりあらわれ、傍線部Bというように、巡礼行の功徳によって巡礼行者は、熊野権現の礼拝をも受けることができることを述べる。これに続け

て、傍線部Cというように熊野権現によって巡礼行者への作善への利益が宣揚される。『西国霊場縁起』では、『雑濫』所収「卅三所巡礼縁起之文」と同様に、閻魔王の「誓言」による巡礼行の利益の保証と、仏眼＝熊野権現による巡礼行の宣揚、という明確な二重構造をもっている。

次に、寛文七年(一六六七)の「西国三十三所順礼縁起」についてみておく。この縁起は、閻魔王が書写山の性空が閻魔王宮へ法華経一万部を奉納し、その供養の導師として長谷寺の「得道」を招くというところからはじまる「歴史意識」の希薄な縁起[20]である。この縁起でも閻魔王は、徳道に対して、「日本国中に正身の観音卅三躰まします、是を『卅三所之順礼』と号て参候わん□」と巡礼行を示し、その功徳として、「たとい親をころし、子をかいし、堂塔をやき、十悪を成と言共、此功徳を頼れ、六親に至迄都率天に生へき也」と説く。そして、その証拠として、

若、信心有而六親の中に一人の順礼の輩有は七世の父母六親に至迄むしゆの罪業を滅して全く地獄におとすべからず、

という「起請文」を「石の札」に記して徳道へ与える。また、仏眼と花山院などによる巡礼再興の後、仏眼は、熊野権現とあらわれ、以下のようなことを起請する。

仏眼上人と申けるひちり、證誠殿の権現我なり、三界之衆生ニ此順礼をせさせ、衆生をたすけん為仏眼上人とけんし、法王の師匠となり、先達致也、我前道者して三十三度参らんよりは一度順礼の人おは我三のきさはしにおりておかむへしと也、

これは、先にみた「卅三所巡礼縁起之文」と同じ内容である。続いて、

順礼にやとをかし、道を教へ、ゆひを指たる輩においても十の徳有べし、本より一度順礼の人におゐてハ、六親眷属七世の父母至迄、むしゆのさいせいうを滅し、全く地獄におとすへからすと閻魔王宮よりの石ノ起請文、熊

野の権現之御起請文、今ニ證誠殿へ納置れたり、

とあるように、巡礼行者への施行の功徳、閻魔王の誓言、さらに、内容までは記されていないが、『中山寺縁起』にみえる「十徳」にも言及している。

「西国三十三所順礼縁起」においても、巡礼の十徳など『中山寺縁起』と同様の記述を含みながら、『西国霊場縁起』にみえる閻魔王と熊野権現による利益の保証とその宣揚という二重構造をみることができる。

4　誓言からみた西国三十三所巡礼開創縁起とその類型

いくつかの縁起を利益と誓言に着目してみてきたが、西国三十三所巡礼開創縁起の内、年紀の明確なもので管見の資料を一覧にすると次のようになる。この表によって、おおよその傾向は摑むことができると思われる。なお、秩父三十四所巡礼の開創縁起や、地方への移し巡礼の開創縁起が含まれているが、第二章第一節でみたように、秩父については、西国の縁起の影響を受けたものであり、移し巡礼の縁起は、西国三十三所の開創縁起をそのまま記したものである。いずれも西国三十三所巡礼開創縁起の内に含める。

No.	資料名	年代	巡礼開創者	冥土へ赴く理由	巡礼を示す理由	巡礼利益	閻魔王誓言	巡礼証拠	巡礼再興者	熊野権現誓言	巡礼十徳	その他
1	「三十三所巡礼次第」	十五世紀前半	覚忠		（巡礼を流布させるため）							『醍醐枝葉抄』
2	「扶桑西州三十三所巡礼観音堂図記」	永享年間（一四二〇～一四四〇）	徳道					三十三印、印各有三十三之名一、	花山院・仏眼			『竹居清事』

3	「三十三所巡礼観音尊像開眼供養偈併序」	文明十八（一四八六）	徳道		以為植福、			三十三印、各書地名、	花山院・仏眼			『補庵京華新集』
4	「越前河合荘岩坂三十三所巡礼観音安座点眼法語」	明応八（一四九九）	威光					三十三印、各有三十三所之名、	花山院			威光は長谷寺の僧、『天陰語録』
5	「卅三所巡礼縁起之文」	明応頃（一四九二〜一五〇一）	威光・花山院？		三界衆生依不信懈怠ナルニ堕地獄事不便至極也、		彼庭ニ一度モ遂参詣輩者、無量劫之罪消滅、現世安穏なれは後生又善処ニ生遂而、導キ一門ヲ令結一仏浄土九品蓮台趺ヲ給、			熊野権現御詫宣云、我前に卅三度参よりは、彼巡礼を一度為宗輩者、功徳尚増たりと誓給、		『雑濫』
6	『西国霊場縁起』	天文五（一五三六）写	威光・徳道		三界之衆生欲不信堕地獄事不便至極也、		十王さむたん在てくしやうしん乃御筆にて、娑婆世界大日本国のうちに正しんの観音卅三所まします、彼観世音に一度結縁乃衆生は地獄に落へからすと十王御誓願なり、一度順礼仕給ふ人を地こくにおとす事あらは、十王共ニ地獄に堕へし、	くしやうしん乃御筆、同順礼の縁起、	花山院・仏眼（熊野権現）・了長僧都・弁光法印・能範法印（中山寺）	わかまへに一度順礼してむかハんものハ、われ三乃きたハしまてくたりて、彼順礼を三度礼拝すへし、今生ハ息災延命あんらくなるへし、又順礼に一夜宿をかしたらん人は、三世の諸仏をくやうしたるよりもすくれたり、		西国二十九番松尾寺蔵

7	「西坂元巡礼堂勧進帳事」	天正十七（一五八九）	徳道	於閻魔王宮金泥法華経一万部供養之時、……長谷寺上人奉向之、			若人至心観世音三十三所巡礼者、如罪障皆消滅、決定往生極楽界矣、		花山院・仏眼・性空		
8	『中山寺縁起』	近世初	徳道		衆生の地獄に堕せるもの芥子を擲がごとく、常に猛火の内に骨を破り、髄に徹り叫喚天に溺ふ、其苦患、豈、言説に述ん、	況や信心厚く菩提を求めんがために此地を巡礼せば、速に聖衆の来迎をかふむり、極楽世界に生れ、必退転地に住すべし、	若、漏るものあらば、朕及び諸王其苦にかはり、衆生のために地獄に入なん、	宝印記文、	花山院・仏眼・性空・弁光（中山寺）	一諸仏影向、二心身清浄、三善神擁護、四衆人敬愛、五寿命長遠、六諸難即滅、七福不唐捐、八明了禅定、九臨終正念、十九品往生	弁光蘇生、『続群書類従』第二七輯下
9	「西国三十三所順礼縁起」	寛文七（一六六七）	徳道・性空	（性空書写の「金粉の法花経を一万部」の供養の導師に徳道を招く）	（徳道の嘆き：娑婆□の衆生ハしゆくしやまんニして□生修善根□是稀也何として是お□□くへきと）	たとい親をころし、子をかいし、堂塔をやき、十悪を成と言共、此功徳を頼れ六親に至迄、都率天に生へき也、	閻魔王筆を取、起請文ニ言若、信心有而六親の中に一人の順礼の輩有は、七世の父母六親に至迄むしゆの罪業を滅して、全く地獄におとすべからずと、石の札に書上、	順礼之日記閻魔王宮よりの石の起請文、	仏眼上人、聖空上人、得道上人、威光上人、賢密上人、能範法印、後白河法王、花山院、めいとには、ゑんま法王、くし□□しん、めいと此世に十三人、富士、浅間、戸隠、伊勢、熊野、賀茂、春日、	我前道者して三十三度参らんよりは、一度順礼の人おは、我三のきさはしにおりておかむへしと也、順礼にやとをかし、道を教へ、ゆひを指たる輩においても、十の徳有べし、本より一度順礼の人におゐてハ、六親眷属七世の／十の徳有べし	南法華寺蔵版木

9									春日、稲荷、祇園、惣じん大社も廿一社	父母至迄むしゆのさいせいうを滅し、全く地獄におとすへからす、		
10	「中山寺縁起」	元禄三（一六九〇）跋	徳道			有三十三所観音霊場、踏此地者不堕悪趣、		宝印、	花山院・仏眼・性空・弁光・良重・佑快			※性空は、閻魔王に「法華転読」に招かれ、衆生を救う方便に徳道に授けられた巡礼のことを教えられる、『伽藍開基記』
11	「巡礼之由来」	元禄三（一六九〇）刊	性空・花山院・仏眼・中山寺遍光・徳道	（閻魔王書写の三万部の金泥法華経の供養の導師に、性空を招く）	（法華経供養の布施として）	一度巡礼をなせる者ハ、譬十悪五逆の者成とも、忽消滅して現世にてハ災難をのがれ、未来は極楽往生仏果にいたるべきうたがいなし、	此言妄語ならハ我可堕地獄、	決判、		我前ニ三十三度来一たび順礼するともがらをハ我階を三ツくたりて可受礼、	一ニ七難即滅し、二ニ現世安穏未来成仏成へし、三ニ一生僧を供養するニ当べし、四ニ決定往生なるへし、五ニ子孫繁昌なるへし、六ニ愛敬を授るへし、七ニ悪念を退へし、八ニ家の内へ六観音やうがう有べ	『西国順礼道しるべ』国文学研究史料館蔵

	12
	『西国三十三所巡礼縁起』
	延享五（一七四八）
	熊野権現・性空
	ゑんま大王、いつさいのあくにんぢごくへゆくをなげき給ひ、こんでいのほけきやう一万部、悪ごうふかきもの、ためにくやう有、此きやうのだうし……しやうくう上人なり、
	（性空が閻魔王に乞う：ねがはくは、しやばのしゆじやう、やすやすと成仏いたすべきやうをしめし給へ）
	しやばに観音のれいち三十三所有、まつだいにいたりて、一たび順礼のともがらは、げんぜあんおん後生仏果にいたらん、此事もうごならば、十王ともにぢごくにおつべし、
	石に記文をかきつけおくり給ふ、
	花山院（熊野権現、性空の事績を告げる）
	わがまへに三十三度来らんよりは、一度順礼の人はわれきざ橋を三ツおりて礼をなすべし、
し、九ニ額と足のうらニ梵字有へし、十二所願成就なるべし、	一ツニハ三あくだうにまよわず、二ツニハりんじうの時正念なり、三ツニハ順礼する人の家には諸仏影向すべし、四ツニハ六くはん音のぼんじひたいに有べし、五ツニハふくちゑ円まんなるべし、六ツニハしそんはんじやうすべし、七ツニハ一生の間そうをくやうするにあたるべし、八ツニハふだらくせかいにしやうず、九ツニハひつじやうわうじやうすべし、十ニハしよぐはんじやうじゆすべし、
	※はじめ閻魔王は、布施として金泥法華経と曼荼羅を与えようとする、舞鶴市立図書館蔵

13	『西国巡礼手引案内』	宝暦元（一七五一）	熊野権現						花山院			
14	『西国巡礼歌円解』	寛政八（一七九六）跋	徳道		時末世におよぶゆへ、衆生ぢごくゆくもの芥子の粒のごとく、骨をやぶり髄へ透りて、苦患豈いふに忍びんや、	三十三所は閻魔王界の氏仏なり、この地を一度ふむものは、設ひ五逆罪の者といふとも遺すべからず、		鉄の判物	花山院・（仏眼）・性空			※仏眼は、熊野の化身仏眼禅師として言及あるのみ、
15	「書写山決定往生冥途石の縁起」	寛政十（一七九八）	性空	（閻魔王が）金泥の法華経三万部を書写し、供養の導師に吾開山上人を請じ給ふ、	（性空が‥衆生のたやすく成仏する品々を示し給へ）	ひとたび巡礼する人は、たとひ十悪五逆の罪ありとも速に消滅し、決定して往生すべし、		生身の観世音影向の石（閻魔王手ずから起請文を記す）・決判（「故ありて津国中山寺に納」）				※決定往生冥土石の開帳にあたっての縁起、仙岳院は、書写山の長吏坊、円教寺仙岳院蔵
	「秩父三十四箇所順礼観音縁起」	寛政十二（一八〇〇）写カ	性空、ちゝぶちんじゆ妙見大菩薩・同蔵王権現の御道引ましまして、善光寺の如来・熊野権現・倶生神・十王・花山の法皇・しやう空上人・春日の開山異空上	冥土より閻魔王・□□之開山聖空上人奉請、紺紙金泥の法華経四万部読誦、	（性空が布施に求める‥願は末世のしゆしやうのたすかる方便をなし給へ）	又しゆんれいいたしたる衆生は、七世の父母六親眷属まてみな無上菩提の仏果に至る、	一度順礼いたす輩は十悪五逆さい、又無量無業の罪なりとも、ことことくめつして、仏果菩提に至る事疑ひなきものなり、	石札		熊野の権現は、我か前へ三十三度の参詣より、一度順礼したる衆生には、三つのきだはしにおり、三度礼拝なし給ふへきとの御誓願也、	一つには三十二相をくそくして六観音のしゆぢをひたひに書付給ふ、二つには災難をのかれ、三つには生死のくりしみをのかれ、四つには子孫繁昌、五つには衆人あいきやう、六つに	「法性寺文書」『埼玉叢書』六

16	17
	『出雲順礼三十三所観音霊場記』a
	文化十（一八一三）序
人・白河の法皇・得道上人、良忠僧都	性空
	閻魔王万民の為に、十万部の法華経を金泥に書写し、其供養の導師（として）、
	（性空が閻魔王に乞う：娑婆一切衆生の慳貪邪見にして、曾而因果をしらす、故に悪業を造る事多くして地獄に堕つ、願くは方便を以救済仕給へ）
	（閻魔王が）罪ある衆生は、娑婆にて観音の道場順礼すれは罪消滅し、縦令十悪五逆の罪人たりとも、忽善所に生せんこと疑ひなし、
は三途のくるしみをのかる、七つには千僧供養にあたるへし、八つには火なん水なんをのかる、九つには往生して兜卒の内院にむまる、十には一々所願成就して補陀落世界に生すへし、又順礼には一夜の宿をかし一紙半銭をほとこしたるものまで十徳をあたへ給ふ、	
	※閻魔王と性空の問答、『冥途蘇生記』による、

18	『出雲順礼三十三所観音霊場記』b	文化十（一八一三）序	徳道		衆生死して地獄に堕る事芥子のことく、常に猛火の内に入骨を破り髄にとをし叫喚す、其苦患言語に述かたし、		一度霊場を踏たる者は、永く三悪道をまぬかれ、十悪の罪人も生せんこと疑ひなし、此事虚にして堕獄せは、吾及十王ともに彼か苦に代つて受ん、	宝印記文	花山院・仏眼			
19	「西国三十三所由来記」	天保十（一八三九）写	徳道・性空	「金泥の御経を一万部」供養の導師として性空・徳道	（性空・徳道が布施に求める‥願くはまづ世の衆生をたすくべき事こそのそミに候）		娑婆世界、日本に正じんの観音三十三躰おわします、彼の御前へ一度順礼したるともがらハ、たとひ十悪五ぎやくのつミとがを無量億こうが間作りたる者なりとも、地獄に落べからず、速に極楽浄土へ観音御ミづかられんげをさゝげ、速衆生を迎に来迎ゐんぢやうし給ふ、	（十王）名石の札をこしらゑ起請文をなされける、				※勝尾寺門前の布屋弥兵衛が、十万部施行を志して印行した縁起の写、東海学園大学哲誠文庫蔵
20	「西国卅三所巡礼の由来」	弘化二（一八四五）刊	徳道		此観音の浄土あることを衆生にしらしめ、観音の利益をうけて地獄の苦しみを受さるやうと、此事告しらすべき、		其地（観世音の浄土）へ一度巡礼したる輩は、地獄に落すまじ、	宝印	花山院（熊野権現の夢告）・仏眼			※熊野権現は仏眼ではない、『西国三十三所観音霊場記図会』

21	『西国三十三所縁起和讃』	慶応四（一八六八）刊	徳道	閻魔大王冥土にて、一百万部の法華経を、供養し給ふ、			一度巡礼する者は、悪趣に堕する事無と、閻魔の讃も宜也哉、	三十三所巡礼の、功徳を述て讃嘆の七字八句の御記文に、鉄の御判を居給ひ、	性空			高岡市立中央図書館蔵
22	「西国卅三番順礼縁起」	年未詳	熊野権現・性空	ゑんま大王一切悪人ぢごくへ行を嘆給ひて、金泥の法華経三万部かき、悪業づかきものゝために供養あり、此経の導師には、……しよしやのかいさんしやうぐう上人を召して、	（性空が布施に求める：ねがはくは、しやばの衆生やすく成仏いたすべきやうをしめし給へ）		一度順礼する人は、現世にては災難をのがれ、未来にてはたとひ十悪五逆の人成とも悪趣の苦をゆるし、必す極楽に往生せん、此事妄語ならば、十王もともに地ごくに落堕べし、	石に記文を書付てをくり（「中山寺のふもと」に納める）、	花山院	我前へ三十三度来らんより、一度順礼したる人は、われきざはしを三つをりて礼をすべし、	一ツニハ三あくだうにまよはず、二ツニハりんじう正念なるべし、三ツニハ順礼する人の家にはしよぶつゑいがうあるべし、四ツニハ六くわんをんの梵字ひたいにすはるべし、五ツニハふくちゑんまんなるべし、六ツニハしそんはんじやうすべし、七ツニハ一生の間僧を供養するニあたる、八ツニハふだらくせかいに生す、九ツニハ必ず浄土に往	※順礼案内記、熊野権現が性空に授けた順礼を花山院が復興、※法会の布施には、「金泥の法華経、同じくまんだら」、『西国三十三所順礼記』

22											生す、十二八しよくはんじやうじゆする也、	

№5・6・9・11・12・16・22は、巡礼の利益あるいは閻魔王の誓言と熊野権現の誓言を具備している。巡礼の利益あるいは閻魔王の誓言のみをもつ縁起は、№7・8・10・14・15・17・18・19・20・21となり、この二つを合わせればほぼ全すべの縁起が、いずれかの要素をもっているということになる。西国三十三所巡礼開創縁起は巡礼行の利益の呈示が必須のものであるといえよう。それでは、西国三十三所巡礼開創縁起を巡礼行の利益という側面からみると、

a　閻魔王により示された滅罪と往生という利益の呈示とその保証

を基本として、

b　閻魔王により示された巡礼行に対しての熊野権現による宣揚

という二点が縁起の基本的な構成であることがわかる。閻魔王が示した巡礼行の功徳を、閻魔王自らと熊野権現が二重に保証するという構造をもっているのである。これに付随して、『中山寺縁起』にみられるような巡礼の十徳や、巡礼者への施行の功徳がある。この利益の構造をもつ縁起の最初は№5の十五世紀末の『雑濫』所収「卅三所巡礼縁起之文」であり、縁起としてまとまった形であらわれるのは、№6の天文五年（一五三六）写の西国二十九番松尾寺蔵『西国霊場縁起』である。「卅三所巡礼縁起之文」において既に閻魔王の利益の呈示・熊野権現の誓言の要素を備えていることから、西国三十三所開創縁起は、資料的にみられる当初から、先に示した二点の利益を備えたものであったものとみることができるだろう。

このようにみると、中山寺縁起の特異性が浮かび上がってくる。中山寺縁起は、ａの閻魔王による巡礼行の利益の呈示・保証は存在するものの、ｂが存在しない。その代わりに、仏眼によってａの利益が再提示されるという形をとる。熊野権現による巡礼行の宣揚を欠いているのである。先に呈示したａ・ｂでいうと、中山寺縁起は、閻魔王と仏眼が共に巡礼行の利益をいい、閻魔王と仏眼の働きが重複している。すなわち、先のａ・ｂとの対比でいえば、ａ・a′という関係にあるといえよう。

表中の資料を分類すると、

(ア)ａ・ｂの二要素を持つ縁起は、№５・６・９・11・12・16・22となる。

(イ)中山寺縁起に類する閻魔王の利益の保証や誓言のみをもつ縁起は、№７・８・10・14・15・18・19・20・21となる。

(ウ)両方の要素をもたない縁起は、№１・２・３・４・13である。

さらに、開創者と関わる分類であり、(ア)・(イ)と重複するが、(エ)の分類を立てたい。

(エ)性空が法華経法会に招かれ、閻魔王から巡礼行を示されるという類型、№７・15・17がある。

年代順にみると、最初期の縁起の類型は(ウ)であり、十七世紀まででは、中山寺縁起を除けば(ア)、それ以降は(イ)となるという傾向がみえる。ただし、表には挙げていないが、年紀未詳の資料も多く、十七世紀で伝承の内容が(ア)から(イ)へ転換したとまではいいにくい。(ア)の類型から派生した秩父三十四所巡礼開創縁起は、近世を通じてａ・ｂの要素を保持し、変化しない。(イ)の中山寺縁起の類型が(ア)の類型を駆逐したという関係にはならないのである。傾向として、十八世紀以降、中山寺縁起の類型が広まっていったとみておきたい。

(エ)の類型の伝承は、閻魔王が法華経供養をおこなうというものである。№６を除けば、性空が主体となる縁起である。№14は、中山寺縁起に類する誓言をもつが、性空が閻魔王宮に法華経供養に赴き巡礼の創始者となるという内容であり、(イ)には含めない。この伝承が独立した縁起として記録されているものは多くはないものの、『出雲順礼三十三所観音霊場記』では、冒頭に独立したこの類型が、(イ)の類型と並立して掲載されており、(ア)の類型の一部としてではなく、独立した縁起として認識されていたことがわかる。

一方で、(ア)の類型となる№9・11・12・16・22、(イ)の中山寺縁起の類型となる№10・19にも、法華経の法会に関わる要素としてあらわれる。(エ)は、独立した縁起として存在しながらも、数量的には(ア)の類型と親和性をもちつつも、(ア)・(イ)の両方の類型の縁起と自在に複合可能性をもつという特異な立場にある伝承である。

(ウ)は、一類型を立てるというよりも、多くは、三十三所観音の供養に合わせて簡潔に三十三所巡礼について触れたものであり、記述が簡素であるが故に利益の要素をもたない資料である。但し、№13の縁起は、巡礼案内記に特徴的にみられる縁起であり、検討の余地がある。

さて、先述のaとbの二点を縁起のなかでどのように示すかという記述の方法として、西国三十三所巡礼開創縁起は「歴史的」な経緯のなかでそれを呈示する方法をとっている。まず徳道の蘇生譚によって、閻魔王からaの巡礼行の利益とその保証が示され、花山院と仏眼による巡礼の再興に伴って熊野権現からbの巡礼行の宣揚がおこなわれるということになる。

このような視点から№1～4、すなわち、資料としてあらわれる初期の縁起である「三十三所巡礼次第」「扶桑西州三十三所巡礼観音堂図記」「三十三所巡礼観音尊像開眼供養偈併序」「越前河合荘岩坂三十三所巡礼観音安座点眼法語」などをみると、いずれも巡礼の開創のみ(№1)、巡礼の開創と再興、そして現在の盛行(№2・3・4)というように、それぞれの縁起の作製当時へとつながる巡礼行の「歴史的」な枠組みを簡略に示している。一方で、№5「卅三所巡礼縁起之文」は、歴史的な側面はあまり考慮せず、巡礼行の利益の側面に着目した縁起であるといえよう。№1〜4の縁起が歴史的な経緯を簡略に描くにとどまっているのは、№2〜4は、そもそも縁起としての完結性を求めた記述ではなく、法要の際の法語などとして簡潔に三十三所巡礼の経緯に触れたものだからであると考えたい。また、その書き手が学僧や禅僧であり、滅罪や往生を希求する巡礼行者、あるいは、滅罪や往生を利益として宣揚し、庶衆を巡礼行へ誘おうとする宗教者たちとは距離をおいた立場[21]にあったことをその背景とみることもできよう。

三十三所巡礼の創始者の多様性についてみると、中世の縁起では、覚忠・威光・徳道と併存しているが、この縁起の根幹が、巡礼行の利益の呈示とその保証、宣揚にあるとすれば、巡礼の創始者は、松尾寺であれば松尾寺再興の名を想起させる、あるいは松尾寺再興者と混同した威光という人物を出すことによって自らの縁起としたい。あるいは、松尾寺の縁起との関連を示したいところであろう。一方で、「三十三所巡礼次第」は、歴史的に明確とはいえず、一種「荒唐無稽」ともいえる徳道創始、花山院再興という縁起に対して、三十三所巡礼行者として史料上明確な覚忠を据え直した記述とみたほうが適当ではないだろうか。もちろん、これによって、「三十三所巡礼次第」が記された時期に巡礼行者の主流であったとみられる修験[22]にとっては巡礼行者として自らの正当性を主張できたはずである。創始者の多様性は、a・bを基本的な構成要素とする㈠の類型の縁起が流布しており、それが縁起を用いる主体によって改変された結果であるといえよう。

三十三所巡礼開創縁起の「原体」を想定すれば、㈠の類型、すなわち、閻魔王と熊野権現の誓言をもつ縁起の内、№6『西国霊場縁起』から威光の部分を除いた縁起、そして、時代は下るが、№9「西国三十三所順礼縁起」の性空の法華経供養の部分、すなわち、㈤の類型を除いた縁起がそれに近いものだといえるのではないだろうか。

三　利益の面からみた西国三十三所巡礼開創縁起――中山寺縁起の特異性――

さて、先に『中山寺縁起』の特異性について指摘した。中山寺縁起は、熊野権現による巡礼行の宣揚という要素を欠いている。これによって、この要素の導き手となる仏眼の位置づけも変化してくる。

例えば、№9「西国三十三所順礼縁起」をみると、花山院が熊野に参籠すると、熊野権現から「熊野権現こそ仏眼上人とけんぢ」と告げられ、さらに、巡礼再興の後、花山院が熊野に参籠し、仏眼の姿を「今一度御姿拝立申さん」と祈念すると、社殿の戸が開き、

仏眼上人と申けるひちり、證誠殿の権現我なり、三界衆生ニ此巡礼をせさせ、衆生をたすけん為仏眼上人とけんし、法王の師匠となり、先達致也、我前道者して三十三度参らんよりは一度巡礼の人おは我三のきさはしにおりておかむへし、

と熊野権現が仏眼として現れた理由を述べ、巡礼行を宣揚する誓言をおこなっている。仏眼は、熊野権現との関わりのなかであらわれ、最終的に閻魔王の呈示した巡礼行を熊野権現として宣揚する誓言をおこなうというように、閻魔王に対して明確な対比関係をもって縁起のなかに存在しているのである。

一方、№8『中山寺縁起』のなかの仏眼は、花山院が戒師を求め長谷寺に参籠し、そこで仏眼上人のことを示される。また、その仏眼は「眼根甚光耀あり、是則仏眼上人にしてしかも熊野権現の化身となり」と述べ、仏眼上人が熊野権現の化身であることを「となり」と伝聞調で記している[23]。縁起の中での仏眼の働きも、熊野権現の誓言を導き出すには至らない。『中山寺縁起』では、仏眼の言葉は、

或は病根重疾の人、貧窮下賤のもの、一切の煩悩を除き大安楽を得、諸種の業厄を抜、各願成弁す、しかも信根の女人は行中必血穢なし、現在すら此のごとし、いはんや未来の福田何ぞはからん、

とあるが、閻魔王の「たとひ十悪五逆の人たりといふとも永三悪道に堕せじ」という言葉をより具体的・現世利益的に言い換えたものであるといえよう。仏眼を熊野権現と明確に位置づけ、閻魔王の誓言との対比のなかで熊野権現の誓言を導き出す縁起と比較すると、仏眼の働きは明快とはいいがたい。また、仏眼は、花山院と書写山の性空・中山寺の弁光とともに三十三所巡礼を再興するが、その後、仏眼は巡礼の威儀を定め、巡礼の十徳を示し、最後に、

若、善男子・善女人、数国の巡礼なりがたきものは摂州中山寺に到て法のごとく南門より三十三度運礼せよ、是又真の巡礼一同の功徳なりと云々、

と中山寺への巡拝を特に勧めているように、熊野ではなく、中山寺の信仰と密接に関わった形の記述もある。

さて、先に指摘した通り、№10の『伽藍開基記』所収「中山寺縁起」まで、すなわち、十七世紀までの縁起をみると、先ほど検討した、№1～4の縁起を除くと、閻魔王・熊野権現の誓言をもたない縁起は、№8と№10の中山寺の縁起と、№7の書写山女人堂の勧進のために作成された縁起である「西坂元巡礼堂勧進帳事」[24]だけである。「西坂元巡礼堂勧進帳事」は、先ほどエと分類した伝承として、これまで論じてきた西国三十三所巡礼開創縁起とは別の類型にある縁起だと考える[25]。故にこれを除くとすれば、中山寺縁起だけが熊野権現の誓言を欠いているということになる。

№8『中山寺縁起』をみると、仏眼を熊野権現の誓言の導き手とせず、一方で、仏眼に中山寺の霊験を宣揚させている。また、巡礼の再興者のなかに中山寺の弁光を加え、特に弁光は、仏眼から「弁光に附て永く中山寺に留れり」という「三十三所の霊像」の「図板」を安置して名号を唱えるという行をおこない、頓滅、蘇生するというように、三十三所巡礼に関わる中山寺僧として特別の存在に描かれている。

さらに『中山寺縁起』では閻魔王が巡礼行の利益を保証する誓言につづいて、二―2で引用の波線部「極楽中心中山寺　上宮建立巡礼所……」の偈を閻魔王が示す部分がある。これは中山寺縁起に顕著な特徴である。この偈は、極楽の中心である中山寺が聖徳太子の建立であり、中山寺の本尊は聖徳太子が前世舎衛国において一刀三礼して刻んだものであることを述べ、本尊がこの土にあって衆生を済度しているといった内容である。

中山寺の本尊については、『中山寺縁起』の前半部に「太子先世舎衛国に生たまふ時、一刀三礼に彫工せられし十一面大士」とみえる。また、「極楽中心中山寺」という信仰は、聖徳太子自作とされる、享禄元年（一五二八）写の『中山寺建立縁起』(26)にみえる。ここでは「即当山者、相当極楽中心故、因茲号仲山寺」と述べられている。この縁起は、聖徳太子が中山寺を建立した経緯とその利益を述べ、中山寺の興隆を命じたという形式をとっている。この縁起のなかにおける観音信仰は、いうまでもなく太子が救世観音の化身であるというところから発したものであり、三十三所巡礼とは直接の関連をもっていない(27)。聖徳太子創建寺院としての中山寺の伝承であり、本来は西国三十三所巡礼とは関係のない伝承である。

ところが、『中山寺縁起』のなかにおいて、「極楽中心中山寺　上宮建立巡礼所……」という偈を閻魔王が中山寺を讃歎するなかで述べることによって、「極楽中心」という文言は、中山寺の観音信仰を宣揚するとともに、巡礼行による極楽往生という巡礼行の利益の文脈のなかで捉えられることとなったのである。現在、中山寺の閻魔天供の際に中山寺から施与されている「御印文」というものがある。宝珠様の朱印の下に徳道によって先の「極楽中心中山寺」の偈が記されている。朱印は、閻魔王より与えられた印であり、徳道による偈とともに、まさに巡礼行の利益を保証するものとして機能しているのである(28)。

中山寺は、「搏桑西州三十三所巡礼観音堂図記(29)」にも徳道が閻魔王の宝印を「摂之中山寺」へ納めたというように、諸縁起に早くからその名がみえるように、西国三十三所巡礼開創縁起のなかで重要な位置を占める寺院である。一方で、西国三十三所巡礼開創縁起としては、遅くとも近世初頭の段階で独自の展開をとっているのである。

その独自の展開とは、他の縁起と比較すれば、先に(ア)と整理した縁起にみえるような仏眼上人を熊野権現の化身として、熊野権現による巡礼行の宣揚ということをあえて避けているという点にある。すなわち、中山寺縁起は、熊野信仰の側面からの巡礼行の宣揚を回避し、一方で中山寺にあった太子信仰を巧妙に取り込み、西国三十三所巡礼の縁起の形をとりながらも、中山寺の霊験を特に宣揚しようとしているのである。

四　西国三十三所巡礼開創縁起の母体

西国三十三所巡礼開創縁起の中核となるものは、

a　閻魔王により示された滅罪と往生という利益の呈示とその保証

b　閻魔王により示された巡礼行に対しての熊野権現による宣揚

であるとした。そのようにみると、中山寺縁起は熊野権現の巡礼行の宣揚を回避しているという点において特異な縁起であることも明らかとなった。それでは、中核となる二要素をもつ縁起の母体となる集団を想定することは可能であろうか。これについては、やはり三十三所巡礼の創始者・再興者について考えなければならないであろう。そのなかでも、中山寺縁起において、他の縁起と大きく扱いの異なる仏眼に注目せざるをえない。

仏眼は『西国霊場縁起』に、「河内国石川郡磯長威光太子廟所に被遣、何とハ不知乞食の沙門」とあり、「西国三十三所順礼縁起」に、「河内ノ国石河之郡磯長ノ里太子殿にましします」とあり、『中山寺縁起』には「内州石川寺の僧仏眼」とある。現在の大阪府南河内郡太子町にある磯長山叡福寺の僧であったということになる。「威光太子廟所」「太子殿」とは、いうまでもなく叡福寺境内にある聖徳太子の廟所のことである。

この仏眼を開基とするのが同じく太子町葉室にある仏眼寺である。仏眼寺は、早く至徳四年（一三八七）の「足利義満山田下庄田畠寄進状」などの文書に[30]「河内国石川仏眼寺」とその名がみえる。歴史的にみると、十四世紀後半には足利将軍家の保護を受ける在地の有力な寺院であったようである[31]。近世には、三十三度行者と呼ばれる西国三十三所巡礼を三十三度おこなうことを行とする巡礼行者の内、葉室組と呼ばれる集団の拠点となっていた寺である。安政五年（一八五八）の三十三度巡礼供養の奉加帳[32]には、

夫三十三度順礼の濫觴ハ、元正皇帝御宇、和州長谷寺の開山徳道上人、養老二年（ママ）十五日入滅のとき閻王に此道をつたはり玉ひしより此かた、寛和のころほい仏眼上人、其跡をしたひて、忝も花山院御年十九歳にして法皇とならせ玉ふ、則戒師先達として、ともに三十三所を巡幸したまひけるとなん、夫よりして此法をおこたらず誠ニ大士方便の一端なり、

とあるように、仏眼が花山院とともに巡礼をおこなって以降、現在に続いていることが述べられる。

仏眼寺に関する縁起は複数残されているが、近世末の「仏眼寺略縁起」[33]には、「ことにとうざんハ三十三処くわんおんの権輿のれいじやうなり」とあり、

（熊野は）ほんてうだい一のれいざんにて、ひとたびかの山にあゆミをはこぶともがらハ、（ざ脱カ）ひごうしやうめつして、こくらくじやうどにみちびきたもふべき、との御せいぐわんなり、すなハち当山にしきしんの出現し玉ふ、ぶつがん上人と申ハ、かのくまのごんげんといつたいふんしんにましまして、……、澆季のしゆぜう罪障いたつてふかきゆへにぢごくにおつる事をかなしませ、像末のしゆじやうくまの山にあゆミをはこびがたきともがらをたす

けんと、とをきかのちよりとうざんにくまのごんげんやうごうましましてぶつがん上人とあらハれ、

とあるように、熊野権現による仏眼寺への参詣者に対する極楽往生の誓言と仏眼上人が熊野権現としてこの地にあらわれたということを述べている。「三十三処くわんおんの権輿のれいじやう」というが、先ほどの「奉加帳」にあるような三十三所巡礼に関する伝承は記されていない。

文政四年（一八二一）写の「廻国縁起」(34)では、西国三十三所巡礼の創始については触れられず、弘徽殿の女御を失った悲しみから花山院が出家をする場面から説き起こされる。そして、

法皇、僧正のいさめにより御修行ましまして初瀬寺にまいらせ給ひけるに、徳道上人出現して奏し申けるは、「むかし霊場記をあらはし、石櫃におさめ、紫雲山仲山寺にかくし申き、性空に尋させ給へ」とて、たちさりぬ、（中略）性空稀有のおもひをなし、神通をもつて即霊場記を捧てゐいらんあるに、（中略）法皇よろこはせ給ふて性空の徳をたうとひ給ふ、

さて、熊野へまいらせ給ひ、三所の権現を礼し、此所にしはしか程おはしましけり、其比河内国石川郡より仏眼上人とて聖来り侍るよしを聞召てめされ、教化説法あれと仰られしに、上人教示申てたちまち其身より光りをはなつてとひさりぬ、法皇、上人にふたたひあはせ給はむ事を権現に祈申させ給ひけれは、或夜、宝殿のとひらひらき、上人の姿をあらはし給ふ、（中略）

とあるように、未詳の「僧正のいさめ」によって長谷寺で修行する花山院のもとに徳道があらわれ、「霊場記」を示される。霊場記とは、三十三所の霊場記であろう。花山院は、それを性空を介して披見し、その後、熊野権現に参拝する。そこで熊野権現の化身である仏眼上人と出会う。

縁起では、この後、巡礼中の奇瑞が箇条書きで記される。但し、西国三十三所の霊場のみならず、比叡山や宗像社、

市屋道場金光寺などでの霊験も記され、西国三十三所巡礼の伝承に回収されがたい伝承をも含んでいる。西国三十三所巡礼の開創縁起としてみた場合は、巡礼再興の一件は、中山寺の縁起を踏襲しているが、一方で仏眼を熊野権現の化身としている。しかし、仏眼は花山院の戒師とはされておらず、先に整理したような三十三所開創縁起の類型からは外れている。書き出しの唐突さも含めて、原態からはかなり崩れたものか、伝承の継ぎ合わせのように見受けられる。

この縁起は、奥書に、藤原信兼の作の縁起を元禄八年(一六九五)に藤原基董が書写したものであること、さらに、元禄十年に花山院持実が旧本を繕い筆写したこと、外題は花山院定誠が書いたことを記している。この縁起には、花山院家から割符が発行されており、原本は花山院家に保管されていたことがわかる。(35) いわば、花山院家と三十三度行者の関係を示し、三十三度行者の存立の基盤を明かす近世における根本縁起である。

明治期の「廃仏眼寺再興勧進状写」(36)には、

養老年間、大和国長谷寺の開山徳道上人西国順礼せしを濫觴にて、以来中絶すること二百四十余年、後寛和年間、仏眼上人其廃跡を嘆き、花山帝御落飾の得度の戒師たる縁故に因り、指導先達と為りて潜幸の供奉し、西国巡礼の法道を再興し、法皇の御誓願にて仏眼師の草庵の側に堂宇を建立し、仏眼師を以て開山とす、

とあり、仏眼寺が花山院の誓願によって開かれたことを述べる。西国三十三所巡礼に関する伝承も一般的なものである。なお、近世の仏眼寺は叡福寺の末寺(37)であった。

「廻国縁起」は、少なくとも元禄期まで遡ることができる縁起であり、近世の三十三度行者にとって根本となるべき縁起でもあったが、その時点の仏眼寺、すなわち、三十三度行者の保持する西国三十三所巡礼に関する伝承は、これまでみてきたような西国三十三所巡礼開創縁起と比較すると、断片的ともいうべき伝承である。(38) それは、「仏眼寺略縁

起」においても同様であり、幕末の「奉加帳」などにおいてようやく既存の縁起と同様の体裁をとることになる。近世の三十三度行者のもつ西国三十三所に関する伝承は、仏眼が熊野権現の化身であるという以上にまとまったものではなかった。

一方で、叡福寺の末寺であり、仏眼上人の名をもつ仏眼寺、そしてそこに拠点をもつ三十三度行者と、西国三十三所巡礼開創縁起は、無関係なものであるということもできない。

既に明らかとなっているとおり、仏眼寺に拠った三十三度行者は、もと熊野那智の本願であった那智阿弥を起源としているからである。小嶋博巳氏(39)は、三十三度行者の過去帳を分析し、那智本願の衰退のなかで、

従来那智山をはじめとする霊場寺院にある意味で依拠し、おそらくはその本願＝穀屋的な寺坊に身を寄せつつ活動していた巡礼行者が、そうした関係を離れ、特に紀伊・河内・和泉を中心とする地方の有力農民を、さらには村落のより広い階層を基盤とする活動スタイルを、この時期(十七世紀半ばの万治・寛文ころ：筆者注)に作りあげつつあったことを示していよう。

と述べ、「江戸前期にはこれら霊場寺院に籍をもつ宗教者を中心としていた行者集団の構成が、やはりこの頃(十七世紀半ばの万治・寛文ころ：筆者注)を境に変化し、そうした勢力が完全に後退して一般の在家出身者に取って代わられてゆく」と、行者集団の性格自体の大きな転換を指摘する。この小嶋氏の論に従えば、「近世的な三十三度行者」の保持する縁起と「中世的な三十三度行者」の保持する縁起の不連続性も理解可能だろう。閻魔王と熊野権現の誓言をもつ縁起は、「霊場寺院に籍をもつ宗教者を中心としていた行者集団」すなわち、「中世的な三十三度行者」によって保持され、伝播された伝承とみることができよう。

三十三度行者は、近世には熊野本願の衰退により熊野を離れ、仏眼寺に拠点を移したが、中世にあっては、那智一

山の社殿修造を担う七本願所の一つ那智阿弥の下で活動していた。那智阿弥の史料上の初見は根井浄氏によると、享徳元年（一四五二）であるとされ[40]、その本願としての活動が明確になるのは、文亀三年（一五〇三）の売券[41]となる。ここでは如意輪堂本願正竹が、「日過」とする屋敷地を三貫文で買得している。『本願中出入証跡之写別帳』壱[42]では、那智阿弥の住持の内、弁阿・良弁・道印・宥円・宥春・祐幸が上人号を名乗っていたという。豊島修氏は、那智阿弥の初代を弁阿とし、祐幸まで六代の住持が続いたと考え、祐幸は天正十五年（一五八七）の造営の際に活躍しており、そこから六代を遡って室町初期に那智阿弥が成立したという[43]。太田直之氏は、この年代の成立には否定的であるが[44]、少なくとも祐幸以前に六人の住持の存在があるとすれば、那智阿弥の存在を室町中期までは遡らせることはできるだろう。

さて、三十三度行者の起源はさだかではなく[45]、近世以前の三十三度行者の様態も不明である。しかし、西国三十三度巡礼開創縁起は、十五世紀前半からその姿をみることができる。この頃には那智阿弥のもとに三十三度行者が活動するようになっていたのであろう。西国三十三所を三十三度巡礼するという苦行をおこなう巡礼行者たちは、一方で、那智本願那智阿弥の下で那智の修造勧進を担う勧進僧でもあった。また、その出自は、葉室組に伝わる過去帳をみる限り、札所寺院であった[46]。彼らは、西国三十三所巡礼の利益として滅罪・往生を説き、その行を自らが属する熊野権現によって宣揚するという縁起を生み出した。『中山寺縁起』には、仏眼上人の言葉として次のようにある。

いとまあらざるものは他人に財産を与へて其人をして巡礼せしむべし、家まつしく財乏族は、大慈名号の箇を行者に付して彼霊場に納、財産供仏己が力にまかすべし、又は乞食の至便を求て行ずべし、

西国三十三所巡礼が専門の宗教者によってもっぱらおこなわれるものであれば、彼らにとってその意義は自明のはずであり、ことさらに利益を説く縁起は必要なかったであろう。民衆がようやく西国三十三所巡礼に赴きはじめた室町中期、民衆を巡礼行者としての自身に結縁させ、巡礼の利益を以て民衆に巡礼行を勧めるには第一にその利益を明

らかにし、それを宣揚する必要があったはずである。その一方で、絶大な利益をもった西国三十三所巡礼にもかかわらず、「いとまあらざる者」あるいは、「家まつしく財乏族」のために代参をおこなうことを勧進の手段とした三十三度行者の姿を見出すことができようか(47)。

おわりに

西国三十三所巡礼開創縁起は、いくつかの類型があるが、その原体は、巡礼行の利益を閻魔王による滅罪と往生の保証、熊野権現による閻魔王の示した巡礼行の宣揚という二重の構造をもった縁起であった。これを人物に着目すれば、仏眼を明確に熊野権現の化身と位置づけるという特徴をもった縁起である。この縁起の成立には、那智阿弥のもとに活動した三十三度行者の勧進活動が背景にあるとみられる。この三十三度行者の活動を背景として成立した縁起、すなわち先に(ア)の類型とした縁起を三十三度行者系と呼ぶことにしたい。三十三度行者系の縁起は、秩父三十四所巡礼開創縁起の元となった伝承でもあり、近世を通じてその存在をみることができる。

一方、近世初頭に成立したとみられる『中山寺縁起』では、熊野権現による巡礼行の宣揚の要素を除く一方で、中山寺固有の伝承を組み入れ、独自の展開をみせている。人物に着目すれば、仏眼を熊野権現の化身と明確に位置づけることを避けているという特徴をもった縁起である。十七世紀以降、中山寺縁起は、三十三度行者系の縁起に比較して主流を占めるようになり、現代においては西国三十三所巡礼開創縁起として標準的な縁起となっている。この縁起、すなわち先に(イ)と整理した類型の縁起を中山寺縁起系と呼ぶことにしたい。

さて、三十三度行者系の縁起は、本来、個別の札所寺院に付属する縁起ではなかった。三十三度行者という巡礼行者のおこなっている巡礼行についての縁起であり、すべての札所に共通する普遍的な縁起である。彼ら三十三度行者は常に三十三所巡礼を続けているのであるから、彼らの保持した縁起は個別の札所においても三十三所巡礼の縁起として共有されたであろう。一方で、三十三度行者は、札所寺院を主な出自とする者たちであり、場合によっては、特定の札所寺院の勧進活動とも関わることもあったと想定される。あるいは、札所が勧進のためにこの縁起を用いることもあったであろう。そのようななかに松尾寺の『西国巡礼縁起』などを位置づけることが可能であろう。

一方、『中山寺縁起』は、三十三度行者の縁起を主体的に自らの寺院の縁起としたものであり、松尾寺の『西国巡礼縁起』と比較すれば改変の意図はより強いものとなっている。中山寺は、資料上のごく早い時期から西国三十三所巡礼開創縁起のなかにあらわれており、三十三度行者系縁起の成立以前より独自の伝承をもっていたか、三十三度行者の活動のなかでも特別の位置にあった札所ということができるかもしれない。そういった背景はあるにせよ、中山寺は、近世初頭に三十三度行者の保持する伝承を用いながら、独自の縁起を作り出したのである。そして、この縁起が十八世紀以降流布することとなる。

この改変の時期は、小嶋氏が指摘する三十三度行者が近世的な三十三度行者へと変容する時期に符合する。西国三十三所巡礼が民衆にとって周知のものとなり、三十三度行者の活動の主体も活動の基盤も紀伊・河内・和泉地域の民衆を基盤としたものとなれば、巡礼行の創始と利益を述べた普遍的な縁起は不要となるだろう。近世の三十三度行者の保持する縁起が断片的で、まとまりのないものとなっているのは、主体の変容に加えて、もはや確固とした縁起が不要なほどに巡礼行が民衆に浸透していたということにほかならない。また、三十三度行者系の縁起が十八世紀以降、年紀のある資料においては主流ではなくなっていくのは、三十三度行者の活動が那智本願や札所を基盤としなくなったことによって、三十三所巡礼の普遍的縁起の担い手がなくなったからといえるだろう。

そうなれば、西国三十三所巡礼開創縁起は、札所を中心としたものとなる。とりわけ中山寺は、巡礼の創始と深い関わりのある伝承を保持する寺院であるから、中山寺縁起系の縁起を西国三十三所巡礼開創縁起として用いるのは無理からぬこととといえよう。但し、巡礼の開創と中山寺が関わる伝承は、初期の資料からみえる伝承である。中山寺縁起系・三十三度行者系の伝承に先行する原縁起が存在したことも想定されるが、その検討は今後の課題としたい。

最後に、この二系統の縁起に加えて、性空が西国三十三所巡礼の開創に関わる縁起がある。すなわち、先に㈱と整理した縁起である。この系統の縁起は、独立した縁起が存在する一方で、三十三度行者系・中山寺縁起系の両系統の縁起と組み合わされてあらわれるなど特異な伝承である。この系統の縁起については、本節考では取り扱うことができなかった。この系統の縁起と三十三度行者系・中山寺縁起系の縁起との関連を明確にすることによって、西国三十三所巡礼開創縁起の展開過程がより明確となるであろう。今回取り扱わなかった無年紀の縁起を含め、西国三十三所巡礼開創縁起の全体像を明らかにしていきたい。

註

（1）岡田希雄「西国三十三所観音巡拝攷続貂」（『歴史と地理』二一―四～六、二二―三～六、史学地理学同好会、一九二八年）。
（2）五来重『遊行と巡礼』（角川書店、一九八九年）。
（3）近藤喜博『四国遍路研究』（三弥井書店、一九八二年）。
（4）恋田知子「『西国巡礼縁起』の展開」（『巡礼記研究』三、巡礼記研究会、二〇〇六年。同『仏と女の室町―物語草子論―』笠間書院、二〇〇八年に収録）。

(5)　井阪康二「西国三十三所観音巡礼信仰と中山寺の地獄極楽信仰との関わり」(『久里』二三、神戸女子民俗学会、二〇〇九年)。

(6)　井阪康二「西国三十三所観音巡礼信仰と秩父三十四所観音巡礼信仰と善光寺如来」(『御影史学論集』三六、御影史学研究会、二〇一一年)。

(7)　『枝葉抄』(稲垣泰一・馬渕和夫「『枝葉抄』翻刻並解題(一)」『研究紀要』二〇、醍醐寺文化財研究所、二〇〇五年)。

(8)　文安三年(一四四六)成立の『壒囊鈔』「三十三所《ノ》観音事」にも同種の縁起が記されている。

(9)　『竹居清事』(『続群書類従』十二輯上)。

(10)　『雑濫』(宮内庁書陵部編『伏見宮家九条家旧蔵諸寺縁起集』明治書院、一九七〇年)。

(11)　『西国霊場縁起』(浅野清編『西国三十三所霊場寺院の総合的研究』中央公論美術出版、一九九〇年)。

(12)　「西国三十三所順礼縁起」(浅野編　註(11)前掲書)。

(13)　『唱念観音本朝霊験紀』東海学園大学哲誠文庫蔵。

(14)　『縁起雑説』については未詳。

(15)　稲垣・馬渕　註(7)前掲論文。

(16)　恋田　註(4)前掲論文。

(17)　なお、『縁起雑説』を引用した伝承にみられる、「妻子王位財眷属……」という偈の出典は、慈心坊尊恵『冥途蘇生記』中の偈であり、本来は、尊恵が閻魔王から授けられたものである。この伝承は、摂津有馬温泉の温泉寺縁起の展開のなかに位置づけるべきものであるとみられるが、考察は別稿に譲りたい。

(18)　西国三十三所札所会編『西国三十三所結縁御開帳公式ガイドブック』(講談社、二〇〇八年)。

(19)『中山寺縁起』(『続群書類従』第二七輯下)。
(20)徳道あるいは性空を超越的な存在と仮定すると成立するだろうが、歴史的に実在の性空は十世紀、徳道は八世紀前後の人物であるから、この設定は単純には成立しない。
(21)No.4「越前河合荘岩坂三十三所巡礼観音安座点眼法語」は、威光を長谷寺の僧としているが、No.6の『西国巡礼縁起』にみえるように、威光と長谷寺の徳道は別である。長谷寺の徳道と威光を混同しているとみられる。伝承についての知識も未消化な部分がみえる。
(22)新城常三『新稿社寺参詣の社会経済史的研究』(塙書房、一九八三年)。
(23)中山寺には、天文十三年(一五四四)銘の「西国三十三所本尊御影」の版木が蔵されている。この御影の上部に西国三十三所巡礼開創縁起が簡略に書かれている。歴史的経緯だけの縁起であるが、ここで仏眼は「熊野ノ権現、仏眼上人ト現給テ」とあり、明確に仏眼＝熊野権現と位置づけられている。中山寺においても、遡れば、仏眼を熊野権現と明確に位置づけた縁起が用いられていたことが推測される。
(24)「西坂元巡礼堂勧進帳事」(『円教寺長吏実祐筆記』〔『兵庫県史』史料編中世四〕)。
(25)これは、性空の法華経書写伝承との関わりで論じるべき縁起であると考えるが、論証は別稿に譲りたい。
(26)『中山寺建立縁起』(『兵庫県史』史料編中世四)。
(27)井阪康二氏は、「中山寺の聖徳太子と極楽中心の信仰について」(『御影史学論集』三二、御影史学研究会、二〇〇七年)において、四天王寺の西門信仰との関連のなかでこの伝承を捉えている。
(28)「御印文」に添えられた解説によると「極楽行きのパスポート」とされている。閻魔天供は、例年二月十六日におこなわれ、参拝者は、宝印を額に頂くことができる。

(29)「搏桑西州三十三所巡礼観音堂図記」および、「三十三所巡礼観音尊像開眼供養偈併序」「越前河合荘岩坂三十三所巡礼観音安座点眼法語」は、いずれも禅僧の手によるものであるが、閻魔王から与えられた宝印の記述は極めて似たものとなっている。この三者に共通の縁起あるいは、相互の参照関係があるのかもしれない。

(30) 壺井家文書。小嶋博巳編『西国巡礼三十三度行者の研究』(岩田書院、一九九三年)。

(31) 澤博勝「葉室組の支配について―近世公家家職論の視点から―」(小嶋博巳編『西国巡礼三十三度行者の研究』)。

(32) 壺井家文書「奉加帳」。『企画展見学資料―古文書等の翻刻―』(竹内街道歴史資料館、一九九八年)所収。なお、壺井家文書は、小嶋博巳編『西国巡礼三十三度行者の研究』に目録と主要史料の翻刻が紹介され、一九九八年の竹内街道歴史資料館の企画展「西国巡礼と葉室組行者―三十三度の旅の祈り―」に伴って刊行された『企画展見学資料―古文書等の翻刻―』においても、未翻刻の史料を含めて紹介されている。

(33) 壺井家文書(『企画展見学資料―古文書等の翻刻―』)。

(34)「廻国縁起」(『西国巡礼三十三度行者の研究』)。外題は「花山法皇西国順礼草分縁記《ママ》写」。

(35) 壺井家文書「巡礼縁起割符」(『西国巡礼三十三度行者の研究』)。

(36) 壺井家文書「廃仏眼寺再興勧進状写」(『西国巡礼三十三度行者の研究』)。

(37) 壺井家文書、享保十年(一七二五)「仏眼寺住持快円證文」、享保二年「譲證文之事」等(『西国巡礼三十三度行者の研究』)。

(38)「廻国縁起」の西国三十三所巡礼に関する伝承は断片的ともいえるものであるが、一方で列挙された花山院に関する伝承は、独自のものが多い。この伝承の分析をすすめることで、三十三度行者の性格をより明らかにできるのではないかとみられるが、今後の課題にしたい。

(39) 小嶋博巳「近世的三十三度行者の形成」(『西国巡礼三十三度行者の研究』)。

(40) 根井浄『補陀洛渡海史』(法藏館、二〇〇一年)。
(41) 米良文書(『熊野那智大社文書』二)。
(42) 『本願中出入証跡之写別帳』(熊野本願文書研究会『熊野本願所史料』清文堂、二〇〇三年)。
(43) 豊島修「中世末期における熊野那智本願について―青岸渡寺文書を中心に―」、同「西国巡礼聖の一資料―熊野那智山の三十三所巡礼行者を中心に―」(『熊野信仰と修験道』名著出版、一九九〇年)。
(44) 太田直之「熊野三山本願所の成立―中世後期の「勧進」像解明に向けて―」(『中世の社寺と信仰―勧進と勧進聖の時代―』弘文堂、二〇〇八年)。
(45) 豊島　前掲註(43)や小嶋　前掲註(30)が指摘するように、霊山への三十三度巡拝を背景とする熊野への三十三度巡拝を起源とした行であろうが、その創始は未詳である。
(46) 豊島は、三十三度行者の起源は、遊行の時衆が那智阿弥を拠点として定着したものとみる。「廻国縁起」には、市屋道場金光寺などでの奇瑞も記されており、伝承面からも時衆との関わりは指摘できる。
(47) もとより苦行としての巡礼行をおこない、滅罪と往生の利益を体現した行者にはそれ自体に聖性が見出されたはずであり、彼ら自身への結縁の功徳があったことは間違いないだろう。

第三節　西国三十三所巡礼開創縁起における法華経供養譚

はじめに

西国三十三所の始まりを述べた縁起——ここでは西国三十三所開創縁起と呼ぶ——は、一般的に知られるところでは、長谷寺の開山徳道上人が、閻魔王から巡礼のことを教えられ、巡礼者は十悪五逆の者であっても地獄へおとすことはないという誓言と証拠の印文を得て巡礼が開創された。その後、巡礼は退転するが、花山法皇が仏眼上人に巡礼のことを示され、性空上人らとともに復興したという内容をもつ縁起である。この西国三十三所巡礼開創縁起は、十五世紀以降、近世にかけて多くの資料が残されているが、第二節において、これらの縁起は、閻魔王と熊野権現の誓言の有無に着目することによって大きく二つの類型に分けることができることをみた。

第二節で明らかにしたように、現在、一般に知られる西国三十三所巡礼の開創縁起である閻魔王の誓言だけをもつ縁起は、中山寺の縁起に特徴的にみられる縁起であり、中山寺系と分類できる。一方で、閻魔王と熊野権現の両者の誓言をもつ縁起があり、これは三十三度行者系と分類できる。そして、三十三度行者系の縁起が西国三十三所巡礼の創始縁起の原体である。この三十三度行者系の縁起から中山寺縁起系が派生するのである。この二つの系統の縁起に加えて、閻魔王宮において法華経供養がおこなわれ、閻魔王によって性空あるいは徳道、あるいはその両者が法会の導師として招かれる。そして、供養の布施として閻魔王から三十三所巡礼のことを示されるという縁起がある。この縁起は、独立した縁起として資料上にあらわれることもあるが、多くは、先にみた中山寺縁起系や三十三度行者系の縁起と複合してあらわれるという特徴をもった縁起である。第二節でみたように西国三十三所の縁起としても多くの資料にみられる。また、第一節でみたように、秩父三十四所巡礼開創縁起においては、「長享番付」(1)に、

此意趣者、性空上人冝(冥)途被請七日御説法あツて、一百三十六地獄罪人御たすけあツて、炎魔王より布施に給ハツて、第一秩父巡礼、二番坂東巡礼、三番西国巡礼あり、

とあり、あるいは、『新編武蔵風土記稿』(2)に、

播磨国書写山性空上人閻王の招によりて、獄中に妙典一万部を誦し、獄中の罪人其声を聞もの悉く浄土に生ると、閻王歓喜の余り、くさ〴〵の珍宝を与へ、且は衆生済度の為に、今に人の知らざる秩父順礼のことを示し、功徳あるの證にとて石札を性空に与へて誓をなす、

とあるように、性空が閻魔王宮に法華経法会に招かれたことによって秩父三十四所の巡礼行がはじまるという秩父観音巡礼の創始伝承となっている。この秩父の伝承は、全体として西国三十三所巡礼開創縁起の影響を受けたものであることは第一節でみたとおりである。また性空の閻魔王宮での法華経供による巡礼の将来伝承は西国三十三所のみならず、地方の移し巡礼の縁起としてもみられ、地域的な広がりをもつ伝承でもある。この開創伝承は、やはり西国三十三所巡礼開創縁起の一類型として考察する必要があるだろう。本節では、西国三十三所開創縁起中にみられる法華経供養譚について、まず、西国三十三所巡礼開創縁起のなかでその位置づけを考え、その後、温泉寺清涼院縁起との関わりのなかで捉えていくことを試みたい。

一　法華経供養譚をもつ西国三十三所開創縁起

法華経供養譚をもつ西国三十三所巡礼開創縁起を第二節の表から抽出すると表1のようになる。単独であらわれるものは、No.7・15・17などがみられる。三十三度行者系の縁起と複合してあらわれるものは、No.9・11・12・16・19・22などであり、中山寺縁起系の縁起と複合してあらわれるものは、10などがみられる。多くの場合、他の系統の縁起と複合してみられる伝承であることがわかる。

表1　性空蘇生譚を持つ西国三十三所巡礼開創縁起

No.	資料名	年代	類型
7	「西坂元巡礼堂勧進帳事」	天正17(1589)	単独
9	「西国三十三所順礼縁起」	寛文7(1667)	三十三度行者系複合
10	『伽藍開基記』所収「中山寺縁起」	元禄3(1690)跋	中山寺系複合
11	「巡礼之由来」	元禄3(1690)	三十三度行者系複合
12	『西国三十三所巡礼縁起』	延享5(1748)	三十三度行者系複合
15	「書写山決定往生冥途石の縁起」	寛政10(1798)	単独
16	「秩父三十四箇所順礼観音縁起」	寛政12(1800)写カ	三十三度行者系複合
17	『出雲順礼三十三所観音霊場記』a	文化10(1813)序	単独
19	「西国三十三所由来記」	天保10(1839)写	三十三度行者系複合
22	「西国卅三番順礼縁起」	年未詳	三十三度行者系複合

1　三十三度行者系の縁起と複合した縁起

先ほども引用し、第一節でも詳細に検討したように、文政十三年(一八三〇)に幕府に上程された武蔵国の地誌『新編武蔵風土記稿』にみえる縁起では次のようにある。

抑、播磨国書写山性空上人閻王の招によりて、獄中に妙典一万部を誦し、獄中の罪人其声を聞もの悉く浄土に生ると、閻王歓喜の余り、くさ〴〵の珍宝を与へ、且は衆生済度の為に、今に人の知らざる秩父順礼のことを示し、功徳あるの證にとて石札を性空

に与へて誓をなす、

性空が閻魔王に招かれ、地獄において法華経一万部を読誦し、その布施として秩父三十四所の巡礼行を示されたという。

No.9西国第六番南法華寺(壺阪寺)蔵の寛文七年(一六六七)の銘をもつ「西国三十三所順礼縁起」(3)では、以下のようにある。

抑《そも〳〵》大日本国播磨国書写山之《だいにつほんごくはりまのくにしよしやさんの》開山《かいさん》に聖空上人《しやうくうしやうにん》、金粉《きんふん》の法花経《ほつけきやう》を一万部《まんぶ》書写《かきうつし》、閻魔《えんま》王宮《わうぐう》に納《おさめ》、閻魔《えんま》王僧《わうぞう》を集《あつめ》読誦《とくじゆ》して言《いはく》、供養《くやう》ノ導師《だうし》に仏菩薩《ぶつぼさつ》むやくなり、大和国長谷寺《やまとのくにちやうこくじ》ノ開山得導上人名匠《めいせう》にしてましませはとて、閻魔王宮より書札《しよさつ》、遣《つかわ》し御申有而御供養□取行《とりおこない》、閻魔王のたまはく、御布施《ふせ》ハ□□□任《まか》すへきとノたまふ、上人□□事なし、たゝ閻魔ノ帳《てう》にひさ□つきて歎給《なけきたまふ》、閻魔問《とふ》而言、御歎は□の御望そや、上人答《こたへ》ていわく、娑婆《しやば》□の衆生《しゆじやう》ハしゅくしやまんニして衆生修二善根《ぜんこん》一□是稀《これまれ》也、何《なに》として是お□□くへきとのたもふ、閻魔王答曰、我《こたへてのたまはくわれ》末世衆生《しゆせう》を地獄《ぢごく》におとさす、衆生自《おのつからつみ》罪を作《つくり》りて自《おのつから》地獄に落《おつ》ちる也、然《しかり》と言《いへ》へ共、諸仏《しよふつ》之中《なか》ニ観世音《くわんぜおん》ハ大慈悲《だいじひ》の御請願《ごせいくわん》ましまし、日本国中《につほんごくちう》に正身《しやうしん》の観音卅三躰《たい》まします、是を卅三所《しよ》之順礼《しゆんれい》と号《こうし》て参《まいり》候わん□、たとい親《おや》をころし子をかいし堂塔《だうとふ》をやき十悪《あく》を成《なす》と言共《いふとも》、此功徳《くどく》を頼《たのま》れ、六親《しん》に至迄《いたるまてと》都率天《そつてん》に生《むまる》へき也、上人、是ヲ聞給《きゝたまひ》而、有難事《ありかたきこと》是に過《すく》へからす、□□とも三界《かい》の衆生悪業者《あくごうもの》にて□前《まへ》にも不審《しん》をなし候へハ、末世《まつせ》の衆生のうたがいなき用《もちい》候様堅《やうかたき》事を被仰《おほ》けれは、其時《そのとき》、閻魔王、筆《ふて》を取《とり》、起請文《きしやうもん》ニ言《いわく》、若信心有《もししん〳〵ありて》而六親《しん》の中《なか》に一人の順礼の輩《ともから》有は、七世《せ》の父母《ぶも》六親に至迄《いたるまで》むしゅの罪業《ざいごう》を滅《めつ》して全《まつた》く地獄《ちごく》におとすべからずと石《いし》の札《ふだ》に書上《かき》□渡《わた》し給、其年之《そのとしの》年号《ねんごう》ハ養老《やうろう》二年三月八日ニ娑婆《しやば》に御帰有《かへりあり》而三月□七日ニ熊野《くまの》の那知《なち》より初《はじめ》而同六月一日美濃《の》の谷汲にて納給《おさめたまふ》、

書写山の性空が書写し、閻魔王宮へ奉納した一万部の「金粉の法華経」の供養の導師として徳道が閻魔王宮へ招か

れる。そこで閻魔王から法会の布施として巡礼のことを教えられ、巡礼行の功徳とともにその証拠として石の起請文を得て、巡礼を開創するという形式をとっている。これに続いて、花山院が仏眼上人・聖空上人・得道上人・威光上人・賢密上人・能範法印・後白河法皇・閻魔王・倶生神など「めいと此世に十三人」、富士・浅間・戸隠・伊勢・熊野・賀茂・春日・稲荷・祇園などの「廿一社」とともに巡礼を復興する。仏眼上人は「御用は熊野にて御尋《たつね》あれ」と姿を消す。これによって花山院は仏眼上人が熊野権現であることを悟り、本宮証誠殿に参籠すると、熊野権現が現れ、仏眼として花山院の前に現れ巡礼の先達となったのであると述べた後、

我前道者《わがまへだうしや》して三十三度《と》参《まい》らんよりは一度《たひ》順礼の人おは我三《みつ》のきさはしにおりておかむへし、

と誓言をおこない、順礼行者への施行をおこなうだけのものであっても「十の徳」があることを示す。そして、証誠殿には、閻魔王の石の起請文と熊野権現の起請文が納められていると述べて縁起は終わる。

No.12『西国三十三所巡礼縁起』[4]では、

そも〳〵じゆんれいのゆらいをたづぬるに、くまのゝごんげん此どにめぐりはじめ給ふといへ共、ひさしくたへてめぐる人なし、こゝに人王六十五代のみかど花山《くハさん》のゐん御とし十七才ゐいくハん二年十月十日に御そくゐあり、しかれ共、御とんせいの御心ざしふかきにより、くハんわ二年六月廿三日の夜、ひそかにだいりをしのび出給ひ、くハさん寺にて御ぐしをおろし、御法《ほう》名を入覚《にうがく》法王と申奉る、いよ〳〵仏神に御きゑあるにより、くまのゝごんげん御心ざしをかんじ給ひ、ある夜の御夢にごんげんつげてのたまハく、昔めいどにてゑんま大王いつさいのあくにんぢごくへゆくをなげき給ひ、こんでいのほけきやう一万部《まんぶ》、悪《あく》ごうふかきものゝためにくやう有、此きやうのだうしハはりまのくにしよしや山のしやうくう上人なり、御ふせにハこんでいのほけきやう、同じくまんだらをおくり給ふ、上人仰けるハ、ねがハくはしやばのしゆじやうやす〳〵と成仏いたすべきやうをしめし給へ、大

王仰けるは、しやばに観音《くハんおん》のれいち三十三所有、まつだいにいたりて一たび順礼のともがらハげんぜあんおん、後生仏果にいたらん、此事もうごならバ、十王ともにぢごくにおつべしと石に記《き》文をかきつけおくり給ふ、

とあって、性空が閻魔王宮の一万部の法華経供養の導師として招かれ、布施として金泥の法華経・曼荼羅を与えられる。性空はさらに、衆生が「やすやすと」成仏できる方法を尋ね、閻魔王から三十三所巡礼を示され、閻魔王が巡礼行の利益とその保証をおこなうといったものである。続いて、花山院はこのことを示され、喜んで巡礼をおこなったとある。そして、「くまの丶ごんげん御誓願《せいぐハん》いはく」として、

わがまへ丶三十三度来らんよりハ、一度順礼の人ハ、われきざ橋を三ツおりて礼をなすべし、又云く、じゅんれいに十しゆのとくあり、

として、熊野権現の誓言と巡礼の十徳が示される。

天保十年(一八三九)写「西国三十三所由来記」(No.19)[5]では以下のようにある。

抑順礼の根源をたづぬるに、忝くも熊野権現仏眼上人と現じ和光のちりにまじわり衆生済度のために人皇六十五代の帝花山院御同行にてめくり始め給ふ、去る程に閻魔王宮《の》にめいどに金泥の御経を一万部あそばし一万人の衆僧を供やうし給ふ、堂には諸仏諸ぼさつ御同坐のはりまの書写山の開山性空と申尊き御僧まし〳〵、是をよび申て供やうをのべ給ハんとせんぎ定り、めいどより御使ありけり、此とき大和国初瀬寺の開山徳道上人御入滅有て性空上人とともに御供やうをのべ給ひて結願の折節、御布施としていろ〳〵の宝物を数を尽して差上給ふ、其時上人仰せ給ふよふには、七珍万宝の宝も無益なり、願くはまづ世の衆生をたすくべき事こそのそミに候得、と御申有りけれバ、仰せもつともなり、三界の衆生悪業の身にて地獄へ落る事むざんなれ、助んと思へとも、少しの善をもなさず、獄卒の手にわたし、地獄へ落し申事ひまもなし、しよせん日本に正じんの観音の霊仏三十三躰ま

します、この前へ一度参りたらんものにおいては、たとひ十悪五逆の罪ミとがを無量億劫があひだ作りたるものなりとも、地獄におとすべからす、すなわち仏果の産に至るなり、一家一門のうち壱人順礼すればげんざいの親類は申におよばず、七世の父母まて成仏すべき事うたかひなし、是を然ルべくおぼしめさバ順礼日記をまいらせん、と仰セければ、（中略）十王げにもと思召、名石の札をこしらゑ起請文をなされける、其文ニ曰、娑婆世界日本に正じんの観音三十三体おわします、彼の御前へ一度順礼したるともがらハ、たとひ十悪五ぎやくのつみとがを無量億こうが間作りたる者なりとも地獄に落べからず、速に極楽浄土へ観音御みづかられんげをさゝげ、衆生を迎に来迎ゐんぢやうし給ふ、そのとき無量の仏菩薩、百重千重にいにやうしておんがく有如斯、若し相違あるにおゐてハ十王ともに地獄に落べきなり、

性空が閻魔王宮の一万部の金泥法華経の万僧供養に招かれたおり、徳道も入滅し性空と徳道の二人で供養をおこなう。その布施として、閻魔王に衆生済度の方法を乞うたところ、巡礼行を示され、「順礼日記」を与えられ、さらに閻魔王みずからが巡礼行の利益を保証した起請文を得る。縁起ではつづいて、当時の帝花山天皇が、発心し熊野にて参籠すると仏眼上人のことを夢告にて示され、仏眼を戒師として出家する。花山院は仏眼から巡礼行を示され、中山寺において順礼日記・起請文を拝見し、寛和元年、西国巡礼をおこなった。そして仏眼より、巡礼の十徳などの種々の利益を示され、さらに次の熊野権現の誓言を示される。

わがまへ三十三度歩をはこはんより、一度順礼いたす者にハ我れきざはしを三ツおりて礼をなすべし、

縁起ではさらに花山院の熊野での参籠と、熊野権現の影向などが示される。

この縁起は、奥書によると天保三年に摂津国嶋下郡粟生村の布屋弥兵衛が施主世話人となり、

右西国順礼縁起ハ、昔ヨリ書伝エ有之、此度板行シ順礼廻ル人々ヱ観世音ノ功徳広大なる事をしらしめ、壱人に

ても順礼をすゝめんが為に、諸人ヱコノ縁起を拾万冊施しの世話致し度候ト云々、

として発願し、

千冊施主右同村米屋平左衛門、同千冊同邑酒屋権兵衛、同千冊同村瓦ヤ藤吉、五百サツ大坂本丁花岡栄蔵、二百サツトヨシマ郡今宮村藤兵衛、

などの施主を集め、天保十年に書写版行されたものであるという。

いずれの縁起も冒頭に性空あるいは徳道、あるいは性空と徳道の蘇生譚を置き、それが閻魔王宮でおこなわれた法華経法会に招かれ巡礼行を示されるという形式をとっている。性空と徳道を共に登場させたり、性空と徳道が巡礼行を示されたときの帝が花山天皇であるなど、歴史性が希薄な縁起となっている。

2 中山寺縁起系の縁起と複合した縁起

元禄三年（一六九〇）跋『伽藍開基記』所収「中山寺縁起」（№10）では、聖徳太子の中山寺草創を簡潔に述べた後、次のように西国三十三所の開創縁起が述べられる。

養老二年、（中略）和州長谷寺《ノ》徳道上人《ノ》暴死《ニシテ》見《ユ》二閻王《ニ》一、王曰《ク》、閻浮日域《ニ》有二三十三所観音霊場《ノ》一、踏《ム》二此《ノ》地《ヲ》一者《ハ》、不レ堕《セ》二悪趣《ニ》一、卿《チ》還二本土《ニ》一、当《ニ》下勧《テ》二人民《ヲ》一巡礼《ス》上、即賜《テ》二以宝印《ヲ》一、徳道既《ニ》甦《テ》而宝印在レ手《ニ》、尋《テ》以二石函《ヲ》一鎮《ス》二是山《ニ》一、輙《チ》勧《テ》レ人巡礼《ス》、而《モ》信従者《ノ》夥《シ》、

徳道が頓死し閻魔王に会い、閻魔王から三十三所の巡礼を示され、宝印を得て蘇生する。次いで、

後二百余歳《ニシテ》而廃《シテ》不レ行、時《ニ》石川寺《ノ》僧仏眼、念《テ》二巡礼《ノ》功徳《ヲ》一、特《ニ》奏《ス》二華山法皇《ニ》一、（中略）、適〻書写山《ノ》性空上人、夢《ニ》琰摩天子、請《シテ》転《シム》二法華《ヲ》一空、因《テ》告《ク》曰、末世《ノ》衆生多造《クル》二衆悪《ヲ》一、将《ニ》二何法《ヲ》以《カ》救《ヲ》レ之、琰摩曰《ク》、吾《レ》向《ニ》曾《テ》囑《シテ》二徳道上人《ニ》一、令レ巡二礼《セ》

観音ヲ一、便可キレ救耳ノミ、空、寝テ後、即奏スレ上ニ、上感シ二一僧之言ヲ一、勅シテ取二宝印ヲ一、時ニ寺僧弁光・良重・祐快等齎テレ印ヲ上進ス、上
歎異シテ、乃与二性空・仏眼及ヒ中山ノ三僧一、巡スレ二礼霊迹ヲ一、

とあって、徳道の二百年後に巡礼行が廃絶した時に、仏眼上人が花山院に巡礼のことを奏上した。偶然、書写山の性空も閻魔王によって法華転読の法会に招かれ、閻魔王に衆生済度の法を問うたところ徳道に示した巡礼のことを示され、花山院に巡礼のことを奏上した。花山院は、性空・仏眼・中山寺の弁光・良重・祐快とともに巡礼をおこない、三十三所巡礼が復興されたと述べる。これに続いて、後白河法皇の巡礼が述べられ、それが現在にも絶えず伝わっていると結ぶ。『伽藍開基記』所収「中山寺縁起」は、簡潔ではあるが、性空の法華経供養譚が述べられている。

『伽藍開基記』所収「中山寺縁起」に類する縁起に、長谷寺本願院から版行された「西国順礼縁起」(6)がある。この縁起は中山寺蔵のもの(7)があり、天保十四年(一八四三)写の札所の図を描いた『順礼図記』の冒頭にも引用されている。近世には比較的よく流布した縁起のようである。この縁起のなかでは、より詳しく性空の法華経供養譚が記述される。

西国順礼縁起　　長谷寺本願院蔵判

抑和朝卅三所順礼の元由は、昔養老年中、和州長谷寺開山徳道といへる智広《ちくハう》兼備《けんび》の沙門多年の誓願《せいぐハん》によつて二丈六尺の十一面観音修力《しゆりき》の行徳にて出現ましく〳〵、日本無双生身の菩薩《ぶさう》霊験《れいげん》本朝ハいふにおよばず、異国迄も数多施し玉ふこと、縁起・験記《げんき》等に分明にして諸人渇仰《かつがう》日々にあらたなり、

とはじまり、続いて徳道の蘇生譚と巡礼行の創始が述べられる。ここでは、閻魔王の誓言が示され、巡礼の功徳の証拠として宝印・記文が与えられる。

此徳道上人、同く二月十五日俄《にハか》に死して、冥途《めいど》にいたり閻魔王《ゑんまわう》にまミへ玉へり、王のいハく、衆生死して地獄《ぢごく》に落ること芥子をなぐるがごとし、常に猛火《みやうくハ》の中に入り、骨《ほね》を破《やぶ》り髄《ずい》に徹《とを》り叫喚《きやうくハん》す、其苦患《くげん》豈《あに》言語に及んや、し

らずや、本朝に観音の霊場《れいじやう》三十三所あり、ひとたび彼の地をふミたる者は永く三悪道を免《まぬか》れ、十悪の罪人も善所に生んこと疑《うたが》ひなし、若此事虚《きよ》にして一人にても堕獄《だごく》せば、朕《わ》れおよび十王ともに彼が苦に代ん、急《いそぎ》娑婆《しやば》に帰つて王臣諸民《しよみん》を導《みちび》きはやく順礼さすべしとある、徳道かさねて、凡情《ぼんじやう》うたがひおふくして、証拠《しやうこ》なくてハ信仰《しんかう》しがたし、願くハ璽《しるし》をたまはらんと、閻魔王実《げに》もとおぼしめし、宝印・記文の二品《しな》を賜《たも》ふ、徳道随喜《ずいき》して本土に帰り、摂《せつ》州中山寺ハ日東《ひのもと》最初に観音の霊容《れいよう》渡り玉ふ寺なりとて、記文ハ石の函《はこ》に入て彼寺に納め、宝印ハ則《すなハち》当寺に納む、極楽往生《ごくらくわうじやう》の印証《いんしやう》是なり、夫《それ》より諸人に段説《だんせつ》順礼の法を行ふに信従《しんじう》するもの夥《おひたゝ》し、是閻魔王の金言《きんげん》衆生《しゆじやう》得楽《とくらく》の方便たり、尊《たつと》哉《いかな》、

続いて、徳道の本地と徳道の四徳が示される。

徳道上人ハ法起菩薩《ほうきぼさつ》の化身、役行者《えんのぎやうじや》の再誕《さいたん》にて、末代我形像《まつだいわがきやうぞう》に三十三度垢離精進《こりしやうじん》し、恭敬正念《くぎやうしやうねん》せば、一ニ者難病《なんびやう》を治《ぢ》し、二ニ者寿命《じゆみやう》を長久し、三ニ者行歩《ぎやうぶ》かなハずして順礼しがたき者、三十三度一花《け》一葉《よう》を捧《さゝげ》祈《いの》らば、三十三所順礼にむかハしめ、四ニ者閻魔王契諾《けいだく》の宝印《ほうゐん》・記文《きぶん》を引合せ極楽《ごくらく》往生を導《みちびく》べし、御誓願《せいぐハん》の四徳忝《かたじけな》くも天満宮御直筆《じきひつ》に証文《しやうもん》遊したまふ、

次に性空の法華経供養譚と巡礼再興の伝承が記される。性空は閻魔王が書写した十万部の金泥法華経の慶讃供養の導師として閻魔王宮に招かれ、法会終了の後に閻魔王と対談する。性空が、衆生の堕地獄を逃れる方便を問うと、閻魔王は、閻魔王自身も自らの子供のように衆生を慈しんでいることを明らかにし、結果として観音の霊地三十三所の巡礼行を示す。その過程で、性空は、この日の日本国からの死者が「千二百三人」であり、その内の往生者が「男子九人」であって、女性の往生者がいないことなどを閻魔王から示されている。

其後順礼の道しば〳〵退転あり、一時《あるとき》、冥途《めいど》の閻魔《ゐんま》法王《ほうわう》、利生安民のために十万部の法華経《ほけきやう》を金泥《こんでい》に書写《しよしや》ありけ

り、其供養のため慶讃《けいさん》の導師《だうし》を撰《ゑらミ》玉ふに書写山《しよしや》の性空《しやうくう》上人こそ六根清浄《ろくこんしやうぐ》を得《ゑ》玉ひし法花修行《しゆぎやう》の行者《ぎやうじや》なれバ、急《いそ》ぎ請《しやう》じて導師《だうし》とせんとて召《めさ》れけるに、性空《しやうくう》はからず閻王の勅《ちよく》に随《したが》ひ冥途《めいど》に至り、法花供養《やう》の修法終《しゆほうおハ》りて、上人閻王に問《とい》たまハく、娑婆《しやば》の一切衆生愚痴《ぐち》邪見《じやけん》にて曾《かつ》て因果《ゐんぐわ》をしらず猥《みだり》に悪業《あくごう》を作《つく》りて地獄《ぢごく》に落《を》つ、只願《たゞねがハ》くは方便《ほうべん》を以て救《すく》ひ玉ふ法やあると、閻王答《こたへ》て善哉性空問《よいかなしやうくうとい》たまふ事、我常《われつね》に一切衆生を恵《めぐ》む事一子のごとし、或時《あるとき》は三使《さんし》を以て衆生にしらしむ、しかれども愚《ぐ》にしておどろかず、恣《ほしいまゝ》に悪《あく》を作《つく》りて業《ごう》に随《したがつ》て爰《こゝ》に来る、夫業道《それごうどう》ハ秤《はう》のごとし、重《おも》きがかたへかたむく也、今日、日本国より死《し》し来る者、千二百三人あり其内極楽へ往生するもの漸《やうや》く男子九人有と、上人問《とい》たまふ、今往生《わうじやう》の内に女人のなきハ云何《いかん》、閻王《ゑんわう》の曰《いハ》く、女人は高慢嫉妬《かうまんしつと》の心甚《はなハだ》しき故《ゆへ》往生すること更《さら》にかたし、性空又問《とい》たまふやうハ、一切の極悪人《ごくあくにん》、罪《つみ》ふかき女人にてもやすく極楽へ至り、三悪道の苦《く》を免《のが》れ侍《はべ》ることの修行《しゆぎやう》やある、教《おし》へ玉へとありければ、閻王涙《ゑんわうなみだ》を浮《うか》べ玉ひて、娑婆《しやば》へ帰《かへ》り罪《つみ》ある衆生《しゆじやう》の行業《ぎやうごう》には足《あし》を運《はこ》んで仏所《ぶつしよ》に詣《もふ》で、就中《なかんずく》南閻浮提《なんゑんぶだい》に八生身《しやうじん》の観世音の移《うつ》りまします霊地《れいち》三十三ヶ所あり、先《さき》に長谷寺《はせでら》の徳道《とくどう》上人に告《つげ》たり、今亦示《いままたしめ》さん、国数《こくすう》八十二ヶ国、霊場《れいじやう》は卅三所、此道場《このどうじやう》へ一度歩《あゆミ》を運《はこ》んだる輩《ともがら》ハ現世《げんぜ》ハ悪事《あくじ》災難《さいなん》を免《のが》れ、子孫繁昌《しそんはんじやう》し、一切の業障《ごつしやう》を除き、死《し》しては三悪道へ堕《だす》る事を逃《のが》る、教《おしへ》て順礼《じゆんれい》せさしめ玉へとある、上人嬉《よろこ》んで本国へ帰《かへ》り、普《あまね》く王臣諸人を導《みちびき》たまふ、

次いで、花山院が出家の後、長谷寺に七日参籠し、観音からの夢告によって花山院は「閻魔王徳道往生契諾《ゑんまわうとくどうわうじやうけいだく》の宝印《ほうゐん》」をみる。そして、河内国石川寺の仏眼上人に会い、中山寺の「記《き》文《もん》」をみる。その後、仏眼上人を先達として、性空・弁光・良重・祐懐とともに巡礼をはじめ、仏眼のすすめによって三十三所の詠歌を詠み、三月十五日から六月一日までの七十五日で巡礼をおこなった。仏眼は、一日とどまっただけで、「我熊野《われくまの》山証誠殿《さんしやうじやうでん》に要用《ようよう》ありとて、化《け》し去《さ》」ったことにより、花山院は仏眼上人が「熊野権現の変作《へんさ》」であることを悟り、熊野に参詣し、証誠殿で一七日参

籠する。そうすると、

満ずる夜《よ》半に、権現《ごんげん》、玉のすだれをかゝげて新《あらた》に現《あらわ》れ出させ玉ひ、法皇に告《つげ》玉ハく、抑《そも〳〵》巡礼の輩《ともがら》ハ、今生《こんじやう》にてハ安楽《あんらく》の身を受《うけ》、未来《みらい》世にハ、仏果《ぶつくハ》に至るべし、一度三十三所順礼せし人には眉《まゆ》の間《あいだ》と足の裏《うら》とに金色《こんじき》の梵《ぼん》字《じ》すハるなり、（中略）いかなる罪深《つみふか》き衆生も順礼の功力によつて成仏する事うたがひなし、

と現世安楽にして滅罪による後世の成仏が示される。続いて、花山院は徳道の再誕であることが示される。そして、「富士権現」の神託として、巡礼の十徳が示される。

この縁起は、徳道の巡礼創始の部分は、「中山寺縁起」の詞章と共通の部分が多い一方で、仏眼の伝承を記す部分は三十三度行者系の縁起に近い。一方で、仏眼を熊野権現とするものの、熊野権現による巡礼行の称揚部分を巡礼による往生の確約としている、すなわち、熊野権現の誓言を欠く点において「中山寺縁起」における仏眼の位置づけと同じになる。分類するとすれば、中山寺縁起系とすべきであろう。

この縁起では、徳道による巡礼創始、性空による巡礼復興という形をとることによって、性空の法華経供養譚が歴史性を損なうことなく組み込まれている。

縁起の時間的な流れを損なわないという点においては、先にみた三十三度行者系と複合した縁起よりも、『伽藍開基記』所収「中山寺縁起」や、長谷寺本願院から版行された「西国順礼縁起」のほうが理解しやすいものとなっている。また、「西国順礼縁起」は、本日の日本国からの死者の内、往生者は男子九人のみで、女人の往生者がいないという印象深い記述をもっている。そして、「一切の極悪人《ごくあくにん》、罪《つみ》ふかき女人にてもやすく極楽へ至り、三悪道の苦《く》を免《のが》れ侍《はべ》ることの修行《しゆぎやう》やある、教《おし》へ玉へ」と女人救済を指向している。それ故に、熊野比丘尼の関与を想定する論もある。(7)

二　独立して法華経供養譚をもつ西国三十三所巡礼開創縁起

法華経供養譚は、先にみたように複合してあらわれる一方で、独立した西国三十三所巡礼の開創縁起としても存在している。

文体から説教台本かとも推測される天保六年(一八三五)写『西国三十三所霊場記』の「第廿四番摂津国中山寺ノ由来」では、まず、中山寺の建立から説き起こし、徳道の巡礼草創を述べる。そして、このときに与えられた閻魔王の「證文」には、次に引用する『唱念観音本朝霊験記』所収縁起——この縁起では、宝印の印文であるが——と同じく、「極楽中心中山寺……」の偈が記されていたとし、「中山寺ノ観音菩薩ハ巡礼ノ根本ジヤト申シ伝ヘルハ此ノコト也」と結ばれる。ここまでの記述がおこなわれた後、

其外、順礼ノ功徳広大ナルコトハ色々有レドモ此処ニ入用ニ無シ、実ニ長坐ナル故ニ略之、先ツ是ヨリ此ノ中山寺建立ノ由来ヲ弁シ、

と注記がおこなわれ、中山寺の建立に関わる縁起が述べられる。そして、

扨又書写山ノ證空上人モ同ク閻魔大王ニ逢ツテ良ヤ色々ノ御物語リ有テ、性空上人閻魔王ニ尋玉フ処ニワ、誠ニ娑婆ノ衆生ガ斯ル地獄ヘ堕スル事イト悲ク存ジマスルガ、只願クバ一切ノ極悪人、罪深キ女人等ノ極楽ヘ致リ、斯ル三悪道ヘ堕セズ、安ク苦ミヲ免レル修行ガ御ザレバ、教エ玉ヘトノ玉ヘバ、閻魔王ハ涙ヲ浮ベ玉ヒテ、左レバ娑婆ヘ皈リ玉ヒテ、早ク人々ニ勧メ玉ヒ、衆生ノ善根ノ第一ハ施行ナリ、又罪ノ重キ第一ハ殺生ナリ、極楽往生ハ正ニ念仏ニ越タルハ無シ、其中ニ、南閻浮提ニワ生身ノ観世音菩薩ノ移リ在マス霊地卅三ヶ処アリ、先ヲ達テ

既ニ長谷寺ノ徳道上人ニ告タリ、今又上人ニ教ヘ申サン、国ニ数ツハ十二ヶ国、霊地ハ卅三処ナリ、（中略）

と先にみた長谷寺本願院蔵版の「西国順礼縁起」を簡略にしたような縁起がみえる。

天台系の僧の手による『唱念観音本朝霊験紀』(8)（筆写年未詳、近世）の一節「西国三十三所巡礼由来」では、まず「中山縁起」（中山寺縁起）を引用し、徳道の巡礼創始を述べる。

昔シ養老ノ初二月十五日、徳道上人長谷開山ハ暴《ニハカ》ニ死シテ冥途ノ閻魔王ニ見《マミヘ》テ、観音霊場ヲ巡礼ノ輩ハ三悪趣ノ苦ヲ免ヘキ璽《シルシ》ヲ、

極楽中心中山寺　上宮建立巡礼処　太子生前舎衛国　一刀三礼十一面　稽首大悲観自在　西方浄刹為上首　今在此土最勝尊　滅土有情尽未来

ト云宝印ヲ給ハル、徳道ハ蘇《ソ》生シテ紫雲山中山寺ヲ巡礼所トシテ、右ノ宝印ヲ石ノ函《カラト》ニ入テ納ラル、是ヨリ諸人ヲ勧メテ巡礼セ令ム、漸ク廿年ノ星ヲ過テ二百余歳カ間巡礼ノ事退転ニ及シカ、茲ニ花山法皇ハ和州豊山ノ長谷寺ニ詣テ霊夢ヲ蒙リ河内ノ石川寺ノ僧仏眼上人ト云ヘルニ謁《エツ》シ受戒シ給ヒ、仏眼ノ勧メニ依テ巡礼シ給フ中山縁起、

閻魔王から得た宝印に「極楽中心中山寺……」の偈が記されているという伝承を中心とした縁起である。この閻魔王から得た宝印の印に記された偈は、第一節でみたように、本来は中山寺においては別の文脈で用いられていた偈であった。ここで明確に宝印の印文となったことで、現在おこなわれている中山寺の閻魔天供で参詣者に施与される「御印文」の信仰を位置づける縁起となっている。さて、この「中山縁起」の引用に続いて、『縁起雑説』という書を引用し、別伝が記されている。

『縁起雑説』十六ニハ、閻魔王、十万部ノ法花経ヲ金泥ニテ書写シ、其供養ノ為ニ慶讃ノ導師ヲ撰ミ、書写山ノ性空上人ヲ召シテ供法アリキ、性空ハ図ラス幽途ニ至テ閻王ニ問、娑婆ノ造悪ノ衆生堕獄ノ過ヲ以何シテ救済セン

ト、閻王示シテ云、

妻子王位財眷属　死去無《コト》二一《トシテ》来《リ》相《ヒ》親《コト》一　常《ニ》随二業鬼《ニ》一繋二縛我《ヲ》一　受苦叫喚無二辺際一　経ヲ持ツニハ法華経ニ増ナシ、堕獄ノ罪ヲ免シニハ観音霊場ヲ巡拝センニ越タル莫シト云云、

ここでは性空が閻魔王の法華経書写の慶讃供養の導師として閻魔王宮を訪れ、閻魔王から衆生の堕獄の罪を救う方便として、「妻子王位財眷属……」の偈を与えられる。そして、閻魔王は、法華経の功徳を讃え、堕獄の罪をのがれるには観音巡礼が一番であると性空に伝えている。

これに続いて『冥応集』（蓮体『観音冥応集』宝永三年〔一七〇六〕刊）を引用し、花山院と仏眼による巡礼復興を記し、その後、花山法皇の事蹟について諸書を引用して述べている。

『唱念観音本朝霊験記』では、西国三十三所巡礼開創に関わる種々の伝承を併記し、その一つとして性空の法華経供養譚が述べられる。この法華経供養譚は、『縁起雑説』という書を引用し、「中山縁起」すなわち、中山寺縁起とは別の独立した伝承として明確に記されている。

出雲国の一国巡礼の霊場の案内記である寛政十年（一七九八）序、文化十年（一八一三）刊の珪道編『出雲順礼三十三所霊場記』(9)は、序に続いて西国三十三所巡礼の開創縁起を二種と「花山之法皇考」として花山院の伝記を載せる。その後に一番柳瀧山長谷寺から順に出雲一国の札所の縁起等が述べられる。

冒頭に置かれた二種の西国三十三所巡礼開創縁起の内の一つは次のようにある。

抒巡礼の初ハ、往昔冥途の主閻魔王万民の為に十万部の法花経を金泥に書写し、其供養の導師を撰ひ、書写の功終て供養せんにハ、書写山の性空上人ハ、法花経の修行者なり、急き請し導師とせんとて召し給ふ、性空上人量らす迷途の王の勅に随ひ冥途に至り法花供養の修法終りて、上人閻王に問ふて曰、娑婆一切衆生の愚痴邪見にし

て曾而因果をしらす、故に悪業を造る事多して地獄に堕つ、願くハ方便を以救済仕給へとてねかひ給ふ、閻王聞て宝偈を書して上人へ与へ給ふ、導師是を以て衆生に進め、我常に衆生を恵む事一子のことし、然共、有情おろそかにして驚かす、欲儘ニ悪を造て業に随て爰へ来る、業道は錐のことし、すく方へ傾く、今日死して来る者二百三人也、其内往生するもの漸九人あり、是は善人なる故なり、又問ふていはく、今日往生の人の内、女人なきハいかゝ、閻魔王答て曰、されハ女人は嫉妬の心甚敷か故、往生するもの更ニ難し、上人又問ふて、我ハ死して何所に生せんやととへば、王の曰、帳札を以て考へ、上人ハ娑婆にて経を教へ読しむ事一千百六十部、自ら法花経読誦する事凡八万六千七百五十部也、又称念の数六万億七千弐百四千万篇なり、如是の大善根有故に直に極楽往生有て、仏身と成給ふ事疑ひなし、上人不斜悦ひ帰らんとセしに、閻王より施物を志し種こ珍宝を給ふといへとも曾而それを望ます、願くハ娑婆の衆生地獄へきたる事を悲む故に一切極悪人の罪深き女人のた易く極楽へ至り悪道の苦を免るゝ事能おしへ給へと宣へハ、閻王なミたを流して曰、娑婆へ帰り能も勧めよ、衆生の善根は施行する事第一也、口には仏菩薩の称名に越へる事ハなし、経は法花経を読誦すへし、罪ある衆生ハ娑婆にて観音の道場順礼すれハ罪消滅し、仮令十悪五逆の罪人たりとも忽ち善所に生セん事疑ひなし、弥信心の思ひを起し深く謹而聴聞せん哉、

この縁起では、「西国順礼縁起」の該当箇所と比較して、死者の数などに違いはあるものの、ほぼ同じ文言といってもよいほどである。但し、性空の行いを数え上げる部分はより詳しい。一方で、巡礼行を閻魔王から示されるときの「口には仏菩薩の称名に越へる事ハなし、経は法花経を読誦すへし、罪ある衆生ハ娑婆にて観音の霊場順礼すれハ罪消滅し、仮令十悪五逆の罪人たりとも忽ち善所に生セん事疑ひなし」という部分は、『縁起雑説』所収縁起に近い。

ここで挙げた三種の縁起は、『唱念観音本朝霊験記』所収の『縁起雑説』を引用した縁起では、簡略に性空が閻魔王

宮での法華経法会に招かれたことを述べ、衆生済度のために「妻子王位財眷属……」の偈が与えられ、法華持経と巡礼の功徳が示される。また、『出雲順礼三十三所霊場記』所収の縁起では、尊恵の善行の一覧を挙げ、尊恵が往生することを述べるなど、記述が詳細であり、巡礼を示される部分では、『縁起雑説』所収縁起と詞章が近い。

さて、近代の資料となるが、資料二のdで示した慈眼会編『西国観音縁起集』(10)所収「巡礼権輿及び中興或問」をみると、次のようにある。

又順礼縁起《ゑんぎ》に云く、往昔《むかし》、迷途の主宰《しゆさい》閻羅法皇、利《り》生《しよふ》 安民《あんみん》の為めに十万部の法華経《ほけきやう》を金泥《こんでい》にて書写《しよしや》ありけり、其供養《くよう》の為め慶讃《けいさん》の導師を撰《ゑら》み玉ふに、「書写の功終《こうおわつ》て供養《くよう》せんには書写山の性《しやう》 空《くう》上人こそ六根清浄《せうじよう》を得玉ひたる法華経修行の行《ぎやうじや》者なり、急《いそ》ぎ請《しやう》じて導師とせん」とて、召《め》されける、性空図《はか》らず閻王の勅に随《したが》ひて迷途に至《いた》り、法華経供養の修法《しゆほふ》終りて、上人、閻王に問ふて曰く、「娑婆《しやば》の一切衆生愚痴《ぐち》邪見《じやけん》にして曾《かつ》て因果《いんぐわ》を知らす、故に叨《みだ》りに悪業を造《つく》りて地獄に堕《お》つ、唯《たゞ》願くは方便《はふべん》を以《もつ》て救済《きうさい》し玉へ」閻王聞《きこ》し召《め》して、即ち偈《げ》を書《しよ》して上人に与《あた》へ玉ふ、其偈に曰く、「妻子《さいし》王位《わうい》財眷属《ざいけんぞく》　死去無《しきよむ》二一来相親《いちらいそうしん》一　常 随《じよふずい》二業鬼《ごふき》一繋《け》二縛我《ばくが》一　受苦《じゆく》叫喚 無《けふくわんむ》二辺際《へんさい》一云々、上人是れを以て衆生に示《し》めせ、我常《つね》に一切衆生を恵《めぐ》むこと猶《な》ほ一子《いつし》の如《ごと》し、或時《あるとき》ハ三使《さんし》を以て衆生に知らしむ、然《しか》れども有情《うじやうぐ》 愚にして驚《おどろ》かず、恣《ほしひまゝ》に悪を造《つく》りて業《ごう》に順《したがつ》て此に来《く》る、猶ほ業道《ごうどう》は錘《はかり》の如し、重《おも》き方《かた》へ傾《かたむ》く、今日死し来る者二百三人あり、其内に極楽《ごくらく》へ往生《おふじやう》する者は漸《よふや》く九人あり、即ち是れには善人往生《ぜんにんおうじやう》の契券《けいけん》を与《あた》ふ」上人又問《と》ふ、「今日往生 人《おうじやうにん》の内《うち》女人なきは如何《いかん》」閻王曰く、「女人は高慢嫉妬《こふまんしつと》の心甚しき故に往生すること更《さら》に少《すく》なし」上人又問ふ、「愚僧《ぐそう》は死して如何なる処にか生《せう》ぜん」閻王、帳《ちやう》を以て勘《かんが》みて曰く、「上人は今まで娑《しや》婆《ば》に於《おい》て人を教《おし》へて経《きやう》を読《よ》ましめ玉ふこと一千百六十部、又自から法華経読誦《どくじゆ》の其数《かず》凡そ八万六千七百五十余部《よぶ》、又自から称 名 念仏《しようみやうねんぶつ》の数六百億《おく》七千二百四十万遍《まんべん》なり、斯《か》くの如《ごと》く大善根《だいぜんこん》ある故《ゆへ》に直《たゞ》ちに極楽往生《ごくらくおうじやう》あつて仏身《ぶつしん》を得《ゑ》玉はんこと疑《うたが》ひなし」上人聞《きこ》し召《め》して、「喜《よろこ》びて帰《かへ》らん」とあれば、閻王、此度《このたび》の御施《おんせ》物《もつ》とて種々《しゆぐ》の珍器《ちんき》を賜《たも》ふ、上人見玉ひて、「我れかくの如きの珍器は人間世《にんげんせ》界《かい》に稀《け》有《う》の物《もの》なれば嘗《かつ》て望《のぞ》みなし、唯願《ねがは》くは娑婆の衆生の地獄へ来ることを悲《かなし》む故《ゆへ》に、一切の極悪《ごくあく》人罪深《つみふか》き女人の輩《ともがら》、易《やす》く極楽へ到《いた》り三悪道《さんあくどう》の苦《く》を免《まぬか》れ侍《はべ》る事の修行やある、教《おし》へ玉へ」と有りければ、閻王涙《なんだ》を浮《うか》め玉ひて、「娑婆へ帰《かへ》り玉ひて勧《すゝ》め玉はんには衆生の善根《ぜんこん》の第一は施《せ》行《ぎやう》にあり、罪《つみ》は殺生《せつしやう》を第一とす、口《くち》に称《との》ふるにハ称名《しやうみやう》念仏《ねんぶつ》に越《こへ》たる善根はなし、経を持《たも》つには法華経に勝《ま》すものなし、罪《つみ》ある衆生の行業《ぎやうごふ》には足《あし》を運《はこ》びて仏閣《ぶつかく》に詣《もう》づるに越《こ》へたるはなし、其中に南閻《なんえん》浮提《だい》にハ生身《しやうしん》の観音薩埵移《うつ》り在《まし》ます霊地《れいち》三十三ケ所あり、曩《さ》きに既《すで》に長谷寺《はせでら》の徳道上人に告《つ》げ置《お》きたり、今亦示めさん、国数《こくすう》は十二ケ国、霊場《れいじやう》は三十三所なり、此道場へ一度《いちど》にても歩《あゆみ》を運《はこ》びたる輩《ともがら》は、現世《げんせ》にてハ悪事《あくじ》災難《さいなん》を免《のが》れ、子孫《しそん》繁昌《はんじやう》し、天行病《てんこうびやう》を免《のが》れ、一切の業障《ごつしやう》を除《のぞ》き、死《しゝ》てハ三悪道へ堕落《だらく》する事を逃《のが》る、急《いそ》ぎ勧《つと》めて巡礼せしめ玉へ」と、上人歓喜《くわんき》して本土《ほんど》に帰《かへ》り諸人に勧《すゝ》め玉ふとぞ、

性空が閻魔王宮での法華経法会へ招かれること、「妻子王位財眷属……」の偈を閻魔王から与えられること、本日の死者とそのなかに女性の往生者がいないこと、閻魔王が尊恵のおこないを数え上げること、「一切の極悪《ごくあく》人罪深《つみふか》き女人の輩《ともがら》、易《やす》く極楽へ到《いた》り三悪道《さんあくどう》の苦《く》を免《まぬか》れ侍《はべ》る事の修行」として念仏や法華持経、そして、巡礼行を示されることなど、これまでみた性空の法華経供養譚にみえるすべての要素を含んだ縁起であることが確認できる。そして、この縁起は、ある縁起の一部を構成するのではなく、「又順礼縁起《ゑんぎ》に云く」として他の西国三十三所巡礼の開創縁起と併記されることから、一個の独立した縁起として存在していることがわかる。

西国三十三所巡礼開創縁起にみられる性空の法華経供養譚の内、少なくとも縁起の中途に挿入されるものは、本来独立した西国三十三所巡礼開創縁起であったといえるだろう。

それでは、『出雲順礼三十三所霊場記』に独立した縁起として端的にあらわれ、『西国観音縁起集』にその全体像をうかがうことのできる性空による西国三十三所順礼開創の縁起は、どのような出自をもつ縁起であろうか。

性空が閻魔王から与えられた「妻子王位財眷属　……」の偈は、第一章でみてきたように、慈心坊尊恵が閻魔王から与えられた偈である。尊恵の自記とされる『冥途蘇生記』ではこの偈は長大な偈の一部であり、この偈が特立されるのは、温泉寺清涼院縁起の展開のなかにおいてであった(11)。この偈の存在から、性空による西国三十三所順礼開創縁起は、温泉寺清涼院を中心とした尊恵の伝承の展開のなかで検討しなければならないだろう。

三　温泉寺清涼院縁起と西国三十三所巡礼開創縁起の性空法華経供養譚

1　温泉寺における尊恵に関わる伝承の展開

まず、温泉寺清涼院縁起について確認しておきたい。『冥途蘇生記』は、清澄寺の僧慈心坊尊恵が閻魔王宮でおこなわれた十万僧会に招かれ、平清盛が慈恵僧正の再誕であることなどを告げられて蘇生した記録である。『平家物語』六「慈心坊」の出典として広く知られるが、この伝承の展開という面に着目すると、有馬の温泉寺での展開をみなければならない。

中世、温泉寺の勧進唱導活動において中心的な位置を占めていた温泉寺菩提院は、天正期にはその姿をみることはできず、近世初頭には明らかに退転している。温泉寺菩提院では、菩提院の僧が湯客より銭をとり、掛幅画を用いて「記三巻」の絵解きをおこなっていた。絵解きの内容は、行基による温泉寺の創建などの温泉寺の縁起譚であった。そのなかに、尊恵の事蹟も述べられていた(『温泉行記』)。

この尊恵は、閻魔王宮でおこなわれた法華経の法会に参加するために閻魔王宮に招かれ、法会終了後、閻魔王と問答し、平清盛が慈恵僧正のうまれかわりであることを教えられ、さまざまな偈を与えられ、蘇生した人物である（『冥途蘇生記』）。温泉寺に関わってみるならば、尊恵は、閻魔王から閻魔王宮の法会に利用する如法経と両界曼荼羅の勧進を命じられ、それを安置するために温泉寺の如法堂の建立を命じられた（如法堂を建立した）人物である（『冥途蘇生記』）。

さて、この尊恵の伝承は、享禄元年（一五二八）の火災において大きく転換した。この火災において、温泉寺の宝塔の下（如法堂ではない）から、尊恵が閻魔王から与えられた（法会のために奉納したのではない）如法経と両界曼荼羅が発掘された（「温泉寺再建勧進帳」）。この如法経は、温泉寺から南都西大寺長老を通じて、三条西実隆のもとにもたらされ、さらに実隆のもとから内裏にまでもたらされ、多くの結縁を得た（『実隆公記』『お湯殿の上日記』）。この後に、実隆はこの如法経の発掘の経緯を記した勧進帳を作成している（『実隆公記』）。律院であった温泉寺菩提院―西大寺というルートを用いて、極めて効果的な勧進活動がおこなわれたのである。

天正三年（一五七五）、再び温泉寺は灰燼に帰すが、その際には温泉寺蘭若院が再建の中心となり、豊臣秀吉の加護を得て温泉寺の復興をおこなっている。この復興の過程では、享禄の開催で広範な勧進活動をおこなっていた菩提院の姿はみえない。

さて、尊恵が法華経と曼荼羅を将来したという伝承は、兵庫県三田市や神戸市の複数の寺院にみられる。兵庫県三田市の蓮華寺には、尊恵将来の法華経・両界曼荼羅・水晶の念珠が蔵されているが、これらは一五七〇年代に時の住持によって蓮花寺へもたらされたといい（蓮華寺蔵「定就書状」慶長九年〔一六〇四〕）、天正の大火の前後に菩提院が衰退し、それによって周辺寺院へ尊恵将来の法華経や曼荼羅の伝承が伝播していくことが知られる。

尊恵の伝承を有馬で再び見出すことができるのは、温泉寺清涼院（奥院、釈迦堂）の縁起においてである。「釈迦堂勧進帳」（正保二年〔一六四五〕）では、尊恵が奥院多宝塔を建立したことを述べ、尊恵の閻魔王宮の法会の参会の布施に法華経に加えて、閻魔王自筆自讃の尊像を得たことが述べられている。閻魔王の自讃とは、「果生《かしょう》」と呼ばれる以下の偈である。

妻子王位財眷属　　死去無一来相親
常随業鬼繋縛我　　受苦叫喚無辺際

この果生の偈の下に閻魔王像を画いた護符が温泉寺清涼院から配布され、これは「善人往生之契券」「一切衆生即成就仏身の文」（『伽藍開基記』所収清涼院縁起、『有馬温泉小鑑』）として近年まで人々の信仰を集めていた。『伽藍開基記』（道温編、元禄三年〔一六九〇〕跋）所収の清涼院縁起（『摂津名所図会』にも『伽藍開基記』所収縁起を引く）では、『冥途蘇生記』の体裁をとりながら、尊恵が閻魔王から衆生済度のために「善人往生之契券」である果生の偈・女人救済のための『仏説転女成仏経』を得たことを述べている。『冥途蘇生記』が、果生を中心とした救済の縁起へと組み替えられていることを見出せる。

この果生の偈と閻魔王像という組み合わせは、三重県伊賀市の常住寺（天台宗。閻魔王自作像、真字本と仮名本の『冥途蘇生記』をもつ。尊恵の死没地とされる）や、大阪府堺市の正法寺（浄土宗。尊恵将来の閻魔王像を蔵していた。清澄寺→書写山→常住寺→堺の河内屋宗悦と伝来し、河内屋宗悦によって正法寺に奉納されたという。『兵庫築島伝』）、京都府京都市伏見区の勝念寺（浄土宗。尊恵将来の閻魔王自作像をもつ。尊恵→……→織田信長→貞安上人に伝来したという。伝慶長六年の「閻魔像譲渡状」〔伝貞安〕、文政六年〔一八二三〕「閻魔法王像縁起」を蔵する）にもみられ、三重県・大阪府・京都府と広がりをもつ伝承である。

さて、この尊恵については、『血盆経』の将来譚や大阪府八尾市常光寺の万人講の縁起などに、書写山の性空と尊恵を一緒に登場させたり、尊恵を性空と同時代の人物であるとする伝承がみえる。一方で、性空自体を閻魔王宮での法華経法会に参加し、法華経を将来した人物であるとする縁起もある（兵庫県たつの市円融寺蔵「稲富山略記」。貞享三年〔一六八六〕）。

2　『伽藍開基記』所収温泉寺清涼院縁起と清澄寺本『冥土蘇生記』

1において、温泉寺を中心とした尊恵の伝承の展開を確認したが、温泉寺清涼院においては、『冥土蘇生記』の異本とも呼びうる縁起が成立する。元禄二年（一六八九）序の『伽藍開基記』におさめられた温泉寺清涼院縁起がそれである。以下、八つに区分してその内容を確認しておきたい。

①行基草創、尊恵中興。尊恵は叡山から清澄寺、温泉寺に移り修行する。

摂州有馬温泉之《ノ》東《ニ》有二禅刹一、号《ス》二清涼院《ト》一、乃《チ》行基菩薩《ノ》所《ニシテ》レ創《ムル》、慈心坊尊慧上人《ヲ》為二中興《ノ》之祖《ト》一、上人初《メテ》登二天台山《ニ》一修二法華三昧《ヲ》一、後《チ》住《シ》二摂之《ノ》川辺郡清澄寺《ニ》一精二修《ス》梵行《ヲ》一、既而《テ》到二有馬温泉山《ニ》一観《テ》二林巒幽邃《ナルヲ》一以《テ》為二霊区《ト》一駐《メテ》レ錫《ヲ》居レ焉、常《ニ》誦《ス》二法華《ヲ》一、

②承安二年（一一七二）十二月二十二日、閻魔王が利生安民のために法華十万部融通本願会をおこない、尊恵を慶讃導師として招く。

時《ニ》本朝八十主高倉帝、承安二年十二月廿二日、閻羅王、為《ニ》二利生安民《ノ》一、集《テ》二十万《ノ》衆僧《ヲ》一、修《ス》二法華十万部融通本願会《ヲ》一、請《シテ》二尊慧上人《ヲ》一、為二慶讃《ノ》導師《ト》一、

③法会終了後、閻魔王が持経者を讃えるなか、尊恵は、閻魔王に、一切衆生は愚癡邪見で使者は苦報を受ける道理を

知らない。仏はこのことを述べて、経典にも記されているのに、なお疑って信じようとしない。衆生を哀れんでどうか方便をもって救ってほしいと願う。閻魔王は、尊恵に、「妻子王位財眷属……」の偈を与え、人々に示せという。閻魔王は、衆生を哀れむのは我が子のようであるのに、衆生は、誤ってみずからの業によって苦を受けている。今日、閻魔王宮へ来た死者は二百三人だが、往生したものは九人であることを告げる。尊恵は、偈に銅銭六個で報いたので、今に屍を送るのに六銭を供え「六道銭」といっている。

修法既畢《ニテ》、閻王、以《テ》レ偈《ヲ》讃《ス》二持経者《ヲ》一上人、謂《テ》二閻王《ニ》一曰《ク》、一切衆生愚癡邪見《ニシテ》不レ識二因果《ヲ》一、死者受レ報《ク》、生者不レ知、以《テ》レ故《ヲ》、受者方苦《ノニシム》作者仍熾《ノテナリ》、即宣《チテ》二之大聖金口《ヲ》一載《ニ》二之貝葉宝函《ニ》一、尚疑《ヲテ》、而不レ信、良可《ニシ》二悲愍《ス》一、惟願《タクハ》以《テ》二方便《ヲ》一救《ヘ》二済《シ玉ヘ》之《ヲ》一、閻王乃書《チテ》レ偈《ヲ》、付《シテ》二与《ニ》上人《ニ》一曰《ク》、

妻子王位財眷属　死去無《シテシ》二一《トシテ》来相親《テヒシム》一
常随業鬼繋《ニテ》二縛我《スヲ》一　受《テ》レ苦《ヲ》叫喚《スルコト》　無《シ》二辺際《ニ》一

譬《ハ》如《ノ》三旃陀羅駆《テヲ》レ牛《カ》就《ニ》二屠所《ニ》歩歩近《ク》二死地《ニ》一、人命庶《ノモホトンド》過《キタリ》レ是《ニ》、亦曰是日已過《クノ》、命亦随《ニクニ》滅《モ》、如《シ》二少水魚《ノ》一、斯有《ラム》二何楽《ノ》一乎《カ》、師以《テ》レ之《ヲ》示《セ》二一切衆生《ニ》一、我愍《レムコト》二有情《ヲ》一猶如《シ》二一子《ノ》一、衆生顚倒《シテ》而随《テ》レ業《ニ》受《ク》レ苦《ヲ》、今日死来者《ルノ》二百三人、其中往《ノ》二生《スル》楽土《ニ》一者《ノ》九人、閻王以《テ》二執照《ヲ》一授《テ》レ之《ニ》、便為《チ》二善人往生之《ノ》契券《ト》一、彼報《レスルニ》レ之《ヲ》以《ス》二銅銭六個《ヲ》一、自《リ》レ此世人葬《スルトキ》二送死屍《ヲ》一則奠《チス》二六銭《ヲ》一、世称《シテ》レ之《ヲ》曰《ト》二六道銭《ト》一

④尊恵は、閻魔王に、本日の往生者の中に女人がいないのは何故かと問う。閻魔王は、女人は多く「貪嫉癡《ニシテ》而憍慢《モ》邪見」であるから往生することが大変難しい。だから仏は『転女成仏経』を説いたのだという。尊恵は、『転女成仏経』を得て一切の女人を利したいと願ったので、閻魔王は尊恵にその経典を与えた。

上人問《テ》二閻王《ニ》一曰《ク》、今日往生中《ノ》無《キコトハ》二女人《ノ》一何耶《ソヤ》、曰《ク》、従来女人多《ク》貪嫉《ハ》癡《ニシテ》而憍慢《モ》邪見《ナルカ》故《ニ》、得《ルコト》二往生《ヲ》一甚《タ》難《シ》、是以《テ》

仏説《玉フ》二転女成仏経《ヲ》、上人曰《ク》、願《クハ》得《テ》二其《ノ》経《ヲ》一以《テ》利《セン》二一切《ノ》女人《ヲ》一、閻王乃以《テ》レ経《ヲ》付《ス》レ之、

⑤尊恵は閻魔王に、平清盛に『転女成仏経』を献上すれば利益は少なくないだろう、というと、清盛は天台慈慧僧上が仏法擁護のために生まれ変わり、相国の身になったものだと伝えられる。

上人大喜《ニテ》曰《ニ》、我《カ》日域《ニ》有《ニ》二大相国入道静海平公《ノ》一、開《テ》二摂州和田《ノ》御《ミ》崎《サキヲ》一、延《テ》二一千《ノ》僧《ヲ》一執《シ》二行経会《ヲ》一、恭敬供養《ス》、以《テ》二此《ノ》経《ヲ》一貢《セハ》二大相国《ニ》一利益不《シ》レ少《カラ》、閻王曰《ク》、彼《ノ》相国者《ハ》、天台慈慧僧正之《ノ》後身《ニシテ》、而為《ニ》二仏法擁護《ノ》一今為《レリ》二相公《ト》一矣、乃《チ》書《キテ》レ偈《ヲ》以《テ》寄《セ》送《ル》、

⑥尊恵は自らの後世を尋ねる。閻魔王は、尊恵の行いを数え上げ、兜卒天に往生することを告げる。

上人曰《ク》、貧道後《チ》生《センヤ》二何《ノ》処《ニ》一乎、閻王曰《ク》、師徳鏡《クアキラカニ》二玄流《ニ》一、業高《シ》二清素《ニ》一、精修苦行《シテ》、而福助無量《ナリ》、即勅《シテ》二冥官《ニ》一、索《メテ》レ簿《ヲ》勘験《シテ》曰《ク》、当《ニ》教《テ》二他人《ニ》一読《シムルコト》レ経《ヲ》一百一千一万六千七百八十四部、講《スルコト》レ経《ヲ》二千一百六十座、念仏六百億七千一百四十万遍《ナリ》也、又自《ミ》所《ノ》二読誦《スル》一法華三万六千七百五十四部、念仏三十六万七千余遍、大般若教誡品・教授品・讃般若品・難信品・授量功徳品等暗誦《スルコト》凡《ソ》二万一千二百巻、如《シ》レ是《ノ》有《リ》二大福業一、若《シ》寿報尽《ルナハ》則《チ》生《セン》二第四天兜率《ニ》一、

⑦尊恵は閻魔王手書の法華経を与えられ、清澄寺と温泉山が往生浄土の地であることを告げられる。

閻王乃手《ラ》書《スル》金字《ノ》妙経《ヲ》以《テ》嚫《シテ》レ之《ヲ》曰《ク》、日本国有《ニ》二往生浄土梵刹一即《チ》清澄寺及《ヒ》温泉山是《レナリ》也、

⑧天皇の寿命を延ばす方法として、温泉山に法華堂を建立し、持戒浄行の禅僧によって法華会を常行すればよいことを教えられる。閻魔王は、温泉山の功徳を讃嘆し、尊恵が法華堂を建立し、法華会を修したことを述べ、現在黄檗宗であることを述べる。

又日域今上皇帝者《ハ》、往昔、讃州《ノ》之金剛院主某《ノ》之再生《ナリ》也、乗《シテ》二夙願《ニ》一而為《ニ》二擁護《ス》三宝《ヲ》一、惜《ラクハ》聖算僅《ニ》四七少《カク》レ一《ヲ》、上人《ノ》曰《ク》、還有《テリヤ》二延寿術《ノ》一否《ヤ》、願《クハ》垂《レ玉ヘ》二方便《ヲ》一、閻王《ノ》曰《ク》、若《シ》能《ク》於《テ》二温泉山《ニ》一建《テ》二法華堂《ヲ》一、延《テ》二持戒浄行《ノ》禅僧《ヲ》一、修《シ》二妙典会《ヲ》一、以《テ》為《バ》二常法《ト》一者、聖算増《ン》二四十五《ヲ》一矣、亦曰《ク》、温泉山《ハ》即《チ》釈迦・薬師・観音遊化《ノ》之梵刹《ニシテ》、而薬師如来悲願広大《ニシテ》、為《ニ》二諸《ノ》衆生《ノ》一乃《チ》化《シ》二

此《ノ》泉《ヲ》㆒以《テ》利㆓済《ス》之《ヲ》㆒若《シ》有《ル》㆑疾者至《リ》㆓此《ノ》地《ニ》㆒礼《シ》㆓薬師仏《ヲ》㆒沐㆓浴《スル》温泉《ニ》㆒者非《ス》㆓特《ニ》現在治《スルノミニ》㆑疾《ヲ》于《テ》㆓未来世《ニ》㆒必《ス》證《ス》㆓菩提《ヲ》㆒、上人大悦《ニ》乃《チ》構《テ》㆓宝殿《テ》㆒蔵《ヲ》㆓妙経《シテ》㆒安《ヲ》㆓多宝仏像《シ》㆒修《ノ》㆓法華会《ヲ》㆒、遂《ス》成《ヲ》㆓禅刹《ニル》㆒、近来有《ト》㆓惟善公《テ》㆒住《ス》㆑焉、属《ニ》㆓黄檗山《シテ》㆒派下《ニ》也《タリ》世《ニ》称《シテ》曰《フ》㆓温泉之奥《ニ》院《ト》㆒

この清涼院縁起と清澄寺本『冥途蘇生記』を比較してみよう。①～⑧は「温泉寺清涼院縁起」の話柄であり、1～6は清澄寺本『冥土蘇生記』の対応箇所の記述の順序である。

表2　『伽藍開基記』所収温泉寺清涼院縁起と清澄寺本『冥途蘇生記』の比較

温泉寺清涼院縁起	清澄寺本『冥途蘇生記』での順序	清涼院縁起と比較した清澄寺本『冥途蘇生記』の内容
①	ϕ	ϕ
②	1	但し、承安二年十二月二十二日は閻魔王宮からの使者の来た日。法会は、二十六日。
③	4	閻魔王は哀愍教化して種々の偈を誦し、「勧進之文」を書写して尊恵に与え、人々を導けという。※尊恵が救済の方便を乞うのは、尊恵の結集の往生者がわずか九人であったため。
④	ϕ	ϕ
⑤	5	『転女成仏経』の件なし。清盛が慈恵僧正の再誕を告げられる部分は、尊恵が、閻魔王宮の十万僧会が清盛の千僧会のようだといったことから導かれる。
⑥	3	但し、③の本日の往生者九人という数字は、尊恵の結集四千一百人の内の往生者。
⑦	5＋2	「所書写真文十一軸」を与えられる。日本国の往生云々は、閻魔王宮での問答が始まった最初の言葉であり、閻魔王から「摂津国往生之地有五所清澄寺其一也」と告げられる。
⑧	6	天皇の延寿について告げられたのは、尊恵の四度目の閻魔王宮訪問の時であり、安元元年十二月十三日の事蹟。

次に、温泉寺清涼院縁起の③に関わる部分を清澄寺本『冥途蘇生記』と比較する。「温泉寺清涼院縁起」引用文の冒

頭にある数字は、「温泉寺清涼院縁起」の③から⑥の要素の番号であり、清澄寺本『冥途蘇生記』のそれは、温泉寺清涼院縁起の③から⑥と対応する部分である。

表3　清澄寺本『冥途蘇生記』と温泉寺清涼院縁起の本文比較

清澄寺本『冥途蘇生記』	温泉寺清涼院縁起
（閻魔王宮での法会が終了した）已後琰魔王問曰、余僧皆悉還 去、御房来事何等乎、 ⑥愚僧答曰、為承後生之在所也、琰魔王言、摂津国往生之地有 五所、清澄寺其一也、即是諸仏経行之勝地、釈迦・弥陀・弥 勒之験所也、往生・不往生、在人信・不信云々、然後勅冥官 言、此御房作善文櫃、在宝蔵、取出奉見、一生之自行勧他之 碑文、冥官承之、勅壱人童子、々々承之、即往宝蔵、取一文 櫃、以参冥官、開櫃、一者令見融通読経之碑文、勧進已後十 箇年之間、結衆四千一百人内、死亡衆二百三人、其中往生人 有九人、懈怠衆二千三百十二人也、如是、人数年々減少、当 時講読念仏衆一千五百八十五人也、惣十箇年之間、読経部数 咸定一百一十万六千七百八十四部、講経二千一百六十座、念 仏六百○《億》七千一百四十万遍、 （中略） 又、清澄寺所発七種誓願、 （中略） 冥官如是算計自行勧定勧他、令見目録碑文之時、愚僧問曰、 抑融通講読衆散在諸国、既経十箇年、何知其在所、何知懈怠 死亡、如是算計目録給乎、冥官答曰、六道衆生顕密之所作、	③修法既畢《ニテ》、閻王、以《テ》レ偈《ヲ》讃《ス》二持経者《ヲ》一、上人、謂《テ》二閻王《ニ》一曰《ク》、一切 衆生愚癡邪見《ニシテ》不レ識二因果《ヲ》一、死者受《ク》レ報《ヲ》、生者不レ知、以《テ》 レ故《ヲ》、受者《ノ》方《ニ》苦《シム》作者《ノ》仍《テ》熾《ナリ》、即《チ》宣《テ》二之《ヲ》大聖金口《ニ》一載《ス》二之《ヲ》貝葉宝 函《ニ》一、尚《ヲ》疑《テ》、而不レ信、良《ニ》可《シ》二悲愍《ス》一、惟《タ》願《クハ》以《テ》二方便《ヲ》一救《シ玉ヘ》二済之《ヲ》一、 閻王乃《チ》書《テ》レ偈《ヲ》、付二与《シテ》上人《ニ》一曰《ク》、 　妻子王位財眷属　死去《シテ》無《シ》二一《トシテ》来相《ヒ》親《シム》一 　常《ニ》随《テ》業鬼繋二縛《ス》我《ヲ》一　受《テ》レ苦《ヲ》叫喚《スルコト》無《シ》二辺際一 譬《ハ》如《シ》三旃陀羅駆《ノ》レ牛《テ》就《カ》二屠所《ニ》歩歩《ク》近二死地《ニ》一、人《ノ》命庶《モホトンド》過《キタリ》レ是《ニ》、亦 曰《ク》是《ノ》日已《ニ》過《クニ》、命亦《モ》随《テ》滅《スニ》、如《シ》二少水《ノノ》魚一、斯《ニ》有《ラム》二何楽《ノカ》一乎、師以《テ》レ之《ヲ》 示《セ》二一切衆生《ニ》一、我愍《レムコト》二有情《ヲ》一猶《シ》如《シ》二一子《ノ》一、衆生顛倒《シテ》而随《テ》レ業《ニ》受《ク》 レ苦《ヲ》、今日死来《ルノ》者二百三人、其中《ノ》往二生《スル》楽土《ニ》一者《ノ》九人、閻王 以《テ》二執照《ヲ》一授《テ》レ之《ニ》、便《チ》為二善人往生《ノ》之契券《ト》一、彼《レ》報《スルニ》レ之《ヲ》以《ス》二銅銭六 個《ヲ》一、自レ此世人葬二送《スルトキ》死屍《ヲ》一則《チ》糞《ス》二六銭《ヲ》一、世称《シテ》レ之《ヲ》曰二六道銭《ト》一、 ④上人問《テ》二閻王《ニ》一曰《ク》、今日往生《ノ》中無《キコトハ》二女人一何《ソヤ》耶、曰《ク》、従来女 人《ハ》多《ク》貪嫉癡《ニシテ》而《モ》憍慢邪見《ナルカ》故《ニ》、得《ルコト》二往生《ヲ》一甚《タ》難《シ》、是《ヲ》以《テ》仏説《玉フ》二転

何物不顕現浄頗梨鏡乎、若欲不審、見浄頗梨鏡給云々、愚僧見彼鏡、悪事々々、支善事々々、支在処死生、皆悉顕現、一事已上无有隠事、年来知不知所作善悪事、無隠顕現彼鏡、故我等年来所為所行、琰魔法王・冥官・冥衆何欲御覧、

③非歎啼泣、唯願琰魔法王、哀愍我等、教出離生死之方法、示證大菩提之直道、作是言時、琰魔法王哀愍教化、誦種々之偈、冥官染筆一々書之、

妻子王位財眷属　死去无一来相親　常随業鬼繋縛我　受苦叫喚無辺際

譬如旃荼羅　駈牛至屠所

歩々近死地　人命亦如是　此日已過　命即衰減　如少水魚斯有何楽　世皆不牢固　如水沫泡焔　汝等咸応当　疾生猒離心　随逐悪人者　獲得无量罪　現世无福来　後生三悪趣　但楽読誦　法華経者　滅罪生善　離諸悪趣　何況永代　不断読経　能勧所勧　皆当作仏　如説修行　法華経者　終生極楽証大菩提　何況如説　撃冶金銀　永代不朽　所得功徳　十方諸仏　各以千舌　多劫宣説　不可窮尽

書此偈已、琰魔法王作是誓言、我為一切衆生、書写勧進之文、見聞之類、誰不発心乎、永持此文、普勧貴賤、広誘上下、果遂自願成就他願、為引導有縁之良縁、為教化无縁之方法、教誡已後、即付属此文、愚僧得付属、歓喜踊躍、即作是言、

⑤日本中大臣入道之人、点定摂津国和田御崎四面十余町、同棟造屋配分千人持経者、毎方一面着座、如今日、……、件入道非只人、慈慧僧正、故我毎日三度有拝彼人之文、必以此文、可進彼人給云々

女成仏経《ヲ》一、上人曰《ク》、願《クハ》得二其《ノ》経《ヲ》一以《テ》利《セン》二一切《ノ》女人《ヲ》一、閻王乃以《テ》レ経《ヲ》付《ス》レ之、

⑤上人大《ニ》喜《テ》曰《ニ》、我《カ》日域《ニ》有二大相国入道静海平公《ノ》一、開《テ》二摂州和田《ノ》御《ミ》崎《サキヲ》一、延《テ》二一千《ノ》僧《ヲ》一執《シ》二行経会《ヲ》一、恭敬供養《ス》、以《テ》二此《ノ》経《ヲ》一貢《セハ》二大相国《ニ》一、利益不《シ》レ少《カラ》、閻王曰《ク》、彼《ノ》相国者《ハ》、天台慈慧僧正之《ノ》後身《ニシテ》、而為《ニ》二仏法擁護《ノ》一今為《レリ》二相公《ト》一矣、乃書《キテ》レ偈《ヲ》以《テ》寄送《セル》、

⑥上人曰《ク》、貧道後《チ》生《センヤ》二何《ノ》処《ニ》一乎、閻王曰《ク》、師徳鏡《クアキラカニ》二玄流《ニ》一、業高《シ》二清素《ニ》一、精修苦行《シテ》、而福助無量《ナリ》、即勅《シテ》二冥官《ニ》一、索《メテ》レ簿《ヲ》勘験《シテ》曰《ク》、当《ニ》教《テ》二他人《ニ》一読《シムルコト》レ経《ヲ》一百一千一万六千七百八十四部、講《スルコト》レ経《ヲ》二千一百六十座、念仏六百億七千一百四十万遍《ナリ》也、又自《ミ》所《ノ》二読誦《スル》一法華三万六千七百五十四部、念仏三十六万七千余遍、大般若教誡品・教授品・讃般若品・難信品・授量功徳品等暗誦《スルコト》凡《ソ》二万一千二百巻、如《シ》レ是《ノ》有《リ》二大福業《ニ》一、若《シ》寿報尽《ルナハ》則《チ》生《セン》二第四天兜率《ニ》一、

清澄寺本『冥途蘇生記』では、尊恵は、自らの後世を知るために閻魔王宮に残り、閻魔王が尊恵のおこないを挙げていくなかで、自らの結集の往生者が少ないことを知り、救済の方法を尋ねるという構成をとっている。

清涼院縁起は、清澄寺本『冥途蘇生記』の内容を踏襲しながら、表2・表3にみえるように清澄寺本『冥途蘇生記』の配列を巧みに組み替えている。そして、各情報をみるとわかるように、表3の清澄寺本『冥途蘇生記』の傍線部にみえる尊恵の結集四千百人のなかでの死者二百三人の内、往生者九人という数を、「温泉寺清涼院縁起」の傍線部をみるとわかるように、尊恵が冥途へ赴いたその日の死者二百三人、往生者九人とする。この操作によって、往生者が少ないことを一般化し、その救済の方便として「妻子王位眷属……」の偈を得る。さらに往生者の数のなかに女人がいないことを知り、『転女成仏経』を閻魔王から得て女人の救済方法をも知る。この構成をとることで、閻魔王から与えられた偈と女人救済の経典によって遍く救済がおこなわれることを保証する縁起となっている。救済を保証する一方で、「一切衆生愚癡邪見ニシテ不レ識二因果ヲ一」といった衆生の愚かさをより強調する文言による潤色もみられる。そして、この縁起は、観念上構成されたものではなく、温泉寺清涼院から配布されている「果生」と呼ばれる護符の縁起として機能していた(12)。

3　『伽藍開基記』所収温泉寺清涼院縁起と性空法華経供養譚をもつ西国三十三所巡礼開創縁起

2において、『伽藍開基記』所収温泉寺清涼院縁起が、清澄寺本『冥土蘇生記』の配列を巧みに組み替え、「果生」と『転女成仏経』による救済の縁起として機能していたことをみた。また、温泉寺清涼院縁起にみえる本日の死者と往生者の数は、清澄寺本『冥土蘇生記』の尊恵の結衆の内の死者と往生者の数を読み替えたものであった。さて、温泉寺清涼院縁起における「妻子王位財眷属……」の偈や死者と往生者の数は、性空蘇生譚を持つ西国三十三所巡礼開創縁起にもみられるものである。次いで、温泉寺清涼院縁起と性空蘇生譚を持つ西国三十三所巡礼開創縁起を比較してみよう。

表4　温泉寺清涼院縁起と西国三十三所巡礼開創縁起の比較

温泉寺清涼院縁起	『出雲順礼三十三所霊場記』所収縁起	『西国観音縁起集』所収「巡礼権与及び中興或問」
時《ニ》本朝八十主高倉帝、承安二年十二月廿二日、**a**閻羅王、為《ニ》二利生安民《ノ》一、集《テ》二十万《ノ》衆僧《ヲ》一、修《ス》二**b**法華十万部融通本願会《ヲ》一、請《シテ》二尊慧上人《ヲ》一、為二**c**慶讃《ノ》導師《ト》一、修法既《ニ》畢《テ》、閻王、以《テ》レ偈《ヲ》讃《ス》二持経者《ヲ》一、上人、謂《テ》二閻王《ニ》一曰《ク》、**d**一切衆生愚癡邪見《ニシテ》不レ識二因果《ヲ》一、死者受《ク》レ報《ヲ》、生者不レ知、以《テ》レ故《ヲ》、受者《ノ》方《ニ》苦《シム》 作者《ノ》仍《テ》熾《ナリ》、即《チ》宣《テ》二之《ヲ》大聖金口《ニ》一載《ス》二之《ヲ》貝葉宝函《ニ》一、尚《ヲ》疑《テ》、而不レ信、良《ニ》可《シ》二悲愍《ス》一、**e**惟《タ》願《クハ》以《テ》二方便《ヲ》一救二済《シ玉ヘ》之《ヲ》一、**f**閻王乃《チ》書《テ》レ偈《ヲ》、付二与《シテ》上人《ニ》一曰《ク》、**g**妻子王位財眷属　死《シテ》去無《シ》二一《トシテ》来相《ヒ》親《シム》一	抒巡礼の初ハ、往昔冥途の主**a**閻魔王万民の為に**b**十万部の法花経を金泥に書写し、其**c**供養の導師を撰ひ、書写の功終て供養せんにハ、書写山の性空上人ハ、法花経の修行者なり、急き請し導師とせんとて召し給ふ、性空上人量らす迷途の王の勅に随ひ冥途に至り法花供養の修法終りて、上人閻王に問ふて曰、娑婆**d**一切衆生の愚痴邪見にして曾而因果をしらす、故に悪業を造る事多して地獄に堕つ、**e**願くハ方便を以救済仕給へとてねかひ給ふ、**f**閻王聞て宝偈を書して上人へ与へ給ふ、**h**導師	又順礼縁起《ゑんぎ》に云く、往昔《むかし》、迷途の主宰《しゆさい》**a**閻羅法皇、利生《りしやう》安民《あんみん》の為めに**b**十万部の法華経《ほけきやう》を金泥《こんでい》にて書《しよ》写《しや》ありけり、其供養《くよう》の為め**c**慶讃《けいさん》の導師を撰《ゑら》み玉ふに、「書写の功終《こうおわつ》て供養《くよう》せんには書写山の性空《しやうくう》上人こそ六根清浄《せうじやう》を得玉ひたる法華経修行の行者《ぎやうじや》なり、急《いそ》ぎ請《しやう》じて導師とせん」とて、召《め》されける、性空図《はか》らず閻王の勅に随《したが》ひて迷途に至《いた》り、法華経供養の修法《しゆほふ》終りて、上人、閻王に問ふて曰く、「娑婆《しやば》の**d**一切衆生愚痴邪見《ぐちじやけん》にして曾《かつ》て因果《いんぐわ》を知らす、故に叨《みだ》りに悪業を造《つく》りて地獄に堕《お》つ、**e**唯《たゞ》願くは方便《はふべん》を以《もつ》て救済《きうさい》し玉へ」**f**閻王聞《きこ》し召《め》して、即ち偈《げ》を書《しよ》して上人に与《あた》へ玉ふ、其偈に曰く、「**g**妻子王《さいしわう》位財眷属《いざいけんぞく》、死《し》去無《きよむ》二一来相親《いちらいそうしん》一、常《じやう》随《ずい》二業鬼《ごふき》一繋《け》二縛《ばく》我《が》一、受苦叫喚《じゆくけふくわん》無《む》二辺際《へんさい》一云々、**h**上人是れを以て衆生に示《し》めせ、我常《つね》に一切衆生を恵《めぐ》むこと猶《な》ほ一子《いつし》の

常《ニ》随《テ》業鬼繋二縛《ス》我《ヲ》一　受《テ》レ苦《ヲ》叫喚《スルコト》　無《シ》二辺際一、譬《ハ》如三旃陀羅《ノ》駆《テ》レ牛就《カ》二屠所《ニ》歩歩近《ク》二死地《ニ》一、人《ノ》命庶《モホトンド》　過《キタリ》レ是《ニ》、亦曰《ク》是《ノ》日已《ニ》過《クニ》、命《モ》亦随《テ》滅《スニ》、如《シ》二少水《ノ》魚《ノ》一、斯《ニ》有《ラム》二何《ノ》楽《カ》一乎、h師以《テ》レ之《ヲ》示《セ》二一切衆生《ニ》一、我《レ》愍《ムコト》二有情《ヲ》一猶《シ》如《シ》二一子《ノ》一、衆生顛倒《シテ》而随《テ》レ業《ニ》受《ク》レ苦《ヲ》、i今日死来《ル》者《ノ》二百三人、其《ノ》中往二生《スル》楽土《ニ》一者《ノ》九人、閻王以《テ》二執照《ヲ》一授《テ》レ之《ニ》、便《チ》為二善人往生《ノ》之契券《ト》一、彼《レ》報《スルニ》レ之《ヲ》以《ス》二銅銭六個《ヲ》一、自レ此世人葬二送《スルトキ》死屍《ヲ》一則《チ》奠《ス》二六銭《ヲ》一、世称《シテ》レ之《ヲ》曰二六道銭《ト》一、上人問《テ》二閻王《ニ》一曰《ク》、j今日往生《ノ》中無《キコトハ》二女人一何耶《ソヤ》、曰《ク》、従来k女人《ハ》多《ク》貪嫉癡《ニシテ》而《モ》憍慢邪見《ナルカ》故《ニ》、得《ルコト》二往生《ヲ》一甚《タ》難《シ》、是《ヲ》以《テ》仏説《玉フ》二転女成仏経《ヲ》一、上人曰《ク》、願《クハ》得《テ》二其《ノ》経《ヲ》一以《テ》利《セン》二一切《ノ》女人《ヲ》一、閻王乃以《テ》レ経《ヲ》付《ス》レ之、上人大《ニ》喜《テ》曰《ニ》、我《カ》日域《ニ》有二大相国入道静海平《ノ》公一、開《テ》二摂州和田《ノミ》御崎《サキヲ》一、延《テ》二一千《ノ》僧《ヲ》一執二行《シ》経会《ヲ》一、恭敬供養《ス》、以《テ》二此《ノ》経《ヲ》一

是を以て衆生に進め、我常に衆生を恵む事一子のことし、然共、有情おろそかにして驚かす、欲儘ニ悪を造て業に随て爰へ来る、業道は錐のことし、すく方へ傾く、i今日死して来る者二百三人也、其内往生するもの漸九人あり、是は善人なる故なり、又問ふていはく、j今日往生の人の内、女人なきハいかゝ、閻魔王答て曰、されハk女人は嫉妬の心甚敷か故、往生するもの更ニ難し、上人又問ふて、l我ハ死して何所に生せんやととへば、王の曰、m帳札を以て考へ、上人ハ娑婆にて経を教へ読しむ事一千百六十部、o自ら法花経読誦する事凡八万六千七百五十部也、又n称念の数六万億七千弐百四千万篇なり、如是の大善根有故に直に極楽往生有て、仏身と成給ふ事疑ひなし、上人不斜悦ひ帰

如《ごと》し、或時《あるとき》ハ三使《さんし》を以て衆生に知らしむ、然《しか》れども有《う》情愚《じやうぐ》にして驚《おどろ》かず、恣《ほしひまゝ》に悪を造《つく》りて業《ごう》に順《したがつ》て此に来《く》る、猶ほ業道《ごうどう》は錘《はかり》の如し、重《おも》き方《かた》へ傾《かたむ》く、i今日死し来る者二百三人あり、其内に極《ごく》楽《らく》へ往生《おふじやう》する者は漸《よふや》く九人あり、即ち是れには善《ぜん》人往生《にんおうじやう》の契券《けいけん》を与《あた》ふ」上人又問《と》ふ、「j今日往生《おうじやう》人《にん》の内《うち》女人なきは如何《いかん》」閻王曰く、「k女人は高慢《こふまん》嫉妬《しつと》の心甚しき故に往生すること更《さら》に少《すく》なし」上人又問ふ、「l愚僧《ぐそう》は死して如何なる処にか生《せう》ぜん」閻王、m帳《ちやう》を以て勘《かんが》みて曰く、「上人は今まで娑《しや》婆《ば》に於《おい》て人を教《おし》へて経《きやう》を読《よ》ましめ玉ふこと一千百六十部、又o自から法華経読誦《どくじゆ》の其数《かず》凡そ八万六千七百五十余部《よぶ》、又n自から称名《しようみやう》念仏《ねんぶつ》の数六百億《おく》七千二百四十万遍《まんべん》なり、斯《か》くの如《ごと》く大善根《だいぜんこん》ある故《ゆへ》に直《たゞ》ちに極楽往生《ごくらくおうじやう》あつて仏身《ぶつしん》を得《ゑ》玉はんこと疑《うたが》ひなし」上人聞《きこ》し召《め》して、「喜《よろこ》びて帰《かへ》らん」とあれば、閻王、此度《このたび》の御施物《おんせもつ》とて種々《しゆく》の珍器《ちんき》を賜《たも》ふ、上人見玉ひて、「我れかくの如きの珍器は人間世界《にんげんせかい》に稀有《けう》の物《もの》なれば嘗《かつ》て望《のぞ》みなし、唯願《ねがは》くは娑婆の衆生の地獄へ来ることを悲《かなし》む故《ゆへ》に、一切の極悪《ごくあく》人罪深《つみふか》き女人の輩《ともがら》、易《やす》く極楽へ到《いた》り三悪道《さんあくどう》の苦《く》を免《まぬか》れ侍《はべ》る

貢セハ二大相国ニ一利益不シレ少カラ、閻王曰ク、彼ノ相国ハ者、天台慈慧僧正之ノ後身ニシテ、而為ニ二仏法擁護ノ一今為レリ二相公ト一矣、乃書キテレ偈ヲ以テ寄セ送ル、上人曰ク、l 貧道後生チセンヤ二何ノ処ニ一乎、閻王曰ク、師徳鏡クアキラカニ二玄流ニ一、業高シ二清素ニ一、精修苦行シテ、而福助無量ナリ、即勅シテ二 m 冥官ニ一、索メテレ簿ヲ勘験シテ曰ク、当教ニテ二他人ニ一読シムルコトレ経ヲ一百一千一万六千七百八十四部、講スルコトレ経ヲ二千一百六十座、n 念仏六百億七千一百四十万遍也ナリ、又 o 自ミ所ノ二読誦スル一法華三万六千七百五十四部、念仏三十六万七千余遍、大般若教誡品・教授品・讃般若品・難信品・授量功徳品等暗誦スルコト凡ソ二万一千二百巻、如シレ是ノ有リ二大福業ニ一、若シ寿報尽ルナハ則チ生セン二第四天兜率ニ一、

らんとセしに、閻王より施物を志し種〻珍宝を給ふといへとも曾而それを望ます、願くハ娑婆の衆生地獄へきたる事を悲む故に一切極悪人の罪深き女人のた易く極楽へ至り悪道の苦を免るヽ事能おしへ給へと宣へハ、閻王なミたを流して曰、娑婆へ帰り能も勧めよ、衆生の善根は施行する事第一也、口には仏菩薩の称名に越へる事ハなし、経は法花経を読誦すへし、罪ある衆生ハ娑婆にて観音の道場順礼すれハ罪消滅し、仮令十悪五逆の罪人たりとも忽ち善所に生せん事疑ひなし、弥信心の思ひを起し深く謹而聴聞せん哉、

事の修行やある、教《おし》へ玉へ」と有りければ、閻王涙《なんだ》を浮《うか》め玉ひて、「娑婆へ帰《かへ》り玉ひて勧《すゝ》め玉はんには衆生の善根《ぜんこん》の第一は施行《せぎよう》にあり、罪《つみ》は殺生《せつしよう》を第一とす、口《くち》に称《との》ふるにハ称名《しやうみやう》念仏《ねんぶつ》に越《こへ》たる善根はなし、経を持《たも》つには法華経に勝《ま》すものなし、罪《つみ》ある衆生の行業《ぎやうごふ》には足《あし》を運《はこ》びて仏閣《ぶつかく》に詣《もう》づるに越《こ》へたるはなし、其中に南閻浮提《なんえんぶだい》にハ生身《しやうしん》の観音薩埵移《うつ》り在《まし》ます霊地《れいち》三十三ケ所あり、曩《さ》きに既《すで》に長谷寺《はせでら》の徳道上人に告《つ》げ置《お》きたり、今亦示めさん、国数《こくすう》は十二ケ国、霊場《れいじやう》は三十三所なり、此道場へ一度《いちど》にても歩《あゆみ》を運《はこ》びたる輩《ともがら》は、現世《げんせ》にてハ悪事《あくじ》災難《さいなん》を免《のが》れ、子孫繁昌《しそんはんじやう》し、天行病《てんこうびやう》を免《のが》れ、一切の業障《ごつしよう》を除《のぞ》き、死《しゝ》てハ三悪道へ堕落《だらく》する事を逃《のが》る、急《いそ》ぎ勧《つと》めて巡礼せしめ玉へ」と、上人歓喜《くわんき》して本土《ほんど》に帰《かへ》り諸人に勧《すゝ》め玉ふとぞ、

『出雲順礼三十三所霊場記』所収縁起（『出雲順礼』と略）と『西国観音縁起集』所収「巡礼権輿及び中興或問」（「巡礼権輿」と略）は、傍線部aからoまで温泉寺清涼院縁起と章句を共有する部分をもつ。温泉寺清涼院縁起を基準として構成をみると、『出雲順礼』、「巡礼権輿」は、閻魔王宮の法会の参加者を性空とする点が大きな相違点であるが、その

性空を閻魔王宮へ呼び寄せるために法華修業者であると理由説明が付与されている。

その後、温泉寺清涼院縁起の展開と同じように展開するが、『出雲順礼』、「巡礼権輿」は、清涼院縁起にみえる六道銭の由来や清澄寺本『冥土蘇生記』の「妻子王位財眷属……」の偈に続く部分を引きずった記述は省略される。そして、温泉寺清涼院縁起では、女人の往生者がいないことを述べたのち、『転女成仏経』が尊恵に与えられ、清盛が慈恵僧正の後身であることが示されるが、『出雲順礼』、「巡礼権輿」は、その部分を省略し、温泉寺清涼院縁起の尊恵の後世をたずね、そのおこないを述べ立てる部分へと接続する。

それ以降の部分は、『出雲順礼』、「巡礼権輿」に独自の部分である。性空が、「一切極悪人の罪深き女人のた易く極楽へ至り悪道の苦を免る丶事」(『出雲順礼』)を閻魔王に乞うと、閻魔王が、「娑婆へ帰り能も勧めよ、衆生の善根は施行する事第一也、口には仏菩薩の称名に越へる事ハなし、経は法花経を読誦すへし、罪ある衆生ハ娑婆にて観音の道場順礼すれハ罪消滅し、仮令十悪五逆の罪人たりとも忽ち善所に生セん事疑ひなし」(『出雲順礼』)と施行・称名念仏・法華持誦・巡礼行による滅罪を示すのである。

『出雲順礼』では、「巡礼権輿」にみえる「妻子王位財眷属……」の偈は示されないが、その直前のｆ「閻王聞て宝偈を書して上人へ与へ給ふ」という文言がある。この偈は「巡礼権輿」には示されており、『出雲順礼』が参照した縁起にはこの偈も存在していたとみて差し支えないだろう。『縁起雑説』十六所収とされる縁起は、簡潔にこの偈と『出雲順礼』「巡礼権輿」の末尾にある称名念仏・法華持誦・巡礼行による滅罪を示している。この縁起は、『出雲順礼』、「巡礼権輿」の縁起の要点を示しているといえよう。

さて、この性空の蘇生譚を持つ西国三十三所巡礼開創縁起であるが、表3で明らかなように、清澄寺本『冥土蘇生記』を改変した温泉寺清涼院縁起に基づいて、尊恵の蘇生を性空の蘇生と改める。そして、清涼院縁起にあった偈と女人救済の思想を取り込んで、施行・称名念仏・法華持誦、それに加えて巡礼行による滅罪の功徳を示す縁起として成立したものであるといえよう。なお、この巡礼開創縁起にみえる女人救済の思想は、直接的には温泉寺清涼院縁起にあった『転女成仏経』将来の伝承を流用したものであり、西国三十三所巡礼開創縁起独自の要素であるとはいいがたいものである。

四　性空法華経供養譚をもつ西国三十三所巡礼開創縁起の背景

さて、中山寺縁起系の縁起や性空の独立した縁起にみえる西国三十三所巡礼開創縁起の性空蘇生譚は、直接的には有馬温泉寺清涼院縁起を改変したものであった。西国三十三所巡礼開創縁起のなかには、西国第六番南法華寺（壺阪寺）蔵の寛文七年（一六六七）「西国三十三所順礼縁起」のように、性空と徳道が関わるものがある。ここで再度、尊恵の蘇生譚に関連する伝承を確認しておこう。表5のように、尊恵の蘇生譚は、温泉寺清涼院縁起以降、「妻子王位財眷属……」の偈とともに女人救済経典を将来するという話柄をもつようになった。その展開として、『血盆経』の将来者としての尊恵というものがある。また、尊恵と性空が同時代の人物として尊恵の蘇生に性空が関わる、性空と尊恵が共に閻魔王宮に赴き蘇生するという話柄も存在するというように、尊恵と性空との関係のあらゆるパターンが存在している。このような伝承の類型をみると、尊恵が性空にかわり、性空が尊恵にかわったとみれば、性空と徳道が登場する伝承は特異なものではないといえよう。

西国三十三所巡礼開創縁起にみえる性空法華経供養譚は、温泉寺清涼院縁起が直接改変されたというものではなく、その間に、温泉寺清涼院縁起の影響を受けた、『血盆経』の将来伝承や、大阪府八尾市常光寺の万人講縁起の将来伝承

表5　尊恵・性空蘇生譚関連伝承

	寺院名	資料名	資料年代	性空	尊恵	参加法会	将来品			
							法華経	曼荼羅	閻魔王像	その他
尊恵蘇生	(清澄寺)	古今著聞集	建長6(1254)	×	○	十万部法華経を転読				偈
	温泉寺	温泉寺再建勧進帳	享禄2(1529)	×	○	十万部法華読誦	○	○		
	温泉寺	伽藍開基記	元禄2(1689)	×	○	十万部法華融通本願会	○	○		偈・転女成仏経
	清澄寺	元禄八年之記	元禄8(1695)	×	○		○	○		転女成仏経
	蓮華寺	定就書状	慶長9(1604)	×	○	法華拾万部読誦	○	○		念珠
	青林寺	摂陽群談	元禄11(1698)	×	○			○		
	近江寺	近江寺縁起・播磨鑑	宝暦12(1762)	×	○	法華十万部衆会	○			
尊恵蘇生に性空関与	(清澄寺)	血盆経和解	正徳3(1713)	△	○	法華経十万部読誦				血盆経
	(清澄寺)	血盆経略縁起	天明8(1788)	△	○				○	血盆経
尊恵・性空蘇生	常住寺	伊水温故	貞享4(1687)	○	○	十万部の妙経読誦			○	
	常光寺	万人講縁起	未詳	○	○	十万部の法華経転読				万人講縁起
性空蘇生	円融寺	稲富山略記	貞享3(1686)	○	×	十万部法華				
	浄信寺	地蔵菩薩霊験記	貞享元(1684)	○	×					錫杖

など尊恵伝承の多様な展開が存在している。この伝承もその展開の一つとして位置づけるべきものであろう。そして、この展開の背景には、巡礼という文脈から理解するのではなく、唱導の世界における尊恵の伝承の利用と、その利用のなかでの展開を想定する必要があるのではないだろうか。

『唱念観音本朝霊験記』や『西国三十三所霊場記』などの唱導の場で用いられたとみられるテキストでは、西国三十三所巡礼開創について、さまざまな縁起が蒐集され、整理されている。この過程で、個別に存在していた縁起や、縁起の要素が、他の縁起と複合し、別個の縁起として成立することとなったのではないだろうか。法華経供養譚をもつ西国三十三所巡礼開創縁起は、その複合のあり方の一つということができるのではないだろうか。

五　書写山の伝承

それでは、なぜ尊恵の伝承が性空の伝承として展開するのであろうか。その一つの手がかりとして性空開基の札所である書写山円教寺の伝承を検討する必要があるだろう。天正十七年（一五八九）写『円教寺長吏実祐筆記』所収の「西坂元巡礼堂勧進帳」(13)——西坂元巡礼堂とは、書写山女人堂のことである——には、

> 抑巡礼元起者、養老年中於二閻魔王宮一《ニ》、金泥《ノ》法花経一〇《万》部供養之時、娑婆界衆生《ノ》、何得脱因縁、長谷寺上人奉レ向レ之、閻魔王宮曰、若人至心観世音三十三所巡礼者、無如罪障皆員消滅、決定往生極楽矣、道俗男女結縁無疑云云、其後中絶二百余年歟、爰花山法皇御年十九御発心、于時性空上人・仏眼上人応勅命、而再興之利益無辺之旨難有事也、（後略）

とある。徳道が養老年中に閻魔王宮での一万部の法華経法会に招かれ、三十三所巡礼をおこなえば、滅罪と極楽往生が約束されると示したという。その後中絶し、花山院が性空上人と仏眼上人に勅して再興させたという。

　この縁起の全体の構成はあえて分類すれば中山寺系の縁起を簡略にしたものである。しかし、西国三十三所巡礼開創縁起にみえる徳道が閻魔王のもとへ赴いた理由を閻魔王宮の法華経供養に求めるという大きな特徴をもっている。

　この縁起は、性空の閻魔王宮の法華経法会参加に類する伝承の内、管見の限りでは最も古い資料である。しかし、「金泥法花経一〇《万》部供養之時」といった特徴は、他の書写山の資料には見出しがたいものであり、やはり尊恵の『冥途

蘇生記』を淵源とする伝承の影響を受けたものであるといわざるを得ないであろう。

筆者は、第一章第四節において尊恵の伝承の周辺地域への伝播を、三田市下槻瀬蓮花寺の「定就書状」から一五七〇年代を目安と考えたいとした。『円教寺長吏実祐筆記』の筆者年代上もその推定と矛盾はない。この縁起は、温泉寺菩提院の伝承の影響の下に成立した縁起であるということができるであろう。なぜ書写山の巡礼堂の縁起に有馬において成立した伝承が取り込まれたのであろうか。当時、摂津国有馬郡を中心として、尊恵の伝承が温泉寺の外へ伝播していく時期であった。これを一つの背景を考えることができるだろう。

一方で、有馬の伝承と書写山を直接つなぐことのできる資料もある。享禄元年（一五二八）の復興勧進のために作成された『温泉寺再建勧進帳』の奥書には、(14)

此古本者、三条西殿実隆御筆也、御草案者、禁中之御作云々、慥不存也、
右此一巻事、今度以面如承候、拙老書写之、于今在□於有馬町ハ類本無之由候条、只今卒爾書進之候、云老眼、云悪筆、無正躰候、於其方可有清書候、為当用乍憚寄付候也、
天正十四年丙戌八月十五日　書写山十妙院寂□（林カ）　（花押）　行年八十二

とある。『温泉寺再建勧進帳』は、その筆写の経緯は不明であるが、天正十四年に書写山十妙院の僧によって書写されたものである。有馬温泉において展開した尊恵の伝承は、直接に書写山の僧に知られるところであった。

さて、この縁起について、書写山にとっての積極的な意味を見出すならばこのようにいうことができるであろう。徳道と尊恵の伝承を複合させることによって、徳道は閻魔王宮に招かれた法華持経者と位置づけられることになる。法華持経者として知られた性空開基の書写山としては、都合の良い改変となったはずである。下って、円教寺十妙院蔵「書写山決定往生冥途石の縁起」（寛政十年〔一七九八〕）では、

それ冥《くら》きより冥《くら》き途《みち》に入とは大覚世尊《だいかくせそん》の金言《きんげん》なり、濁世《ぢよくせ》の衆生この途《みち》を出《いづ》る人希《まれ》なり、爰《こゝ》に冥途石《めいとせき》と申すハ閻魔《ゑんま》大王深《だいわうふか》く衆生の冥き途に入るを悲《かな》しませ、それがために金泥《こんでい》の法華経《ほけきやう》三万部《まんぶ》を書写し、供養《くよう》の導師《だうし》に吾開山上人《わかかいさん》を請《しやう》じ給ふ、上人、閻王《ゑんわう》にむかひ、衆生のたやすく成仏《じやうぶつ》する品こを示《しめ》し給へと仰《おほせ》せければ、大王悦《よろこひ》給ひ、娑《しや》婆《ば》に生身《しやうしん》の観世音《くわんぜおん》三十三所にましします、ひとたび巡礼《じゆんれい》する人ハたとひ五逆《ごぎやく》十悪《あく》の罪《つみ》ありとも速《すミやか》に消滅《しやうめつ》し、決定《けつじよう》して往生すべし、又此石《このいし》は、かの生身の観世音影向《ようがう》の石《いし》にて冥途《めいと》の重宝《てうほう》なれとも御布施《おんふせ》として送《おく》り奉《たてまつる》るへし、一度此石《ひとたびこのいし》を拝《はい》すれハ三十三所巡礼の功徳《くどく》に異《こと》なることなく永《なが》く三悪道《あくたう》を離《はな》れ決定《けつじよう》して往生すること疑《うたがい》なく、此言《ことバ》妄語《まうご》ならずとて、手ずから此石に起請文《きしやうもん》を書付《かきつけ》、決判《けつはん》を相添《あひそへ》て上人の許《もと》へ送《おく》り給ふ、（後略）

とある。これまでみてきたものと同じ伝承であるが、和泉式部が性空のもとへおくった和歌より説き起こし、性空が、金泥の法華経書写の法会に招かれ、衆生の往生する方法を問い、三十三所巡礼を示されたという。そして、布施として、三十三所の観音が影向したもので、拝することで三十三所巡礼と同等の功徳と決定往生がもたらされるという閻魔王の起請文が記された「冥途石」と「決判」を贈られたという。続いて、「決判」は「故ありて」中山寺へもたらされ、「冥途石」は性空の滅後「八百年来」秘蔵されてきたが、開山の影像に結縁させるついでに人びとに結縁させることとしたとの記述がある。

性空の画像の開帳に合わせて「冥途石」は出現したのであるが、ここでは、徳道は関わらず、性空単独で三十三所巡礼をこの土に将来したこととなっている。また、法華持経者として知られた性空が閻魔王宮における法華経供養に招かれ、巡礼行を将来したという縁起は、書写山における巡礼開創伝承としては適当なものであっただろう。

天正十七年写『円教寺長吏実祐筆記』所収の「西坂元巡礼堂勧進帳」と寛政十年の「書写山決定往生冥途石の縁起」の間の書写山における縁起の展開は知ることはできない。両者が直接の関係をもっているかどうかも判断できない。しかし、三十三度巡礼の開創者を持経者と位置づけようとする立場は共通しているのである。「西坂元巡礼堂勧進帳」の伝承は、温泉寺の尊恵の伝承を取り込み、書写山の立場を反映した縁起として成立したものであろう。

このようにみると、三十三所巡礼開創縁起における性空あるいは徳道の法華経法会に招かれるという伝承も、成立時期を区分しなければならない。

温泉寺縁起における尊恵蘇生譚が、享禄の復興勧進において成立した伝承と、近世における温泉寺奥院（清涼院）において展開した果生の偈と『転女成仏経』将来の伝承と、二段階に分けられるのと同じように、三十三所巡礼開創縁起における伝承の成立も二段階にみる必要があろう。

天正年間の「西坂元巡礼堂勧進帳」は、享禄の復興勧進において成立した伝承を受けたものである。一方で、中山寺系の縁起に複合してみられ、独立して存在している伝承は温泉寺奥院（清涼院）において展開した伝承を改変したものであるといえよう。そして、その淵源は、書写山における巡礼開創者を法華持経者と位置づけようとした「西坂元巡礼堂勧進帳」に見出すことができるであろう。

おわりに

以上、西国三十三所巡礼開創縁起にみえる法華経供養譚について検討をおこなった。この伝承は、三十三度行者系の縁起・中山寺縁起系の縁起のなかにみえる一方で、独立した縁起としても存在していた。すなわち、法華経供養譚系の縁起として整理すべき縁起であるといえよう。そして、この縁起は、尊恵の蘇生譚である『冥途蘇生記』を改変し成立した有馬温泉寺の伝承を西国巡礼の縁起として改変したものであった。そして、性空や徳道の法華経供養譚をもつ縁起は、書写山の天正十七年(一五八九)写の資料のなかにみえることから、温泉寺における尊恵の伝承の展開と並行して展開していることが指摘できる。

すなわち、天正期にみえる伝承は、温泉寺菩提院の衰退のなかで、温泉寺菩提院の伝承が周辺寺院へ伝播していったなかに位置づけるべきものである。そして、中山寺系の縁起と複合したり独立してみられる伝承は、近世初頭における温泉寺清涼院での尊恵の伝承の展開のなかで位置づけるべきものである。

このようにみると、性空の法華経供養譚をもつ縁起は、当初は、「西坂元巡礼堂勧進帳」にみえるような既存の三十三所巡礼開創縁起を改変したり、そこに付加したものであったとみるほうが適当であろう。すなわち、三十三度行者系の縁起にみえる歴史性や統一性をかえりみないかのような性空蘇生系の縁起の改変・付加が古い形を示しているとみることができるのである。なお、こういった処理は、三十三度行者系の縁起である松尾寺蔵『西国霊場縁起』の冒頭に威光の巡礼開創譚が付加されているといった例を見出すことができる。

中山寺縁起系の縁起では、徳道巡礼創始、性空と仏眼、花山院の巡礼再興の流れのなかに縁起の歴史性を崩すことなく温泉寺清涼院縁起を改変し、まとまった分量で組み込んでいる。これは、温泉寺清涼院縁起を改変し独立して存在していた性空蘇生系の縁起を組み込んだものである。その成立は自ずと温泉寺清涼院縁起成立以後のものになるはずである。

この独立した性空蘇生系の縁起の背景は現在のところ知ることはできない。三十三度行者系の縁起にみえるような書写山における展開をうけたものであるとも断言できない。近世においては、尊恵の伝承が血盆経の将来縁起などとしてもみえることから、三十三度行者系の縁起のなかにみられる性空の伝承に影響を受けながら、唱導の世界で成立した可能性を指摘しておきたい。

ここにおいて、西国三十三所巡礼開創縁起は、三つの系統に分けることが可能となった。一つは、三十三度行者系の縁起であり、一つは中山寺縁起系の縁起であり、最後の一つは、性空や尊恵などの法華経供養譚をもつ縁起の系統――法華経供養譚系と呼びたい――である。最後の法華経供養譚系の縁起は、前二者と複合する場合が多いが、温泉寺における尊恵蘇生譚の展開と並行して成立していく独自の系統なのである。

註

（1）「長享番付」（『埼玉叢書』）。

（2）『新編武蔵風土記稿』（蘆田伊人編『大日本地誌大系』一八、雄山閣、一九七三年再刊）。

（3）「西国三十三所順礼縁起」（浅野清編『西国三十三所霊場寺院の総合的研究』中央公論美術出版、一九九〇年）。

（4）『西国三十三所巡礼縁起』舞鶴市立図書館蔵。

（5）「西国三十三所由来記」東海学園大学哲誠文庫蔵。

（6）「西国順礼縁起」（略縁起研究会編『略縁起　資料と研究』二、勉誠出版、一九九九年）。「西国順礼縁起」（浅野清編『西国三十三所霊場寺院の総合的研究』中央公論美術出版、一九九〇年）。

（7）恋田知子「『西国巡礼縁起』の展開　附、翻刻　慶應義塾図書館蔵大永六年奥書本」（『巡礼記研究』三、巡礼記研究会、二〇〇六年。同『仏と女の室町―物語草紙論―』笠間書院、二〇〇八年に再録）。

（8）『唱念観音本朝霊験紀』東海学園大学哲誠文庫蔵。

（9）『出雲順礼三十三所霊場記』西尾市岩瀬文庫蔵。

(10) 慈眼会編『西国観音縁起集』(勝沼武一、一八九三年)。
(11) 拙稿「近世における尊恵将来経伝承の展開と『冥途蘇生記』」(『説話・伝承学』一三、説話・伝承学会、二〇〇五年)、拙稿「尊恵将来経伝承の展開—縁起の変容と伝播を中心に—」(御影史学研究会編『民俗宗教の生成と変容』岩田書院、二〇〇四年)。
(12) 温泉寺に『転女成仏経』の信仰を含めた女人救済の信仰があったのかどうかは資料上確認できない。『転女成仏経』の将来譚は、「果生」の信仰を強調する要素かもしれない。但し、女人救済の経典である『血盆経』の将来者としてこの縁起に類する伝承があり、女人救済の伝承が形式だけのものであったかどうかの判断は現状では困難である。
(13) 「西坂元巡礼堂勧進帳」『円教寺長吏実祐筆記』(『兵庫県史』史料編中世四)。
(14) 『温泉寺再建勧進帳』(風早恂編『有馬温泉史料』上、名著出版、一九八八年)。

第三章　縁起の語り

第一節　奪衣婆をもつ聖

はじめに

地獄のありさまを描いた絵画は全国にみられる。こういった地獄絵の解説＝絵解きは広くおこなわれていた。秋田県では昭和五十年代まで小学生が地獄絵の開帳日に絵解きの見聞にいく遠足があったという(1)。滋賀県大津市の聖衆《しょうしゅう》来迎寺《らいこうじ》の国宝六道絵――地元では「地獄極楽の絵」と呼び慣わされている――は、その模本が昭和四十年代まで毎年八月十六日の虫干会の際に檀家の手によって絵解きされていた。第二節で詳しく報告するが、この絵解きは、聖衆来迎寺やその檀家では、現在でもその復活が望まれているほどに地域に根ざしたものであった。

このように、寺院の僧侶や檀家によって特定の場でおこなわれる地獄絵の絵解きがあった一方で、遍歴する宗教者たち――もちろん宗教者に限定されるべきではないが――による地獄絵の絵解きや語りも広くおこなわれていた。地獄を描いた図像を持ち歩き、その信仰を広めた宗教者といえば、観心十界図を持ち歩きその絵解きをおこなった熊野比丘尼や、立山地獄を描いた立山曼荼羅の絵解きによって立山信仰を宣揚した立山衆徒などを、すぐに思い浮かべることができるだろう。彼らは、都鄙を遍歴し、橋のたもと、商家の座敷あるいは、寺院の開帳の場、旦那場などで絵解きをおこなっていた。これのみならず、街頭で地獄の責め苦のありさまを作り物にして人びとに語り聞かせる宗教者もあった[2]。こうした作り物は、近代に入っても縁日などで見せ物として、香具師によっておこなわれていたという[3]。絵解きや人形を伴わなくとも、各地を遍歴する唱導僧たちの地獄語りに耳をそばだてた人びとは、少なくなかったであろう[4]。

一　奪衣婆をもつ聖たち

こういった遍歴する下級宗教者たちのなかに、奪衣婆の像を持ち歩きその信仰を説く者たちがあった（図1参照）。奪衣婆は葬頭河婆ともいい、いうまでもなく葬頭河（三途川）のほとり衣領樹のかげにいて、亡者の衣服をはぎ取る老婆である[5]。

さて、図1にみえる宗教者は、二人組で、墨染めの衣をまとい、一人は大きな奪衣婆の厨子を首からさげ、歩きながら何事かを語っているようである。厨子の上方からは朱や緑といった色とりどりの細い布きれがさがっている。もう一人は、頭陀袋を負い、肩におおきな柄杓を担いで、厨子をさげた人物のあとをついている。この柄杓は、施物を受けとるためのものである。熊野比丘尼の絵解きの図にも一人は絵解きをおこない、一人が柄杓で銭を受けとる図像がある。また、『三十二番職人歌合』には、長い柄の大きな杓をもって人びとに勧進銭を乞う勧進聖の姿が描かれている。

このように勧進に柄杓はつきものであり、柄杓は勧進のシンボル的な道具であった。実際に、京都の清水寺では、伽藍の修理のために本堂外陣の本願勧化所で「参詣の諸人へ杓をふり、一銭二銭之勧進銭を集メ」ていたという記録がある[6]。また、現在でも、盆の京都六道珍皇寺では、参詣者から銭を受け取る際、寺僧が柄の先にざるをつけたものをもって受けとる姿をみることができる（図2参照）。厨子を持った人物の右手には二人の男性がひざまずいている。一人は手を合わせて奪衣婆の像を拝している。

この奪衣婆をもつ二人組の勧進聖の姿は、「築城図屏風」(名古屋市博物館蔵)のなかに描かれている。これは、加賀前田家が加わった築城の様子を描いた六曲一双の屏風である。製作は慶長(一五九六〜一六一五)後半と考えられている。(7) 慶長十二年の駿府城築城の様子を描いたとの説もある。この屏風は、築城の様子をおおきく描くと同時に、城下町の様子も活写している。そのなかで、彼らは、城下町の木戸口で、獅子舞や人形まわしなどの芸能者とともに描き

図1　「築城図屏風」(部分) 名古屋市博物館蔵(『近世風俗図譜』11、1979年より)

図2　柄杓での銭の受けとり(京都　六道珍皇寺、2010年8月)

図3　御優婆勧進と淡島願人（『人倫訓蒙図彙』より）

込まれている。

この聖は、ひな形的な像をみせながら、いずこかの十王堂の勧進をおこなっているのだろうか。あるいは、奪衣婆像の勧進をおこなっているのだろうか。そうではなく、この像と語りを用いて奪衣婆信仰を宣揚しているのだろうか。一体彼らはどういった宗教者なのであろうか。これを奪衣婆像を用いた勧進聖とみると、約八十年後に「御優婆勧進《おうばのくわんじん》」と呼ばれる宗教者として描かれる図像にいきあたる。

「御優婆勧進」は、元禄三年（一六九〇）刊の『人倫訓蒙図彙』七にその姿をみることができる（図3参照）。御優婆勧進も、墨染めの衣をつけ、奪衣婆の厨子をもっている。但し、御優婆勧進は、天秤棒の前には奪衣婆の厨子、後ろには地蔵菩薩の厨子を担い、町を歩いている。この図像に対して、以下のような解説がある。

御優婆勧進《おうばのくわんじん》伝聞《つたへきく》、彼三途川原《かのさんづのかはら》にハすさまじき老女《らうちよ》の有て、迷土《めいど》に趣《おもむき》男女《なんによ》の一衣《ゑ》をはぎとり給ふとかや、今《こん》生《しやう》より此人に馬《むま》をつなげば、余所《よそ》見をして通《とを》さるゝと、みてきたやうにまさ〱といふほどに、女性《によしやう》の信仰《しんかう》するは聞《きこ》えたる事也、

御優婆勧進は、「三途の河原には、すさまじい老女がいて、冥土に赴く男女の衣をはぎ取るとかいうことです。この世にある間から、この人にへつらっていたなら、よそ見をして通してくださる」と、まるでみてきたようにまざまざ

というので、女性の信仰をあつめていることで知られているとある。『人倫訓蒙図彙』の編纂された元禄初期、御優婆勧進は、和歌山県和歌山市に鎮座する淡嶋神社の願人「淡島殿」と対に描かれていることから、女性の信仰を集める宗教者として知られていたものであろう。とはいえ、淡島殿の解説は、

　かれが口上《こうじやう》、一《いち》から十皆誤《じうみなあやまり》なれども、それをたゝす者もなし、女の身《ミ》にとつてハ第一気《たいいちき》の毒《どく》の病《やまひ》をまもり給ふといへば、愚なる心《こころ》から、おしけなくとらする也、

と記されており、無知な女性をあやまった信仰でたぶらかす者たちとして描かれている。この筆致からうかがえるように、『人倫訓蒙図彙』では、そのなかに挙げられている下級宗教者たちへの評価が極めて低いということは、留意しておきたい。

さて、御優婆勧進は、「みてきたやうに」奪衣婆のことを語るという。しかし、語られた内容はその解説に記されているようなたわいのない、笑い話のような奪衣婆への信仰だけではあるまい。御優婆勧進の担っている厨子の一方には地蔵菩薩がおさまっている。これよりみて、地蔵による堕地獄からの救済も語っていたであろう。奪衣婆によって地獄の恐ろしさを語り、地蔵菩薩による堕地獄からの救済を語っていたのではあるまいか——埼玉県秩父市にある秩父二十五番札所御手判寺の地蔵堂の前立として、奪衣婆が祀られている。こういった信仰がどの程度まで広がりをもつのかは今後の課題である——。また、奪衣婆信仰の一つとして、下の病や安産、乳が良くでるようにといった女性の信仰の存在がある。御優婆勧進の解説では「女性《によしやう》の信仰《しんかう》するは聞《きこ》えたる事也」とある。『人倫訓蒙図彙』の筆致は無知な女性がたぶらかされて信仰する、というニュアンスであるから、必ずしも信仰する人びとが女性に限られていたとはいえないが、淡島殿と並べ描かれていることからみても、御優婆勧進が女性に対する信仰を宣揚していた可能性は高いであろう。

二　現代の伝承からみた奪衣婆をもつ聖

「築城図屏風」に描かれた奪衣婆像をもった勧進聖も、奪衣婆の厨子をかかえた人物は口を開け何事かを物語っているようである。ここでも奪衣婆や地獄のありさまについて語っているとみてよいだろう。ここでは男性二人が奪衣婆像を礼拝しているので、女性に限った信仰ではないようである。しかし、厨子に飾りのようにしてつけられている布は彩り豊かである。この図像をみて、大正十五年(一九二六)生で、幼少期を大阪の市中で育った女性は、淡島願人のことを思い出してこのように語った。

戦争になる前、子供の時はようオコジキサンがきた。アワシマサンもオコジキサンの一人。白い衣を着て、背中に厨子を負うている。女の人の病気を和歌山のアワシマサンにかわりにいって拝んでくれる。そこに女の人がカモジ——カモジと言うのは、髷を最後にとめる飾り(8)——を納める。そうしたら、アワシマサンで拝んでくれるとゆうた。厨子の中には、女の人からあずかったカモジがたくさん納めてあった。

といい、奪衣婆像の厨子に垂れている布は、「これもアワシマサンとおんなじ。女の人が納めたカモジや」との見立てを得た。本節でもこの伝承のいう「カモジ」であるとみたい。淡島願人と奪衣婆をもつ聖は、女性の祈願に応え、女性は髪飾りの布をおさめるという共通した信仰形態をもっていたといえよう。いずれにせよ、厨子に入った奪衣婆像を持ち歩くという特徴的な形態からみて、「築城図屏風」に描かれた勧進聖は、後世、御優婆勧進へと展開していくとみることができるだろう。御優婆勧進が奪衣婆像だけを持ち歩くのではなく、そこに地蔵菩薩が加わっているのは、堕地獄からの救済をより視覚的にするための展開ともみなせよう。

おわりに

『長阿含経』をはじめとして地獄のありさまを説く経典は多くある。『十王経』は汎アジア的に冥府での審判のイメージをかたちづくっている。また、源信の『往生要集』によって描きだされた地獄の姿は日本人の地獄のイメージを規定しているといっても過言ではないだろう。

しかし、ひとたび民衆世界に目を向けるならば、ここでみてきた絵画のなかに片鱗をみせる宗教者たちの地獄語りこそが、人びとに閻魔王をはじめとする冥官の裁きや地獄の恐怖を知らしめ、勧善懲悪、極楽往生を願う契機となったにちがいない。近畿では奪衣婆は、多く十王像の付属としてみられ、単体の信仰は目立たないが、青森県内にみられる、閻魔王と対に祀られ、閻魔王の母とも妻ともいわれる「エンマババア」[9]や、福島県猪苗代湖周辺の「オンバサマ」[10]など、姥神と習合した形で多くの奪衣婆の像がみられる[11]。埼玉県秩父地域では多くの寺院に単体で奪衣婆が祀られている(図4)。また、近世には、東京都新宿区正受院の「綿のおばば」[12]のように、流行神として多くの錦絵の題材となった奪衣婆もある。

図4　寺の一隅に祀られた奪衣婆像
(埼玉県秩父市 長泉院、2005年9月)

しかしながら、こういった奪衣婆信仰を流布した人びとの具体的な姿を知ることは極めて困難である。そうしたなかで、「築城図屏風」に描かれた二人組の勧進聖は、近世初頭の奪衣婆信仰の流布に関わった人びとの姿を知ることのできる貴重な資料であるといえよう。

奪衣婆はまた小野小町の姿でもある。老いさばらえた小野小町は奪衣婆として表現される。錦仁氏は、東北地方の奪衣婆の姿をとった小野小町像の信仰の伝播に関わる宗教者として、奪衣婆＝老衰した小野小町像を人びとにみせながら語り歩く廻国遊行の巫女の存在を想定している。(13) 奪衣婆信仰の形成と伝播には、「築城図屏風」にみられる勧進聖や御優婆勧進、あるいは小野小町伝承を携えた巫女など遊行の宗教者の存在抜きには語ることができないのである。

註

(1) 錦仁『東北の地獄絵—死と再生』(三弥井書店、二〇〇三年)。
(2) 徳田和夫「地獄語りの人形勧進」(『絵語りと物語り』平凡社、一九九〇年。初出『國學院雑誌』八三—一一、國學院大學、一九八四年)。
(3) 上島敏昭「えとく芸能—地獄を覗き、見る楽しみ」(林雅彦編著『絵解き万華鏡』三一書房、一九九三年)。
(4) 堤邦彦「近世文学と地獄」(『国文学　解釈と鑑賞』五五—八、至文堂、一九九〇年)。
(5) 石破洋「わが国における十王経—奪衣婆の所伝を中心に—」(『地獄絵と文学—絵解きの世界—』教育出版、一九九二年。初出『仏教文学』一、仏教文学会、一九七七年)及び、川村邦光「奪衣婆／姥神考」(岡田重精編『日本宗教への視角』東方出版、一九九四年)。
(6) 下坂守「中世的「勧進」の変質過程」(『古文書研究』三四、日本古文書学会、一九九一年)及び、阿諏訪青美「「柄杓」と勧進」(『中世庶民信仰経済の研究』校倉書房、二〇〇四年。初出『民具マンスリー』二九—一二、神奈川大学日本常民文化研究所、一九九七年）。
（7）『近世風俗図譜』一二解説。神谷浩「築城図屏風」（『國華』一〇五四、國華社、一九八二年）。
（8）付け髪のカモジではなく、ここでは、手絡をさしているとみられる。
（9）高達奈緒美「奪衣婆小考」（山田厳子編『青森県下における仏教唱導空間の基礎的研究─図像・音声・身体─』平成一五年度～一七年度科学研究補助金萌芽研究成果報告書、二〇〇六年）。
（10）山田弥一郎「おんばさまと姥神・修験道と如意輪観音の民間信仰の問題」（『日本民俗学』一二六、日本民俗学会、一九七九年）。田中英雄「姥神の座所・会津山麓の伝承から」（『日本の石仏』九九、日本石仏協会、二〇〇一年）。
（11）柳田國男「念仏水由来」（『妹の力』）、川村前掲註（5）論文など参照。
（12）富沢達三「正受院奪衣婆の錦絵と世相」（『地方史研究』四六─六、地方史研究協議会、一九九八年）。
（13）錦仁『浮遊する小野小町』（笠間書院、二〇〇一年）。

第二節　滋賀県大津市坂本聖衆来迎寺のエンギトギ

はじめに

滋賀県大津市坂本の聖衆来迎寺は、多くの優れた文化財をもつ古刹である。ことに、国宝に指定されている六道絵十五幅は鎌倉期の優品としてよく知られている。また、この絵が例年八月十六日におこなわれている虫干会の際に絵解きされていたことも、よく知られているところである。

さて、園田学園女子大学蔵の高谷重夫旧蔵資料のなかに、この聖衆来迎寺の虫干会の際にエンギトギ（絵解き）をおこなっている様子を撮影した写真が八点遺されている。

聖衆来迎寺で絵解きがおこなわれていたことは既に知られているが、それがどのようにおこなわれていたかを示す写真の報告は管見のところみられない。本節では、絵解きの写真と、この写真に関わる事柄を

図1　虫干会当日の聖衆来迎寺本堂　向かって右半面の障子が取り外され開け放たれている。（2002年8月16日撮影）

中心として報告をおこなっていきたい。

一　『六道絵相略縁起』

聖衆来迎寺の六道絵は、昭和四十年代まで絵解きがおこなわれており、その絵解き台本とみられる『六道絵相略縁起』が、知られているところでは四本遺されている。

その内、真保亨によって、明治二十年（一八八七）聖衆来迎寺住職伊藤理戒写、聖衆来迎寺蔵『六道絵相略縁起』が翻刻されている(1)。また、林雅彦氏によって、明治二十九年（一八九六）聖衆来迎寺住職海老名舜澄写、下坂本田中家蔵『六道絵相略縁起』（以下、田中家本と呼ぶ）の翻刻がおこなわれている(2)。

このほかにも、聖衆来迎寺には、昭和三十二年写、謄写版刷の『六道絵相略縁起』二点および、折本で奥書に「上田喜一郎」という名前のみえる『六道絵相略縁起』（尾題は『六道絵相略縁起解』、以下、上田家本と呼ぶ）が遺されている。なお、近世の版本として『六道絵相略縁起』が遺されているというが(3)、未見である。

また、文政七年（一八二四）に開眼供養がおこなわれ、現在も虫干会の際に本堂外陣にかけられている六道絵の模本がある。これは、実際の絵解きに用いられていたものであるが、それには各場面を解説する短冊が貼り付けられている。短冊の内容は、小栗栖健治氏によって報告されているが、ほぼ『往生要集』や『六道絵相略縁起』に対応しながらも、それらの資料には見出すことのできない要素も存在していることが明らかにされている(4)。

他方、滋賀県長浜市の浄土真宗本願寺派円立寺に蔵されている聖衆来迎寺系統の六道絵について、小栗栖健治氏の報告(5)によると、円立寺では、八月十五日におこなわれる歓喜会の際、六道絵を掛け、檀家の求めに応じて住職による絵解きがおこなわれているという。この報告では、円立寺の住職が絵解きの内容を自らまとめたものが報告されている。それをみると、内容・構成ともに『六道絵相略縁起』を口語にあらため、簡略にしたものであることが一見して理解できる[6]。聖衆来迎寺系統の六道絵＝往生要集絵の流布とともに、この絵解き台本も宗派を超えて流布していったということが想定される。

二　六道絵の虫干しとエンギトギ

さて、聖衆来迎寺住職であった飛鳥井明實師は、「聖衆来迎寺の歴史と信仰」[7]のなかで、以下のように虫干会と絵解きについて述べている。

また、江戸時代より各地で催された寺宝の開帳も明治期に入ってからは、博覧会と名を変え、天皇の行幸の際には京都御所で、大典記念などはデパートで開催されていたようである。しかし、大正中頃より来迎寺のお盆の行事として毎年八月十五日、十六日の二日間「来迎寺寺宝虫干会」として行なわれるようになった。この「虫干会」は、当寺の寺宝であり国宝に指定されている巨勢弘高筆「六道絵」をはじめ、(中略)国宝・重文指定二十五点を含め約八十点を重文指定の客殿に展示し、本堂正面には、江戸末期に写された「六道絵」の絵相十五幅を掲げて、檀家の篤志家による「絵解き」が行なわれ、境内の山門前には露天が立ち並び、終日拝観の善男善女で賑わった。戦後はこの「虫干会」も諸事情により八月十六日だけとなり、「絵解き」も後継者がないためやむなく数年前より中止しているが、毎年遠くより熱心に拝観に来られる人たちのためにも、ぜひ檀徒の方方の協力を得て復活いたしたいと考えている。

図2　旧道より聖衆来迎寺山門を望む　かつての虫干会の際には、ここまで途切れることなく出店が連なっていたという。(2002年8月16日撮影)

これによると、虫干会は近世からの出開帳の伝統を引き継いで、大正中期以降にはじまったということになる。また、その規模は寺宝の展示件数や、賑わいなど、現在とは比較にならない規模でおこなわれていた。筆者の調査でも、かつての虫干会はひじょうににぎわっており、聖衆来迎寺の山門から旧道まで出店が出ていたという伝承を聞くことができた。さて、そのような状況のなかで、聖衆来迎寺檀徒によってエンギトギがおこなわれていたのである。また、飛鳥井師は、絵解きの起源に関しては、

来迎寺では毎年盆の十六日には、本堂にこの六道絵を掛け列ねて「絵解き」を行ない、参詣の善男善女に勧善懲悪の仏徳を説く。しかしいつ頃からこの「絵解き」が行なわれていたか、その発生は詳らかではない

として、『六道絵相略縁起』の本文を引用している。

さて、林雅彦氏の報告(8)がなされた当時には、本堂正面に模写本の六道絵十五幅が掛けられ、浄土宗布教会の岩井信道師の口語による解説が録音テープによって流されるだけになっていたということである。また、『新修大津市史』(9)の記述では、近年まで参詣者に絵を展覧させ、絵解きを実際におこなっていたが、現在はテープレコーダーによって室内に流されている、という状況が報告されている。

現在おこなわれている聖衆来迎寺の「虫干し」の状況は、ほぼ林氏や、『新修大津市史』によって報告されている状

図3　聖衆来迎寺本堂外陣　手前が拝観の受付。手前から奥に向かって、15幅の六道絵が掛けられている。参拝者は、竹製の柵越しに六道絵をみるようになっている。4幅目と5幅目の間があいているのは本尊の前をふさぐのを避けるためである。後述の高谷重夫氏撮影写真にみる昭和40年代の様子とおおきく異なった部分は見出せない。(2002年8月16日撮影)

図4　第一図をみる親子連れ
(2002年8月16日撮影)

況と同じである。

八月十六日の朝から、檀家の人々の協力によって聖衆来迎寺本堂と客殿にさまざまな寺宝が展示される。平成十四年(二〇〇二)の調査では、客殿に、以下のような寺宝が展示されていた。

・湖中湧出　閻浮檀金薬師如来像
・善導大師易産独鈷
・白角の如意　伝教大師の御将来の品にして、釈迦在世中の頃弟子富楼那導者所持の如意なり
・恵心僧都作　引接弥陀
・菅公作　十一面観音
・快慶作　日光・月光菩薩
・聖徳太子筆　金剛般若経
・恵心僧都自筆　恵心僧都入宋御影

そして、これらの什宝の最後に、国宝の六道絵が展示されている。

本堂外陣には、模本の六道絵十五幅が掛けられている。なお、平成十四年にはテープは流されていなかった。

虫干会に訪れた人びとは、まず本堂外陣に掛けられている六

道絵をみて、内陣へ進み、本尊を拝することになる。そして、本堂に安置されている馬頭観音・地蔵菩薩・乱判尊像・元愛宕山本尊地蔵菩薩などの霊像を順に拝しながら、本堂裏から客殿へと進む。そして、前掲のさまざまな寺宝を拝見しかたがた、国指定重要文化財の客殿や庭園に目を慰めるという経路をとることとなる。

さて、聖衆来迎寺の虫干しに訪れた人びとがまず目にするのは、本堂外陣に掛けられた六道絵の凄惨な地獄の姿である。かつてはこの六道絵のエンギトギ＝絵解きがおこなわれていた。(10)

三　上田喜一郎氏によるエンギトギ

六道絵の絵解きは、聖衆来迎寺では「エンギトギ」と称されていた。後述の中川みさえ氏は「地獄極楽の御詠」あるいは、「御詠」と呼んでいる。

以下、聖衆来迎寺の御住職山中忍恭師(昭和十四年〔一九三九〕一月生)と上田喜一郎氏の長女である中川みさえ氏(昭和十六年三月生)への聞き取りを中心にしてまとめていきたい。

エンギトギは、聖衆来迎寺の行事である「虫干し」(虫干会)に合わせて本堂外陣に掛けられる六道絵十五幅を解説するためにおこなわれていた。これは聖衆来迎寺が檀家に依頼しておこなっていたものである。

六道絵のエンギトギの最後の伝承者は、聖衆来迎寺の檀家で上田喜一郎という人物であった。みさえ氏によると、喜一郎氏は、昭和四十四年十一月七日に七十三歳で亡くなっている。生年は、明治二十九年〔一八九六〕となる。(11)喜一郎氏は、もと「中川」という姓であったが、養子に入り、「上田」という姓にかわったということである。

喜一郎氏が養子に入った年代は定かではないが、「名字がかわったら戦争いかんでいい」ということで養子に入った、と喜一郎氏がいっていたということから、二十歳をすぎてからの可能性もある。いずれにせよ上田氏の青年期、すなわち、大正前期までのこととみてよいであろう。

かつて、聖衆来迎寺では方丈さんが「寺子屋」のようにして寺で習字などを教えていた。喜一郎氏も子供の頃からそこへ習いに通っていたという。聖衆来迎寺へよく通っているうちに、エンギトギの稽古をはじめるようになり、知らず知らずのうちにエンギトギの内容を覚えたということである。

喜一郎氏は、長らくエンギトギの唯一の伝承者として、毎年虫干しの際には六道絵のエンギトギをおこなっていた。また、喜一郎氏は、琵琶湖汽船に勤めていた。その関係から旅館の人たちと交友があり、八景館（滋賀県大津市）などの旅館の主人たちと趣味で浪花節の稽古をよくしていたという。浪曲のグループでレコードを作ったり、自分用の浪曲の台を作ったりするなど、かなり力をいれていたそうである。

喜一郎氏は、小さい頃から聖衆来迎寺の「寺子屋」に通うなかで、いつとはなしにエンギトギの稽古をはじめたということである。後述する喜一郎氏が所持していたエンギトギのテキストには、旧姓の「中川」という名前が書かれており、上田家に養子に入る以前、すなわち少年あるいは、青年時分からテキストをもらって稽古をしていたことがわかる。

喜一郎氏がエンギトギの稽古をはじめたころは、エンギトギをする人が何人もいたということである。ゆえに、一人で全十五幅を絵解きするということはなく、一人が数幅ずつを分担してエンギトギがおこなわれていたということである。最初は見習いのような形で、エンギトギの手伝いからはじめ、今年は何幅という形で徐々に自分の分担とレパートリーを広げていったということである。ゆえに、エンギトギの全幅を一気に覚えたというものではなく、何年もかけて、人の語りを聞きながら、無理をすることなく、おのずとできるようになったということである。

喜一郎氏はエンギトギの伝承者のなかではもっとも若かった。ほかの伝承者が順々に亡くなっていき、最後は「今井」という人と、喜一郎氏が残り、「今井」氏が亡くなったために、ついに喜一郎氏が唯一の伝承者になったということである。

忍恭師が小学校にあがった時分、すなわち、昭和二十年頃には、喜一郎氏だけになっていたということである。

さて、忍恭師によると、喜一郎氏は、六道絵のエンギトギをするのが彼の唯一の楽しみであったという。また、人びとの前で縁起を説くにふさわしく、よい声をしていたということである。これは、喜一郎氏が浪花節を稽古していたことにもよるのであろう。

喜一郎氏は、エンギトギの内容をそらで唱えることができ、『六道絵相略縁起』など現存の台本にみえるような「昔の言葉」で、「だらーっとお経調子」、すなわち、お経を唱えるようなあまり抑揚のない節で六道絵十五幅を絵解きしたという。全幅を絵解きするには一時間四十分ほどかかったということである。

また、長いときには、一幅の前で四十分程もエンギトギをおこなっていたといい、時に平たい言葉も交えることもあったと記憶している人もいる。単にテキストの暗唱のみをおこなっていたのではなかったことを推測させる。

喜一郎氏の娘であるみさえ氏は、家での父親の稽古の様子を記憶している。それによると、お経を読むような節で、お経のような難しい言葉を使う部分と、「地獄極楽はこの世にもある……」といった具合の子供にもそれなりにわかる普通の言葉の部分とがあったという。これについて、みさえ氏は現在自分の習っている御詠歌に例えて、

お経でも、普通によむとこ(＝お経の部分)と御詠歌でよむとこ(＝和讃などの部分)とあるみたいな感じ。

であるといっている。

みさえ氏の伝承によると、「子供が聞いてもこわーいおはなし」で、聞いていてなるほどな、と思えるような内容で

あったという。人が「豆のよーに煎られる」などの聞いていたらこわくなるはなしなので、エンギトギをしているところにきて「うしろから団扇であぶってもうたらええわ」と父親によくいわれたのだが、絵と内容がこわいので数度しかいかなかったということである。

閻魔さんのことはしょっちゅうでてきて、「こーゆうことをすると閻魔さんが出てきはる。こーゆうことをすると閻魔さんが……」というように、何々をしたら閻魔さんがでてくる、ということを何度もいっていたという。

特に、「地獄極楽はあの世だけではない。この世にもある」といって、「えー年と、悪い年ある。人にだまされる、病気になるのはこの世の地獄である……」というように、現世での地獄＝苦の存在を強調していたという。また、「人をだまして泣かしとくと地獄に堕ちる。閻魔さんがみてはる」「(悪いことをすると)罪の償いをせないかん」というように、勧善懲悪的な話もあったということである。

忍恭師によると、喜一郎氏は、酒を大変好み、自ら一杯飲み屋を経営するほどであったという。エンギトギの際にも、酒を飲まないと調子がでないといって、冷や酒に卵を入れた卵酒を飲みながらエンギトギをおこなっていたということである。ある年の虫干会の際、嫁入りしたばかりで様子がわからない聖衆来迎寺の奥さんが喜一郎氏に酒を出さなかったために「気がきかん！」といって叱られた(12)、という逸話ものこっている。

みさえ氏によると、喜一郎氏は、亡くなる年、すなわち、昭和四十四年の夏までエンギトギをおこなっていたということである。最後の年は、しんどそうにしていたというが、それでもエンギトギの場にたつとしゃんとするのか、帰ってくると「無事おわったわ。テープにもとってもうて、新聞にも載った」といって、エンギトギがうまくいき、報道され、記録も残ったことに満足し、自分に言い聞かせるようにしていたという。いつにない言い方であったので「おかしいなー」と思っていたら、その何ヶ月後かに肝臓の病気で入院し、「ころころっ」と亡くなったということである。

たいして苦しむこともなく、「安楽往生」であった。

四　エンギトギの伝承活動

エンギトギは、喜一郎氏が稽古をはじめたころは何人も伝承者がおり、その見習いをするなかで徐々に覚えていくものであった。

しかし、伝承者が亡くなっていき、喜一郎氏が最後の伝承者となっていた。忍恭師によると、喜一郎氏が健在のころに、聖衆来迎寺の側から檀家に対して、「してくださいな」と後継者の育成が依頼された。そこで、檀家の有志が「順番に習ていこか」ということになって二、三人で稽古したことがあったという。

しかし、エンギトギ全体は一時間四十分もかかるものであり、言葉も昔の言葉で難しいために継続することができず、ついに伝承がとぎれてしまったということである。

喜一郎氏が直接稽古をつけたかどうかは明らかではないが、みさえ氏によると、聖衆来迎寺の方丈さんが熱心で、一時はかなり一生懸命伝承者の育成をおこなおうとしていたということで、エンギトギの伝承に尽力し、檀家に頼んで習って稽古をしてもらうようにしたということである。喜一郎氏は晩年、

　五人もいんねやから何とかならんか。覚えんのもたいへんやからにわかには難しいか。

とよくいっていたということである。ある時期には聖衆来迎寺が音頭をとって伝承者の育成——喜一郎氏の言葉から少なくとも五人が稽古をおこなっていたといえよう——がはかられたことは確かであろう。これは先にみた飛鳥井師の、

毎年遠くより熱心に参拝に来られる人たちのためにも、ぜひ檀徒の方方の協力を得て復活いたしたいと考えている。

との記述とも符合しよう。

忍恭師によると、「昭和三十二年二月十五日　写之」との奥書のある謄写版刷の『六道絵相略縁起』は、エンギトギの稽古用に作成されたものであろうということである。この謄写版刷『六道絵相略縁起』は、簡易製本で二八ページあり、字体や製本状態からみて、聖衆来迎寺か檀家からの依頼をうけて、印刷会社の手によって作成されたものとみられる。

謄写版刷『六道絵相略縁起』は、おのおのに振り仮名の書き入れがあるが、そのなかでも、表紙に「聖衆来迎寺　比叡山東麓来迎寺内　恵明坊」という印の捺された一本には、前半を中心に、テキストの全体にわたって鉛筆書きでカタカナの振り仮名が振られている。その振り仮名は、「呪願説法《ジユカンセツポー》」「七層《ソオ》」「名利《メヨリ》」などのように、書物を参考に振られたものではなく、口語をそのまま写し取ったとみえるものが非常に多い。これからみても謄写版刷『六道絵相略縁起』は、檀家有志でおこなわれたエンギトギの伝承活動のためのテキストであったとみて間違いないであろう。また、この時期エンギトギを伝承していたのは喜一郎氏だけであったことからみて、喜一郎氏の関与があったことは確かであろう。

また、みさえ氏によると、喜一郎氏は「だれか後見人ないか」といって、娘のみさえ氏にもエンギトギを教えようとしたということである。しかしみさえ氏は、「地獄極楽の話」は怖いし、結婚していて子供の世話もあった、また、父親も元気だったので習う気はあったのだが、まだ大丈夫であろう、あわてて習うこともない、と思って自分もできなかったということである。

なお、みさえ氏の発言にもみえるように、喜一郎氏のエンギトギの様子を録音したオープンリールテープが存在しているはずであるが、現在、所在不明である。

五　上田喜一郎氏没後の状況

みさえ氏によると、喜一郎氏没後もしばらくは聖衆来迎寺の住職が檀家に稽古の依頼をおこなっていたようである。方丈さんが「跡継ぎないか」と檀家の人に頼んで、檀家の有志が「書いたもん」(13)をもって帰るのであるが、「気色悪いのかしらんみな返しにくる」ということであった。みさえ氏は、「地獄極楽の絵」は、なみの絵ではなく、そのテキストも普通の内容ではない、それゆえに、「オショウネが入っているのかしらん」、すなわち、並の心がけでは習得は不可能なのであろうと推測しておられる。

忍恭師によると、喜一郎氏没後、伝承がとぎれてしまったので、落語家の桂米朝に六道絵の解説を吹き込んでもらおうかという案も出たというが、結局、一般的な内容の解説をテープにして流すだけになったということである。

現在でも、聖衆来迎寺御住職は、『六道絵相略縁起』の内容を現在の言葉にまとめなおしてエンギトギを復活させたいという希望をもっておられる。また、喜一郎氏の娘であるみさえ氏も、みずからが伝承できなかったことを悔やんでおられる。

六　上田氏所持の絵解き台本

聖衆来迎寺には、

　近江扶桑滋賀郡
　下阪本村大字比叡辻
　紫雲山聖衆来迎寺
　六道絵相略縁起解
　　中川《上田》《ここ》喜一郎

と奥付のある『六道絵相略縁起』が蔵されている。折本で、外題はなく、内題は「六道絵相略縁起」、尾題には、「六道絵相略縁起解」とある。林雅彦氏の紹介された田中家蔵の『六道絵相略縁起』と奥書が同様であり、「无」を「旡」にするなどの同じ誤字が頻出するので、聖衆来迎寺にあった田中家本のもととなる『六道絵相略縁起』か、田中家本の『六道絵相略縁起』を写したものとみられる。

表紙はかなり破損しており、本紙にも補修のあとがある。このことから、頻繁に参照されていたことが推測できる。また、「遊覧記念　立木丸」という記念スタンプが捺されている。さらに本文には子供の書いたような鉛筆の殴り書きがみられる。

みさえ氏によると、エンギトギは一年一回のことなので、喜一郎氏がおさらいをするための「お帳面」があったという。現在はみさえ氏の手元にないが、それに関しては以下のような話がある。

喜一郎氏没後、みさえ氏の母親が夜うなされるようになった。「おかしい」ということになって、その「お帳面」を「お寺で預かってもらうことに」したそうである。父親は常に「エンギトギをしてはるからどもない。こわいもんやない」。しかし、エンギトギをしない人が持つのはよくなかったのであろう。

この伝承と、奥書にある喜一郎氏の名前があることからみて、もとの所蔵者はエンギトギの伝承者であった上田喜一郎氏であったとみてよいだろう。

ただし、本文・奥書の書写も喜一郎氏であるとまではいえない。奥書にある「上田喜一郎」の名前は、もと「中川」とかかれていたものを墨でぬりつぶして「中川」の左脇に「上田」と書かれている。この「上田」の字体と本文・奥書の字体は明らかに異なっている。本文には異体字や略字・合字等も多用されており、田中家本のように、聖衆来迎寺住職に依頼して書写してもらったものを、みさえ氏がいうとおり、喜一郎氏がエンギトギのテキスト、あるいは心覚えとして所持していたものであろう。

書写年代は、喜一郎氏の旧姓が書かれていることから、喜一郎氏の青年時代とみて、大正初期頃のものとみておきたい。

上田喜一郎氏旧蔵の『六道絵相略縁起』と聖衆来迎寺蔵の謄写版刷『六道絵相略縁起』の振り仮名とを合わせてみれば、上田氏のエンギトギのテキストとエンギトギの実際に関して、「お経読み」の部分は明らかにできると考えられる。

七　高谷重夫氏撮影写真

高谷氏が撮影したエンギトギの写真は八点ある。[14] ネガケースには「来迎寺」とメモ書きがなされている。この写真がいつ頃撮影されたものかを明確に定めることはできないが、写真からある程度の年代は推定することができる。写真1をみると、六道絵の下に各絵の解説が貼られていることがわかる。忍恭師によると、この解説がつけられたのは昭和四十三年(一九六八)に日本万国博覧会のプレ博覧会としておこなわれた「びわこ大博覧会」に合わせて作ったとのことであた。喜一郎氏は昭和四十四年までエンギトギをおこなっているので、これらの写真は昭和四十三年か四十四年に撮影されたものであることがわかる。

写真1　「第一　閻魔王界罪科軽重決断所之図」のエンギトギ

写真の構成からみて、高谷氏がエンギトギを最初から最後まで聴聞したことがわかる。以下、写真の撮影順序に沿ってみていくことにしたい。

写真1　写真右下、紋付袴姿の正装の人物がエンギトギの伝承者であった上田喜一郎氏である。「第一　閻魔王界罪科軽重決断所之図」[15]を絵解きしている。紋付袴の正装で、椅子に腰を掛け、手には扇子と篠竹の棹を持っている。棹で絵解きしている部分を指し示している。棹の先が白くみえるが、これは絵を傷めないよ

写真2 「第一　閻魔王界罪科軽重決断所之図」のエンギトギ

写真3 「第一　閻魔王界罪科軽重決断所之図」のエンギトギ

うに棹の先を紙で巻いてあったということである。前述のように、絵の下にある解説の張り紙によって、この写真が昭和四十三年以降に撮影されたことがわかる。

写真2　写真3　上田氏が指し示している位置が写真1とほぼ同じであることから、写真1〜3は間をおかず撮影されたものと考えられる。上田氏の声をワイヤレスマイクで拾っている人物も写っている。しかし、後の写真には写っておらず、マイクはほとんど使わずエンギトギがおこなわれていた。

この部分で指し示されている図像であるが、特に張り紙もなく、上田家本『六道絵相略縁起』でもどこに当たるのかはわからない。

写真4・写真5　「第五　無間地獄四重五逆者罪科之図」を絵解きしている。扇子は暑さをやわらげるため利用されている。

写真4は、「第五　無間地獄四重五逆者罪科之図」の内、無間地獄の門を指し示している。棹の右にある長方形＝張り紙は、小栗栖氏の報告によると、「无間城七重鉄城、七層鉄網」とある。[16] 上田家本『六道絵相略縁起』[17]では、「第五　阿鼻地獄」の章にある、

写真4　「第五　無間地獄四重五逆者罪科之図」のエンギトギ「无間城七重鉄城、七層鉄網」の張り紙のある部分

写真5　「第五　無間地獄四重五逆者罪科之図」のエンギトギ「罪人中有対閻魔王、説偈訖、住火車趣无間地獄」の張り紙部分

旡《(无)》間ノ大城ハ、縦横ノ広サ八万由旬ナリ、七重ノ鉄ノ城ニ七層ノ鉄ノ網ヲ張廻シ、下ニハ十八ノ隔テ有テ、刀林周リ通レリ、四ツノ角ニハ銅ノ狗有テ、身ノ丈ケ四十由旬ナリ、眼ハ実ニ稲妻ノ如ク、牙ハ釼ノ如ク、舌ハ鉄ノ剣ノ如ク、又一切ノ毛孔ヨリ炎ヲ吹キ出スコト、卅間ニ喩方旡《(无)》シ、

の部分に相当しよう。ただし、上田氏がこの場面で、この本文だけを語っていたのか、本文とともに、口語を交えていたのか、それとも口語のみであったのかはわからない。以下の写真についても同様に、テキストの本文以外に何が語られていたのか、語られていなかったのかは不明である。

写真5は、火車を指し示している、棹のすぐ下の張り紙には「罪人中有対閻魔王、説偈訖、住火車趣无間地獄」とある。『六道絵相略縁起』では以下の部分に該当しよう。

罪人此ノ地獄ニ落ツルニ、先ツ中有ニテ云ク、一切虚空迄テ皆ナ火炎ナリ、我レ孤リニテ伴ナシ、殊ニ黒闇ニシテ日月星ノ光リモ見スト云時ニ、炎羅人、瞋怒ノ心ヲ以テ答テ曰ク、増却滅却ニ大火炎汝カ身ヲ焼ク、痴人已ニ悪ヲナシ、今何ソ後悔スル、仏、天人・修羅ノ罪ヲ与フルニアラス、業ノ綱ニ縛ラルモノナリ、今汝ヲ救フ者旡《(无)》シト、呵嘖シテ無間ノ地獄ヱノ札ヲ指シ添テ、火ノ車ニ乗テ、罪人ヲ追立テ連レ行クニ、二万五千由旬ノ間ニ、早ヤ罪人ノ啼號ケブ声耳ニ響キ、眼ニハ見エ子ドモ聞バ忽チ悶《(悶)》絶スル也、

ここで注目しておくべきことは、写真の順序である。『六道絵相略縁起』諸本では、写真の番号でいえば、一様に写真5→4の順に記述がある。しかし、ここで撮影されたエンギトギの場では、写真4→5と絵解きが進んでおり、テキストとは順序が異なっている。

写真6　「第十　人道生老病死四苦相之図」を絵解きしている。椅子に腰をかけ、盛んに扇子を動かしながらエンギトギをおこなっている。全体がよくわかる写真である。

棹がどこを指しているのか明確ではないが、棹の先端の左に見える家の図には、「病苦」と張り紙がある。『六道絵相略縁起』では以下の部分にあたる。

病苦トハ、病ノ床ニ臥テ医者ニ掛リ石薬ヲ以テシ、或ハ仏神ニ祈禱シ、或ハ医薬ノ切ナキヲ苦シミ、種々ノ苦シミニ逼メラル、又タ病ニモ、体ノ病ト心ロノ煩ヒト二ツニ在テ、身体ノ病ト云フハ、寒熱風雨等ノ為ニ起発シ、又タ飲食ノ調不調ニ依テ、万ノ病ヲノ《こ》起ル在リ、又心ノ病ト云ハ、万事ニ付キ心ノ他ト和合セザルヨリ、終ニ心ヲ労シ気ツカレ乱テ病ヲ引起スノ如キナリ、

写真7「第十一　人道生別死別風火水不慮難之図」を絵解きしている。位置は「第十　人道生老病死四苦相之図」を絵解きする場所からほとんど移動せず、腕を伸ばして指し示しながら絵解きしている。右手には扇子と竹棹、左手

写真6　「第十　人道生老病死四苦相之図」のエンギトギ「病苦」と張り紙のある部分か

写真7　「第十一　人道生別死別風火水不慮難之図」のエンギトギ
「生別」と張り紙のある部分

には手ぬぐい様のものをもち、暑いさなかエンギトギをおこなっている様子がしのばれる。

棹の指し示している部分は、「生別」と張り紙がある部分である。『六道絵相略縁起』では以下の部分にあたる。

愛別离苦トハ、生キ別レ死ニ別レ泣キ悲シムナリ、親子兄弟ノ中ニテモ後レ、先立テ苦ミ、夫レ夫婦海(偕)老ノチギリモ終ニハ別ル々苦シミアリ、武士ハ戦場ニ趣ニㇾク、親ニ別レ可愛《ここ》妻子ニ生キ別レ、住ミナレタル吾屋ヲ後ニ見、心ノ内ニハ泪ヲコボセトモ、人目ノアルヲハヂ、イサギ能ク合戦ニ趣カ子バナラヌ、浮世ノ在サマ会者定離ハ娑婆ノ則教ナリ、会フ時キコソハ則チ离ノ初ナリ、

特に、「武士ハ戦場ニ……」以下の部分がそれにあたるであろう。

写真8　「第一　閻魔王界罪科軽重決断所之図」を絵解きしている。第一幅目からエンギトギをはじめて、最後に十五幅絵解きしたあと、再び「閻魔王界罪科軽重決断所図」に戻ったのであろうか。

上田氏の右に机に座っている人物は受付である。これは現在でも同じ位置に座って受付をおこない、護符や朱印などの施与もおこなっている。竹の柵が設けられ、そこから多くの人たちがエンギトギを聴聞している姿も写されている。上田氏の後ろには女の子が二人閻魔王界の図を見つめている。エンギトギの場の様子がよくわかる写真である。

『六道絵相略縁起』をみるかぎり、エンギトギは天人の部分を語って終わっており、最初の図に戻る要素はみられない。この部分でどのようなことが語られていたのかは不明である。ただ、棹の指し示している部分は、令神を描いた部分であり、そこには、「右令神申、三千界衆生業果沙汰役人也」と張り紙がある。『六道絵相略縁起』では、「右ハ令神ト申テ、三千大千世界ノ衆生ノ業果ヲ沙汰スル役人ナリ」とある部分に相当しよう。

以上、高谷氏撮影の写真について、順にみてきた。喜一郎氏が、正装で竹棹をもってエンギトギをおこなっている様子がよくわかる写真である。それだけでなく、写真の順序は、間違いなく写真が写された当時のエンギトギの順序

を示しているはずである。それとテキストである『六道絵相略縁起』とは、一対一に対応するものではないことが明らかとなった。特に、写真4から5の間は順序が異なっていることは明らかである。また、エンギトギの最後に第一図に戻っているが、ここで何が語られたのかは不明である。

写真8　「第一　閻魔王界罪科軽重決断所之図」を絵解きしている
第一幅目からエンギトギをはじめて、最後に再び第一図に戻ったとみられる。多くの参拝者を前にしてエンギトギがおこなわれていたことを知ることができる。喜一郎氏の後ろには女の子が二人写っている。

　平たい言葉で語る部分もあった、という伝承もあり、みさえ氏もお経のような部分と、普通に語る部分とがあったというように、喜一郎氏のおこなっていたエンギトギは『六道絵相略縁起』の単なる暗誦ではなかった。『六道絵相略縁起』を「お経」の部分としながら、子供でも理解できる言葉で、現世の悪業はかならず閻魔さんがみていること、なにをすれば閻魔さんのところへ行くことになるのか、地獄極楽はこの世にもあること、「地獄極楽のキャッチボール」など、第一図を中心として、閻魔さんの勧善懲悪に収斂する内容が口語で語られていたのである。みさえ氏が六道絵のエンギトギを「地獄極楽の御詠」と呼びならわしていることからも、それはうかがえよう。

　但し、喜一郎氏のエンギトギの口語部分が、『六道絵相略縁起』を踏まえたものなのか、あるいは創作に近いものなのか、また、それがいつ頃形成されたものなのかは不明である。喜一郎氏のエンギトギを録音したテープの発見が望まれるところである。

八　その他の伝承

エンギトギ伝承者の葬儀

エンギトギをおこなっていた檀家の葬儀の際には、一般の檀家とは違って、聖衆来迎寺からお経を特別にあげてもらえるということである。喜一郎氏の葬儀に際しても、聖衆来迎寺の住職から「御詠のお礼」といって、特別にお経をあげてくれたということである。

六道絵の伝来とエンギトギの起源

聖衆来迎寺は西教寺の裏門にあたる。太閤さんの頃に、西教寺のぼんさんが、焼かれたら困るといって「地獄極楽の御影」を聖衆来迎寺に持ってきたということである。エンギトギはそれ以来のことであるという。

六道絵の模写

六道絵は古いものは国宝になっているというすばらしいものである。この絵をいろんな絵かきが写しにきた。しかし、写しはじめると、どういうわけか必ず途中で絵かきの具合が悪くなる。一枚を完成させた絵かきはだれもいない。

おわりに

以上、聖衆来迎寺で昭和四十四年(一九六九)までおこなわれていたエンギトギについて報告をおこなった。

本報告をまとめるにあたって、筆者は聖衆来迎寺に、平成十四年(二〇〇二)と平成十七年の二度調査に訪れた。平成十四年の調査では、写真を持参せず、言葉による質問だけで聞き取りをおこなった。その段階で、本報告の骨格となる部分は聞き取りをおこなうことができた。平成十七年の調査では、本報告に用いた写真の解説をおこなう必要性もあり、写真を持参して聞き取りをおこなった。

写真を見せると、「ああっ。やっぱりキイッツァンや。こうやって椅子すわって、エンギトギしとった」という言葉からはじまり、こちらがたいした質問をせずとも、写真に写されているエンギトギの様子についての聞き取りをおこなうことができた。そのなかでも、特筆すべきは、「キイッツァン」の人柄や、そのエピソードが、こちらが聞かずとも話者から出たことである。そして、エンギトギの実態よりも、「キイッツァン」の人柄についての方がはるかに聞き取りが容易であった。

この調査の場合では、「キイッツァン」がエンギトギを唯一の楽しみとしていたことに加えて、酒が好きで、卵酒を飲みながらエンギトギをおこなっていたことや、奥さんが嫁入り当初に「きがきかん!」としかられたことなどを聞き取ることができた。

これらの事柄は、熟練した聞き取りの技術と経験があれば、聞き出すことは可能であっただろう。しかしながら、それが聞かずして語りだされたということに留意したい。

また、写真に写っている解説の張り紙から、写真撮影の年代を数年以内に絞ることができた。伝承者と対象となる事柄についての写真があってこその成果であろう。さらに、撮影されている写真の順序から、エンギトギの順序がその台本から想定されるものとは異なっていることが明らかになった。

写真を用いて聞き取りをすることによって、言葉だけの聞き取りによるよりも、伝承者の記憶をはるかに明確によみがえらせることができると考えられる。それは、それに関わった人によって多様な姿を示すであろうが、そこに示されている事物だけでなく、それに関わる人びとの人柄にまで踏み込んだ調査を、比較的容易におこなうことができるのである。これは、聞き取りの技術的な側面として非常に有益であり、写真を直接の「資料」として用いるだけでなく、写真を「道具」として用いた聞き取りという方法が非常に大きな可能性を秘めていることは、心しておかねばならない。

また、単に技術的な側面のみならず、民俗学者の撮影した「民俗写真」から、その対象になった側の人びとがまず何を想起するか、何を中心として語るのか、といった問題が浮上するであろう。

筆者は、さきほど写真を用いた聞き取りで、人柄についての話題が豊富にでたことに驚きを感じ、そこから聞き取りに関する技術的な可能性を指摘した。

しかし、裏を返せば、撮られる側の人びとは、そこから上田喜一郎氏がおこなう「エンギトギ」という民俗行事を抽出するのではなく、人びとの相互の関係性のなかでエンギトギをおこなっていた「キイッツァン」により着目したのである。民俗学者の世界認識と、その対象となる人びとの世界認識の相違がみてとれよう。この民俗学者と民俗社会の人びとの視線の相違をいかに捉えていくべきか、今後の課題であるにちがいない。

本報告の作成に当たっては、聖衆来迎寺役員である今井肇氏に仲介の労をとっていただいた。また、聖衆来迎寺御住職山中忍恭師にはお忙しいなか、聞き取りだけでなく、資料の閲覧、伝承者の紹介に至るまで労をとっていただいた。特に記して謝辞にかえたい。

伝承者　山中忍恭（聖衆来迎寺住職）　昭和十四年一月生

中川みさえ　　昭和十六年三月生
調査日　平成十二年八月十六日・平成十七年四月十六日・平成十七年四月三十日

註

(1) 真保亨「六道絵相略縁起」(『日本佛教』二六、日本佛教研究会、一九六六年)。
(2) 林雅彦「六道繪相畧縁起」(林雅彦・徳田和夫編『絵解き台本集』三弥井書店、一九八三年)。
(3) 大串純夫「十界図考」(『来迎芸術』法蔵館、一九八三年。初出、『美術研究』一一九・一二〇、帝国美術院附属美術研究所、一九四一年)。
(4) 小栗栖健治「聖衆来迎寺本六道絵の模本について」(『塵界』三、兵庫県立歴史博物館、一九九一年)。
(5) 小栗栖健治「『往生要集絵』の諸本(一)—聖衆来迎寺本六道絵の模本—」(『塵界』一四、兵庫県立歴史博物館、二〇〇三年)。
(6) 小栗栖　前掲註(5)論文所収「円立寺蔵六道絵の説明」参照。
(7) 井上靖・飛鳥井明實『古寺巡礼 近江1 聖衆来迎寺』(淡交社、一九八〇年)。
(8) 林　前掲註(2)前掲論文。
(9) 『新修大津市史』七北部地域(大津市役所、一九八四年)。但し、調査は昭和五十三年(一九七八)。
(10) 「縁起説き」と字を充てるのが妥当であろう。
(11) 但し、聖衆来迎寺の過去帳では明治三十三年生とある。
(12) 昭和三十八年頃の話という。

(13) 謄写版の『六道絵相略縁起』とみられよう。
(14) 写真番号A1850031～A1850038。
(15) 以下、六道絵の各幅の名称は、各図の下に貼られている解説の名称に従っている。
(16) 以下、張り紙については、小栗栖前掲註(4)の翻刻による。
(17) 以下、引用はいずれも上田家本よりおこなう。

第三節　聖衆来迎寺の虫干会と『霊宝略縁起』

はじめに

滋賀県大津市坂本の聖衆来迎寺は、毎年八月十六日に虫干会（一般には、「虫干し」）をおこなっている。この虫干会には、国宝六道絵の近世の模本が本堂外陣に掛け回され、昭和四十四年（一九六九）までは絵解きがおこなわれていたことは、第二節においてみたところである。

聖衆来迎寺の虫干会は、六道絵が注目されるが、本堂から客殿にかけて多くの寺蔵の霊宝が虫干しされ、参拝者はその霊宝を拝観することができる。また、この虫干会に関連して版本の『霊宝略縁起』がある。本節では、六道絵を含む虫干会全体における寺宝の位置づけを考えてみたい。

一　虫干会

虫干会は、毎年八月十六日におこなわれている。虫干会は、寺宝の虫干しのためにおこなわれる。聖衆来迎寺が檀家に依頼しておこなわれている。事前に住職が虫干しする寺宝を選定し、十六日朝から檀家の内、役員をしている者が準備をおこなう。住職は虫干しされている寺宝の解説をおこない、役員の檀家が受け付けと警備をおこなっている。

平成十七年（二〇〇五）の状況をもとに、その様子をみてみよう。虫干会に際しては、本堂客殿の戸が開け放たれ、本堂外陣には六道絵が掛けられ圧巻である。その六道絵を拝観すると、受付を通り本堂内陣から客殿へと多くの寺宝が虫干しされており、参拝者はその寺宝を拝観することができる。図１・２は虫干会当日の本堂外陣・内陣の様子である。外陣は先ほど記述したとおりであり、内陣は、内陣に祀られている仏像などの厨子が開かれている。図３は、客

図１　本堂外陣　六道絵

図２　本堂内陣　地蔵菩薩像・馬頭観世音菩薩像

殿の様子である。寺宝は、陳列ケースや長机の上に置かれ、それぞれに名称や解説が付されている。図4は虫干会での虫干しされている寺宝の本堂の配置図である。図5は、同じく客殿での配置図である。

参拝者は、まず本堂外陣において国宝六道絵の模本十五幅をみることとなる。かつては絵解きもおこなわれていた。現在は解説の紙が付されているだけだが、その迫力に圧倒される。そして、本堂脇の受付を通り、内陣へと入る。馬頭観音・地蔵菩薩・乱判・愛宕山本尊地蔵・空蓮上人糸引名号などを拝観することができる。

図3　客殿に虫干しされている寺宝

参拝者は、続いて客殿へと通る。客殿に入ると通路正面に一間がある。展示ケースの中に「恵心僧都安養尼剃髪ヲ以テ作ル」という「阿字」や、聖徳太子の鉄鉢などが虫干しされており、壁面には十二天図の内の三点などが掛けられている。その奥の間には、薬師如来像を中心に恵心僧都や菅原道真作の仏像が配置されている。合計一二点の寺宝が虫干しされている。

続いて庭の方へ向かうと、天海僧正関係の寺宝、工芸品・仏具などが外側に置かれ、奥には「湖中出現閻浮檀金薬師如来」をはじめとする仏像、壁面に「恵心僧都入宋御影」などの仏画が七点掛け回されている。庭をみながら縁を伝ってその奥の間には「盆石九山八海」などがある。戻って、本堂に向かう通路奥の間には、元三大師易産独鈷などとともに、国宝の六道絵の内の三幅が掛けられている。

これらの寺宝に関わって、本堂の「恵心僧都の乱判」は魔王がこの

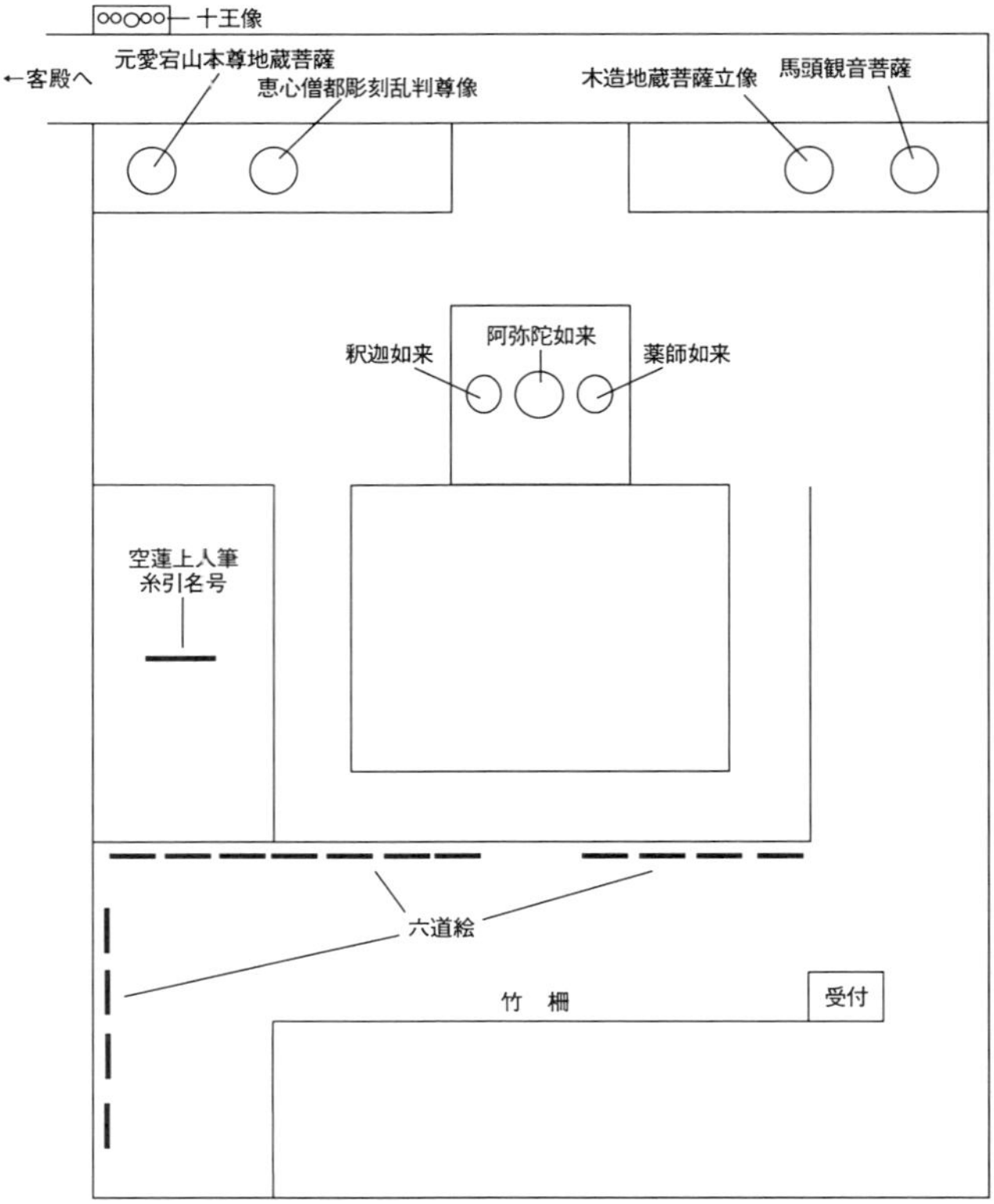

図4　本堂配置図

尊形帰依の人家には魔類障碍を成さずと誓ったという来迎図であり、略縁起とともに施与されている。また、本堂の愛宕権現本地仏については「愛宕権現本地守護所」のお札が、客殿の元三大師易産独鈷については、「易産守」(図7)が、客殿の恵心僧都入僧御影についてはその画像(図6)が、それぞれ参拝者に施与されている。

表1は平成十七年の虫干しでの霊宝一覧であるが、これらの霊宝を一つの展示として考えたとき、どのような位置づけをおこなうことができるであろうか。それについては、虫干会に関わって版本の『霊宝略縁起』が伝わっている。この資料を検討してみよう。

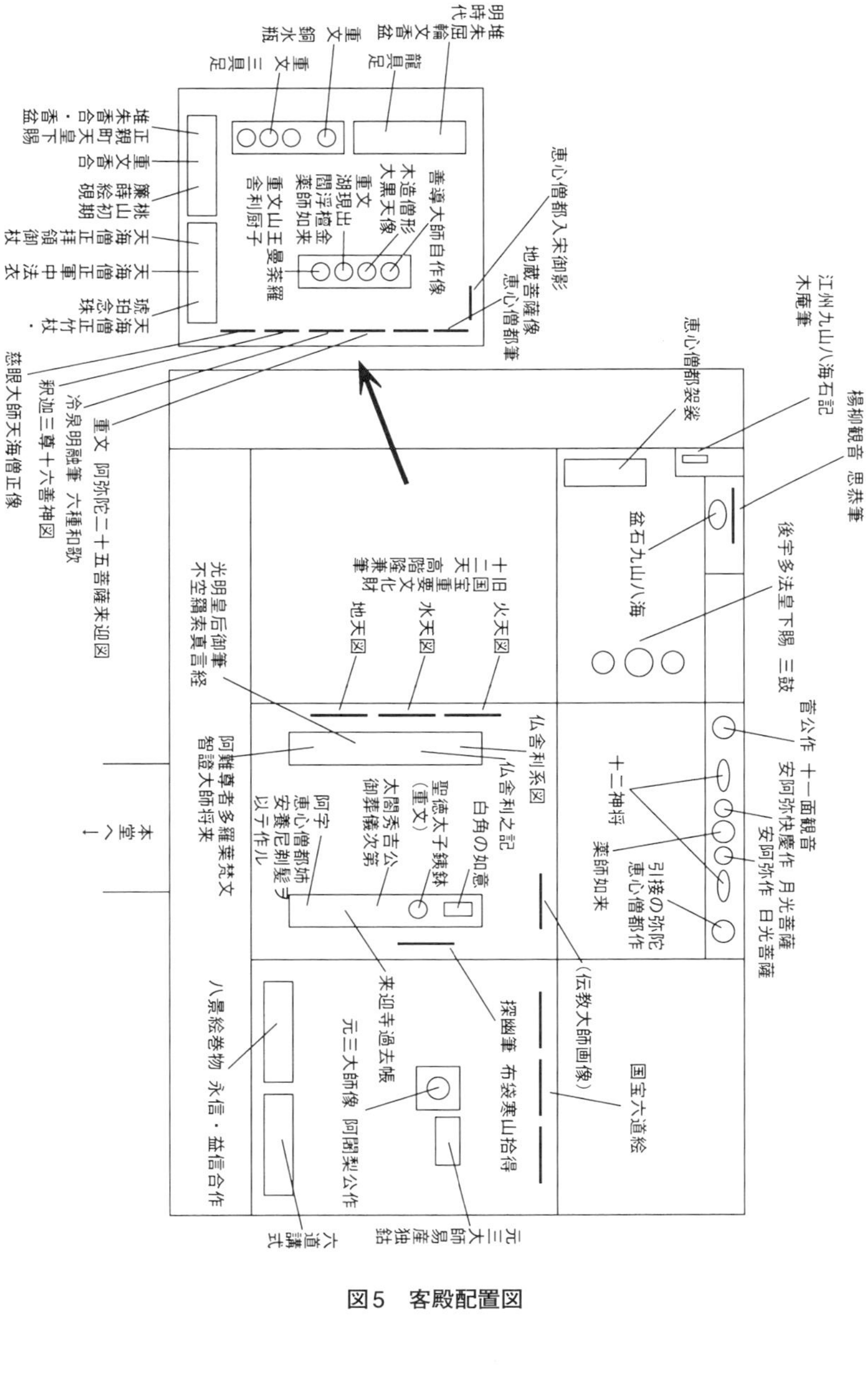
恵心僧都入宋御影
地蔵菩薩像 恵心僧都筆
善導大師自作像
慈眼大師天海僧正像
釈迦三尊十六善神図
冷泉明融筆 六種和歌
重文 阿弥陀二十五菩薩来迎図
江州九山八海石記 木庵筆
楊柳観音 思恭筆
恵心僧都袈裟
盆石九山八海
後宇多法皇下賜 三鼓
菅公作 十一面観音
安阿弥快慶作 月光菩薩
安阿弥作 日光菩薩
引接の弥陀 恵心僧都作
十二神将
薬師如来
火天図
水天図
地天図
光明皇后御筆 不空羂索真言経
仏舎利系図
仏舎利之記
白角の如意
聖徳太子鉄鉢（重文）
太閤秀吉公御葬儀次第
阿難尊者多羅葉梵文 智證大師将来
来迎寺過去帳
（伝教大師画像）
探幽筆 布袋寒山拾得
国宝六道絵
元三大師像 阿闍梨公作
八景絵巻物 永信・益信合作
六道講式
本堂へ↓

図5　客殿配置図

図7　元三大師易産独鈷の易産守

図6　恵心僧都入宋御影

表1　虫干会で虫干しされた霊宝　平成17年(2005)

番号	名　称	作　者	備　考
1	六道絵(模本)15幅		
2	木造地蔵菩薩立像		
3	馬頭観音菩薩		
4	乱判尊像	恵心僧都彫刻	
5	元愛宕山本尊地蔵菩薩		
6	糸引名号	空蓮上人筆	
7	六道講式		
8	八景絵巻物	永信・益信合作	
9	元三大師易産独鈷		
10	元三大師像	阿闍梨公作	
11	六道絵　三幅		国宝
12	阿難尊者多羅葉梵文	智證大師将来	
13	不空羂索真言経	光明皇后御筆	

14	仏舎利之記		
15	仏舎利系図		(清盛の舎利相伝図)
16	伝教大師画像		
17	阿字	安養尼	恵心僧都姉安養尼剃髪を以て作る
18	太閤秀吉公御葬儀次第		
19	白角の如意		
20	聖徳太子銕鉢		重要文化財
21	布袋寒山拾得図	探幽筆	
22	十一面観音	菅公作	
23	薬師如来像		
24	日光菩薩	安阿弥快慶作	
25	月光菩薩	安阿弥作	
26	十二神将像		
27	引接の弥陀	恵心僧都作	
28	火天図(十二天図の内)	高階隆兼筆	旧国宝重要文化財
29	水天図(十二天図の内)	高階隆兼筆	旧国宝重要文化財
30	地天図(十二天図の内)	高階隆兼筆	旧国宝重要文化財
31	恵心僧都袈裟		
32	盆石九山八海		
33	江州九山八海石記	木庵	
34	楊柳観音	思恭筆	
35	三鼓	後宇多法皇下賜	
36	恵心僧都入宋御影		
37	地蔵菩薩像	恵心僧都筆	
38	阿弥陀二十五菩薩来迎図		重要文化財
39	六種和歌	冷泉明融筆	
40	釈迦三尊十六善神図		
41	慈眼大師天海僧正像		
42	天海僧正竹杖・琥珀念珠		
43	天海僧正軍中法衣		
44	天海僧正拝領御杖		
45	桃山初期籐蒔絵硯		
46	香合		重要文化財
47	堆朱香合・香盆		正親町天皇下賜
48	三具足		重要文化財
49	銅水瓶		重要文化財
50	龍具足		
51	堆朱屈輪文香盆		明時代
52	善導大師自作像	善導大師作	
53	木造僧形大黒天像		
54	湖中現出閻浮檀金薬師如来		
55	山王曼荼羅舎利厨子		重要文化財

二 『霊宝略縁起』

『霊宝略縁起』には、六六点の霊宝が挙げられている。それらを掲載順に一覧にすると表2のようになる。由緒は、『霊宝略縁起』本文にある説明による。

『霊宝略縁起』に掲載された霊宝をみると、おおよそNo.9までが聖衆来迎寺を開いた源信に関わる霊宝が並ぶ。No.1・2は聖衆来迎寺の寺名に関わる霊宝であり、No.4は、源信に関わる伝承、No.5は、源信の名が遠く宋にまで伝わったこと、No.6・7は、源信の母親との逸話を物語る霊宝である。No.10は、聖衆来迎寺中興真玄由緒の品である。

No.1〜10までの霊宝は、聖衆来迎寺の寺名の起源と、源信の一代に関わる伝承をもった霊宝。そして、中興由緒の品という聖衆来迎寺一山の起源に関わるもっとも重要な品々といえよう。

次いで、No.11〜19までは、天台の祖師と源信に関わる霊宝が並ぶ。

No.20〜22は説話上の人物に関わる霊宝が続き、No.23〜33は、源信と天台の祖師に関わる霊宝とともに、浄土系を中心とした各宗の祖師に関わる霊宝が続く。

No.35〜42は、説話上の人物とともに、天台・真言の祖師の霊宝が続く。

その後は、祖師も混じるが、時代が下って、皇族の帰依を知ることのできる品と美術品が続き、No.64で天海僧正の和歌、No.65・66で聖衆来迎寺を庇護した武将に関わる霊宝で結ばれる。

源信に関わる霊宝がまとまっておらず、散漫な感があるものの、『霊宝略縁起』の全体的な傾向は、まず、聖衆来迎寺の寺基を定める根拠となる霊宝を挙げ、次いで、聖衆来迎寺の属する天台宗の祖師に関わる霊宝を挙げる。そして

表2 『霊宝略縁起』にあがる霊宝

No.	霊　宝	作　者	由　緒	利益	作者・関係者等	虫干会で展示
1	弥陀二十五菩薩来迎尊影	恵心僧都筆	長保3年、来迎寺で恵心僧都弥陀の来迎感見。来迎寺の改名の起源。		源信	○
2	引接弥陀尊像	恵心僧都作	長保4年、来迎寺で恵心僧都弥陀の来迎感見。来迎寺の改名の起源。		源信	○
3	火防観音	菅丞相作	防火の霊験。	防火		○
4	恵心僧都の乱判	恵心僧都自刻	恵心僧都来迎を感拝、魔王教化。	魔障なし、矢除け、往生	源信	○
5	恵心入唐御影	恵心僧都自画	源信の身がわりに真宗皇帝に贈られる。		源信	○
6	恵心僧都守本尊	恵心僧都画	母親との逸話、母の臨終に来迎。		源信	
7	七幅の弥陀	恵心僧都画	母の供養に七日ごとに源信が描く。		源信	
8	件舎利一塔		大蛇より出る。清盛信仰の舎利。		清盛	△（文書）
9	断抹磨舎利		恵心僧都由緒の舎利。	御符	源信	
10	摩利支天尊		中興真玄上人由緒の品。		真玄	
11	釈迦遺身舎利	伝教大師将来			天台祖師	
12	浄土の曼荼羅	恵心僧都筆			源信	
13	両部の曼荼羅	弘法大師筆			真言祖師	
14	細字の法華経一部	天台大師筆			天台祖師	
15	仁王長講会式幷和歌	伝教大師筆	鎌倉から寄付。		天台祖師	
16	多羅葉の梵文	智證大師将来			天台祖師	○
17	金剛般若経	聖徳太子筆				
18	法華経一部	恵心僧都筆			源信	
19	叡山霊山院過去帳	恵心僧都筆			源信	
20	心経弥陀経	菅丞相筆				
21	法華経一部	光明皇后筆				
22	観音経	中将姫筆				
23	蓮の葉名号	親鸞上人筆	親鸞、無動寺大乗院にあるとき当寺に書き送る。		浄土真宗祖師	
24	阿字の梵字	安養尼作	恵心僧都の姉安養尼剃髪を刺繍。		源信	○

25	十六羅漢十六幅	舜挙筆				
26	十界の図十五幅	金岡筆	円融院、往生要集をみて女御后妃のために描かせる。		源信	○
27	白角如意		伝教大師、天台山宝蔵より将来。		天台祖師	○
28	恵心僧都二十五条袈裟		恵心僧都遺品。		源信	○
29	聖徳太子御所持の鉄鉢		聖徳太子所持。	疱瘡除。		○
30	易産の独鈷		陽勝仙人が、元三大師に与える。村上天皇の后の安産祈願で霊験。	安産。	天台祖師	○
31	善導大師自作の像	善導大師作			念仏祖師	○
32	円光大師自作の像	円光大師作			念仏祖師	
33	日蓮上人自作の像	日蓮作			日蓮宗祖師	
34	維摩居士像	□明作				
35	大灌頂経第九の巻	聖武皇帝宸翰				
36	観音経	伏見院宸翰				
37	註涅槃経第十の巻	伝教大師筆			天台祖師	
38	不空羂索真言経	光明皇后筆				○
39	滝見観音	牧谿和尚筆				
40	地蔵大士忉利天来下の像	恵心僧都筆			源信	○
41	草字心経	弘法大師筆			真言祖師	
42	弘法大師自画の御影	弘法大師画			真言祖師	
43	児文殊	鳥仏師作				
44	金毘羅権現	定朝作				
45	水玉伝来					
46	六字妙号	輪王寺天真親王筆				
47	虚堂和尚墨跡江月和尚文添	虚堂和尚墨跡				
48	九山八海盆石	後宇多法皇御寄附	後宇多法皇寄付。元応清国寺由緒の品。黄檗木菴和尚記・烏丸光広卿記あり。			○
49	堆朱香合香盆	唐楊茂・張成作				○
50	〈万行菩薩文殊菩薩〉名号	行基菩薩筆			行基	
51	円頓者	興聖菩薩筆			真言律祖師	

52	寂照法師墨跡	寂照法師筆				
53	和歌	慈鎮和尚筆			天台祖師	
54	六字妙号	祐天大僧正筆				
55	堅田千躰仏	恵心僧都作			源信	
56	不動明王	妙沢和尚筆				
57	紅衣の釈迦	呉道子筆				
58	釈迦文殊普賢三幅	思恭筆				
59	楊柳の観音	思恭筆				○
60	十六羅漢二幅対	兆典主筆				
61	天満宮	土佐光信筆				
62	円頓者	青蓮院尊円親王筆				
63	戒経文	青蓮院尊朝親王筆				
64	書初の歌	天海僧正筆			天台祖師	
65	岐阜中納言自愛月見硯		織田秀信遺品。			
66	佐々貴官領義郷所持硯	（中興関連）	中興真玄上人由緒の品。		真玄	

念仏を中心とした各宗の祖師に関わる霊宝が続いていく。その間に聖徳太子・聖武天皇・光明皇后などの仏教を保護した説話上も著名な人物に関わる霊宝が挿入される。その後、皇族の帰依を知ることのできる品や、美術的な価値の高い品が続き、最後は大檀越に関わる品でおさめている。聖衆来迎寺の寺宝はこのように秩序づけ、序列が与えられているのである。

この序列のなかで、№26「十界の図十五幅」は、中程に位置づけられている。最後にまとめられているいわゆる美術品としての価値の高い品々としての位置づけではないものの、聖衆来迎寺の寺基を担保する品々としての位置づけではない。源信と関わる品や天台の祖師と関わる品々のなかに置かれているのである。虫干会では、「十界の図十五幅」は、本堂外陣、最も目に付く所に掲げられ見る者に強い印象を与えるが、寺宝全体のなかでの位置づけは多くの寺宝のなかの一つであり、その序列は中位に位置するのである。

三　『霊宝略縁起』と虫干会

さて、『霊宝略縁起』に挙げられている寺宝とその位置づけをみてきたが、現在の虫干会（平成十七年〔二〇〇五〕）と比較するとどのような変化がみられるであろうか。虫干会で虫干しがなされる寺宝は、毎年入れ替わりがあり、必ずしも一定したものではないことに留意しなければならないが、十九点の寺宝が『霊宝略縁起』と共通して虫干しされている。寺基に関わる最重要の寺宝と源信に関わる霊宝は『霊宝略縁起』と共通している。そして、天台祖師に関わる寺宝の一部が共通している。『霊宝略縁起』では、天海僧正に関わる寺宝は一点だけが挙げられていたが、天海僧正の念珠・法衣・杖といったように増加している。

一方で、『霊宝略縁起』は、念仏を中心とした他宗派の祖師にまつわる霊宝を一割以上含んでいるが、虫干会ではそういったものはみられない。また、経典や書は積極的には取り上げられていない。虫干会では、文化財の指定が強調されており、「霊宝」の展示といった側面は希薄となり、指定文化財・美術品としての寺宝の展示という面が前面に立っている。そのような文脈のなかでは、国宝に指定されている「六道絵」は、その価値を『霊宝略縁起』のなかにおける霊宝の位置づけよりも高めているといえるだろう。

全体としてみると、宗派を超えた霊宝の広がりは失っているが、寺基を明らかにする最も重要な霊宝は『霊宝略縁起』と共有している。近世における寺宝の体系の最も重要な部分は現在にも引き継がれている。そのなかで、文化財という視点が強調され、『霊宝略縁起』では触れられていない、あるいは、序列がさほど高いとはいえない寺宝がその地位を高めている。虫干会で陳列されている品々は、時として霊験を付与されながら寺基を明らかにし寺院の聖性を高める「霊宝」と、文化財としての「寺宝」という、二つの異なった視点が交錯したなかに、聖衆来迎寺の虫干会の寺宝は置かれているといえよう。

このような虫干会の場を考えてみよう。本堂外陣から内陣・客殿へと進む順路のなかで、本堂外陣においては「六道絵」十五幅が一覧できる。本堂内陣に入ると、恵心僧都の乱判といった霊験を伴う寺宝が並び、客殿では所狭しと虫干しされている寺宝が参拝者を迎えることとなる。参拝者は入り口において六道絵の迫力に迎えられ、過去においてはそれについての語りによって圧倒される。本堂内陣においては、薄暗く静かな空間のなかでしばし心を落ち着かせ、客殿へすすむと寺宝の物量に圧倒される。六道絵は、虫干会という空間のなかでは、その入り口にあって参拝者のこころを捉えるために効果的に配されているといえよう。

おわりに

例年八月十六日におこなわれる聖衆来迎寺の虫干会について、平成十七年(二〇〇五)の例を報告し、近世に板行された『霊宝略縁起』との比較をおこなった。『霊宝略縁起』における寺宝は、その寺基を明らかにし、聖衆来迎寺が宗派的な広がりをもってさまざまな祖師の帰依を受けたことを明らかにするものであった。現代の虫干会においても、『霊宝略縁起』の核をなす寺基を明らかにする寺宝は虫干しの場に登場している。一方で、文化財としての寺宝という側面から、『霊宝略縁起』にはみられない寺宝が並び、『霊宝略縁起』にみられる寺宝であってもその位置づけが異なっているものがみられる。その代表例が国宝の「六道絵」であろう。『霊宝略縁起』では、「六道絵」は中位に位置づけられているが、現在においてはその原本は虫干しにあたって特別に公開される貴重な文化財として、他の「霊宝」

を圧している。次いで、虫干会の場をみたとき、本堂から客殿までの順路のなかで模本の「六道絵」は、本堂に入ってすぐに十五幅が掛け回されており、見る者を圧倒する。まずその力によって拝観者のこころを摑むという効果的な位置を占めているのである。

資料

資料一　三重県伊賀市の『冥途蘇生記』に関わる伝承

――三重県伊賀市長田平尾大師講聞取及び「えんまさんの御詠歌」翻刻――

三重県伊賀市長田の常住寺は、伊賀上野城下から鍵屋辻を過ぎ、大和街道を約一キロメートル下った地にある。木津川の対岸に伊賀上野城をのぞむ風光明媚な地である。

常住寺の本尊閻魔王像については、第一章第四節・第五節で取り扱ったが、それは、摂津国清澄寺の僧慈心坊尊恵が冥途の法華経の法会に招かれた際、閻魔王が勅して冥官に刻ませた閻魔王の真影である（常住寺本『冥途蘇生記』）という。尊恵は伊勢参宮の後、南都巡礼の志があり、奈良に赴く途中、長田庄百田氏の宅に宿したおり急病により亡くなった。尊恵の遺言によって閻魔王像は百田氏に譲られ、その閻魔王像を本尊として建立された百田寺常行院が常住寺の前身寺院であるという（『伊水温故』）。現在は所在が不明確となっているが、常住寺の裏手には、サンマイという字があり、そこに尊恵の墓もあるという。

近世においては常住寺は藤堂氏のあつい帰依を受け、二代高次の時には、高次生母の十三回忌・二十三回忌の法要がとりおこなわれている。また、寺領九石余を与えられ、閻魔堂の再建もおこなわれている。三代高久は、みずからの廟所として常住寺を選んでいる。その後も、たびたび藩主を願主として修復が加えられている（「えんま堂由緒記」）。

現在は、閻魔王信仰よりも、常住寺に祀られている聖天さんがより信仰を集めているという。

常住寺の閻魔堂では、常住寺の門前に位置する平尾地区の人たちによって大師講がおこなわれている。大師講の際に「えんまさんの御詠歌」があげられている。この御詠歌は、常住寺の縁起を詠み込んだもので、昭和初期とみられる時期に大師講の講員によって作成された。近代に入っても『冥途蘇生記』に関わる伝承と信仰が伝えられていることは、他の多くの『冥途蘇生記』に関わる伝承をもつ寺院の事例と比較して特筆に値する。

本報告では、平尾地区の大師講、「妻子王位財眷属……」の偈の信仰及び、「えんまさん御詠歌」について報告及び資料紹介をおこなうこととしたい。

調査日　平成十六年(二〇〇四)八月二十八日

伝承者　挟間康永《やすえ》氏(三重県伊賀市長田平尾)

平尾大師講

平尾は、常住寺門前に位置する村である。しかし、常住寺の檀家ではなく(常住寺は無檀家)、常住寺の北方にある西蓮寺の檀家となっている。

大師講は平尾地区のお大師さんのおまつりで、一月十六日、四月十六日、八月十六日の年三回、常住寺でおこなわれる。八月十六日のまつりはもとは彼岸(九月十六日)におこなわれるものであったが、ここ数年は稲刈りの都合で八月に変更されているという。

大師講の講員は平尾の六十歳以上の女性で、人数は十五人くらいである。しかし、現在おまつりにくるのは、お寺で御詠歌を習っている六～八人くらいとなっている。以前は、講員が「全員参《ぜんいんまいり》」でおこなっていた。

現在大師講の参列者が少なくなってしまった理由は次のようである。大師講の講員を中心として、お寺で御詠歌を習おうということになったのだが、それを希望しない講員がいた。その人たちは、お寺での御詠歌の稽古だけでなく、大師講にも足が遠のいてしまったからだという。

大師講は、常住寺の閻魔堂でおこなわれる。むかしは大きなおまつりをしていた。しかし、現在は、お寺で御詠歌を教えてもらっているメンバー六〜八人くらいで集まって「お念仏を拝んで」、世間話をしたあとお昼を食べて、常住寺の住職に拝んでもらう程度である。「お念仏」のときには「えんまさんの御詠歌」もあげている。

常住寺閻魔堂の開帳

常住寺閻魔堂の開帳は、かつては何年かに一度おこなわれていた。最後の開帳は昭和四十五年(一九七〇)頃におこなわれたという。開帳の時には、大師講の講員が、朝から行列を組んで「お念仏拝みもって、御詠歌あげもって」閻魔堂へあがったという。

常住寺住職によると、閻魔堂のまつりは、一月十六日と八月十六日であり、法華経をあげて拝むという。また、むかしは彼岸に開帳をおこなっていたという。

「妻子王位財眷属……」の偈

常住寺の住職によると、『冥途蘇生記』諸本にみられる、

妻子王位財眷属　死去無一来相親
常随業鬼繋縛我　受苦叫喚無辺際

の偈の版木が残されている。土葬をしていた頃は、近隣の人たちは親族が亡くなるとこの偈を受けにきていたという。

伝承者の康永氏によると、土葬は昭和四十年代末までおこなわれていたが、その頃は、棺には、六文銭、亡くなった人の大事にしていた物、「ご遍路さんにまいった人」は笈摺を着せ納経帳を納めていた。それに加えて、常住寺から「お札」を受けてきてこれも棺に納めていたという。

「えんまさんの御詠歌」の作詞者

「えんまさんの御詠歌」は、挟間いと氏(伝承者挟間康永氏の祖母)がつくった。いと氏は、昭和三十五年(一九六〇)に八十歳を過ぎて亡くなった。大師講は平尾の老女による講であるから、作詞年代はいと氏が六十歳になった以降の昭和十年代から亡くなる昭和三十年代までの間であろう。

康永氏によると、いと氏は、「学校を出してもらっていて、かしこかった。えらい人やった」という。字が読めて、「本好きやった。どんな本でも読んだ」という。そういう人だったから「えんまさんの御詠歌」もつくることができたのだろうという。

「えんまさんの御詠歌」

ここで翻刻をおこなう資料は、挟間康永氏所持のものである。平成八年(一九九六)に挟間せつ氏によって書写され、大師講の講員が各自複写して所持している内の一部である。「えんまさんの御詠歌」と「えんまさん五番ご詠歌」の二枚からなっている。

「えんまさんのご詠歌」は、閻魔堂の本尊「一寸八分のご神体」の縁起を詠んだものである。「えんまさん五番ご詠歌」は、常住寺の風光、常住寺に祀られる歓喜天、閻魔堂などを詠んだものである。なお、五番の「えんまおうの　にしに　たてたる　だいせきひ」とは、閻魔堂脇に万治三年(一六六〇)に藤堂高次の母松寿院の十三回忌法要の際に建立された供養塔のことである。

えんまさんのご詠歌

きみようちようらい　ひらのそん
ながた　たにむら　えんまじや
じしんぼうという　かたがあり
ひとよとまりし　そのばんに
ふじのやまいに　みまかりて
かろくむすびし　ゆめうつつ
あらわれきたるる　みほとけの
しめすみのりの　とうとかり
めざめてみれば　てのなかに
みるもまぶしき　おうごんの
いつすんはちぶの　ごそんぶつ
れいけんきずいを　いまここに
あんちしたまう　じようじゆうじ
いまはむかしの　かたりぐさ
せじようにつたへし　えんまどう

おいもわかきも　　　　もろともに
あおぎまつるぞ　　　　ありがたき
あおぎまつるぞ　　　　ありがたき

平成八年八月八日
挟間せつ

えんまさん五番ご詠歌

第一番の御詠歌に
いくとせも　きよく　しずかに　わくみずの
めぐみも　ふかき　すぎの　たいぼく
第二番
ありがたや　りやく　あらたな　かんきてん
むかしも　いまも　さかえ　ぬるかな
第三番
はるばると　のぼれば　あかい　えんまどう
まつに　たなびく　むらさきの　くも
第四番

みわたせば　にしきおりなす　はるげしき
いまをさかりと　におい　ぬるかな

第五番
えんまおうの　にしに　たてたる　だいせきひ
はなの　おもかげ　いかに　しのばん

平成八年八月十日
挟間せつ

資料二　西国三十三所巡礼開創縁起四種

資料ａ「西国三十三所巡礼来由」は、西国三十三所二十四番札所中山寺から版行されたもので、西国三十三所巡礼のはじまりを述べた縁起の一つである。

中山寺の西国三十三所巡礼の開創縁起は、「中山寺縁起」(『続群書類従』二十七下所収)に代表されるが、中山寺の立場から当山を西国三十三所巡礼の根本所であることを強調した縁起として一群を形成している。本縁起は「中山寺縁起」と共通する詞章が多いが、徳道が衆生の不審を晴らすために閻魔王から得た宝印を「自《ミヅカラ》絹《キヌ》に《ヲ》印し給ひ其下に讃《サン》嘆《ダン》の宝偈《ホウゲ》を拝写《ハイシヤ》し」という部分などは独自のものである。現在も中山寺の閻魔天供で配布されている「御印文」(宝印の下に徳道の署名のある偈を記したお札)の信仰との関連を窺うことができ、興味深いものである。

資料ｂ以降は、性空の蘇生譚を含む縁起である。資料ｂ「西国三拾三所順礼の由来」、資料ｃ「西国巡礼大縁起」は同種の縁起である。資料ｃは、書写年代等不明であるが、「西国順礼大縁起」「筑前観音霊地三拾三所」「観音経秘鍵」「宗像郡中三拾三所」「七夜待」「観音くどく日の事」「発願文」「念仏申て悪童をのがる事」の各節からなる。筑前国宗像郡(現在の福岡県宗像市・福津市)の移し巡礼の御詠歌が含まれていることや、所蔵者から当該地方において作成されたものであることが推測できる。地方における西国三十三所巡礼開創縁起の流布状況を知ることができる資料である。また、その内容においても、三十三所巡礼の結願の後、富士禅定を勧める記述をもっており、富士信仰と三十三所巡礼との関わりを述べた興味深い縁起である。

資料ｄ「巡礼権輿及び中興或問」は、近代の活字本である『西国観音縁起集』の附録としておさめられた縁起である。明治二十四年（一八九一）の濃尾地震による震死者追善のために大垣の勝沼仲之が慈眼会を結成し、明治二十六年、大垣に西国三十三所を勧請し三十三日間開帳した。これに合わせて出版された西国三十三所札所寺院の縁起集が『西国観音縁起集』である。なお、由縁の観音堂が大垣市新町大運寺に現存している。

資料ｄの縁起は四部に分けられる。第一部は巡礼の十徳、第二部は中山寺系の縁起、第三部は性空の巡礼開創縁起、第四部は三十三所巡礼に関わる大垣での蘇生譚である。第三部は、「妻子王位財眷属……」の偈が閻魔王から示されているが、性空の巡礼開創縁起として特徴的なものである。第二部・第三部が矛盾なく記述され、よく整理された縁起であるが、各伝承の特徴をよく残している。近代においても三十三所巡礼開創縁起としての性空蘇生譚が流布していた事例として貴重な資料である。

いずれも所蔵は筆者である。翻刻は異体字は一部を除いて通行の字体に改め、読解の便宜をはかり私に読点を加えた。

資料ａ「西国三十三所巡礼来由」

木板。一紙。縦三三・五cm、横三八・四cm。

西国三十三所巡礼来由

往昔《ムカシ》養老《ヤウラウ》二年二月十五日、和州《ワシウ》長谷寺《ハセデラ》の開山徳道《カイサントクダウ》上人、暴《ニハカニ》に死《シ》して冥途《メイド》に至《イタ》り、閻魔王《エンマワウ》に見《マミ》ゆ、王の曰《イハク》、娑婆《シヤバ》の衆生《シユジヤウ》地獄《ヂゴク》に堕《ダ》するもの芥子《ケシ》を擲《ナグル》が如《ゴト》し、其苦患《クゲン》はかりしるべからす、公《キミ》しらずや日本《ニホン》に観音《クハンヲン》の霊場《レイヂヤウ》三十三所あり、一度其地《チ》を踏《フム》ものハたとひ重罪《ヂウザイ》のものなりといふとも永《ナガク》三悪道《アクダウ》に堕《ダ》せじ、況《イハン》や深信《ジンシン》のもの菩提《ボダイ》を求《モト》めんがために巡礼《レイ》せば浄土《ジヤウド》に往生《ワウジヤウ》してかならず不退転《フタイテン》地に住《ヂウ》すべし、若漏《モシモル》るものあらば、朕及《ワレヲヨビ》諸王《シヨワウ》其苦《ク》にかわつて地獄《ヂゴク》に入《イリ》なん、卿本土《キミホンド》に帰《カヘ》りて王臣衆民《ワウシンシユミン》をすゝめ疾《ト》く巡礼《ジユンレイ》せしむべし、上人の曰《イハク》、凡情疑《ボンジヤウタガヒオホ》多し、こひ願《ネガハク》ハ印《シルシ》を給わらんと、王是に宝印記文《ハウインキモン》を賜ひ告《ツゲ》て曰《イハク》、此ハ是法印《ホフイン》なり、若疑《モシウタガフ》ものハ生〻《シヤウ〱》世〻悪道《アクダウ》に堕《ダ》しなんと、種《シユ》〱この功徳《クドク》を讃嘆《サンタン》せり、上人遂《ツイ》に甦《ヨミガヘ》りたまふに、彼神印《カノシンイン》手《テ》に持《ヂ》せり、上人随喜《ズイキ》して頓《ヤガ》て摂州《セツシウ》中山寺ハ、日本最初《ホンサイシヨ》に観音応現《ヲウゲン》し給ふ勝区《シヤウク》なりとて、すなわち閻王《エンワウ》の勅《チヨク》にまかせて第《ダイ》一番《バン》の巡礼所《ジユンレイシヨ》に定《サダメ》給ふ、是より諸人《シヨニン》に巡礼《ジユンレイ》の法《ホフ》を勧《スヽメ》給へり、信従《シンジウ》するもの夥《オビタヽ》し、件《クダン》の宝印《ハウイン》上人未来《ミライ》の衆生《シユジヤウ》疑《ギ》怪《ケ》の心《シン》を除《ノゾ》き、信敬《シンキヤウ》の心を発《オコ》さしめんがために慎《ツヽシン》て自絹《ミヅカラキヌ》に印《ヲ》し給ひ其下に讃嘆《サンダン》の宝偈《ホウゲ》を拝写《ハイシヤ》し、其後彼神印《カノシンイン》を石《イシ》の函《ハコ》に入、共に当山に留《ル》鎮《チン》し給へり、此神印讃嘆《シンインサンダン》の宝偈《ホウゲ》ハ当山第一の至宝《シイホウ》なり、其後漸《ヤウヤク》二十年時節を過《スギ》て弐百余《ヨ》歳退転《サイタイテン》せり、時に河州石川寺《カシウイシカハデラ》の仏眼《ブツゲン》上人ハ、花山《クワサン》の法皇《ホフワウ》御受戒《ジユカイ》の師《シ》にして、しかも熊野《クマノ》権現《ゴンゲン》の化身《ケシン》なり、上人法皇《ホフワウ》へ奏《ソウ》して曰爰《イハクココ》に観音の霊場巡礼《レイヂヤウジユンレイ》の法《ホフ》あり、往昔《ムカシ》徳道閻魔《トクダウエンマ》王の告により修行《シユギヤウ》せしに、今中絶《イマチウゼツ》する事久《ヒサ》し、こひ願《ネガハク》ハ再興《サイコウ》し給ひて、一切衆生《シユジヤウ》を菩提《ボダイ》に導《ミチビキ》給へ、其功徳恒沙《クドクゴウジヤ》も喩《タトヘ》にあらずと、奏《ソウ》せらる、又書写《シヨシヤ》山の性空《シヤウグウ》上人夢中《ムチウ》に閻王《エンワウ》の告《ツゲ》を蒙《カウム》り巡礼《ジユンレイ》し給わん事を奏《ソウ》し奉れり、法皇、二上人の言《コト》葉を信感《シンカン》し給ひ、すなわち彼神印宝偈《シンインハウゲ》を叡覧《エイラン》あるべしとて、当山に勅《チヨク》使《シ》を給ふ、よつて弁光《ベンクハウ》僧正・良重《リヤウチウ》・祐快等宝印記《ユウクハイトウハウインキ》文を上進《ジヤウシン》せり、法皇感嘆斜《カンタンナヽメ》ならず、後又当山に鎮《ヲサメ》給へり、是によつて、法皇本願として、仏眼導師《ブツゲンダウシ》となり、性空《シヤウグウ》・弁光等伴《ベンクハウトウバン》となり、巡礼し給へり、路次《ロジ》の便《タヨリ》やすきをもつて、此時改《アラタメテ》て補陁落山《フダラクセン》を第一とせり、後に後白河《ゴシラカハ》の法皇熊野《ホフワウクマノ》神詫《シンタク》により、自《ミヅカラ》巡礼《ジユンレイ》を行《ギヤウ》し給ひ、還宮《クワングウ》の後当山ハ巡礼《ジユンレイ》の根本所《コンボンシヨ》、実《マコト》に三十三度由緒《ユイシヨ》の寺《テラ》なりとて、ケフジ ワキダチ二尊の十一面観音ハ、名工運慶湛慶《メイコウウンケイタンケイ》に課《マカセ》て彫《テウ》刻《コク》せしめ、寄附《キフ》し給ふ、すなわち三躰《タイ》の十一面観音ハ、三十三所尊容《ソンヨウ》の標幟《ヘウジ》なり、若本国巡礼《モシホンゴクジユンレイ》の志願《シグワン》ありといへども、障《サハ》りあつて行《ギヤウ》しかたきものハ、当山南門《ナンモン》より三十三度運礼《ウンライ》する時は、真の巡礼《ジユンレイ》の一同の功徳《クドク》なり、又毎歳《マイサイ》七月十日早旦《サフタン》に、三十三所の観音を当山へ招請《セウシヤウ》し奉り、供養法《クヤウボフ》を修行《シユギヤウ》する事、永延《エイエン》二亥丁年、当山の弁光《ベンクハウ》僧上初《ソウジヤウハジメ》て興行《コウギヤウ》せり、時に僧正大光明《クハウミヤウ》を現《ゲン》し、忽《タチマ》ち一山浄土《ジヤウド》となり、諸仏来迎《シヨブツライガウ》し給ひ、音楽《ヲンガク》あつて虚空《クウ》に飛《トヒ》去《サ》り、一七日を経《ヘ》て大さ尺斗《オヽキシヤクバカリ》の蓮花《レンゲ》を持《ヂ》して甦《ヨミカヘ》れり、よつて国人蓮光《クニタミレンクハウ》僧正といふ、僧正閻王《エンワウ》に見《マミ》へしに、王告《ツゲ》るに巡礼《ジユンレイ》の功徳《クドク》の無量《ムリヤウ》なるをもつてせり、遂《ツイ》に此法会《ホフエ》ハ永式《エイシキ》となり今に絶《タユ》る事なし、吁誠《アヽマコト》に施無畏者《セムイシヤ》の霊《レイ》場《ヂヤウ》を巡礼する功徳思議《クドクシギ》のをよぶ所にあらず有信《ウシン》のともがら信受奉行《シンジユブギヤウ》すべし、

西国巡礼所第廿四番

摂州　紫雲山中山寺

資料b「西国三拾三所順礼の由来」

写本。一冊。仮綴。縦二二・五cm、横一五・五cm。墨付一四丁。外題なし。首題「西国三拾三所順礼の由来」。奥書なし。十四ウ以降欠損、表紙は後補。現在は仮綴であるが、線装の跡が残る。

西国三拾三所順礼の由来

抑順礼の由来を尋るに、礼儀（ママ）二年の春、大和の国初瀬寺の開山とくとう上人、百万へんの法花経をかき、一万人の御僧を請し御供養あるへきよし、然ル所に能化《のうけ》頼候たきいかゞせんと思召候に、ゑんま王、是をしうしやうと

思召し、初瀬寺ニ阿《あ》らわれ」(一オ)とくどう上人にをうせけるハ、御身法花経の御供養有れ目出たけれ、播麻《はりま(ママ)》国書写《しよしや》寺の開山しやうと上人御頼、御供養あれとあふせけれハ、とくどう上人ハ、忝きしだいとて、頓而播麻《(ママ)》へくだり、しやうど上人へ此よし申され給へハ、すなわち御同心にて大和の国へのぼり其まゝ御供養あり、おさまる日の」(一ウ)ことなるに、ゑんま王同し所にあらわれさせ給ひて、しやうど上人へ給ふハ、このたびの御供養のありがたさにつみふかきもろ〳〵のしゆじやうじやうぶついたし、ごくらくにんまれけることうたがひなし、幷にごうがのうろくず、さんやのけだものにいたるまでつみをまぬがれじやうどに生れけること」(二オ)かへす〳〵も有かたけれ、まつせのしうじやうさいとのちかひのためなれハ此度御供養の御布施をまいらすべし、それ日本国中にくわんせをんあまたましまします、其中に別て尊ときくわんぜをん三十三たいをわします、此くわんせをんへ一度順礼いたしたるともがらハかならずじやうぶつうたかいなしとたゞ御せい」(二ウ)ぐわん有て、此よしをあまた御すゝめ候て順礼をいたさせ申されよとの給ひて、日記を上人へ下されけれバ、上人承《うけたまわ》り、是《これ》にましたる御布施ハよゝにあらじ、忝きしだひなり、さりながらまつせのしうしやうハ是もうたがひ申すべし、とても御じひに記しやうもん一筆申請たきとあり」(三オ)けれバ、それハやすきしだいなりとて、光明かくやく御身よりあらたにいたし給ひて、きしやうをあそばしける、抑順礼の輩《ともがら》ニおいてハ、たとへ牛馬のくびを切、父母をころし、山ぞくかいぞく五かいをやぶり輩《ともがら》なりとも、またハ順礼より先のつミとがなりとも、たちまちにめ○《つ》して、おや」(三ウ)兄弟《きやうだい》、ふるいけんぞくにいたるまて成仏《しやうぶ》うたかひなし、扨〳〵記證と日記を上人へ下されければ、ありがたくいたゞきたてまつり、則津《つの》国中山寺に納め給ふ、其のち養老《やうろ》元年のことなるに、熊野権現ハしゆじやう御たすけの御頼とのたまいて、いやしきぼんぶと御身をへんじ、播麻《はりま(ママ)》へ御下りあつてしやう」(四オ)ど上人へのたまうハ、承ハれバゑんま王より下されし記しやう日記を御身津《つの》国中山寺ニ納給ふと承り、此まき物と申ハ忝くもゑんま王の御筆なれハひとめをかめハ今生にてはあくじさいなんのかれ、らいせはしやう土にまいると承る、あわれ御じひに申出して一目拝ませたびたまへ、上人様と有けれハ、」(四ウ)上人きゝめし、しゆきやうじや何国《いつく》いかなる人なるぞ、かゝるいわれを存じつるこそしゆしやうなれ、たゝ今なんじが申ごとくもつたひなき候わん物なり、さりながらかくゑんま王のをうせにもすゝめ申せとの御ことなり、何かハをしむべき、其まゝ中山寺ニまいり申出し拝ませける、権現おふせけるようハ、かほど」(五オ)有がたき御ことを拝み、此まゝかへらんよりすなわち順礼いたさんとて一日のまに三十三所を廻り、おなし日のばんに、しやうとう上人にあひ給ひておうせけるハ、われハ熊野のものなるが、中山の事なれハ仏道をもぞんぜずして大あく人にて候らいしが、上人様の御かげゆへ御まき物をおかみ、其上順」(五ウ)礼をいたし、うかまん事のありかたさよ、ハやくしゆしやうを御すゝめあり順礼をいたさせ給へ、上人様との給ひて、けすがごとくにうせ給ふ、しやうとうハ熊野権現と思召、御あと拝し奉り給ふ、此事ゑん国をもかくれなく、然れハ其年の暮に白川の法皇、御年拾九にて王宮を出させ給ふ所、熊野権現ハこつじき」(六オ)のひしりとげんし、だいりへ御幸ましく\て、さまく\の仏法をひろめ給ふ、こつしきのひひ(衍)しりなれども眼の内より金色《しき》の光《ひか》りさし、人ゝ是を見給ひて、ふしきさよと申ける、法皇是をきゝ召、眼の光りハ仏なりとて仏眼上人と御りんしを下され、則御ひしの御ほうと御頼ましく\て、御年十九と申すにハ御くしをおろ」(六ウ)させ給ひ、御名おバ蓮花法印と申奉り、其時の御布施に、七ちん万宝《まんぽう》国の所領《しよりやう》より次第ニまいらすへしとをうせけれハ、仏眼上人きこしめし、七ちん万宝国の所領何かせん、すてに天下の大王たにひとり生れてひとりしするとおほしめし仏道に入給ふ、めいとの道にハ天もなしと申せハ、まして」(七オ)われらがよふなるいやしき身ハめいどの事をあんするに国もたからも何かせん、誠の御心さしましませハあくごうふかきしゆじやう仏神候ハん、御布施をたまわれかしと申さるゝハ、大王ハきこし召、我天下の王といひなから、しゆしやうのさいとの布施にハ何をかまいらせん仏眼上人承り、礼義《(ママ)》二年に」(七ウ)播麻《はりま(ママ)》の国しやうと上人にゐんま王よりわたし給ふきしやうと日記を津国中山寺にこめてあり、是を申出してしゆしやうにをかませ御たすけましませとありけれバ、それこそやすきしたひとて中山寺にちよくしたち、いそぎまきものを申出し、はいけんまし〳〵て、有かたく思召、ようげん《(ママ)》二年きのへ子三月十」(八オ)五日、ほうおうだいりを出させ給ふ、御供人もまし〳〵給ハず、仏眼上人たゞ一人御同心ニて熊野なち山へ御さんけいまし〳〵て、夫を初めとして順礼を被成ける、三十三所の御前ニて歌一しゆづゝ遊しまし〳〵て《と》有けれバ、まづ仏眼上人よみ給へとおふせ○《け》ける、其気《き》ならば美濃《みのゝ》のたにぐみまでのことのはを申べし、」(八ウ)

けさまてハおやとたのみしおいつるを
　ときやおさむるみのゝ谷ぐみ
世をてらす仏のちかひありけれハ
　またともしひもきへぬなりけり
よろす世のねかひハこゝにをさめおく
　水はこけよりいてゝたにぐみ

かよふに遊し、なちさんよりみのゝ谷くみ」(九オ)まで国数十三ケ国なり、扨三十三所をまいりをさめてよりみやこにのぼり内裏《だいり》へ御つきまし〳〵て、上人と一日御とうりうあり、ほうおうへの給ふハ、いつまてもいとひなく候へとも、熊野《くまの》なちさんせいちやう《(ママ)》てんに用の義ありておふせにて候へ共、まつ〳〵御いとま申へしと、ハやくしゆしやうに御すゝめ候へとけすがごとくにうせ給ふ、ほうをう」(九ウ)はつとかんし、扨も〳〵熊のごんげん順礼を始め、かの巻物《まきもの》をしゆしやうにおかませ、くわんせをんの有かたき事をゝしへ、つみふかきものをたすけんと思召、さても〳〵此ほどハはる〴〵のたびを同行あるこそしゆしやうなれ、今一度仏眼上人へたいめんせんと思召、やかて内裏を御出まし〳〵て、熊野那知山しやうぐうてん（ママ）に御つきまし〳〵」（十オ）て、今一度仏眼上人へたいめんさせて給ハれや、たいめんいたさでハ二たひ都へかへるまじと一七日御こもりあり、有かたやまんする夜《よ》のはんに、たまのすたれの内よりもゆるき出たせ給ひての御詫宣、あまりこひさせ給ふゆへ、是までハ出るなり、抑順礼の輩におひてハ、火なん・水なん・釼《つるぎ》のなん・むかふむさんの悪病《なくびやう》ふか《り》きたりせむるとも」（十ウ）そのなんをまぬかれ、ふつきゑんめいとなるべし、又来世ハ其身の成仏申にをよハず、六しんけんぞく七世の父母にいたるまで成仏する事うたかいなく、もし悪人ありて地こくにをちるともけんそくの内壱人順礼いたさハ、もらさず成仏うたかひなし、又順礼いたしたる人このまゆの間あし」（十一オ）のうらに金色の梵字《ぼんじ》すハるべし、一ばんにあびらうんけん、二ばんに南無阿みだ、三はんに大慈《じ》大ひのくわんせをんなりとのふへしとの御詫宣《たくせん》なり、大王弥たつとく思召、那知山《なち》に千日御こもりあり、御下こふのときまた順礼をあそはし給ふ、ありかたや、ほうおう二との順礼、熊野権現も」（十一ウ）いやしきぼんぶとへんじ一度、また一度ハ、仏眼上人と申て、是も二度の順礼を遊し給ふもおろかならずや、三宝ならひなし、大権現又ハじゆうぜんの御くらひにても順礼を遊ハし給ふ、いわんやぼんぶハたつときいやしきをしなへて順礼をいたすべし、順礼の心がけなき人ハかやうの有」（十二オ）かたきしたいをきかさるゆへなり、順礼に十徳あり、一にハ三悪道にまよハず、二にハりんしゆうのときしやうねんなり、三にハ順礼する人の家にハ諸仏のよふがうありべし、四にハくわんをんの梵字《ぼんじ》ひたいにありべし、五にハふくちへゑんまんなるべし、〇、六二ハ六しん成仏すべし、七にハ一生の内僧を供養する〇《に》あたるべし、」（十二ウ）八にハふだらくせかいに生れるなり、九にハけつじやうおうじやうすべし、十にハ諸願成就《じやうじゆう》すべし、又権現の御たくせんに、我《ハか》か前《まへ》へんまのりものにて三十三度まいらんより、こつしきをしてなりともおひつるをかたにかけ、しやうじんにまいるともからにハ我きざはしを三ツ下り三度礼してかへす」(十三オ)べし、心にまいりたきとぞんじれども、手足かなハぬものハ三十三数の札に所書をして家の内に納べし、また順礼ニ一やのやどをかす人ハ必《かならず》仏になる事うたかいなく、また札をうつたる人の家にハ毎日熊野権現三十三所のくわんせをん御よふこうありて、家内御守となし給ふ、此ゑんぎを」(十三ウ)一度ちよもんする人ハ、一度順○《礼》したるにあたるなり、此ゑんぎと申ハゑんま王御さんれふましく〳〵て、じきに御筆遊して、しやうしや（衍）うどう上人へ其まゝ御わたし被成候まきものなり、是をしん〴〵の人ニハ其身ばかりにてなし、七ちん万ほううたがひなし、あくどうにをちざるなり」(十四オ)順礼由来をわ

□(十四ウ欠損　最終行に上記の文言が残る)

資料C 「西国巡礼大縁起」

写本。一冊。仮綴。縦二四・二cm、横一六・五cm。墨付三八丁。外題「観世音縁起」。奥書なし。福岡県福津市舎利蔵水上勇旧蔵。

「西国順礼大縁起」「筑前観音霊地三拾三所」「観音経秘鍵」「宗像郡中三拾三所」「七夜待」「観音くどく日の事」「発願文」「念仏申て悪童をのがる事」よりなる。「西国順礼大縁起」のみ翻刻をおこなった。

西国巡礼大縁起

抑霊亀弐年のころ、やまとの国はせ寺の開山徳道上人、百万部の法華経をかきて御供養に壱万人の御僧をしやうしくやうあるへきふうふん、たゝし能化請し申べき人なしと思しめす、おりふし、法道上人をゑんま王へしやう

じ申されてのたまわく、是へしやうし中事ハべつの子細にあらす、百万部の法華経くやうあるべきよし承候へハ、目出度事かぎりなし」(一オ)しかれは、御道師《ママ》にハ播磨《はりま》の国書写山のかいさん性空上人を御申あつて御くやう有へしとゑんま王のたまへは、その時、徳道上人かぎりなくおんよろこひありて、やがてはりまの国へ下向し給ひて此よし性空上人におふせられけれは、しさひなくやがて御同道ありて、やまとの国にて御供養あり、すてにけちくわんののち上人ゑんま王へさんこう有てのたまわく、百万部の法華経くやう道師のくりきによつてつミのふかき」(一ウ)ものとも、さいしやうをめつし都《と》卒《そつ》《ママ》天に生れん、其外恒河《こうか》のうろくす山野のけだものにいたるまでつミをめつし浄土に生れん、ゑんま王のいわく、かへす〲もありかたく候、まつせのしゆしやう、しやうふつすべきために御ふせをまいらせ候也、大日本国中にしやうしんの観世音三拾三所まします也、此くわん世音を一度しゆんれいを申たらんものハかならす浄土にむかへ候へしとゑんま王かたく御せいぐわん有、此よしあまねく御すゝめ」(二オ)ありて巡礼せられんと日記をしるし、上人に奉り玉へハ、かやうにくわしく承て有がたく赴《ママ》候得とも、今程の衆生、これをもふしんに申へく候まゝ、まことにまてに御心さしましまさは、しやうもん一筆たまわり候得と申させ給へは、ゑんま王御身より血を出し、あらたにきしやうをあらはしける」(二ウ)抑巡礼のともがらにおひてハ、十悪五ぎやくのつミをむりやうこうがあいた作りたる人なりとも、つみをめつし、じこくにおとすべからす、すミやかにこくらくじやうとに観音の御ミつかられんたいをさゝけ、じ《ママ》ゆしやうむかひにらいこういんしやうし給ふ事うたがひなし、この事まうこならは、十王ともにぢごくにおちしづむへきときしやうと日記をしやうくう上人に奉り玉へハ、上人かぎりなく御よろこひ有て、」(三オ)やがて津の国中山寺におさめ給ふ、さるほどに養老元年のことなるに、くまのこんげんハいやしきぼんふとげんし、衆生御たすけあるへきと御ねがひ有、中山寺より性空上人の納玉ふ日記を申出してはしめてしゆんれいひをし玉ふ、其年のすへに、しらかわの法王、御年拾九と申す、御出家有つて、げんきの人をたづね玉ふに、ある時、河内の国石川の郡にいそながさとしやうとく太子の御はか所へちよく」(三ウ)しをつかハされしに、何方ともしらす、こつじきひとり来り給ふ、ちよくしすがたを御らんしてある所に、御まなこよりこんしきのひかりさし玉ふをめしくし、ちよくししやうらく有て、御門のせんしにハ、御まなこよりこんじきのひかりさし給ふ人なれは、すなわち御名をハふつげん上人とせんしをなし下され給ふ、御戒師《かいし》の御坊にたのミて、御年拾九と申に御出家ニテ御名をは入覚とそ申ける、その時はうハう上人」(四オ)にむかひ給ひてのたまハく、御ふせにて七ちん万ほふくにしよか《り》《こ》やうのぞミにまかせて参らすべしと仰けれは、仏眼上人こたへていハくニ、われこつしきの身なれとも七珎万宝むやくなり、国もしよりやうも何かせん、すてに天下の大王にてましませ共、ひとり生れてひとりしすとおもふ、めいとの道には王もなしともふせば、われらがやうなる乞食しやもんもひとり生れてひとりしすべし、実御心ざしあらは、」(四ウ)悪こうふかきしゆしやうじやうふつし候ハんおんふせをたひ給へと仰けれは、法王おふせあるやうハ、我まつせのしゆじやうしやうふつし候ハんするふせをはいかにして参らせ度と仰けれハ、上人こたへて曰、れいき弐年にはり満《マ》の国しよしやの開山性空上人にゐんま王より大日本国中にしやうじんの観世音三拾三所まします此起請《きしやう》を日記にしるし性空上人に奉り給ふを、津の国中山寺におさめ給ふ、これをめし出して」(五オ)衆生にたすけ候ハんと申されせ《せ》給へは、やすき事とてやかて中山寺にちよくしをたて、かの日記を出してはいけんあり、永寛《(観)》弐年甲申三月十五日に法王たいりを御立有りて、御供の人こニハ漸《そつ》《(ママ)》の弁其番《べんけんは》、其外くきやうの人こ法心《(発)》して御供也、仏眼上人御せんだちにて熊野なちさんによい《(おカ)》おふ、それよりはしめてしゆんれいをしたまへハ、其時上人のたまハく、三十三所観音の御前にて御うた一しゆつゝあそはし候へとあり、仏」(五ウ)眼上人うたに三拾三所ミののたにくミにて遊はしける哥、

今朝まてハおやとたのミしおひつるの

ときやおさまる美濃のたにくミ

世をてらす仏のしるしありけれはまた
ともしひのきへぬなりけり

万代のねがひハこゝにおさめおく水は
こけより出る谷くミ

かくのことくにけちぐわんありて熊野なちさん」(六オ)より美濃の谷汲ミまて国数十二ケ国、道つもりハ七百拾四里、又日の数ハ七十五日也、されハしゅんれい三月十五日より初て六月朔日迄七拾五日なり、是を本として巡礼有へき也、去程に仏眼上人たいりに参りて一日たうりう也、法王にのたまふハ、しはらく是に有へき候へとも、熊野なちさんせうじやうでんに用有るはういんにて候間、いとま申へし、なをもつてしゆしやう御すゝめ有て巡礼こうきやうある」(六ウ)べし、いか成ルつミふかきものなりともさいしやうをめつし、しやうふつうたかひ有へからすと仰有て、そのまゝかきけすやうにうせ給ふ、其後法皇せんしにハ、此間上人ハ熊野ごんけんのべん《(ママ)》けにてましまス也、かゝるたつとき御事世にも有へき、今壱度熊野に参詣申べしとて御用立ありて、しうしやうでんにつき給ふ、法皇御祈ねん有ルやうハ、あふぎ《く》《こ》ねがハくは今一度仏眼上人にたいめんをせさせてたひたまへ、たゐめん申さすハ二夕度」(七オ)都に帰へるまじと御きねん有て、一七日さんらう有、前にまんする夜半に熊野こんげんたまのすたれを御あげ有てあらたにけんし出させ給ふ、法皇におかまれさせ給ふ、御たくせんあり、抑巡礼のともからにおいてハ、こんしやうにてせるいとくけだつのたねあんおんに守ルへし、又来世にてハ七世の父母兄弟けんぞくにいたるまてしやうふつせさん事うたかひ有へからす、たとひ六親の内に壱人もれあくどうにおつる事」(七ウ)あらハ我そのくるしミをたすけ巡礼一つもらさすしやうふつせさせん事うたかひなしとと《(衍)》也、御たくせんあり、巡礼の人にまゆのあいだと足のうちにこんじきのぼん字すハル也、一ばんにあひらうんけん、二ばんに南無阿弥陀仏、三番に南無大悲観世音とゝのふべしとの御たくせん也、法皇いよ〳〵たつとく思しめす、其後なちさんに千日御こもりあつて御下向の時ハかさねて御しゆんれい、法皇も二」(八オ)度御巡礼、熊野権現も壱度ハいやしきほんふにへんじ、一度ハ仏眼上人になりて二度御しゆんれいあり、いかにいわんやたかきいやしきおしなへて巡礼申さぬ人ハたゝ身をおもハぬ心なるべし、また巡礼に十ヲの徳有り、一ニハ仏の三拾二相をくそくし、六観音のぼんじさゆうの手にすわる也、二ツニハしやうしんをまねき、六道りんゑの苦をはなれ、じきに成仏うたがひなし、三ツニハ巡礼する人の家に諸仏やうこうあるへし、四ツニハ」(八ウ)つミをめつして智恵才覚をかうむる、ひんせんのものは富貴をあたへ、仏法をさつけ給ふなり、五ツニハけんせあんおん、むひやうゑんめい、あくしさいなんのがし給ふ也、六ツニハ子孫はんしやうすべし、七ツニハ一生の間千僧《せんそう》を供《く》養し申すあたる也、八ツニハ仏神のかこありて何事もねがひしやうしゆするなり、九ツニハすなわちしやうとに生るゝ也、十ニハふたらく(とカ)をかひにいたりてくハんおんとどう座スル也、亦ごんけん御たくせんにハむち」(九オ)をうち馬にのりて三拾三度我前へに参らんより、こつじきおしてなりとも一度巡礼をして我まへに参ルならは、三ツのきざはしをおりて三度礼拝《らいはい》をしてかへすべしとの御たくせん也、たとへハ巡礼のそミなれども手足のかなわぬ人ハ三十三所三枚の札をうけて家の内におすへし、壱度巡礼にむかふへし、一度しゆん○れいの人に一河のながれをくむ人ハかならす成仏うたかひなし、また札をうちたる其家にハ忝なくも天照大神・」(九ウ)熊野権現・三拾三所の観音毎日御やうがうあるへきとの御ちかひなり、ふしごんげんの御詫宣あり、巡礼のくどくくわうだひなり、ゆへに谷くミ二而札をうちおさめ、それよりふしせんしやういたしなハ、一夜だうにてせんしやういたすべしとの御ちかひ也、経ニ曰、高サも四拾里ひろさも四十里四方の石をてんの羽衣のそてにて三年に壱度つゝなでゝなてつくしたる事ハあルとも父母のおんはうしかたし、さりながら西国三十三所のしゆんれい一度」（十オ）いたしたるものハかならす父母のおんほうする也、この縁起壱度てうもんの人ハしゆんれい壱度したるにあたルなり、此ゑんぎと申すハかたじけなくもゑんま王さんたんしてしやうしんの御筆にてかきおくり玉ふ物也、是しんこうの人ハしゆミやうちやうおんにして七珎万宝いづミわき又是をうたがふ人ハその身はかりにて有へからず、六しんけんそくともに悪道へおつべきもの也、ゑんぎ一日に壱度あてよむへし、若よます朝ことにいたゞ」（十ウ）くへし、其日のつミをめつし、いよ〳〵らいせふつくわにいたる也、しんじんすへし、かへす〳〵もこんしやうハかりの宿一大事といはんごしやうぼだいなるへし、ゆたんあるへからす、しるといへともふしんしんの人ハ是を聞もむやくなるへし、」（十一オ）

資料d「巡礼権輿及び中興或問」

慈眼会編『西国観音縁起集』（勝沼武一、一八九三年三月）一冊。「西国観音縁起集附録　巡礼権与及び中興或問」のみ掲載する。

西国観音縁起集附録

巡礼権輿及び中興或問

夫れ西国三十三所観世音菩薩巡礼に十種《しゆ》の功徳《くどく》あること旧記《きうき》に見へたり、第一に大火大水横死《おうし》の難を免《まぬか》る、第二に怨賊悪獣毒虫《おんぞくあくじうどくちう》の難を免る、第三に毒薬呪咀《どくやくしゆうそ》冤罪《むしつ》の難を免る、第四に雷電地震落馬《らいでんぢしんらくば》の難を免る、第五に悪鬼《あくき》疾《しつ》病妬《ぺいと》怨《ゑん》の難を免る、第六に巨海漂流龍魚《きよかいひやうりうりうぎよ》の難を免る、第七に寿命長久子《じゆみやうてうきうし》孫繁栄《そんはんゑい》、第八に衆人愛敬《あいけふ》所願成就、第九に諸仏守護《しゆご》浮雲《あやふき》の事なし、第十に衆罪消滅正念命終《しゆざいしやうめつしやうねんみやうじう》云々、

原《たづぬ》るに本国三十三所巡礼の権輿《けんよ》は人皇四十四代元明《げんめい》天皇の御宇《ぎよう》養老《ようろう》の始め二月十五日、和《わ》州長谷寺《はせでら》の開山徳道上人といへる僧ありて頓《には》かに死して冥途《めいど》に至る、閻魔《えんま》王に見《まみ》へ玉へり、王の曰く、「衆生死して地獄に堕落《だらく》し常に猛火《もうくわ》の内《うち》に入り骨《ほね》を破《やぶ》り髄《ずい》に徹《とう》り叫喚《けうくわん》最も甚し、其苦患言語《ごんご》に堪《た》へず、知らず、本朝に観音の霊場《れいぢやう》三十三所あり、一度たりも彼の地を踏《ふ》みたる者は、永《なが》く三悪道《さんあくどう》を免れ、十悪の罪人《ざいにん》も善処《ぜんしよ》に生《しやう》ぜんこと疑《うたが》ひなし、若し斯言《このこと》虚《きよ》にして一人たりとも堕獄《だごく》せば、朕《ちん》及び諸王十王共に彼が苦《く》に代《かわつ》て一切衆生《さいしゆじよふ》の責《せ》めを負《お》はん、汝急ぎ娑婆《しやば》に帰りて王臣諸民《おうしんしよみん》を勧《すゝ》めて疾《はや》く巡礼なさしむべし」とあり、徳道重《かさね》て曰く、「凡情《ぼんじやう》は疑ひ多し、證拠《しようこ》なくては信仰《しんこう》しがたし、願くは璽《じ》を賜らん」と、閻王実《えんわうげ》にもと思《おぼ》し召《め》して、宝印記文《ほふいんきぶん》を下《くだ》し賜ふ、徳道随喜《ずいき》して本土《ほんど》に帰《かへ》り、是れより諸人を勧《すゝ》めて巡礼の法を行ふに信従《しんじゆう》するもの夥《おびたゞ》し、右の宝印は石の函《はこ》に入《い》れて今に摂州《せつしう》中山寺にありとぞ、是れ迷途《めいど》閻王の金言《きんげん》、衆生得楽《とくらく》の方便《はうべん》なり、

又順礼縁起《ゑんぎ》に云く、往昔《むかし》、迷途の主宰《しゆさい》閻羅《ゑら》法皇、利《り》生《しよふ》安民《あんみん》の為めに十万部の法華経《ほけきやう》を金泥《こんでい》にて書写《しよしや》ありけり、其供養《くよう》の為め慶讃《けいさん》の導師を撰《ゑら》み玉ふに、「書写の功終《こうおわつ》て供養《くよう》せんには書写山の性空《しやうくう》上人こそ六根清浄《せうじよう》を得玉ひたる法華経修行の行者《ぎやうじや》なり、急《いそ》ぎ請《しやう》じて導師とせん」とて、召《め》されける、性空図《はか》らず閻王の勅に随《したが》ひて迷途に至《いた》り、法華経供養の修法《しゆほふ》終りて、上人、閻王に問ふて曰く、「娑婆《しやば》の一切衆生愚痴邪見《ぐちじやけん》にして曾《かつ》て因果《いんぐわ》を知らす、故に叨《みだ》りに悪業を造《つく》りて地獄に堕《お》つ、唯《たゞ》願くは方便《はふべん》を以《もつ》て救済《きうさい》し玉へ」閻王聞《きこ》し召《め》して、即ち偈《げ》を書《しよ》して上人に与《あた》へ玉ふ、其偈に曰く、「妻子《さいし》王位《わうい》財眷属《ざいけんぞく》死去無《しきよむ》㆓一来相親《いちらいそうしん》㆒常随《じよふずい》㆓業鬼《ごふき》㆒繋《け》㆓縛我《ばくが》㆒受苦《じゆく》叫喚《けふくわん》無《む》㆓辺際《へんさい》㆒云々、

上人是れを以て衆生に示《し》めせ、我常《つね》に一切衆生を恵《めぐ》むこと猶《な》ほ一子《いつし》の如《ごと》し、或時《あるとき》ハ三使《さんし》を以て衆生に知らしむ、然《しか》れども有情《うじやう》愚《ぐ》にして驚《おどろ》かず、恣《ほしひまゝ》に悪を造《つく》りて業《ごう》に順《したがつ》て此に来《く》る、猶ほ業道《ごうどう》は錘《はかり》の如し、重《おも》き方《かた》へ傾《かたむ》く、今日死し来る者二百三人あり、其内に極楽《ごくらく》へ往生《おふじやう》する者は漸《よふや》く九人あり、即ち是れには善人往生《ぜんにんおうじやう》の契券《けいけん》を与《あた》ふ」上人又問《と》ふ、「今日往生人《おうじやうにん》の内《うち》女人なきは如何《いかん》」閻王曰く、「女人は高慢嫉妬《こふまんしつと》の心甚しき故に往生すること更《さら》に少《すく》なし」上人又問ふ、「愚僧《ぐそう》は死して如何なる処にか生《せう》ぜん」閻王、帳《ちやう》を以て勘《かんが》みて曰く、「上人は今まで娑《しや》婆《ば》に於《おい》て人を教《おし》へて経《きやう》を読《よ》ましめ玉ふこと一千百六十部、又自から法華経読誦《どくじゆ》の其数《かず》凡そ八万六千七百五十余部《よぶ》、又自から称名念仏《しようみやうねんぶつ》の数六百億《おく》七千二百四十万遍《まんべん》なり、斯《か》くの如《ごと》く大善根《だいぜんこん》ある故《ゆへ》に直《たゞ》ちに極楽往生《ごくらくおうじやう》あつて仏身《ぶつしん》を得《ゑ》玉はんこと疑《うたが》ひなし」上人聞《きこ》し召《め》して、「喜《よろこ》びて帰《かへ》らん」とあれば、閻王、此度《このたび》の御施物《おんせもつ》とて種々《しゆぐ》の珍器《ちんき》を賜《たも》ふ、上人見玉ひて、「我れかくの如きの珍器は人間世界《にんげんせかい》に稀有《けう》の物《もの》なれば嘗《かつ》て望《のぞ》みなし、唯願《ねがは》くは娑婆の衆生の地獄へ来ることを悲《かなし》む故《ゆへ》に、一切の極悪《ごくあく》人罪深《つみふか》き女人の輩《ともがら》、易《やす》く極楽へ到《いた》り三悪道《さんあくどう》の苦《く》を免《まぬか》れ侍《はべ》る事の修行やある、教《おし》へ玉へ」と有りければ、閻王涙《なんだ》を浮《うか》め玉ひて、「娑婆へ帰《かへ》り玉ひて勧《すゝ》め玉はんには衆生の善根《ぜんこん》の第一は施行《せぎよう》にあり、罪《つみ》は殺生《せつしよう》を第一とす、口《くち》に称《との》ふるにハ称名念仏《しやうみやうねんぶつ》に越《こへ》たる善根はなし、経を持《たも》つには法華経に勝《ま》すものなし、罪《つみ》ある衆生の行業《ぎやうごふ》には足《あし》を運《はこ》びて仏閣《ぶつかく》に詣《もう》づるに越《こ》へたるはなし、其中に南閻浮提《なんえんぶだい》にハ生身《しやうしん》の観音薩埵移《うつ》り在《まし》ます霊地《れいち》三十三ケ所あり、曩《さ》きに既《すで》に長谷寺《はせでら》の徳道上人に告《つ》げ置《お》きたり、今亦示めさん、国数《こくすう》は十二ケ国、霊場《れいじやう》は三十三所なり、此道場へ一度《いちど》にても歩《あゆみ》を運《はこ》びたる輩《ともがら》は、現世《げんせ》にてハ悪事災難《あくじさいなん》を免《のが》れ、子孫繁昌《しそんはんじやう》し、天行病《てんこうびやう》を免《のが》れ、一切の業障《ごつしよう》を除《のぞ》き、死《しゝ》てハ三悪道へ堕落《だらく》する事を逃《のが》る、急《いそ》ぎ勧《つと》（ママ）めて巡礼せしめ玉へ」と、上人歓喜《くわんき》して本土《ほんど》に帰《かへ》り諸人に勧《すゝ》め玉ふとぞ、

時《とき》に人皇《にんのう》六十五代の帝《みかど》花山法皇《くわさんほうわう》は人皇六十三代冷泉院《れいせいいん》第一の皇子《おふじ》にして御年《おんとし》十七歳にて円融院《ゑんゆういん》の譲《ゆづり》を受《う》けて

御即位《ごそくい》まし〳〵御在位《ございい》二年とぞ、御遁世《ごとんせい》の来由《らいゆ》に異説《いせつ》あり、今暫《いましばら》く一義《いちぎ》を記《しる》さば、永観《えいくわん》二年十月十日御即位の砌《みぎり》にや、関白頼忠《くわんばくよりたゞ》の娘《むすめ》と為平親王《ためひらしんのう》の娘大納言藤原朝光《ともみつ》の娘と三人を召《め》して女御《によぎよ》とし玉ひ、又其後藤原為光《ためみつ》が娘を召して女御《によぎよ》として甚《はなは》だ御寵愛在《ごちようあいまし》まし、乃《すなは》ち弘微殿《こうひでん》(ママ)に置《おい》てこれに幸《こふ》せらるること三千の粉黛顔色《ふんたいがんしよく》なきが如《ごと》し、これに依《よつ》て前の三人の女御達《によぎよたち》是れを妬《ねた》み玉ひける故にや、幾程《いくほど》もなくて弘微殿(ママ)の女御病《やん》で逝去《みまか》り玉ふ、是れより帝も邪狂《じやきやう》の病《やまひ》の如く只悲《たゞかなし》み玉ふて世を棄《すつ》る御志《おんこゝろざし》　御座ましける頃《ころ》、栗田《くりた》の関白の扇子に『大集経《だいしゆうきやう》』の「妻《さい》子珍宝及王位《しちんぽうきうおふい》臨命終時《りんみやうじゆふじ》不《ふ》随者唯戒及施《ずいしやゆいかいきうせ》不《ふ》放逸今世《はういつこんぜ》後《ご》世《せ》為《い》伴侶《はんりよ》」といふ文《ぶん》を書《かき》たるを御覧《ごらん》じてより、猶《な》ほ御遁世《ごとんせい》の御志弥増《いやま》し玉ひ、遂《つい》に寛和《くわんわ》二年六月二十三日の夜、密《ひそ》かに貞観殿《じやうくわんでん》の高妻戸《たかつまど》より忍《しの》び出《いで》させ玉ふ、御供《おんとも》には沙《しや》門厳久《もんげんきう》といふ僧と蔵人《くらんど》藤原の道兼《みちかね》と只二人なり、又中納言藤原の義懐《よしかね》と左中弁惟成《さちうべんこれしげ》此二人は御跡《おんあと》を慕《した》ひて追随《ついずい》す、即ち花山の元慶寺《ぐわんけいじ》にて御鬮《くじ》を落《おと》し給ひて其後書写へ御登山在《ましま》し発心出家《ほつしんしゆつけ》の御事《おんこと》を性空上人に勅あり、上人勅《ちよく》答《たう》ありけるは、「帝得度《みかどとくど》の御事《おんこと》は尋常《じんじやう》のことならねば長谷《はせ》へ参籠《さんろう》まし〳〵て観音薩埵の示現《じげん》を得《え》て戒師《かいし》を定《さだ》め玉ふべし」と、性空母路《もろ》ともに大和《やまと》国《くに》長谷寺《はせでら》へ行幸《ぎやうこう》あり、七日七夜御参籠ましまして大士の示現を請《こ》ひ給ふ、或る夜の御夢《おんゆめ》に、「河内《かわち》の仏眼禅師《ぶつげんぜんじ》こそ帝《みかど》有《う》縁《えん》の導師なり、早《はや》く得度《とくど》を乞《こ》ひ玉へ」と親《した》しく示現ありければ、直《たゞ》ちに河州石川寺に詣《いたり》り、禅師を師として出家《しゆつけ》得度《とくど》を遂《と》げ給ふ、尊号《そんごう》を入覚《にふかく》法皇とぞ申奉りき、帝の御願満足《まんぞく》す、仏眼・性空の両師へは報恩謝徳《ほうおんしやとく》の御為《た》めに金玉数多《きんぎよくあまた》賜《たま》へども、両師は更《さ》らに受《う》けずして、「報恩謝徳の為めならば衆生済度《さいど》に若《し》くことなし、昔《むかし》徳道上人へ閻魔王より告げありし巡礼修行打《う》ち絶《たへ》て久《ひさ》しく巡《めぐ》る者《もの》もなし、近頃《ちかごろ》性空上人へ再興《さいこう》せよとの命《おふせ》あれば、法皇此儀《このぎ》を思《おぼ》し召《め》し来世《らいせ》に伝《つた》へ玉ひなば是れに過《す》ぎたる善行《ぜんこう》はよもあらじ」と、奏聞《そうもん》しければ、叡感斜《えいかんなゝ》めならずして、「然《しか》らバ巡礼なすべし」と、勅定《ちよくぢやう》あり、時に長徳元年三月十七日、第一番に熊野《くまの》なる那智《なち》を始《はじ》めとして、三上人母路《もろ》ともに一ケ所一首《いつしゆ》の御詠歌《ごゑいか》に甚深微妙《じんじんみみやう》の義《ぎ》を籠《こ》めて奉納《ほふのう》あらせ玉ひつこ次第《しだい》に巡拝《じゆんはい》し玉ひて、同年六月朔日《つひたち》に終に卅三番美濃の谷汲に着《つ》き玉ふ、其間七十五日とぞ、是なん弥陀観《みだくわん》音勢至《おんせいし》権《ごん》化の仏菩薩、末世《まつせ》の我等《われら》を救《すく》ハんと大慈《だいじ》大悲《だいひ》の方便《ほうべん》に生死《しやうじ》の苦海《くがい》を渡《わた》し玉ふ、是れ巡礼の中興《ちうこう》なり、其後百八十年余を過《すぎ》て承安《しやうあん》の頃《ころ》、後白河《ごしらかわ》法皇八熊野権現の神託《しんたく》を受《う》け玉ひ再度中興遊《あそ》ばさる、此時、法皇の御同行三千三百余人とぞ、花山法皇の蹤《あと》を継《つ》ぎ杖笠負摺草鞋《つえかさおひづるわらじ》にて彼の奉納《ほうのう》の御詠歌を唱《とな》へて巡礼あらせらる、十善天子の御躬《み》にて末世《まつせ》の模範《もはん》となり玉ふ、これ三度目の中興とぞ、夫れより今に諸人等《ひと》しく皆法皇の叡蹤を慕《した》ひ都鄙《とひ》遠《ゑん》近《きん》巡礼せり、札《ふた》を納る事は後《こう》人の信心激発《しんじんげきはつ》せん為めにや、

又巡礼して其奇験《きげん》を蒙《こふむ》りし事も少《すく》なからず、過ぎし延宝《ゑんほう》の頃《ころ》なりとか、美濃国大垣《おふがき》に老若《ろうにやく》男女多く巡礼を思《おも》ひ立て出けるに、一人の童女《どうによ》あり、其姉《そのあね》の巡礼するを羨《うらやま》しく思《おも》ひて父母《ふぼ》に告《つ》げて、姉妹《あねいもと》ともに巡礼せんと願ふ、然《しか》れども父母許《ゆる》さず、「姉は年も長《たけ》たり、汝僅《なんじわづ》かに十五歳、幼稚《ようち》の身《み》として長途《てうと》の旅《たび》は心元《こゝろもと》なし」と、達《たつ》て留《とゞめ》ける故に参《まい》ること叶《かな》はず、娘悲《かなし》み歎《なげ》きて朝暮《ちやうぼ》の食《しよく》だにも曾て食《しよく》せず、次第に疲《や》せて終《つい》に死《しゝ》たり、父母大に悲《かなし》み、彼《かれ》が願《ねが》ひの如《ごと》く巡礼を許《ゆる》すべかりけるものをと後悔《こうくわい》すれども其甲斐《かひ》なく涙《なみだ》と共に彼れが拵《こしらへ》置《お》きたる負摺《おひずる》と札《ふだ》とを首《くび》にかけさせて墓《はか》なき野辺《のべ》に埋《うづ》みぬ、姉は早《はや》二日路《じ》も出けるに、妹跡《あと》より追付来《おひつききた》りて云く、「父母は免《ゆる》しなかりけれども余《あま》りの本意《ほい》なきに忍《しの》びて出で来れり、重《かさね》て親達《おやたち》の怒《いか》り玉ふことのありもせば宜敷姉上《よろしくあねうへ》のとりなしを請《こう》ふに」といひて潜然《さめ〴〵》と啼《な》きけり、姉も哀《あわ》れに思《おも》ひて、「能《よ》くこそ来《きた》れり、観音の御利生《ごりしやう》にてさのみ怒り玉ふまじ」と伴《ともな》ひて巡礼しけり、大垣《おうがき》にて八七日々々の吊《とむら》ひをなし日数《ひかず》の重《かさな》るに弥々《いよ〳〵》嘆《なげ》き増《まさ》りて父母ともに叶はず嘆《なげ》きを筑紫《つくし》船《ふね》のともに消《きへ》なんものをとぞ悲《かなし》めり、去《さ》れども父母は互《たがひ》に心を取《と》り直《なほ》し、且《か》つは諌《いさ》め且つは慰《なぐさ》め、彼れが幼心《おさなこゝろ》に巡礼の志《こゝろざし》深《ふか》く負摺札まで用意《ようい》したる事世に観世音の大悲なる、よもや悪道へは遣《や》り玉はじ、仏《ぶつ》果《か》を得《う》るは疑《うたが》ひなからん、兎《と》にも角《かく》にも菩提《ぼだい》を吊《とむら》ふ外《ほか》はなしと中陰《ちういん》の内《うち》も僧を請《しよう》じて随分《ずいぶん》の追善《ついぜん》を勤《つと》めける、

かくて月日に関守《せきもり》なく、七十五日に当《あた》る日に巡礼の輩《ともがら》皆々帰《かへ》りける其中に彼の一度亡《う》せたりし娘も姉と共に帰りければ、父母は余《あま》りの嬉《うれし》きに是れは夢《ゆめ》かと娘に懐きつき歎《なげ》きて其場に伏《ふ》しまろふに、姉はつや〳〵合点《がてん》ゆかず、「二日後跡より来りし」と語《かた》るに、父母は死して葬《ほうむ》りし事を語《かた》り出《い》で、「あな不思議《ふしぎ》なる事共《ことども》なり、是れや全《まつた》く観世音の御方便《ごほうべん》ならん」と喜憂《きゆう》こも〴〵相伴《あいともの》ふて急《いそ》ぎ墓《はか》を発《あば》き見《み》たるに、桶《おけ》の中《うち》には死体《したい》はなくして巡礼札と負摺のみ、余《あま》りの不思議に娘に問へば、「唯何心なく一心に巡礼したしと姉を慕《した》ひて行《ゆ》きたるなり」と答《こた》ふ、父母も感涙《かんるい》止《や》み難《がた》く、諸人も聞て呆《あき》るこばかり、俄《にわか》に信を起しつこ巡礼する者多かりけるとか、是れ聖徳太子の片岡《かたおか》の飢人《うへひと》の死したる地を発《あば》き玉へば全身脱去《ぜんしんだつきよ》して紫《むらさき》の御衣《ぎよえ》のみ残り居りしこと太子伝に見ゆ、元より同席《どうせき》の奇談《きだん》なり、末《すえ》の世と雖《いへど》も斯《か》る尊《たうと》き例《ため》し多《おほ》かるものを豈《など》人ごとに巡礼の本志を遂《と》げざるべき、嗚呼《あゝ》、斯《か》る現證《げんしやう》も残《のこ》りぬれば、謹《つゝし》み畏《かしこ》みて皆共に巡礼すべきことにこそ、今や限《かぎ》りなき薩埵の御誓願《ごせいぐわん》は限《かぎ》りある小冊子《しやうさつし》に載《の》せ絶すべきものにあらず、正《まさ》に筆《ふで》を擱《さしお》かんとするに際《さい》し、願くは一切衆生と共に菩薩の慈眼《じげん》を垂《た》れ給へと云ふ耳《のみ》、後《のち》の看《み》ん人、其訛謬《くわびやうゐ》遺漏《ろう》を補正《ほせい》し玉はゞ幸甚《こうじん》、

一心奉修依此功徳観自在尊護持行者
我従無始三業所犯一切罪皆悉消滅

西国観音縁起集附録終

資料三　滋賀県大津市坂本 聖衆来迎寺蔵『霊宝略縁起』

聖衆来迎寺蔵。木板。仮綴。縦二四・〇㎝、横一六・二㎝。表紙共紙。一〇丁。

（表紙）

「　　江州山門坂本
霊宝略縁起
　　紫雲山来迎寺　」

（本文）

抑《そも〳〵》叡山坂本来迎寺《えいざんさかもとらいこうじ》ハ、往昔伝教《そのかみでんぎやう》大師の開基地蔵教《かいきじそうきやう》院と号《がう》して九百余《よ》年の古跡《こせき》也、然《さら》に一条《じやう》院の御宇《ぎよう》長保《ちやうほう》三年に恵《ゑ》心僧都《しんのそうづ》此院《てう》におゐて弥陀《ミだ》の来迎《らいかう》を感《かん》し給ふ事あり、則《すなわち》其儀相《ぎさう》を彩画《さいくわ》し留《どゞめ》て精舎《しやうじや》を造立《ぞうりう》し、来迎の弥陀を彫刻《てうこく》して彼画像《かのぐわぞう》とともに本堂《たう》に安置《あんぢ》し、又引接《ゐんじやう》の弥陀を刻《きざミ》、方丈《ほうじやう》に建立《こんりう》あつて、紫雲山聖衆《しうんざんしやうしゆ》来迎寺と改《あらた》め号して、念仏弘通《ねんぶつぐつう》の道場《どうじやう》となし給へる者也、

一弥陀《ミだ》二十五菩薩《ぼさつ》来迎尊影《そんゑい》　恵心僧都御筆、来由《らいゆ》右のことし、

一引接《ゐんじやう》弥陀尊像《そんざう》　恵心僧都御作、来由右に同し、

一火防観音《ひふぜのくわんをん》ハ、菅丞相《かんじやう〳〵》の御作《ごさく》、十一面《めん》、御長《おんたけ》六尺《しやく》、往古《おうご》ハ下《しも》坂本戸津《とづ》の」(一オ)浜《はま》と云所《ところ》に小堂《しやうだう》有て、安置し奉《たてまつ》らる、然に来迎寺住持《ぢうじ》真雄《しんおう》上人、或夜《あるよ》の夢《ゆめ》に視《まミへ》て曰《のたまハく》、我《われ》ハ戸津の浜の観音也、早《はや》く当寺《とうじ》に可《べし》レ移《うつす》と、上人奇異《きい》の思《おもひ》を成《な》せりしに、翌日彼堂《よくじつかのだう》の近隣《きんりん》より出火《しゆつくわ》して小堂も必定類焼《ひつじやうるいしやう》と見えし所に、晴天俄《せいてんにわか》に曇《くもり》、辰巳《たつミ》の方《かた》より黒雲覆《こくうんおほひ》、暴雨甚《ぼううはなはだしく》して忽《たちまち》に火滅《ひめつ》し、堂宇《う》烟中《ゑんちう》に遺《のこ》れり、時《とき》に上人霊夢《れいむ》を思ひ、寺僧《じそう》をいて件《くだん》の夢を告《つぐ》、途中《とちう》にて観音を奉持《ぶぢ》して来処に遇《あへ》り、所謂《ゆゑ》を聞《きく》に、観音堂の住僧《しうそう》も霊夢を感《かん》ずる事、上人の夢と符節《ふせつ》不《ず》レ違《たがへ》、爾来《しかしよりこのこと》当寺に安置し奉る、彼《かの》堂大火《たいくわ》に焼《やく》る事あたハさる故、火防《ひふせ》と呼《よひ》奉る也、其外《ほか》奇《き》瑞《ずいお、》多し爰《ここ》に不《ず》レ可二記《へからしるし》尽《つくす》一」(一ウ)

一恵心僧都の乱判《みだれはん》ハ、寛仁《くわんにん》元年三月十五日暁《あかつき》、僧都観法《くわんぼう》を凝《こら》し給ふ所に、音楽聞《おんがくきこへ》、異香薫《いきやうくんず》、僧都不思議《ふしぎ》の念《ねん》をなし堂外《たうぐわい》に望《のぞミ》給ふに、弥陀の来迎を横川《よかハ》の峯に感拝《かんはい》し給ふ、即片板《へんはん》に画《ゑが》き、自《ミづから》刻《きざミ》て判板《はんいた》となせり、時に此板須臾《しゆゆ》の間《あいだ》に亡失《もうしつ》しぬ、僧都謂《をもへらく》、定《さだめ》て天魔《てんま》の所為《しよい》ならんと、即諸天善神《しよてんぜんじん》を勧請《くわんじやう》して再《ふたたび》我《われ》に与《あたへ》給へと精祈《せいき》し給ふ、魔王忽然《まわうこつぜん》と顕《あらわれ》、判板を僧都に返《かへす》、爾時《そのとき》僧都、汝《なんぢ》今大《だい》魔王と成、神通自在《じんづうじざい》なれども仏神《ふつじん》の威光《いくわう》に照破《せうは》せられて如《かくのことくのありさま》レ此有様、豈不《あにず》レ恥《はつかしから》やとて、因《ちなミ》に十二因縁《ゐんゑん》を説《とき》て教化《きやうけ》し給ふ、時に、魔王忽《たちまち》得悟《とくご》して、甚難希《しんなんけ》有《う》の妙法を聞《きく》事、偏《ひとへ》に此判形の得益《とくやく》也、我が善知識《ぜんちしき》」(二オ)なれば此尊形帰依《ぎやうきゑ》の人家《じんか》へ魔類障礙《るいしやうげ》をなすべからす、其證《しやう》にとて指《ゆび》を以て判板を裏《うら》より押《おす》に表《おもて》に徹《とをり》て其跡《あと》今にあり、爾後《そのゝち》僧都四十八遍開眼《へんかいげん》し、末世《まつせ》の衆生此尊形に帰依《きゑ》せば、一切魔《さいま》の障《さハり》なく、戦場《せんじやう》にてハ矢除《やよけ》の守とならん、又男女霊恠《れうい》の見入なく、水火疫癘雷風《すいくわえきれいらいう》等の難《なん》を除《のぞく》べし、若臨終《りんぢう》に悪相現《あくそうげん》ずる輩《ともがら》、是を拝《はい》せバ、正念にして必往生《わうじやう》を遂《とぐ》べしと誓《ちかひ(ママ)》まひし者也、委《くハしく》ハ所伝《しよでん》の記《き》に詳也、古来《こらい》此板の霊験掲焉《れいげんいちじる》しき事共、済〻《せい〳〵》多し、爰に略《りやく》して不《ず》レ載《のせ》レ之《これを》、

一恵心入唐《につたうのミ》御影《ゑい》ハ、僧都法門の中におゐて二十七疑《ぎ》有、故入宋《につそう》の願深《ねがひふかく》して山王権現《ごんげん》に参籠《さんろう》し給へ共、権現の許《ゆるし》なし、依レ之《よつてこれに》山上《じやう》に引籠《ひきこもり》、永《ゑい》」(二ウ)観《くわん》二年に往生要集《わうじやうようしう》を撰《ゑらひ》、周文徳《しゆぶんとく》と云人に与《あた》へて異朝《てう》に渡《わた》さる、其後二十七疑《ぎ》ハ大江定基入道法名寂照《しやくしやう》に附《ふ》して南湖《なんこ》の知礼《ちれい》に贈《おくる》、知礼則答釈《たうしやく》を述《じゆつ》して此方に返《かへす》、其後礼師彼是《かれこれ》の著述《ちよじゆつ》を採《とり》て真宗《しんそう》皇帝《くハうてい》の叡覧《ゑいらん》に達《たつす》、帝叡感《ゑいかん》有て源信《げんしん》を招請《そうしやう》せんと欲《ほつす》、于時《ときに》寂照、朝《てう》に在《あり》て信師《しんし》の来《らい》朝ハ神勅《しんちよく》に依《より》て不《ざる》レ叶《かなハ》の由を奏《そう》す、然《しから》バ体相《ていそう》を画《ゑがき》可《べき》レ渡《わたす》の旨《むね》あり、舜照其趣《おもむき》を日本《にほん》に伝《つたふ》、僧都の弟子《でし》に円景阿闍梨《ゑんけいあざり》と云人、絵《ゑ》の事《こと》に工《たくみ》也、彼に命して形像を模《もし》、異朝に贈《おく》る、帝一覧《らん》有て曰《のたまハく》、是全《これまつた》く凡身《ほんしん》の相《そう》也、信師の真形如レ此《しんぎやうごとくかくの》なるべからず、蓋画工《けだしぐわこう》の謬《あやまる》所ならん、願《ねがハく》ハ自画《じぐわ》して渡《わたし》給へと再勅《さいちよく》あり、依レ之僧都自《ミづから》」(三オ)水鏡《みずかゞみ》に臨《のぞミ》て彩画《さいぐわ》して贈《おく》らる、帝叡覧有て是こそ往生要集を撰述《せんじゆつ》セし師の形相《きやう》なれ、誠《まこと》に権化《ごんけ》の質《すかた》也とて玉冠《ぎよくくわん》を傾《かたぶけ》、即方《ほう》五十間の精舎《しやうじや》を建《たて》て、彼影像を本尊《ぞん》として毎月《まいけつ》六斎《さい》日に明師《めいし》に勅《ちよく》して往生要集を講談《こうたん》セしむ、聴聞《てうもん》の緇素《しそ》・群《ぐん》臣に綸命《りんめい》して、先東《ひかし》に向て日本小釈迦《しやか》源《げん》信如来《によらい》と三拝して謹《つゝしん》で是を受《うけ》しむ、因《よつ》て異《い》国までの念仏弘通《ぐづう》の導師と云ハ此故也、さて僧都ハ寛仁《くわんにん》元年六月十日に現身往生《げんじんわうじやう》し給ひしを、寂照聞て帝《てい》に奏《そう》すらく、我《わが》師恵心ハ某年某月《そのとしその》某日《その》、本土に還《げん》帰《き》せり、然バ先年渡《わた》れる所の形像を日域《にちいき》に返《かへ》し給へといふ、帝の曰《のたまハ》く、師の影像ハ朕《ちん》が志願《しぐわん》に」(三ウ)因《よつ》て招《そう》請《しやう》せり、今何可《なんぞべき》レ返《かへす》やとて許容《きよよう》なし、寂照再三訴《さいさんうつたへ》ていはく、昔伝教《むかしでんぎやう》・慈覚《ぢかく》等も渡《と》唐《とう》し給へ共、仏法の伝授《でんじゆ》畢《おハれ》バ悉《こと〳〵く》本国に帰《かへり》、一人も留《とゞめ》らるゝの例《れい》なし、僧都ハ自身の渡航《とこう》ハ叶《かな》ハざれ共、既《すで》に帝命《ていめい》に応《おう》じ影像に依《よつ》て来廷《らいてい》セしかハ、其こと何ぞ自身に異《こと》ならん、然るを永《なが》く留《とゞめ》給わん事、前代《ぜんだい》帝王の制《せい》に違《い》するに似《に》たりと、理《り》を尽《つく》して訴《うつたふ》、君臣皆《みな》此議《ぎ》に屈《くつ》して、然らバ影像ハ還《かへ》すべし、汝《なんぢ》ハ此国に逗《とゞま》れとて菩提子一粒《ぼだいしいちりう》を副《そへ》て日本へ還《かへ》し給ふ、故に入唐の御影《ミ》と云是也、菩提子ハ叡山飯室安楽院《ゑいざんいむろあんらくいん》に植《うへ》て今にあり、猶縁起《なをゑんぎ》に詳《つまびらか》也、

一恵心僧都守《まもり》本尊、僧都ハ大和国葛下《やまとのこくかつけ》郡《こほり》の人、父《ちち》ハ卜部《うらべ》氏《うじ》、母《はゝ》ハ」(四オ)清原《きよはら》氏也、男子《なんし》なき事を歎《なげ》き、同郡高尾《こほりたかを》

寺の観音へ三年の間《あいた》夫婦《ふうふ》日参《につさん》して乞請《こひうくる》子《こ》也、七歳の時《とき》父に後《おくれ》、其後叡《えい》山に登《のぼる》、慈恵《じゑ》大僧正の弟子と成れり、時《とき》に母語《かたりていハく》曰、汝徳業秀発《とくげうしうはつ》して一天の君《きみ》にもしられ奉り、四海《しかい》に名を弘《ひろ》むるにあらすハ親《をや》子の対面《たいめん》有べからすと堅《かたく》誡《いましめ》て送《おくり》し、然るに才智《さいち》並《ならび》なく十五歳にて村上《むらかみ》天皇の御時御八講《ごはつこう》の導師《どうし》に請《しやう》ぜられ、即僧都に勅許《ちよくきよ》有て御被《おんかつき》物《もの》に七重《ななゑ》の御衣《ぎよい》を賜《たま》へり、彼《かの》御衣に文《ふみ》を添《そへ》古郷《こきやう》の母に贈《おく》らる、近比内《ちかごろうち》の御法会《みほうゑ》の導師を承《うけたまハ》り、やゝ朝野《てうや》の噂《うわさ》言《こと》にも及べり、然らバ対面《たいめん》を蒙《かうむ》らんとなり、母消息《しやうそく》を見て落涙《らくるい》して曰、五障《ごしやう》の女人に貴《たふとき》御衣を贈《おくり》」(四ウ)給ふ僧都の志《こころざし》こそしられけれ、対面《たいめん》ハ是より申べき時《とき》こそあらめとて、御衣に一首《しゆ》を添《そへ》て返《かへ》し給ふ歌《うた》に、

　後《のち》の世の法《のり》の橋《はし》ともたのミしに世ワたる僧となるぞかなしき

爾後《そのゝち》三十《みそ》年《じ》に及《およぶ》まで親子《しんし》対面なし、故に僧都深《ふか》く歎《なげき》て、四十二歳の時忍《しのび》て姿《すがた》を見《みん》と古郷《こきやう》に趣《おもむ》く、又大和《やまと》よりも使《つかひ》来て安養《あんやう》の尼《あま》の文《ふミ》を持《もて》り、途中《とちう》にて披見《ひけん》有に、老母の煩《いたはり》十死《し》を告《つぐ》、僧都落涙《らくるい》ながらに急《いそ》ぎ古郷に至《いたら》ば、母ハ今なん終《おハ》り給へりといふ、僧都泪《なミた》を押《をさ》へて焰魔《ゑんま》法王《ほうわう》等を勧請《くわんじやう》して暫時《ざんじ》の活命《くわつめい》を乞《こふ》、巳《み》の刻《こく》ハかりに絶入《たへいり》たる老母、酉《とり》の刻に蘇《よみがへり》、三十余《よ》年を歴《へ》て親子《おやこ》不思議《ふしぎ》の会面《くわいめん》をなせり、老母」(五オ)の曰、年来《としごろ》不レ見《まみへ》ことハ此時の善知識《ぜんちしき》の為也、速《すみやか》に念仏勧《すゝめ》給へとて、看病《かんびやう》の尼諸《もろ》ともに名号《みやうがう》四十余《よ》遍《へん》唱《となへ》て三尊の来迎《らいかう》にあづかり、正念に往生《わうじやう》し給ふ、其儀《ぎ》相を僧都自模画《もぐわ》し、留《とゝめ》て一代の守本尊として朝夕悲《ひ》母に仕《つかふる》の意をなし給ふと也、母及ひ安養の尼僧都使《つかい》の男ともに記《しる》し置給ふ、尚《なを》縁記に詳なり、

一七幅《ふく》の弥陀ハ、恵心僧都悲母《ひぼ》の喪《も》に在《あり》て七日毎に一幅《ふく》を彩画《ぐわ》し給ふ、ゆへに七幅の弥陀といふ、

一件舎利《しやり》一塔《とう》(ママ)ハ、昔摂州布引《せつしうぬのびき》の瀧《たき》に毎夜《まいや》光物《ひかりもの》出て人民《にんみん》の往来《わうらい》を悩《なやま》すゆへ、里《り》民大政《だいじやう》清盛《きよもり》に訴《うつたふ》、清盛《きよもり》、難波《なんば》の三郎に命《めい》じて対治《たいぢ》せし」(五ウ)む、成房《なりふさ》行向《むかい》て見に大きなる光物《ひかりもの》出《いづ》、矢《や》ごろに寄《より》て射留《いとめ》たり、其長十丈余《よ》の大蛇《じや》にして、頭《かしら》に水精《すいしやう》の珠《たま》を戴《いたゝけ》り、珠の中に大さ七寸の牙《け》舎利を納《おさむ》、光明《くわうみやう》赫《かく〳〵》ことして光物《ひかりもの》のごとし、成房、接《とりて》

レ之《これを》 入道《にふたう》に奉る、清盛信仰《しんかう》して持仏《ぢぶつ》堂に安置せり、大虵の追善《ついぜん》として其所に精舎を建《たて》て勝 龍寺《しやうりうじ》と号す、牙《げ》舎利ハ入道の頸《くび》に掛《かけ》て葬□《は》りに従《したか》ふ、分部《ぶんぶ》八粒《りう》ハ当寺に伝来《でんらい》す、委ハ相伝の記録添《ろくそハ》れり、

一断抹磨《だんまつま》舎利ハ、恵心僧都断抹勤行《だんまつごんぎやう》の時《とき》、御符《ごふ》青 色《しやうしき》の舎利となる、此舎利伝来《でんらい》によつて御符《ふ》当寺《とうじ》よりいづ、

一摩利支天尊《まりしてんそん》ハ、江州佐こ貴《ごうしうさゝき》の屋形累代《やかたるい》の持尊《ぢそん》、然るに高頼《たかより》の五男《なん》」（六オ）出 家《しゆつけ》して真玄《しんげん》上人と号して当寺の中興《こう》たり、此時より当寺に伝来す、

一釈迦遺身 舎利《しやかゆいしんのしやり》　　伝教《でんぎよう》 大師御将来、

一浄 土《じやうど》の曼荼羅《まんだら》　　恵心僧都御筆、

一両 部《りやうぶ》の曼荼羅　　弘法《こうぼう》大師御筆、

一細字《さいじ》の法華経一部　　天台《てんだい》大師御筆、

一仁王長 講会式《にんわうちやうこうゑ》并和歌《しきわか》　　伝教《でんぎよう》 大師御筆、

此両 軸《このりやうぢく》ハ鎌倉《かまくら》より当寺《とうじ》へ寄附《きふ》、即《すなわち》 目録あり、

一多羅葉《たらえい》の梵文《ぼんもん》ハ、智證《ちしやう》 大師将来、即《すなわち》 其旨《むね》を記し給へる大師の墨跡《ぼくせき》に三井北林房添状《ほくりんぼうそへじやう》 あり、」（六ウ）

一金剛般若経《こんごうはんにやぎやう》　　聖 徳太子《しやうとくたいし》御筆、

一法華経《ほけきやう》 一部　　恵心僧都御筆、

一叡山霊 山院過去帳《りやうぜんくわこ》　　同御筆、

一心《しん》経・弥陀《みだ》経　　菅丞 相《かんしやうぐ》御筆、

一法華経一部　　光 明 皇 后《くハうみやうくわうこう》御筆、

一観 音《くわんをん》経　　中将 姫《ちうじようひめ》御筆、

一蓮《はす》の葉《は》名号　　親鸞《しんらん》上人御筆、
　叡山の南峯を無動寺と云ふ、相応《さうをう》和尚開き給へる地なり、大乗　院《だいじょういん》と云ふ寺あり、親鸞上人御住山の寺也、此寺
　に於て蓮の葉の六字名号を書写し、当寺へ送り給へり、
一阿字《あじ》の梵字《ぼんじ》ハ、恵心僧都の姉安養《あねあんやう》の尼、剪髪《きりかみ》を以て繍《ぬい》にし給ふ、」（七オ）
一十六羅漢《らかん》十六幅　　舜　挙《しゆんきよ》筆、
一十界《かい》の図《づ》十五幅　　金岡《かなをか》筆、
是ハ恵心僧都、往生要集を撰《えらひ》、円融院《ゑんゆうゐん》の叡覧《えいらん》に備《そなへ》　らる、帝《てい》叡感の余《あま》りに此書《しよ》の事相《じさう》を絵《ゑ》に著《あらハ》　し、女　御《にようご》・后妃《こうひ》等
の為《ため》にすべき旨《むね》、金岡に命《めい》ぜられ、即僧都の指南《しなん》を以て図画《ずぐわ》セり、爾時《そのとき》十界《かい》を三十幅に着《あらはす》　といへども、四聖　界《しやうかい》
十五幅ハ山門元亀《げんき》の凶　変《きやうへん》に紛失《ふんじつ》す、今のこる所《ところ》　の十五幅ハ下六道《とう》の分《ぶん》也、
一白角　如意《はくかくのによい》ハ、伝教《でんぎよう》　大師入唐《につとう》の時、天台山《てんだいさん》の宝蔵《ほうさう》より将　来《しようらい》し給ふ、
一恵心僧都二十五条　袈裟《じやうのけさ》　　一衣《え》、」（七ウ）
一聖徳太子御所持《ごしよぢ》の鉄鉢《てつはち》　　小　児《しやうに》疱瘡《ほうそう》の祈禱《きたう》に三日精　進《しやうじん》して頂　戴《ちやうだい》す、
一易産《いさん》の独鈷《とつこ》ハ、往昔《わうせき》叡山般若《はんにや》か谷《たに》に陽勝《やうしよう》　といふ仙《せん》人住《□》、時〻《おり〳〵》元三大師の禅室《ぜんしつ》に来て法義《ほふぎ》を聴聞《てうもん》す、或《ある》時、独鈷《とつこ》を
持参《ぢさん》して曰《いはく》、近日《きんじつ》、師を禁裏《きんり》に請《しやう》　せられん、其時此具《このぐ》を持《ぢ》し給へと云て与《あた》ふ、于時《ときに》村上天皇の御宇《ぎよう》、大師を招《そう》
請《しやう》　して后　宮《くわうぐう》の懐　妊《くわいにん》を加持《ぢ》せしむ、即彼杵《□□》を持《ぢ》して護念し給ひしかバ、易産比類《いさんひるい》なかりき、故易産《ゆえいさん》の独鈷《とつこ》といふ、
婦人《ふじん》七日潔斎《けつさい》して頂　戴《ちやうだい》するに生産易《せいさんやす》からすといふ事なし、
一善導《ぜんだう》大師自作《じさく》の像《そう》、　　一円光《えんくわう》　大師自作の像、
一日蓮《にちれん》上人自作の像、　　一維摩居士像《ゆいまこじそう》　　□明《□う》作、

一大灌頂《くわんちやう》経第九の巻　聖武《しやうむ》皇帝《くわうてい》御震翰《しんかん》（ママ）、
一観音経　伏見院御震翰（ママ）、
一註涅《ちうね》槃《はん》経第十の巻　伝教大師御真筆、
一不空羂索《けんさく》真言経　光明皇后御筆、
一瀧見《たきみ》観音《くわんをん》　牧渓《けい》和尚筆、
一地蔵大士忉利《たうり》天来下の像　恵心僧都御筆、
一草字心経　弘法大師御筆、
一弘法大師自画の御影、　一児文殊　鳥仏師作、
一金毘羅《こんひら》権現《こんけん》　定朝作、　一水玉《みつたま》　伝来、」（八ウ）
抑元応国清寺《けんをうこくしやうじ》本尊薬師《ほんぞんやくし》如来ハ、当国《とうこくの》苗鹿《をか》大明神より感得《かんとく》の霊木《れいほく》を以開山伝信《かいさんてんしん》和尚一刀三礼して自ラ彫刻《てうこく》し給ふ、二脇士《きやうし》日光・月光ハ安阿弥《あんあみ》作、十二神将ハ運慶《うんけい》作、然《しかる》ニ伝信和尚と申ハ、忝も天子御受戒《ごじゆかい》の戒師《かいし》也、則《すなはち》後宇多法《ごうたほう》皇御受戒《わうごじゆかい》の後、帝《みかど》叡感《ゑいかん》の余《あまり》仏法尊重《ふつほうそんちう》の徳《とく》を表《ひやう》し、九山八海と銘《めい》し給ふ大《おほい》なる盆石《ほんせき》を賜《たまハ》りぬ、尤叡山《ゑいさん》ハ元《もと》より女人禁制《きんぜい》の勅定《ちよくぢやう》あれは、後《こ》醍醐《たいご》天皇《てんわう》此儀《このき》を歎《たん》じ給ひ、平安城《へいあんじやう》に勅願所御《ちよくぐわんしよご》建立有《こんりうあり》、伝信和尚を開山とし、戒法弘通《かいぐつう》セしめんと年号を以て寺号とし、元応国清寺と号、鎮護国家《ちんごこくか》の戒場《かいじやう》、天台の戒法隆《さかん》ニ行《おこなハ》れし事也、難レ如何《いかんともしかたし》、応仁元年の兵火に堂舎《とうしや》一時ニ灰燼《くわいじん》と成ぬ、其」（九オ）後当寺住持《のちとうじのじうじ》、勅命《ちよくめいをかふむり》蒙て寺号本尊戒場の法具等悉《こと〳〵く》当寺ニ移《うつ》し玉へり、　一六字妙号　輪王寺天真親王御筆、
一虚堂和尚《きたうをしやう》墨跡《ほくせき》　江月和尚文添、
一九山八海盆石《くせんはつかいほんせき》　後宇多法皇《こうたほうわう》御寄附、

黄檗木菴《わうばくもくあん》和尚記、
烏丸光広卿《からすまるみつひろきやう》　記、　右両種写出、
一堆朱香合香盆《ついしゆこうかうこうほん》　作者二人、唐楊茂・張成、
一万行菩薩文殊菩薩名号　行基菩薩御筆、
一円頓者《ゑんとんしや》　興聖《かうしやう》　菩薩《ほさつ》御筆、
一寂照《じやくしやう》　法師　墨跡、」(九ウ)
一和歌　慈鎮《じちん》和尚筆、　一六字妙号　祐天《ゆうてん》大僧正筆、
一堅田《かたた》千躰仏《せんたいふつ》　恵心僧都御作、　一不動明王　妙沢和尚《めいたくをしやう》　筆、
一紅衣《こうゑ》の釈迦《しやか》　呉道子《ごどうし》筆、　一釈迦文殊普賢《しやかもんじゆふけん》三幅　思恭《しきやう》　筆、
一楊柳《やうりう》の観　音《くわんをん》　思恭筆、　一十六羅漢《らかん》二幅対　兆典主《てうでんす》筆、
一天満宮《てんまんくう》　土佐光信《とさみつのふ》筆、　一円頓者《えんとんしや》　青蓮院尊円親王御筆、
一戒経文　青蓮院尊朝親王御筆、　一書初の歌　天海大僧正御筆、
一岐阜中納言自愛月見硯、　一佐々貴宦領義郷所持硯、
此外霊宝雖有之不載斯雖有之不載斯《このほかれいほうこれありといへともここにのせず》、」(十オ)

あとがき

本書のもととなった原稿の初出は以下の通りである。但し、何れの論考も加筆・訂正を加えている。

第一章　有馬温泉寺縁起の形成・展開・伝播

第一節　有馬温泉寺縁起の形成――等身薬師石像をめぐって――

「有馬温泉寺縁起について―等身薬師石像をめぐって―」『灘中学校・灘高等学校教育研究紀要』二(灘中学校・灘高等学校、二〇一二年)及び、「温泉寺縁起の形成と『冥途蘇生記』」『御影史学論集』二六(御影史学研究会、二〇〇一年)。

第二節　『温泉行記』にみえる温泉寺縁起と尊恵伝承(新稿)

第三節　尊恵将来経伝承の形成――堂舎から経典の縁起へ――

「尊恵将来経伝承の形成―有馬における『冥途蘇生記』―」『宗教民俗研究』一〇(宗教民俗学研究会、二〇〇〇年)。

第四節　尊恵将来経伝承の変容と伝播

「尊恵将来経伝承の展開―縁起の変容と伝播を中心に―」御影史学研究会編『民俗宗教の生成と変容』(岩田書院、二〇〇四年)。

第五節　近世における尊恵将来経伝承の展開と『冥途蘇生記』

「近世における尊恵将来経伝承の展開と『冥途蘇生記』」『説話・伝承学』一三（説話・伝承学会、二〇〇五年）。

第二章　西国三十三所巡礼開創縁起の形成と展開

第一節　秩父三十四所巡礼開創縁起の形成

「秩父三十四所巡礼開創縁起の形成」『説話・伝承学』一六（説話・伝承学会、二〇〇八年）。

第二節　西国三十三所巡礼開創縁起の形成

——閻魔王・熊野権現の誓言をもつ縁起の類型を中心として——

「西国三十三所巡礼開創縁起について—閻魔王・熊野権現の誓言を持つ縁起の類型を中心として—」『日本文化論年報』一九（神戸大学大学院国際文化学研究科日本学コース、二〇一六年）。

第三節　西国三十三所巡礼開創縁起における法華経供養譚

「温泉寺清涼院縁起と西国三十三所巡礼開創縁起」『説話・伝承学』二四（説話・伝承学会、二〇一六年）の増補。

第三章　縁起の語り

第一節　奪衣婆をもつ聖

「奪衣婆を持つ聖」園田学園女子大学歴史民俗学会編『漂泊の芸能者』（岩田書院、二〇〇六年）。

第二節　滋賀県大津市坂本聖衆来迎寺のエンギトギ

「高谷重夫収集民俗資料（その三）—滋賀県坂本聖衆来迎寺の絵解き—」『史園』（園田学園女子大学歴史民俗学会、二〇〇五年）。

第三節　聖衆来迎寺の虫干会と『霊宝略縁起』（新稿）

資　料

資料一　三重県伊賀市の『冥途蘇生記』に関わる伝承
　　――三重県伊賀市長田平尾大師講聞取及び「えんまさんの御詠歌」翻刻――
「三重県伊賀市の『冥途蘇生記』に関わる伝承―三重県伊賀市長田平尾大師講聞取及び「えんまさんの御詠歌」翻刻」『久里』二五（神戸女子民俗学会、二〇〇九年）。

資料二　西国三十三所巡礼開創縁起四種
「中山寺版「西国三十三所巡礼来由」」『久里』二六（神戸女子民俗学会、二〇一〇年）及び、「西国三十三所巡礼開創縁起三種」『灘中学校・灘高等学校研究紀要』五（灘中学校・灘高等学校、二〇一五年）。

資料三　滋賀県大津市坂本聖衆来迎寺蔵『霊宝略縁起』（新稿）

本書の第一章は、二〇〇四年に神戸大学大学院総合人間科学研究科に提出した学位論文を基礎としたものであり、第二章は、武庫川女子大学関西文化研究センターの博士研究員としておこなった研究と、文部科学省科学研究費補助金（若手B）「西国・坂東・秩父観音巡礼開創縁起の形成と展開」（研究課題番号　一七七二〇〇五五）の助成を受けておこなった研究の成果である。

本書を構成する原稿の内、第一章は、神戸大学大学院在籍中の二〇〇〇年に発表したものがもっとも早く、主たる部分は二〇〇五年までの成果である。

第二章を構成する原稿の内もっとも早いものは、二〇〇六年十二月二十三日の御影史学研究会第三十五回年会に「秩父三十四所縁起の形成」として発表し、次いで二〇〇八年一月十二日に仏教文学会本部例会において「西国三十三所開創縁起と性空蘇生譚」として発表し、この両者をもとに成稿した二〇〇八年三月の「秩父三十四所巡礼開創縁起の形成」である。西国三十三所巡礼についての論考は、二〇〇九年十月三十一日に「西国三十三所開創縁起の誓言をめぐって」として仏教文学会本部例会において発表させていただき、そこで基本となる資料と着眼点は提示し得たものの、うまくまとめあげることができないままとなっていた。また、温泉寺清涼院縁起と西国三十三所巡礼の開創縁起との関連については、二〇一〇年六月に「温泉寺清涼院縁起と西国三十三所開創縁起」として神戸女子民俗学会で発表したのが最初である。

稿のならないうちに、二〇一一年四月、樋口大祐先生のご推薦によって灘中学校・灘高等学校に国語科教諭として奉職することになった。まったく思いもかけないことで、筆者は教員免許も所持していないありさまであった。一筋縄ではいかない中学生相手の授業に日々四苦八苦しながら、教員免許取得のために佛教大学文学部通信教育課程にも二年間在籍することとなった。授業の準備と教員免許のために必要な単位の修得にかまけて、数年間研究から遠のいてしまった。しかしながら、田中久夫先生の叱咤を受けて、ようやく二〇一四年のはじめから研究を再開することとなった。同じ頃、中前正志先生から二〇一五年五月二日の説話・伝承学会の大会シンポジウム「巡礼伝承の世界」にパネラーとしてのお声がけをいただいた。浅学の筆者にはその責を果たし得たとはとてもいえないシンポジウムであったが、これらの刺激によって、ようやくのことで長年手元に抱えたままになっていた課題をまとめ上げることができた。ちょうど十年かかってしまった。

第三章の奪衣婆の原稿は、大江篤先生が取り纏めとなった西宮市生涯学習大学「宮水学園」の二〇〇五年度の講座「人と動物の日本史」の筆者担当分「猫」(二〇〇五年十二月九日)の準備のために、中世・近世の猫の図像を探していたおり、偶然に近世の風俗図屏風のなかから見出した図像がもととなっている。当時博士研究員として勤めていた武庫川女子大学の充実した図書館の蔵書がなければ、稿はならなかったであろう。また、聖衆来迎寺の報告は、大江篤先生のご紹介により、まだ整理中であった園田学園女子大学の所蔵資料を利用させていただいた成果である。発表後、高達奈緒美先生にお声がけいただき、二〇〇六年六月三日「聖衆来迎寺の絵解きについて—絵解きの伝承とその場を中心に—」という表題で、絵解き研究会・人間文化研究機構連携研究「唱導文化の比較研究」第三回研究会において発表する機会をいただいた。第三章第三節は、このときの発表の一部を成稿したものである。これも十年越しの原稿となっている。

いずれの原稿も、発表から時間を経過しており、最新の研究成果を反映し得ていないものばかりである。旧稿については、発表後に気づいたいくつかの資料の追加、文章の補綴以上のことはできなかった。逆に、それによって論旨をわかりにくくしてしまったかもしれない。また、近年の原稿も、構想したのは古く、研究の中断もあって、最新の成果を踏まえられていないのではないかとおそれている。足らざる部分は、ご批判をいただき、今後のみずからの研究の進展のなかで言及していくことでご容赦願いたい。

『冥途蘇生記』に関わる伝承は、博士課程前期課程在学中、木下資一先生の演習で『摂津名所図会』を読んでいたとき、たまたま温泉寺を担当し、いきあたった資料であった。『冥途蘇生記』や『平家物語』の記述からは大きく異なった有馬温泉の伝承に興味をもったところから、修士論文のテーマとして選んだのである。いや、「選んだ」というのは語弊がある。修士論文のテーマを考えあぐね、時間に迫られていたときに温泉寺の伝承にいきあたり、このテーマを選ばざるをえなかったというべきだろう。そのような状態で書いたものであるから、修士論文のできは惨憺たるものであった。口頭試問の際には、木下先生の容赦ない指摘に、信太周先生が見かねて助け船を出してくださったほどである。なんとか博士課程後期課程に進学させていただいたが、三年で修了が原則ということであったにもかかわらず、修士論文をまともな形にしていくのに五年かかってしまった。博士論文の試問の際の、曽根ひろみ先生の「長い。無駄に長いのよ」という言葉が忘れられない。できばえは言わずもがなであろう。指導教官であった木下資一先生にはたいへんご苦労をおかけしたこととお詫びの言葉もない。

博士課程後期課程修了後は、西国三十三所巡礼開創縁起をテーマとすることにした。西国三十三所巡礼の開創縁起と『冥途蘇生記』に関連がありそうだと思ったからである。西国三十三所巡礼の開創縁起は、学部時代の木下資一先生の購読の授業で中山寺縁起を目にしていた。地理的にも近く、内容も蘇生譚として共通している。何らかの関連を想定するのはだれにでもできることであろう。手始めに、秩父三十四所巡礼の伝承を扱うこととした。当時博士研究員として在籍していた武庫川女子大学の図書館と関西文化研究センターの充実した設備のおかげで手際よくまとめ上げることができた。しかし、西国三十三所巡礼の開創縁起を本格的に扱うようになると、ことは簡単ではなかった。さいわい神戸大学大学院人文学研究科助教として科学研究費補助金を受けることができ、調査や資料収集には十分すぎるほどの補助があったが、いざまとめるとなると一筋縄ではいかない。当初の思惑からすれば、思いもしなかったかたちで『冥途蘇生記』と西国三十三所巡礼の伝承が結びついているということになってしまった。論じるべきところは多いが、時間的制約と不勉強とにより、ここまででまとめざるを得ない。今後、足らざるところを埋めるべく調査を進めていきたいと思っている。

本書に収録された論考は、ほとんどが文献資料に基づくものであり、聞き取りの成果というものは少ない。しかし、『三田市史』や『田尻町史』に参加し、伝承者からお話を伺うなかで文献資料にも対応し得る世界観を構築してきたと思っている。そのなかでも三田市内の行者講の由来の聞き取りは大いに示唆を受けるものであった。とりわけ、泉南郡田尻町の古渕利蔵氏・古渕あきゑ氏御夫妻の影響は、あまりにインパクトが大きく、言葉にあらわすのは難しいが、――あきゑ氏の言葉でもっとも印象深いものは「学のあるもんは、ものすぐ読んで分かるおもとるからあかん」というものである。言語化することは さかしらであるかもしれない――伝承というものの私の見方を大きく規定したといっても過言ではない。古渕御夫妻との出会いをつくってくださった植野加代子氏には謝意を表したい。

また、故人となられた田中智彦先生には、『冥途蘇生記』に取り組んでいる頃から親しくお声がけをいただいた。いまから思えば、この資料が西国三十三所巡礼の開創縁起と関連をもっていることをご存じであったからにちがいない。本書をお読みいただいてのご批評をいただけないのが残念である。

いうまでもなく本書の成稿には多くの方々のお力によっている。先にお名前を挙げさせていただいた先生がたのみならず、著書執筆の遅滞を常に心配し、お声がけくださった酒向伸行先生・籔元晶先生、『冥途蘇生記』にどう取り組んでいくべきかさえわからなかったころに、お声がけいただき発表と成稿の機会を与えてくださった根井浄先生・大森恵子先生、博士研究員・助手・助教として、すぐれた環境のなかで研究をおこなう機会を提供していただいた武庫川女子大学関西文化研究センターの西島孜哉先生・羽生紀子先生、神戸大学人文学研究科の先生方、また教員に最大限の自由を与えてくださっている灘中学校・灘高等学校の和田孫博校長をはじめとする勤務校の先生方のご助力がなければ、本書は成し得なかったであろう。

また、御影史学研究会、東アジア恠異学会では、いつも貴重なご意見をいただいている。他にも久留島元氏に招かれ参加した二〇一〇年八月八日～十日の小峯和明先生をはじめとする今昔の会の夏の合宿では、夕食でビールをしこたま飲んだ後に、研究発表が深夜からはじまり未明まで及んだ。そのはじまった時間もさることながら、この時の議論は忘れがたいものがある。

岩田書院の岩田博社主には丁寧な校正をいただき大いに啓発された。また、当初は二〇一五年の刊行のはずが、執筆が一年遅れてしまい大変ご迷惑をおかけし、お詫びの言葉もない。

末筆ながら、調査の申し出に対して快く応じてくださった、円融寺、温泉寺、久昌寺、近江寺、常住寺、聖衆来迎寺、四萬部寺、龍雲院、蓮花寺などの諸寺、飛び込みの調査にもかかわらず貴重な時間を割いていただいた伝承者の方々に謝意を表したい。

二〇一六年十月

久下　正史

著者紹介

久下　正史（くげ・まさふみ）

1975年　兵庫県に生まれる
1997年　神戸大学国際文化学部地域文化学科卒業
1999年　神戸大学大学院総合人間科学研究科博士課程前期課程修了
2004年　神戸大学大学院総合人間科学研究科博士課程後期課程修了

園田学園女子大学未来デザイン学部非常勤講師、武庫川女子大学関西文化研究センター博士研究員、神戸大学大学院文化学研究科助手、同人文学研究科助教、神戸大学大学院国際文化学研究科学術推進研究員等を経て
現在　灘中学校・灘高等学校教諭、神戸大学国際文化学部非常勤講師、御影史学研究会理事

著書等　共編『ふるさとの原像―兵庫の民俗写真集―』(神戸新聞総合出版センター)、共著『共生の人文学―グローバル時代と多様な文化―』(昭和堂)、共著『田尻町史』民俗編(田尻町)、共著『三田市史』民俗編(三田市)、共著『丹波ののぼり祭り―三岳山をめぐる歴史と民俗―』(岩田書院)等。

現住所　兵庫県神戸市中央区宮本通5丁目3-10

寺社縁起の形成と展開　有馬温泉寺と西国巡礼の縁起を中心に　御影史学研究会民俗学叢書22

2016年(平成28年) 12月　第1刷　300部発行　**定価[本体8000円＋税]**

著　者　久下　正史

発行所　有限会社 岩田書院　代表：岩田　博　http://www.iwata-shoin.co.jp

〒157-0062　東京都世田谷区南烏山4-25-6-103　電話03-3326-3757 FAX03-3326-6788

組版：伊藤庸一　　印刷・製本：藤原印刷　Printed in Japan

ISBN978-4-86602-974-0 C3339 ¥8000E

田中久夫 歴史民俗学論集

（価格は税別）

1	皇后・女帝と神仏	解説：大江　篤	8900円	2012.09
2	海の豪族と湊と	解説：俵谷　和子	9500円	2012.12
3	山の信仰	解説：久下　隆史	9500円	2013.07
4	生死の民俗と怨霊	解説：藤原喜美子	11800円	2014.06
5	陰陽師と俗信	解説：籔　元晶	13800円	2014.10

御影史学研究会 歴史学叢書

1	日本古代の王位継承と親族	成清　弘和	5900円	1999.04
2	中世武家法の史的構造	辻本　弘明	7900円	1999.11
3	霊験寺院と神仏習合	八田　達男	7900円	2003.12
4	日本古代の文化と国家	横田　健一	7900円	2010.12

御影史学研究会 民俗学叢書

7	民俗の歴史的世界	25周年記念	11000円	1994.10
8	田の神・稲の神・年神	藤原　修	6400円	1996.06
9	金銀銅鉄伝承と歴史の道	田中　久夫	8400円	1996.09
10	葬送と墓の民俗	土井　卓治	品切れ	1997.04
11	近世村落祭祀の構造と変容	兼本　雄三	7900円	1997.12
12	民俗村落の空間構造	八木　康幸	5800円	1998.04
13	薬師信仰	西尾　正仁	7400円	2000.10
14	ねがい―生と死の仏教民俗	井阪　康二	9900円	2002.12
15	雨乞儀礼の成立と展開	籔　元晶	7900円	2003.01
16	民俗宗教の生成と変容	35周年記念	11000円	2004.09
17	オニを迎え祭る人びと	藤原喜美子	5900円	2006.10
18	共同風呂	白石　太良	5900円	2008.12
19	秦氏と妙見信仰	植野加代子	6400円	2010.02
20	高野山信仰と権門貴紳	俵谷　和子	8400円	2010.12
21	憑霊信仰の歴史と民俗	酒向　伸行	9500円	2013.12

＊１～６は名著出版刊